CHRISTINE EL MAHDY

Das Geheimnis der Cheops-Pyramide

Buch

Erbaut wurde das größte der klassischen sieben Weltwunder vor viereinhalbtausend Jahren. Als Tutanchamun das Land regierte war die Große Pyramide bereits 1500 Jahre alt, für Kleopatra war sie ein Monument aus grauer Vorzeit. Doch wie ist sie entstanden, wie wurde sie gebaut? Warum und von wem? Wie das Bauwerk birgt auch die Geschichte des Bauherrn ihre Geheimnisse. Wer war dieser Cheops? Die renommierte Ägyptologin Christine El Mahdy begibt sich auf detektivische Spurensuche nach den Anfängen, nach dem bedeutendsten Pyramidenbauherrn von allen. Märchenhaften Legenden und Spekulationen setzt sie neueste Erkenntnisse der Forschung entgegen. Auf lebendige Weise rekonstruiert und deutet sie den Bau des architektonischen Meisterwerks sowie die Herrschaft des großen Cheops, der es in Auftrag gab.

Autorin

Christine El Mahdy arbeitete in den ägyptischen Abteilungen des Bolton Museums in Lancashire und des Liverpool University Museums, bevor sie 1988 die »Egyptian Society« gründete, deren Vorsitzende sie ist. Zahlreiche Publikationen, darunter »Exploring the World of the Pharaos« und »Mummies, Myth and Magic«.

Von Christine El Mahdy ist bei Goldmann außerdem erschienen:

Tutanchamun (15260)

Christine El Mahdy

Das Geheimnis der Cheops-Pyramide

Aus dem Englischen
von Enrico Heinemann
und Karin Schuler,
VerlagsService Mihr

GOLDMANN

Die englische Originalausgabe erschien
unter dem Titel »The Pyramid Builder«
bei Headline Book Publishing,
a division of Hodder Headline, London.

Deutsche Erstveröffentlichung

Umwelthinweis:
Alle bedruckten Materialien dieses Taschenbuches
sind chlorfrei und umweltschonend.

Der Goldmann Verlag ist ein Unternehmen
der Verlagsgruppe Random House.

1. Auflage
Deutsche Erstausgabe Juli 2005
Wilhelm Goldmann Verlag, München,
in der Verlagsgruppe Random House GmbH

Umschlaggestaltung: Design Team München
Umschlagfoto: Corbis/Ressmeyer (RR013738)
Strichzeichnungen im Innenteil: Valerie Baker
Satz: Uhl + Massopust, Aalen
Druck: GGP Media GmbH, Pößneck
Redaktion: Werner Wahls, VerlagsService Mihr
Verlagsnummer: 15342
KF · Herstellung: Sebastian Strohmaier
Made in Germany
ISBN 3-442-15342
www.goldmann-verlag.de

Dieses Buch
ist mit all meiner Liebe
der »Viererbande« gewidmet

Mark und Traci, Tony und Sam

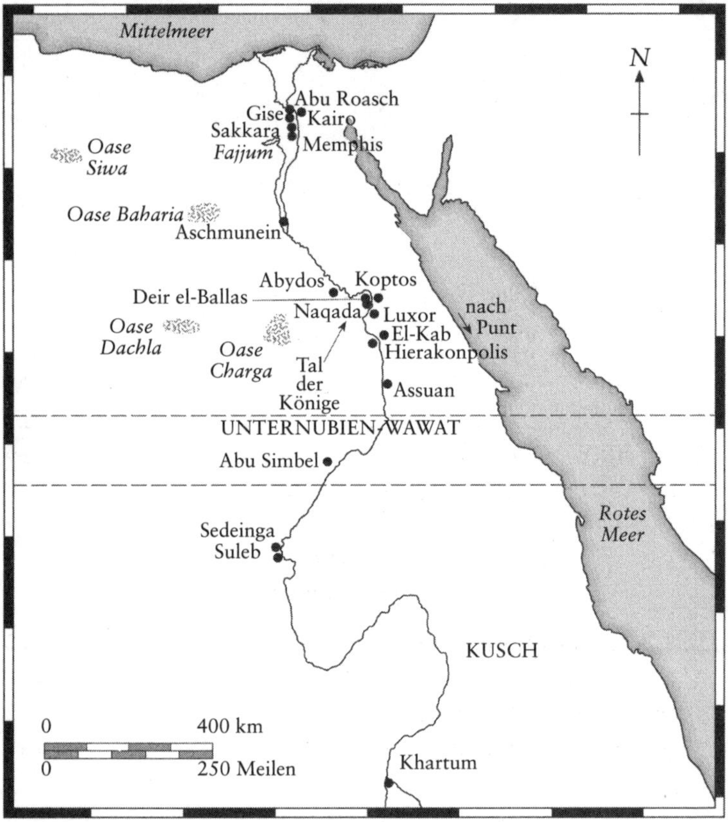

Ägypten und Nubien

Inhalt

Teil Vier:
Die Bestattung des Königs

Vorwort

Ägyptologie ist eine Wissenschaft. An einem bestimmten Tag wurde der erste Stein für eine Pyramide gelegt. An einem anderen wurde der letzte Stein an seinen Platz gerückt. Mit Hilfe der neuesten Methoden, die uns die Wissenschaft bietet, und unter sorgfältiger Berücksichtigung der archäologischen Funde und Befunde sollte es möglich sein, diese Daten mit einer annähernden Genauigkeit festzustellen. Das Wenigste, was man erwarten kann, ist der Namen des Mannes, für den dieses Monument errichtet wurde.

Wenn es nur so einfach wäre! Probieren Sie es doch selbst einmal aus: Nehmen Sie zwei Bücher zum alten Ägypten, egal aus welchem Jahr und von welchem Autor – Sie haben die freie Wahl. Und jetzt schauen Sie mal nach, welche altägyptischen Könige der 4. Dynastie die Pyramiden gebaut haben. Vergleichen Sie die Regierungslängen und die vorgeschlagenen Daten … Ich glaube, das Problem liegt auf der Hand.

Trotz aller heute verfügbaren wissenschaftlichen Methoden, trotz all unseres Wissens über ägyptische Texte und trotz archäologischer Grabungen seit zwei Jahrhunderten können wir uns noch immer nicht über grundlegende Prinzipien unseres Fachs einigen. Damit wird die Auseinandersetzung über Namen und Daten irgendwie sinnlos, denn egal, wie man sich entscheidet, immer werden viele Kollegen anderer Meinung sein.

Und doch muss man eine eigene Position finden. Dieses Buch beschäftigt sich mit dem wohl größten König der 4. Dynastie, dem Erbauer der Großen Pyramide. Hieroglypheninschriften geben seinen Namen als Chnum-Chufu an, aber nur wenige Menschen kennen ihn auch unter diesem Namen. Viele verkürzen ihn unerklärlicherweise zu Chufu, den meisten jedoch ist er als Cheops bekannt, weil Herodot ihn in seinem zweiten Buch der *Historien* auf Griechisch so nannte. Unter diesen verwirrenden Umständen und in Anbetracht der Zielsetzung dieses Buches habe ich mich dazu entschlossen, die griechische Version, Cheops, zu benutzen. Die Leser mögen selbst entscheiden, ob sie damit einverstanden sind oder nicht!

Teil Eins

DIE FAMILIE DES PYRAMIDENBAUERS

EINFÜHRUNG

Ein monumentales Rätsel

Hatten Sie je das Glück, Ägypten zu besuchen und am Fuß der Pyramiden zu stehen? Wenn nicht, wo soll ich dann mit meiner Beschreibung beginnen? Kein Foto kann diesen Bauten je gerecht werden. Wenn man am Fuße der Großen Pyramide steht und nach oben schaut, dann ist der ganze Himmel voller Steine, und die Spitze ragt in Schwindel erregende Höhen empor.

Nur ein Gedanke geht einem durch den Kopf: Warum?

Was um alles in der Welt hat Menschen dazu gebracht, etwas so Großes und auf den ersten Blick völlig Nutzloses zu bauen? Warum und wie haben sie es überhaupt geschafft, ein solches Werk zu vollenden? Sicher wäre es doch viel einfacher gewesen, irgendwann einfach Schluss zu machen – ein Gebäude mit Flachdach ist ja schließlich auch nicht schlecht. Wie viel Zeit und Steine man damit gespart hätte! Die schiere Größe des Baus spricht der Vernunft Hohn. Kein Wunder, dass Besucher, von den alten Griechen bis zu Hollywood-Produzenten, hier einen handfesten Beweis für grausame Sklaverei vor sich gesehen haben, für die Entwürdigung von Menschen durch einen Diktator.

Was für ein Mann war der Bauherr dieser monströsen Pyramide also? War er ein Tyrann? War er vielleicht sogar der erste faschistische Führer auf Erden, der die Menschen zwang, für sein gigantisches Wüstendenkmal Qualen zu erdulden und zu sterben? War er so? Wie sah er aus, wie sprach er?

Wenn Sie darüber nachdenken, hören Sie dann auch die fernen Stimmen der Menschen, die die Pyramiden bauten und jetzt schon lange tot sind? Haben die Männer, die die Steine brachen und bewegten, die die Befehle brüllten, sich schon damals diese Frage nach dem »Warum« gestellt? Was trieb sie jeden Morgen aus dem Bett, wo sie doch wussten, was ihnen bevorstand? War es, wie manche glauben, die Angst vor der Peitsche in der Hand eines faschistischen Sadisten?

Oder war es vielleicht religiöser Eifer? War der Bauherr vielleicht eine Art charismatischer Prediger, der seine Männer auf riesigen Plätzen versammelte und zu ihnen sprach? Überzeugte er sie mit machtvollen Worten, trieb sie an, damit sie sein Leben nach dem Tod mit ihm teilen sollten? Hat er bereits vor 4500 Jahren auf moderne Motivationstechniken gesetzt und damit die Arbeiter zu immer höherer Produktivität angestachelt?

Hätten Sie sich von einem solchen Appell beeindrucken lassen? Und wenn Ihre Antwort wie meine gelautet hätte, nämlich: »Nein danke, ich möchte lieber in meinem warmen und sicheren Bett bleiben«, gab es dann einen anderen Beweggrund? Vielleicht setzte der Pyramidenbauer wie der Eber Napoleon in George Orwells *Farm der Tiere* auf nicht hinterfragbare kommunistische Prinzipien für das Gemeinwohl. Gab es Regelsammlungen auf irgendeinem, heute verlorenen Anschlagbrett – »Alle Erbauer sind gleich, aber manche sind gleicher als andere«? War die Pyramide wie die Windmühle in *Farm der Tiere* das Symbol ihrer unerreichbaren Freiheit, die sie mit ihrem Leben bezahlen mussten? Haben hier menschliche Hünen, von solchen Idealen getrieben, geschuftet und sind an dieser Quälerei gestorben in der Überzeugung, dass sie sich zum Wohle der Gemeinschaft opferten?

Oder war es vielleicht ein gigantisches kapitalistisches Unternehmen? Wedelten Architekten im sicheren Glauben an die Rendite, die sie erwartete, mit ihren Entwürfen auf einer Baustelle herum, während gerade das Fundament gegossen wurde? Hatte Tim Rice Recht – konnte man »mit Pyramiden-Aktien ein Vermögen machen«, wie Potiphar in dem Musical *Joseph* sagt?

Ich gehe davon aus, dass schon die Zeitgenossen die Pyramiden von Gise mit offenem Munde bestaunten. Während die Beamten – jene 0,1 Prozent (oder weniger) der Bevölkerung, die eine

Ausbildung hatten – wahrscheinlich wussten, was sie taten, tat der Rest, die 99,99 Prozent, die wirklich schufteten, wohl einfach das, was man ihnen sagte und wie es in der altägyptischen Kultur auch sonst üblich war. Vielleicht war es einfach so, dass sie nichts Besseres zu tun hatten, und wenn sie taten, was man ihnen sagte, dann bekamen sie wenigstens genug zu essen, während sie sonst vielleicht verhungerten. Vielleicht liegt hier das Geheimnis der Pyramiden.

Das alles ist schwer zu begreifen. Was wir heute auf dem Plateau von Gise sehen, wirkt gigantisch, aber es ist im Grunde nur eine von vielen verfallenen antiken Trümmerstätten, verwandt etwa mit dem Kolosseum in Rom, das in der römischen Kaiserzeit auch ganz anders aussah als heute. Die Cheops-Pyramide hat ihre Spitze verloren, dazu mehrere Steinlagen und ihre gesamte einst glänzende äußere Verkleidung – sie ist heute mehrere Meter kleiner als bei ihrem Bau. Die Seiten zerbröseln, und so mancher Tourist nimmt einen Stein vom Fuß des Monuments als Andenken mit nach Hause. Es ist vielleicht nur ein kleiner Stein, aber wie viel von der Pyramide ist wohl nach über 4500 Jahren in den Taschen der ungezählten Touristen verschwunden? Und doch: Was sind schon ein paar Höhenmeter verglichen mit der riesigen Masse, die noch da ist?

Die Griechen zählten die Pyramiden von Gise zu den Weltwundern, wobei sie vermutlich nur niederschrieben, was schon seit vielen Jahrhunderten feststand. Zweifellos waren diese Bauten von Anfang an darauf angelegt, zu beeindrucken und ewig Bestand zu haben. Wenn vielleicht die schiere Masse nicht ausreicht, dann führen Sie sich doch einmal ihr Alter vor Augen – sie waren schon ein Jahrtausend alt, als Moses die Kinder Israels aus Ägypten ins Gelobte Land führte. Sie waren über 2000 Jahre alt, als die Griechen und Römer kamen, die ersten Pauschalreisenden der Welt, die damals schon wie heute von Fremdenführern herumgeführt wurden. Sie haben ihre Graffiti in Altgriechisch auf den Ruinen hinterlassen. Große Eroberer haben, wie wir von Ehrfurcht ergriffen, an ihrem Fuße gestanden, von Alexander und

Julius Caesar bis hin zu Napoleon. Wenn sie sprechen könnten, dann könnten diese Steine die Geschichte der Menschheit erzählen.

Fast genauso lange haben die Menschen versucht, in die Pyramiden hineinzukommen. Gründe dafür gibt es mehr als genug. Der Kalif Miamun, ein Sohn des großen Harun ar-Raschid, dem Scheherazade angeblich Gutenachtgeschichten erzählte, um ihre Haut zu retten, versuchte im 12. Jahrhundert sein ganzes Leben lang, den Eingang in die Cheops-Pyramide zu finden. Eine arabische Weisheitslehre verhieß ihm, im Innern würde, wenn er die richtigen Substanzen verbrannte, die richtigen Worte sagte und die richtigen Bewegungen und Gesten in der richtigen Reihenfolge vollzog, aus den Steinen ein riesiger Smaragd in der Form eines lebensgroßen, mit gekreuzten Beinen auf einem Diwan sitzenden Sultans hervortreten. Miamun und seine Männer gruben sich wie Kaninchen mit eisernen Krallen durch Millionen Tonnen Stein. Sie fanden schließlich einen Eingang, aber der war mit so genau eingepassten Steinen verschlossen, dass es weitaus einfacher war, sich ein eigenes Loch durch die Felsen zu wühlen. Ganz sicher war die Enttäuschung groß, als sie als erste Menschen in neuerer Zeit ins Innere dieser riesigen Bauten vordrangen – und nur wenig fanden, das sie irgendwie interessierte. Es gab keinen Smaragd; und falls sie zufällig ein Bündel armseliger sterblicher Überreste fanden, die letzten greifbaren Überbleibsel des geheimnisvollen Pyramidenbauers, dann war ihnen das wohl völlig egal. Es gibt jedenfalls keinen Bericht darüber. Wahrscheinlich warfen sie die Lumpen und Knochen einfach beiseite.

Archäologie ist eine destruktive Wissenschaft. Bei dem Versuch, Antworten auf ewige Fragen zu finden, zerstören Archäologen systematisch die Dinge, die sie untersuchen. Miamun war kein Archäologe, aber im Grunde lief seine Vorgehensweise auf dasselbe, eher noch auf Schlimmeres hinaus. Sobald die Dinge, die er fand, einmal weg waren, gab es keine zweite Chance mehr. Alles, was ihn nicht interessierte, verschwand auf Nimmerwiedersehen.

Die Raubgräberei ist allerdings fast ebenso alt wie die Pyramiden selbst. Es ist durchaus vorstellbar, dass die Cheops-Pyramide schon entleert war, als Miamun sich seinen Weg bahnte.

Seit dem Mittelalter stand sie allen Besuchern offen. Kein Wunder also, dass heute nur noch so wenig da ist, das uns Hinweise auf den Mann geben könnte, für den sie gebaut wurde.

In der heutigen Zeit des allgemeinen Skeptizismus und Atheismus fragen Touristen wie Ägyptologen noch immer »Warum?«, aber es fehlt ihnen der schnelle Trost der Antwort, die viele Generationen vor ihnen zufrieden stellte: »Das weiß nur Gott allein.« In unserem wissenschaftlichen Zeitalter ist das ganz eindeutig nicht genug. Wir wollen genau wissen, wer es getan hat und für wen, wie die Steine bewegt wurden, was die Menschen antrieb, die hier beschäftigt waren. Vor hundert Jahren waren Sklaverei oder religiöses Eifertum Antworten, die fast alle Fragenden zufrieden stellten. Heute haben wir die Erde hinter uns gelassen und sind in den Weltraum vorgestoßen, aber wir suchen immer noch nach Antworten. Irgendwann hieß es: »Es waren Außerirdische!« Natürlich! Die alten Ägypter stammten von Marsmenschen ab! Oder kamen sie, wie manche sagen, vom Orion?

Die heutigen populärwissenschaftlichen Darstellungen des antiken Ägypten in Comics, Filmen voller Spezialeffekte und Büchern haben dafür gesorgt, dass alles nicht nur möglich, sondern sogar wahrscheinlich wirkt. Als Ägyptologin muss ich gegen hunderte solcher Bilder ankämpfen und mich mit Kindern auseinander setzen, die vorbehaltlos glauben, was sie sehen. Sie stellen mir Fragen wie: »Rollen Steine durch die Gänge und kommen Messer aus den Wänden, wenn Sie in eine Pyramide hineingehen?« (Indiana Jones lässt grüßen!); »Müssen Sie sehr viel trainieren, um in den Pyramiden von einem Stein auf den anderen springen zu können?« (Tomb Raider mit Lara Croft); »Haben Sie Angst vor Fleisch fressenden Skarabäen?« *(Die Mumie)*; und natürlich »Wie sah der Skorpionkönig wirklich aus?«.

Die Ägyptologie ist offenbar fortwährend damit beschäftigt, die Kluft zwischen dem zeitgenössischen Wissen und den Exzessen der

Phantasie zu überwinden. Insgesamt neige ich wie die meisten Archäologen eher zu einer pragmatischen Einstellung. Verschiedene grundsätzliche Fakten sind klar: Die Pyramiden existieren – also hat sie jemand gebaut. Wir haben Objekte aus ihrem Inneren und ihrer Umgebung, die uns verraten, wann sie gebaut wurden. Wie ich darlegen werde, gibt es trotz aller gegenteiligen Behauptungen auch Hinweise, die zeigen, wie sie gebaut wurden. Ich glaube ganz fest daran, dass die Menschen dies alles aus eigener Kraft schaffen konnten. Und ich bin ebenso fest davon überzeugt, dass wir heute oft »vor lauter Bäumen den Wald nicht mehr sehen«. Wir wissen nicht mehr, was die Menschen der Antike wussten. Wir machen uns die einfachen Prinzipien, die grundlegenden Eigenschaften der Materialien um uns herum nicht mehr klar. Auf einer Wüsteninsel würden wir an Häuser mit mehreren Zimmern, Zentralheizung und Einbauküche denken, statt die Materialien, die wir finden, sinnvoll zu nutzen. Die Antworten sind oft viel einfacher, als man sich das vorstellt.

Viele Bücher sind schon zu diesem Thema geschrieben worden. Aber keines hat bisher eine befriedigende Erklärung für die Geheimnisse der Cheops-Pyramide geliefert – bis heute. Auf den folgenden Seiten werden Sie, wie ich hoffe, den Mann hinter den Steinen entdecken – Cheops, der den Bau der Pyramide anordnete. Und zum ersten Mal werden Sie eine durchdachte und logische Erklärung für das Wie und das Warum dieses Baus finden.

Am Ende dieses Buches werden Sie nicht mehr fragen: »Warum?« und »Wie?«, sondern: »Warum ist bis heute noch niemand darauf gekommen?«

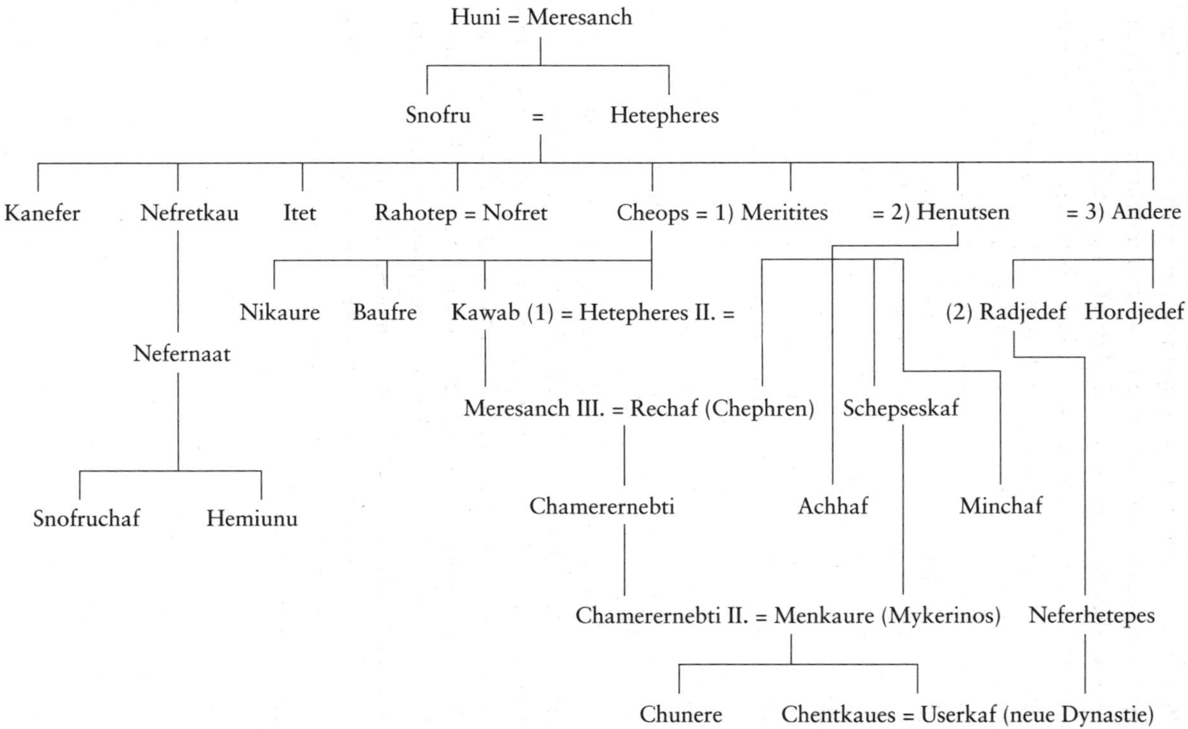
Huni = Meresanch
Snofru = Hetepheres
Kanefer
Nefretkau
Itet
Rahotep = Nofret
Cheops = 1) Meritites
= 2) Henutsen
= 3) Andere
Nikaure
Baufre
Kawab (1) = Hetepheres II. =
(2) Radjedef
Hordjedef
Nefernaat
Meresanch III. = Rechaf (Chephren)
Schepseskaf
Snofruchaf
Hemiunu
Chamerernebti
Achhaf
Minchaf
Chamerernebti II. = Menkaure (Mykerinos)
Neferhetepes
Chunere
Chentkaues = Userkaf (neue Dynastie)

ERSTES KAPITEL

Der Aufstieg der 4. Dynastie

Lassen Sie uns in der Phantasie das Land des Pyramidenbauers besuchen.

Am Nil, so heißt es oft, habe sich kaum etwas geändert. Südlich von Kairo sei alles noch so wie seit Beginn der antiken Kulturen. Aber wenn Sie um 2600 v. Chr. den Nil hinaufgefahren wären, hätte doch vieles ganz anders ausgesehen. Es fängt damit an, dass Kairo gar nicht da war. Das ist schwer vorstellbar, denn in dieser riesigen, wuchernden Metropole, die mit atemberaubender Geschwindigkeit weiterwächst, leben heute etwa zwanzig Millionen Menschen: Kairo ist die größte Stadt Afrikas und der arabischen Welt. Dieser gigantische Ballungsraum erstreckt sich von Heliopolis, einer einst friedlichen und abgeschiedenen Kleinstadt, im Norden, bis nach Helwan und Maadi im Süden. 2600 v. Chr. allerdings gab es hier auf langen Strecken wenig zu sehen außer Fluss und Wüste mit ein paar Siedlungen ab und zu, die unter der sengenden Sonne Oberägyptens vor sich hin dösten.

Von den damals ungefähr 1,5 Millionen Einwohnern im ganzen Land waren höchstens 400 000 Männer voll arbeitsfähig. Von ihrer Hände Arbeit lebte ganz Ägypten. Ihre Angehörigen, Frauen, Kinder und Alte jenseits der vierzig, warteten zu Hause im Schatten darauf, von ihnen mit Lebensmitteln versorgt zu werden.

Die Siedlungen lagen am Flussufer. Auf beiden Seiten des Nils, auf dem überall die kleinen Fischerboote zu sehen waren, reiften an den flachen Ufern üppige Feldfrüchte. Der Nil war der Vater Ägyptens, und er beschenkte seine Kinder reich mit seinen jährlichen

Überschwemmungen, sodass nur wenige Männer nötig waren, um den fruchtbaren Boden zu bestellen. Jenseits der grünen Felder dehnte sich auf beiden Seiten des Flusses das Land der Toten aus. Hier lagen die Friedhöfe, auf denen die Vorfahren beigesetzt waren und wohin alle paar Tage, wie es Brauch war, die Lebenden kamen und Wasserkrüge und Brot auf die mit Steinhaufen abgedeckten Gräber stellten.

Der Nil schenkte Leben, aber er nahm es auch. An den Ufern versteckten sich in einem Dickicht aus Akazien, Persea-Bäumen und Weiden gewaltige Krokodile. Mit weit aufgesperrtem Maul lagen sie in der brennenden Sonne, eine ständige Gefahr für die Mädchen, die zum Fluss hinuntergingen, um Wasserkrüge zu füllen. Mitten im Wasser schimmerten die Rücken der Flusspferde wie helle Sandbänke.

Die größte Stadt lag etwas mehr als dreißig Kilometer südlich des heutigen Kairo, man nannte sie »die Weißen Mauern«, spätere Generationen sprachen von Memphis – aber 2600 v. Chr. war das alles noch Zukunftsmusik. Damals floss der Nil weiter im Westen am Fuße der großen Steinstufe, die wir heute als Sakkara kennen. Am Rande dieser Stufe standen mehrere riesige, flache Gebäude aus Lehmziegeln. Es waren die Gräber wichtiger Höflinge, die längst vergessenen Königen gedient hatten. Die Bauten ragten mit ihren verkleideten Fassaden hoch über der kleinen Stadt auf, die in kräftigem Rot, Blau, Weiß und Gelb leuchtete und so das vorherrschende Blau des Himmels und des Flusses und das Gold des Sandes noch intensiver wirken ließen. Weiter im Westen stand, von einer großen Mauer umgeben, eine Pyramide, die einzige ihrer Art. Von den Weißen Mauern aus war sie allerdings nicht zu sehen – nur mit Erlaubnis des Königs durften einige wenige die Tore der Umfassung durchschreiten. Erst dann bekamen sie die Pyramide zu Gesicht.

Von weiteren Pyramiden keine Spur. Die Hügel waren leer und zogen sich im Norden und Süden bis in die dunstige Ferne hin. In dieser Einöde regte sich nichts außer den Wildhunden, die die Totenstädte durchstreiften.

Im Zentrum der Weißen Mauern bildete eine hohe, dicke Mauer, höchstwahrscheinlich aus dem Stein der Steinbrüche von Tura jenseits des Flusses, ein gleichmäßiges Rechteck. Sie gehörte zum Königspalast. Hinter ihr war nur wenig zu sehen, riesige hölzerne Tore verschlossen den einzigen Zugang. Um die Mauer herum standen Häuser, einige groß, die meisten klein und alle aus luftgetrockneten Lehmziegeln gebaut. Zwischen ihnen schlängelte sich ein schmaler, staubiger Weg dahin, für diejenigen, die in die sengende Sonne hinausmussten – die tiefdunklen Arbeiter und die Esel, die mit ihren schmutzigen Schwänzen die Fliegen verscheuchten. Einige Dinge ändern sich wirklich nicht im Nahen Osten.

Am Pier unten am Fluss lagen die Schiffe. Mit Hilfe dieser Holzboote mit ihren gerafften Segeln, kaum größer als eine Feluke heute, trieben die Menschen Handel. Nur selten tauchte ein Fremder auf. Frauen und Kinder waren zu Hause, manche saßen auf Türschwellen, neugierig, Seeleute lungerten herum und warteten auf den Befehl zum Ablegen, Kaufleute schleppten ihre Ladungen von den Decks in die Lagerhäuser, Schreiber in sauberen weißen Schurzen füllten emsig ihre Schriftrollen, die sie mit dem linken Arm ausgerollt hielten, die Haare ihrer schwarzen Perücken fielen ihnen ins Gesicht.

Innerhalb der Mauer lag den Blicken des normalen Volkes entzogen der Palast, ebenfalls aus Holz und Lehmziegeln gebaut, aber natürlich geräumiger als die anderen Häuser. Davor standen zwei Fahnenstangen, an denen lange, strahlend bunte Wimpel in der meist aus Norden kommenden Brise flatterten. Wachen standen in kurzen Abständen entlang der Mauer. Hier wohnte der König mit seiner Familie, und alle Bediensteten innerhalb dieser Mauern bewegten sich sehr leise, denn hier wohnte ein Gott, eine lebendes Bindeglied zwischen der physischen und der spirituellen Welt. Dieser eine Mann, so glaubten alle Menschen, pflegte täglich Umgang mit den Geistern. Die Sterblichen fürchteten ihn, und falls sie ihm je begegneten, hefteten sie ihren Blick aus Angst, ihm ins Antlitz zu schauen, auf den Boden. Nur wenige, von seinen Frauen einmal abgesehen, hatten je sein Gesicht gesehen, und niemand wusste, wie er wirklich war.

Auf der Rückseite des Palastes stand ein zweites Gebäude, höher und bunter geschmückt als das erste. Aus dem Inneren drangen Musik und Gesang, Händeklatschen und das Stampfen von Füßen. Es waren Frauenstimmen, und in den Lärm mischten sich das Geschrei von Säuglingen und die Rufe von Kindern. Von irgendwoher aus dem Haus erklang, angeführt von ihrem Lehrer, der monotone Sprechchor lernender Jungen. Dies war das Zuhause der Königsgemahlinnen.

Und hier kam eines Tages in einem unbekannten Monat ein Kind zur Welt. Sein Vater war Snofru, der König von Ober- und Unterägypten, seine Mutter Hetepheres, die Gemahlin des Königs. Der Knabe, Cheops genannt, sollte einmal die Nachfolge seines Vaters antreten, aber bis dahin würde noch viel Zeit vergehen, denn Snofru hatte gerade eben erst den Thron bestiegen. Er strebte nach Stabilität, Reichtum und Frieden. Die Geburt eines Sohnes stand für einen Teil dieser Stabilität, denn jetzt war seine Linie gesichert. Ganz Ägypten hörte auf sein Wort, das Gesetz war.

Aber das war nicht immer so gewesen.

Die Überlieferung der altägyptischen Geschichte

Vor ein paar Jahrzehnten sah es noch so aus, als wüssten wir alles über den Ablauf der ägyptischen Geschichte. Über 150 Jahre hinweg hatten Wissenschaftler einen bequemen Rahmen geschaffen, in dem alle Könige und Daten glücklich ihren Platz fanden. Heute sind wir mit derartigen Festlegungen sehr viel vorsichtiger geworden.

Im Jahr 332 v. Chr. kam Alexander der Große an der Spitze einer griechisch-makedonischen Armee nach Ägypten. Er wurde als Retter begrüßt und schwor, dass er eines Tages hier begraben werden wolle. Nach seinem Tod erhielt Ptolemaios, ein Freund und Feldherr Alexanders, die Satrapie Ägypten und konnte seine Herrschaft während der Diadochenkriege behaupten (ab 305 v. Chr. als König Ptolemaios I. Soter). Er regierte ein Land, das ihm völlig fremd war und dessen Sprache er nicht beherrschte. Unterstützung erhielt er durch einen Priester aus einer Stadt im nordägyptischen Nildelta. Dieser Manetho schuf für Ptolemaios das erste schriftlich festgehaltene historische Gerüst, in dem man die Namen der ägyptischen Könige und ihre Abfolge verankern konnte.

Manetho konnte auf jahrhundertealtes Wissen aus Texten und Erzählungen zurückgreifen. Mit dieser Hilfe verfasste er einen ersten maßgeblichen Führer für Altägypten, er offenbarte Traditionen und Bräuche eines Landes, das Ptolemaios fremd war. Manetho schrieb seine Abhandlung wahrscheinlich auf Ägyptisch, seiner Muttersprache.

Das Buch war so nützlich, dass immer wieder Abschnitte daraus abgeschrieben wurden, das Original hingegen ging irgendwann verloren. Ein anonymer Schreiber übersetzte es für den König ins Griechische. Wir wissen nicht, wie genau jene Übersetzung war, und auch die Zuverlässigkeit von Manethos Originalquellen können wir schwer einschätzen.

Er zog Texte, datierte Dokumente, Königslisten und natürlich viel Klatsch und Tratsch für seine Arbeit heran und teilte die Geschichte seines Landes in Familiengruppen beziehungsweise Dynastien ein. Von der Gründung Ägyptens in der Zeit der 1. Dynastie bewegte er sich zügig voran bis zu den Ptolemäern, die nach seiner Zählung die 32. Dynastie bildeten. Bei der Auflistung der Könige (etwa ab der 19. Dynastie auch Pharao genannt, vorher bezeichnete Pharao den Palast des Königs, A.d.Ü.) gab er ihre Krönungsnamen an, Namen, die nur jeweils einmal vergeben wurden und sie im ganzen Netz der Zeit einzigartig machten. Diese Krönungsnamen sind uns im Allgemeinen nicht vertraut – sie lauten etwa Nebhepetre, Sehetepibre oder Usermaatre Setepenre –, aber es sind die Namen, unter denen die Könige bekannt waren. Sie standen in Ovalen, den so genannten Kartuschen, und mussten später für Ptolemaios ins Griechische übersetzt werden. Nach dieser umständlichen Prozedur waren viele von ihnen kaum noch wiederzuerkennen. Manetho führte auch die jeweilige Regierungsdauer auf, dazu noch einige in seinen Augen nützliche und wichtige Informationen wie etwa: »Er wurde von einem Nilpferd davongetragen.«

Das Ergebnis ist, wie man sich vorstellen kann, nicht gerade berauschend, und doch erfüllte es damals sicher seinen Zweck. Die alten Ägypter fanden anscheinend ihre eigene Geschichte nur mäßig interessant, die grundlegenden »Fakten« reichten ihnen vollkommen: dass es da eine Art »Urknall« gegeben hatte, als Zeit und Leben begannen, und dass seit diesem Schöpfungsereignis Könige kamen, eine Zeit lang blieben und dann wieder gingen. Leben und Aufgabe dieser Könige waren den normalen Menschen, den Bauern und Handwerkern, im Allgemeinen völlig fremd. Für sie war wichtiger, ob die Nilschwelle zur erwarteten Zeit kam und ob sie genug Nahrungsmittel für ihre Familie anbauen konnten. Der Kosmos, die Ordnung des Universums, das waren Dinge, von denen sie nichts wussten und die sie vertrauensvoll in die Hände der gottgleichen Könige legten. Man darf annehmen, dass es ihnen völlig gleichgültig war, in welchem Jahr ein bestimmter König gelebt hatte und wann er gestorben war. Nach seinem Tod war er im Grunde für niemanden mehr von Interesse.

Der Staatsapparat wiederum – die Verwaltungsbeamten, die das Tagesgeschäft der Besteuerung und der Zuwendungen organisierten – hatte größeres Interesse daran, die laufenden Ereignisse aufzuzeichnen. Dazu war es sinnvoll, das Jahr, den Monat und den Tag der Regierung des gegenwärtigen Königs anzugeben. Sie führten minutiös Buch und legten die Berichte in einem äußerst effizient geführten Staatsarchiv ab. So verlangte beispielsweise zur Zeit Ramses' II. eine Witwe, die vor dem Pharao um ihr Recht nachsuchte, die Vorlage aller Papiere aus den letzten fünfhundert Jahren, die die Besitzwechsel ihres winzigen Stückchen Landes betrafen – und ihr konnte im Handumdrehen geholfen werden! Den Ansprüchen der Ägypter genügte dieses System also vollkommen.

Für uns dagegen ist das alles zu ungenau. Das Staatsarchiv ist verloren. Die Beamten verzeichneten die Ereignisse nach dem Regierungsjahr des Herrschers, dem sie gerade dienten. Manchmal lebte vielleicht mehr als ein König, es gab Prätendenten in anderen Städten – aber natürlich berichtete aus Gründen der »political correctness« kein Beamter in Gegenwart seines eigenen königlichen Herrn von der Existenz weiterer Regenten. Vielleicht war der Sohn des Pharaos schon vorzeitig gekrönt worden, noch zu Lebzeiten des Vaters, um seine Nachfolge zu sichern – die Staatspapiere erwähnten das nicht unbedingt. Und sie konnten natürlich nicht die endgültige Länge der Regierungszeit des gerade herrschenden Pharaos angeben. Wie auch? In unseren Augen sind sie also interessant, aber aus historischer Sicht von Grund auf unbefriedigend. Wie lange ein ägyptischer König regierte, können wir heute nur durch die höchste angegebene Zahl von Regierungsjahren auf einem Dokument oder Gegenstand, der bis in unsere Zeit überdauert hat, erschließen. Dann ziehen wir Manethos Bericht heran, um diesen Beleg zu bestätigen oder zu hinterfragen.

Manetho standen all diese Informationen wohl zur Verfügung, und soweit wir wissen, hat er sie wohl auch ganz gewissenhaft genutzt. Andere Gelehrte bewunderten sein Werk, das zu seiner Zeit einzigartig war, sie kopierten es und nutzten Auszüge daraus für eigene Bücher. Unser Pech ist, dass diese Kopien oft schlecht und ungenau waren. Manethos ursprünglicher Text existiert nicht mehr, weder auf Ägyptisch noch auf Griechisch, und wir müssen uns mit den Abschriften zufrieden geben, die oft stark voneinander abweichen.

Wir müssen uns also im Klaren darüber sein, dass wir Informationen vor uns haben, die zu Propagandazwecken aus unbekannten und vielleicht ungenauen Quellen mit oft nicht identifizierbaren Namen zusammengetragen wurden, die wenigstens einmal übersetzt und dann von anderen falsch abgeschrieben wurden – insgesamt ist das Ganze wohl kaum als zuverlässiger historischer Bericht zu bezeichnen.

Wissenschaftler der letzten 200 Jahre haben aufgrund der Erkenntnisse aus der Erforschung von Monumenten und archäologischen Entdeckungen Manethos Dynastien in Gruppen zusammengefasst. Sie stellten fest, dass die großen Pyramiden während einer Hochphase der ägyptischen Kultur gebaut wurden, die sie als Altes Reich bezeichneten. Zu dieser Phase gehören die 3. bis 6. Dynastie. Ein weiterer Höhepunkt antiker Kultur liegt in der 11. und 12. Dynastie, dem so genannten Mittleren Reich. Die Zeit militärischer Eroberungen und der Herrschaft über das östliche Mittelmeer unter der 18., 19., und 20. Dynastie wurde dementsprechend Neues Reich genannt. Um diese Höhepunkte abzugrenzen, werden Chaosphasen, Zeiten der Zwietracht und Epochen, zu denen uns nähere Informationen fehlen, als Zwischenzeiten bezeichnet. Zwischen dem Alten und dem Mittleren Reich umfasste die Erste Zwischenzeit die 7. bis 10. Dynastie, die Zweite Zwischenzeit zwischen Mittlerem und Neuem Reich die 13. bis 17. Dynastie; und die Dritte Zwischenzeit, eine erst seit relativ kurzer Zeit identifizierte Phase, die 21. bis 24. Dynastie. Die Entstehung eines geeinten Staates vor dem Alten Reich wurde als Frühzeit bezeichnet. Alles in allem ergibt sich so eine auf den ersten Blick sehr saubere Einteilung.

Doch die Zeit und der Informationszuwachs haben gezeigt, dass diese Grenzen als künstlich gelten müssen und deshalb vielleicht nicht so klar gezogen werden können, wie es einst schien. Die Dynastien und Reiche mit ihren Zwischenzeiten – das sind unsere Hilfskonstruktionen, nicht die Einteilungen der alten Ägypter. Die Ägypter waren sich höchstwahrscheinlich gar nicht der Tatsache bewusst, dass während ihrer Lebenszeit ein Niedergang und ein Übergang von einer Zeit in eine andere oder von einer Dynastie auf eine andere stattfand. Die von uns gezogenen Zeitgrenzen haben darüber hinaus keinerlei Entsprechung in dem, was außerhalb von Ägypten geschah. So gibt es zum Beispiel überhaupt keine Zusammenhänge zwischen der Mittleren Bronzezeit, die auf fast allen Gebieten der Archäologie zu erkennen ist, und der ägyptologischen Datierungsmethode. Wie auf vielen anderen Gebieten präsentiert sich die Ägyptologie auch hier in stolzer Isolation.

Heute wird immer klarer, dass die Dynastien nicht so ordentlich strukturiert waren, wie Manetho es hat vermuten lassen. Seine Liste geht davon aus, dass jede Dynastie die vollständige Linie einer Familie enthält. Nun ist es schon so, dass die meisten Dynastien Familiengruppen waren und ein Wechsel der Dynastie im Allgemeinen tatsächlich eine neue Königslinie auf dem Thron anzeigt, aber einige Grenzen zwischen den Dynastien wurden offenbar völlig willkürlich gezogen. So ist zum Beispiel heute klar, dass die Erbfolge zwischen der 3. und der 4. ebenso wie die zwischen der 4. und der 5. Dynastie nicht unterbrochen war. Warum Manetho hier neue Dynastien zählte, ist nicht bekannt. Vielleicht lag das an Fehlern in seinen Quellen, oder es gab andere Gründe, die wir noch nicht durchschaut haben.

Genauso klar ist, dass man sich auf die alten Zuordnungen zu den verschiedenen Reichen nicht mehr verlassen kann. Die Könige der 11. Dynastie etwa einten das Land nach dem Chaos der Ersten Zwischenzeit nicht so umfassend, wie wir früher glaubten, wo hingegen die 13. Dynastie heute als ebenso wichtig, mächtig und reich erscheint wie die 12. und vielleicht doch eher zum Mittleren Reich gehört. Die Königslinie von der 17. zur 18. Dynastie ist nicht unterbrochen, dennoch werden die Pharaonen der 18. dem Neuen Reich zugeordnet, während ihre Großväter und Urgroßväter der turbulenten Zweiten Zwischenzeit angehören. Diese künstlichen Grenzen sind also weniger hilfreich, als man früher annahm.

Aber anhand der von Manetho verfassten Listen und der archäologischen Befunde können wir immerhin mit Sicherheit sagen, dass Cheops Ägypten während der 4. Dynastie regiert hat. Manethos Regierungslänge von etwa 23 Jahren für Cheops passt ebenfalls gut zu den datierten Belegen, die wir gefunden haben. Die 4. Dynastie ist ganz sauber dem Höhepunkt des Alten Reiches zuzuordnen. Wann jedoch genau sich diese 23 Jahre ereigneten, das ist eine viel schwierigere Frage!

Kollegen anderer Bereiche beneiden uns um eine Datierungsmethode, die nur in Ägypten zur Verfügung steht. Die alten Ägypter wussten, dass der Anstieg des Nils, auf den sie angewiesen waren, nur wenige Stunden nach dem ersten Auftauchen des Sirius oder Sothis am Nachthimmel begann. Dieser Hundsstern, einer der hellsten am Nachthimmel, war zuvor viele Tage hinter dem Horizont und damit aus dem Blickfeld verschwunden. Sein erneutes Erscheinen wurde sehnsüchtig erwartet. Ende Juli stiegen die Temperaturen auf kaum noch erträgliche Höhen. Der Nil, ein verschmutztes kleines Rinnsal, war voller Krankheitskeime. Die Felder waren abgeräumt, der Boden bekam Risse unter der glühenden Sonne. Überall herrschten Hunger und Durst. Nur die wieder steigenden Fluten des Nils, rot vom Schlamm aus dem äthiopischen Hochland, konnten die Ägypter vor drohenden Seuchen und Hungersnöten bewahren. Deshalb wurde der Frühaufgang des Sothis überall im Land mit Feiern begrüßt. Die Bauern lösten sich aus ihrer Apathie und bereiteten Werkzeuge und Saatgut vor, die Frauen waren eher geneigt, an die Getreidevorräte zu gehen, weil sie wussten, dass bald neues wachsen würde. Mit dem Wasser kamen die Vögel und die Fische – das Leben!

Nach Überzeugung der Ägypter war der König persönlich für das Einsetzen der Flut verantwortlich. Sowohl Snofru wie auch später sein Sohn Cheops vollzogen tägliche Rituale, um die Wiederkehr der Nilschwelle zu sichern. Selbst der Kalender hing so vom König ab.

Allerdings hatte der Staat schon eine eigene Methode der Zeitrechnung eingeführt, einen festen Kalender, dessen Anfange bis in die Gründungszeit des Landes zurückreichten. Die Ägypter hatten ihre Tage zu Zehnergruppen zusammengefasst, die wir Wochen nennen würden. Drei dieser Wochen, dreißig Tage also, bildeten einen Monat. Zwölf Monate, 360 Tage, wiederum bildeten ein Jahr. Dazu kamen fünf Zusatztage über die normalen zwölf Monate hinaus (epagomonal). Einer Legende zufolge waren diese Tage heilig, Tage, an denen Nut, die Himmelsgöttin, ihre vier Kinder zur Welt gebracht hatte: Osiris, Seth, Isis und Nephthys. Am fünften Tag hatte sie sich von den Strapazen erholt. An diesen Tagen wurde nicht gearbeitet, es waren die ersten staatlichen Feiertage.

Das Jahr hatte also 365 Tage. Nun wissen wir heute, dass ein Jahr eigentlich 365 ¼ Tage lang ist. Wir tragen dieser Tatsache Rechnung, indem wir in jedem vierten Jahr einen zusätzlichen Tag in den Kalender einfügen. Die Ägypter dagegen beachteten diesen Vierteltag nicht. Im ersten Jahr erschien Sothis, die Bauern jubelten und der Staat verkündete den Beginn des neuen Jahres. Vier Jahre später feierte der Staat einen Tag zu früh. Weitere vier Jahre später war der Staatskalender schon zwei Tage voraus. So wurden die Unterschiede im Laufe der Zeit immer größer und schrumpften dann wieder, wenn sich die beiden Daten wieder einander annäherten. Wir nennen dies den Sothis-Zyklus. Weil sich das Landwirtschaftsjahr nach einem festen Ereignis, dem Frühaufgang des Sothis und der Nilschwelle, richtete, war diese Diskrepanz für die Ägypter auffälliger, als es vielleicht in vielen anderen Kulturen der Fall gewesen wäre.

Die beiden Kalender – der astronomische und der staatliche – stimmten nur alle viermal 365, also alle 1460 Jahre genau überein! 1460 Jahre lang verkündete der Staat also den Neujahrstag, das offizielle Datum der Nilschwelle, zu einer Zeit, in der die Bauern gerade säten, ernteten oder mit anderen Arbeiten zu beschäftigt waren, um etwas zu feiern, das doch ganz offensichtlich gerade überhaupt nicht stattfand! Wir wissen, dass die beiden Kalender im Jahr 139 n. Chr. übereinstimmten, und in 1460-Jahres-Schritten zurückgerechnet traf das wohl auch für die Jahre 1322 und 2782 v. Chr. zu.

Das Eintreffen der Nilschwelle war lebenswichtig für den Staat, weil damit auch ein neues Steuerjahr begann. Deshalb sind uns auch zwei Dokumente erhalten geblieben, die den tatsächlichen Beginn der Überschwemmungen festhielten: In der 12. Dynastie kam die Flut einmal, im siebten Jahr der Regierung des Königs Sesostris' III., am 16. Tag des vierten Monats von Peret, der Winterzeit. Wenn man in Schritten von je 1460 Jahren zurückgeht, kann man mit Hilfe dieser Information leicht ausrechnen, dass das 7. Regierungsjahr von Sesostris III. aus der 12. Dynastie im Mittleren Reich um 1872 v. Chr. gelegen haben muss. Weiter zurückgerechnet muss die 11. Dynastie und damit das Mittlere Reich um 2050 v. Chr. begonnen haben. Leider haben wir keine früheren Daten, mit denen wir zeitlich noch weiter zurückkämen.

Wir können unsere Informationslage verbessern, indem wir den Turiner Königspapyrus zu Rate ziehen, eine auf die Rückseite eines ramessidischen Steuerpapyrus gekritzelte Liste von Königsnamen und Regierungszeiten, die heute nur noch fragmentarisch erhalten ist. Der Papyrus listet alle Könige Ägyptens vom Gründer Menes am Beginn der 1. Dynastie bis zu denen der Zweiten Zwischenzeit auf, und neben jedem Königsnamen steht eine Zahl, vermutlich die Regierungsdauer. Unerklärlicherweise gibt es dort einen Absatz am Ende der 5. statt am Ende der 6. Dynastie, wo das Alte Reich traditionellerweise endet. Eine rote Zahl dort, ein so genanntes Rubrum von 995 Jahren wird allgemein als die Zeit vom Beginn der 1. Dynastie bis zum Ende des Alten Reiches aufgefasst. Wenn man diese Zeit zu dem Datum 2050 für den Beginn des Mittleren Reiches dazuzählt, kommen wir auf das Jahr 3045; und wenn man dann noch die Erste Zwischenzeit dazurechnet, kommt man für die Reichseinigung Ägyptens auf ein Datum zwischen 3200 und 3100 v. Chr.

Wir müssen allerdings immer vorsichtig mit unseren Belegen umgehen. Einerseits dürfen wir uns nicht zu sehr auf dieses Material verlassen, wenn wir keine weiteren Quellen haben, die es stützen. Andererseits sollten wir die einzigen Befunde, die wir haben, nicht leichtfertig vernachlässigen! Das Dilemma ist offenkundig. Wir haben keine Ahnung, wer diesen Turiner Königspapyrus geschrieben hat und warum. Gefunden wurde er bei Ausgrabungen im Arbeiterdorf Deir el-Medina am Westufer des Nils bei Luxor. Hier wohnten die Kunsthandwerker, die mit den Steinmetzarbeiten und der Ausschmückung der Königsgräber beschäftigt waren. Keiner von ihnen konnte lesen oder schreiben – welchen Wert könnte eine Königsliste für sie gehabt haben? Die Zahlen sollen Regierungsjahre sein; aber während Sesostris III. mit 39 Jahren aufgeführt ist, findet man in Dokumenten und auf Objekten aus dieser Zeit keine Zahl, die über 19 hinausgeht – eine gewaltige Diskrepanz. Ähnliche Probleme haben wir mit vielen anderen Königen. Können wir uns überhaupt auf diese Zahlen oder Daten verlassen?

Wenn wir die beiden Zahlen nehmen, die wir bis jetzt haben – 2050 für den Beginn des Mittleren Reichs plus die 995 des Turiner Königspapyrus, dann steht 3200 v. Chr. für die Reichseinigung oder den Anfang der 1. Dynastie und 2050 für den Anfang der 11. Dynastie. Die Jahre dazwischen müssen nach der jeweiligen Regierungsdauer, die wir belegen können, unter den Königen aufgeteilt werden. Nachdem wir zunächst also Unsicherheiten in Bezug auf die Länge der 1. und 2. Dynastie in der Frühzeit am Anfang und die Länge der Zweiten Zwischenzeit am Ende aus dem Weg geräumt haben, kann der Anfang des Alten Reiches auf ein Datum um 2700 v. Chr. festgelegt werden. Wenn die Jahre weder von der Ersten Zwischenzeit noch von den Königen des Alten Reiches beansprucht werden, müssen wir automatisch die Frühzeit, die Zeit zwischen der Reichseinigung und dem Beginn des Alten Reiches, verlängern.

Aber welche Belege haben wir dafür? Jüngste Forschungen haben ergeben, dass es schon vor den Königen der so genannten 1. Dynastie starke Könige im Niltal, vielleicht auch im Delta gab. So kam eine Dynastie 0 ins Spiel. Kathryn Bard geht davon aus, dass die 1. Dynastie um 3000 v. Chr. ihren Anfang nahm, sodass wir bis zu zwei Jahrhunderte für die kurzlebigen ein oder zwei Könige zur Verfügung hätten, die jetzt zur Dynastie 0 gehören. Damit wären die 1. und 2. Dynastie zusammen 314 Jahre oder beide zusammen mit der Dynastie 0 sogar 514 Jahre lang. Diese Zeitspanne ist ganz offensichtlich zu reichlich bemessen.

Belege werden zerpflückt

Schon lange wundern sich die Ägyptologen über die so offensichtliche Divergenz der beiden Kalender in Ägypten. Wieso bemerkte eine Kultur, die planen und gewaltige Pyramiden errichten konnte, dieses scheinbar so einfache Problem nicht und unternahm keinen Versuch, es zu lösen?

Als Ägypten unter römische Herrschaft geriet, störte das Nebeneinander der Kalender die Eroberer offensichtlich sehr, und Gelehrte versuchten, Tage hinzuzufügen oder wegzunehmen, um es zu korrigieren. Liegt es da nicht nahe, dass schon die Ägypter Ähnliches versuchten? Wenn zu irgendeiner Zeit irgendein Wesir oder König Daten veränderte, um den Staatskalender wieder mit dem landwirtschaftlichen Kalender in Einklang zu bringen, dann wären auch unsere Daten, die auf Beobachtungen zu den beiden Daten des Wiederauftauchens des Sothis beruhen, falsch. Mit anderen Worten: Wenn irgendein König jemals eine Änderung im Kalender verkündet hätte (die nicht unbedingt schriftlich festgehalten worden wäre), dann würde unser System wie ein Kartenhaus in sich zusammenfallen. Damit wären dann auch die aus der Ägyptologie übernommenen Datierungen der Archäologie hinfällig. Mit anderen Worten: Das gesamte Datierungssystem für alle Länder des östlichen Mittelmeers würde in sich zusammenstürzen! Andere Archäologien, die sich zum Beispiel mit Palästina, den Hethitern, Kreta usw. beschäftigen, benutzen zur Datierung ihrer eigenen Fundschichten und Funde eher Artefakte ägyptischer Herkunft als die Radiokarbonmethode.

Insgesamt gesehen passen die Radiokarbondaten von organischem Material aus dem alten Ägypten einigermaßen in den allgemeinen Rahmen. Das radioaktive Kohlenstoffisotop C-14 ist in allen organischen Lebensformen enthalten. Wenn die Lebensform stirbt, beginnt das C-14 zu zerfallen, und zwar mit einer festen Rate über einen langen Zeitraum hinweg. Wenn man das in einem organischen Material, sei es eine Pflanze oder ein Tier, noch vorhandene C-14 bestimmt, kann man das Datum des Zerfallsbeginns festlegen. Die C-14-Datierung ist allerdings nicht so genau wie die ägyptologischen Datierungsmethoden.

Es gibt allerdings einen Aspekt in dieser ägyptologischen Datierung, der überhaupt nicht mit den konventionellen Datierungsmethoden übereinstimmt und den die Wissenschaftler bisher möglichst übergangen haben. Wenn der Staatskalender von der Ankunft der Flut abhängig gewesen wäre, dann hätte die Verkündung des neuen Jahres keine Probleme gemacht: Die Beamten hätten es einfach an dem Tag ausgerufen, an dem die Flut das Niltal erreichte. Ebenso: Wenn der Kalender allein vom Auftauchen des Sothis abhängig gewesen wäre, dann hätte man den Kalender ohne Probleme jedes Jahr beim Erscheinen des Sterns korrigieren können. Beides geschah nicht. Stattdessen bestanden die Beamten auf einem starren 365-Tage-Zyklus, der dann nur alle 1460 Jahre mit der Nilschwelle übereinstimmte.

Doch irgendwann in der Antike muss der Staatskalender einmal mit der Flut begonnen haben. Wie wir gesehen haben, muss dies, von 139 n. Chr. aus gerechnet, 1322 (es gab kein Jahr 0), 2782 oder 4242 v. Chr. der Fall gewesen sein. 1322 v. Chr. scheidet aus, weil die Kalender damals schon lange existierten. 4242 kommt ebenfalls nicht in Betracht, denn ganz sicher gab es zu dieser frühen Zeit noch keine geeinte ägyptische Kultur, auch wenn die frühen Ägyptologen W. M. F. Petrie und J. H. Breasted in diesem Datum den Beginn der ägyptischen Geschichte sahen. Der Staatskalender hätte in jedem Jahr beginnen können – mit dem Verlust eines Tages alle vier Jahre wäre der Kreislauf derselbe gewesen, egal, wann er einsetzte. Ebenso sicher ist auch, dass die Ägypter nicht einfach das Jahr voraussagen konnten, in dem die beiden übereinstimmen würden, und damit den Kalender später in diesem Kreislauf beginnen lassen konnten. Das hätte überhaupt keinen Sinn gemacht! Dies lässt also gar keinen anderen Schluss zu, als dass der Staatskalender genau im Jahr 2782 v. Chr. in Kraft trat.

Und hier beginnen die Probleme. Legenden, klassische Autoren und die Archäologie berichten, dass der in prädynastischer Zeit in Ägypten herrschende Bürgerkrieg zu einer Vereinigung der ägyptischen Städte unter einem König führte, der dann die Hauptstadt erbaute, das spätere Memphis, das damals Weiße Mauern hieß. Mit diesem Akt der Reichseinigung herrschte der König mit einem Schlag über das gesamte Niltal. Dieser König nun führte ein Rechnungs- und Besteuerungssystem ein, und zum Festhalten dieser Informationen entwickelte jemand an seinem Hof das Schreibsystem der Hieroglyphen. Wir finden Hieroglyphen als Schrift, nicht nur als einfache Bilder, bereits seit der 1. Dynastie. Wenn der König zu Beginn der 1. Dynastie also ein staatliches Archivsystem, ein Steuer- und Rechnungssystem und ein Schreibsystem einführte, dann muss all dies 2782 v. Chr. stattgefunden haben und nicht 3100 v. Chr., wie man gemeinhin rechnet.

Wie oben schon festgestellt, gibt es keinen Zweifel daran, dass 514 Jahre eine viel zu lange Zeit von der Reichseinigung bis zum Alten Reich sind – das gesamte Alte Reich ist nicht viel länger! Es gibt zudem wenig Zweifel daran, dass man auch die Erste Zwischenzeit kürzen muss. Dabei kann man an den Daten festhalten, die durch das Wiederauftauchen des Sothis in der 11. Dynastie gewonnen wurden. Wenn andererseits nach diesem Datum ein kleinerer Spielraum gewonnen wurde – wenn der Kalender mit anderen Worten geändert wurde, aber nicht in so großem Stil wie vorher angedeutet –, dann würde die Dritte Zwischenzeit nicht völlig ausfallen, was in manchen Gebieten unserer Archäologie auch zu größeren Problemen führen würde, sondern vielleicht einfach kürzer werden.

Das stellt uns vor neue Schwierigkeiten. In den meisten Büchern steht, dass die Reichseinigung, der Beginn der 1. Dynastie, um 3100 v. Chr. lag. Nach der Einigung gab es in der Frühzeit, einer Zeit innerer Unruhen, eine Reihe nicht durchsetzungsfähiger Könige, die wohl kaum in der Lage waren, das ganze Reich zu kontrollieren.

Der Beginn des Alten Reiches, der direkten Vorfahren von Cheops, wird deshalb allgemein für die Zeit um 2780 v. Chr. angenommen. Wenn man allerdings, wie es jetzt sinnvoll erscheint, das Staatssystem erst mit dem Jahr 2782 v. Chr. beginnen lässt, dann müssen die Daten für das Alte Reich und für Cheops später liegen. Cheops könnte also bis zu 300 Jahre später regiert haben, als viele Bücher heute behaupten.

Den konventionellen Datierungsmethoden zufolge wurde das Niltal zwischen 3200 und 3100 v. Chr. geeint und ging dann nach einer Zeit der Unruhen 531 Jahre später, um 2686 v. Chr., in das Alte Reich über. Damit würde die 4. Dynastie um 2570 v. Chr. beginnen.

Wenn wir in unsere Datierung die Einsetzung des Staatskalenders im Jahre 2782 v. Chr. aufnehmen, dann läge der Anfang des Alten Reiches nicht vor 2550 v. Chr. und der Anfang der 4. Dynastie um 2450 v. Chr. Beide Daten wären durchaus mit den C-14-Daten organischer Materie aus dem Alten Reich zu vereinbaren.

Ein Durchgang durch die frühe ägyptische Geschichte

Die Anfänge

Das Bild, das sich aus all diesen Belegen ergibt, sieht ganz anders aus als noch vor ein paar Jahrzehnten. Damals las sich das alles noch so einfach! Um 3100 v. Chr., so hieß es, einte ein König, in der Sage als Menes bekannt, das Niltal, gründete eine neue Hauptstadt in Memphis, griff dann den Norden, das Delta, an, unterwarf ihn und formte ein geschlossenes, geeintes Land. Den archäologischen Befunden nach existierte ein Mann namens Menes jedoch gar nicht. Das Wort *mn.s* auf Ägyptisch bedeutet »es ist befestigt«. Dies ist unzweifelhaft ein Titel: »der Einiger«, und wohl kaum der Name eines Individuums. Viele Bücher behaupten kategorisch, dass dieser Mann mit Narmer gleichzusetzen sei. Aber gibt es dafür irgendwelche Beweise?

Die wenigen Belege für diese Zeit stammen aus Grabungen in Hierakonpolis, dem altägyptischen Nechen, etwa auf halbem Wege zwischen dem heutigen Luxor und Assuan. Die beiden großen Ägyptologen James Quibell und Frederick Green stießen dort auf etwas, das sie als die Fundamente des ersten Tempels in Ägypten deuteten. Und ebenfalls in diesem Gebiet kam aus einer Grube oder einem Graben ein reicher Fundus an Gegenständen ans Licht, die heute kollektiv als »Hauptdepot« bezeichnet werden. Zu diesen Stücken gehörten neben der üblichen Keramik auch sehr fein gearbeitete Schieferpaletten, so genannte Keulenköpfe und ein beeindruckender Goldkopf des Falkengottes Horus.

Die Paletten, irrtümlich als Schminkpaletten bezeichnet, sind – oft auf beiden Seiten – mit einer bunten Vielfalt an Szenen im Hochrelief geschmückt. Alle weisen Einkerbungen an einer Seite auf, in denen man Spuren von gemahlenem Malachit gefunden hat, der, so vermutete man, als Augenschminke Verwendung fand. Allerdings ist bisher noch kein einziger Hinweis auf einen grünen Lidschatten auf Statuen oder Gemälden gefunden worden. Wahrscheinlicher wurde der Stein bei der Vorbereitung von Fayence oder glasierter Kompositware eingesetzt.

Die Paletten zeigen Szenen, die meist mit dem Kampf um die Einigung Ägyptens in Verbindung gebracht werden. Die berühmteste, die Narmer-Palette, heute im Ägyptischen Museum Kairo, zeigt auf der einen Seite den König mit der Krone von Oberägypten, wie er gerade einen Feind mit einer Keule niederschlägt. Hinter ihm steht ein Diener mit den Sandalen des Königs. Ganz oben auf der Palette zwischen Kuhköpfen mit Frauengesichtern steht der Name des Königs: *nr,* ein Wels, und *mr,* ein Meißel, was den Namen Narmer ergibt. Auf der anderen Seite oberhalb der Einkerbung steht der König, jetzt mit der Krone von Unterägypten, vor zwei Reihen toter Gefangener, deren abgeschnittene Köpfe zwischen ihren Beinen liegen. Der Sandalenträger vor dem König, halb so groß wie er dargestellt, wird durch Hieroglyphen als Wesir identifiziert. Vor ihm, wiederum halb so groß wie er, stehen vier Standartenträger mit Totems in Gestalt von Vögeln und Säugetieren, die verschiedene Gebiete Oberägyptens repräsentieren.

Andere Paletten aus demselben Fund bieten nicht die gleiche saubere Anordnung der Figuren wie die Narmer-Palette. Ihre Szenen sind meist ziemlich chaotisch aufgebaut. Die in der Mitte zerbrochene Schlachtfeld-Palette zeigt einen Löwen, sicher den König, der nach einer Schlacht zwischen toten Männern umherstreift. Auch Vögel picken an den Toten herum. Darüber kann man an den Füßen und Beinen zweier Personen erkennen, dass dort ein Ausländer von einer personifizierten Standarte, der Arme gewachsen sind, gefangen genommen wird. Die Libyer-Palette, von der nur der untere Teil erhalten ist, zeigt auf einer Seite eine ländliche Szene mit Packeseln zwischen Bäumen und dem Hieroglyphenzeichen für Libyen, einem Wurfholz, während auf der anderen Seite mehrere Städte zu sehen sind, deren mit Zinnen bewehrte Mauern wieder von angreifenden Standarten untergraben werden.

Als diese Stücke entdeckt wurden, ging man davon aus, dass es sich um ein Gründungsdepot handelte. Die Stücke wurden wohl zusammen gefunden, aber der genaue Fundort ist und bleibt ein Geheimnis. Der Falkenkopf aus massivem Gold mit einem polierten Obsidianstab im Inneren, der die zwei schwarzen Augen bildet, stellt ein großes Problem dar. In seinem Kopfschmuck stecken zwei Federn, die sicher nicht aus derselben Zeit stammen wie der Kopf selbst. Ihr Gold hat eine andere Farbe, ihnen fehlt die Alterspatina des Kopfes. Die Federn sind grob mit ausgefransten Rändern zugeschnitten und passen eindeutig nicht zu der fachmännischen Ausführung des Kopfes. Selbst das Loch, in dem die Federn stecken, ist einfach nur in das Gold hineingetrieben. Interessanterweise sind die Federn der Kopfschmuck, den man mit Amun, dem Gott von Karnak verbindet.

Laut Quibell und Green wurde der Kopf mit den Federn im selben Depot gefunden wie die Paletten. Wenn wir davon ausgehen könnten, dass das »Hauptdepot« eine Grube war, die Gegenstände in Schichten gefunden wurden und der Kopf ganz oben lag, dann könnte man argumentieren, dass es sich hier um nichts weiter als eine Abfallgrube handelt, die über eine lange Zeit hinweg benutzt wurde. Diese Annahme ist jedoch in Anbetracht der feinen Arbeit der Narmer-Palette und des Fehlens anderer Gegenstände in dieser Grube nicht gerade zufrieden stellend. Wenn das »Hauptdepot« dagegen ein langer Graben war, dann könnte man argumentieren, dass er entlang einer Mauer verlief und dass verschiedene aus dem Tempel entfernte Stücke dort zu unterschiedlichen Zeiten vergraben wurden. Wenn es sich allerdings, wie häufig behauptet, um einen einzelnen, geschlossenen Fundkomplex handelte, dann kann es kein Gründungsdepot gewesen sein.

Die Tatsache, dass von einigen Paletten nur Bruchstücke gefunden wurden, legt in Verbindung mit dem seltsamen Falkenkopf die Vermutung nahe, dass dieses Depot wie die Karnak- und die Luxor-Cachette das Resultat eines »Frühjahrsputzes« im Tempel war oder sogar erst entstand, als der Tempel nicht mehr benutzt wurde. In beiden Fällen könnte zwar vieles im »Hauptdepot« sehr alt sein, es wäre aber vielleicht im Laufe einer längeren Zeitspanne entstanden, als zuvor angenommen wurde. Die Narmer-Palette könnte, auch in Anbetracht ihrer überragenden handwerklichen Qualität, eher zum Gedenken an die Ereignisse gefertigt worden sein. Mit anderen Worten: Sie wurde vielleicht nicht zur Zeit des eigentlichen Sieges hergestellt, sondern etwa zur Feier eines späteren Jahrestages.

Die Narmer-Palette darf dann also nur mit Vorsicht bei dem Versuch genutzt werden, die Ereignisse rund um die Reichseinigung zu klären.

Ausgrabungen in Memphis haben allerdings deutlich gezeigt, dass die Weißen Mauern nicht, wie viele Wissenschaftler annehmen, direkt am Ort des späteren Memphis lag. Die frühesten Gegenstände, die man hier gefunden hat, liegen im Süden der Ruinen von Memphis und in direkter Nachbarschaft des Wüstenplateaus, das wir heute Sakkara nennen. Weiße Mauern wurde wahrscheinlich als Festung an der Grenze zu Unterägypten im Norden gebaut. Es wurde fast ausschließlich vom Fluss her beliefert und besaß einen gut ausgebauten Hafen, um Waren aus dem Süden umzuschlagen. Im Laufe der Zeit füllte sich die Flussschleife mit Schlamm – der Fluss wanderte sogar unwiederbringlich nach Osten. Eine Zeit lang musste der Hafen wohl ausgebaggert werden, dann nahm der Schlamm überhand und man verlegte die Docks auf den neuen Boden, um mit den Veränderungen des Flusses Schritt zu halten. Gegen Ende des Alten Reiches schließlich wurde die Stadt ganz aufgegeben und eine neue Palaststadt weiter im Norden errichtet.

Hinter dieser Geschichte steckt mehr, als die Archäologie vermuten lässt. Die Kämpfe um die Kontrolle über das Niltal begannen mit dem plötzlichen Reichtum und dem damit verbundenen Machtzuwachs zweier lokaler Herrscher, von denen der eine in Hierakonpolis, der andere in Naqada nördlich von Luxor residierte. Die Namen beider Orte sind mit der Hieroglyphe für Gold bezeichnet, man kann also davon ausgehen, dass dieses Metall eine wichtige Rolle in der Lokalgeschichte spielte.

Die Stadt Naqada liegt nahe an der Mündung eines Wadi – eines trockenen Flussbetts –, das sich durch die Ostwüste zieht. Wir wissen, dass viele Steinbrüche draußen in der Ostwüste zu Beginn der ägyptischen Geschichte Material lieferten. Wir wissen auch, dass dort Gold gefunden wurde, allerdings sehr kleine Vorkommen im Vergleich zu den sehr viel ergiebigeren Adern in Nubien. Offenbar ging es in der Auseinandersetzung zwischen den beiden Städten um die Kontrolle des Goldnachschubs, wobei Naqada Gold aus der Ostwüste lieferte, während Hierakonpolis den Goldimport aus dem Süden kontrollierte.

Im Kampf zwischen den beiden Orten baten, bestachen und attackierten die beiden lokalen Herrscher die umliegenden Städte und Dörfer so lange, bis sie allmählich die Menschen und Orte ringsumher unter ihrer Kontrolle hatten. Ein Zusammenstoß der beiden Mächte wurde unvermeidlich. Hierakonpolis, in der Schlacht durch eine Standarte mit dem Horus-Falken an der Spitze symbolisiert, und Naqada, repräsentiert vom Lokalgott Seth, der offenbar die Gestalt eines Hundes annahm, kämpften lange Zeit erbittert gegeneinander. Der Legende nach dauerten die »Schlachten zwischen Horus und Seth« sogar viele Jahre. Der Sieg von Hierakonpolis über Naqada schließlich brachte zum ersten Mal *einen* Mann an die Spitze ganz Ägyptens, von Assuan bis zum Beginn des Deltas.

Dieser Mann, der Einiger Ägyptens und erste König der 1. Dynastie, erbaute dann die Weißen Mauern im Norden als befestigten Platz, als Speerspitze für neue Feldzüge gegen das Land im Norden. Der Bau von Weiße Mauern ist auf dem so genannten Skorpion-Keulenkopf dargestellt, wo der König sogar den Lauf des Nils ändert, um den ummauerten Palastkomplex zu errichten. Nördlich der Stadt war das Land nach Aussage der Paletten von lockigen Männern bewohnt, die in Städten lebten. Dies war wahrscheinlich ein Teil Libyens, eine Bezeichnung, die das gesamte Nordafrika an der Mittelmeerküste umfasste. Nach Einrichtung des Grenzpostens machte der König Mitglieder seiner Familie und Freunde zu Beamten, wie es später in Ägypten üblich wurde. Diese Männer errangen zum ersten Mal nicht durch kühne Taten Ruhm und Reichtum, sondern durch ihre Nähe zum König. Und so war dann auch sein Sandalenträger ein sehr ranghoher Adliger, vielleicht sogar sein Sohn und Erbe.

Mit der Gründung dieser Hauptstadt, die später in der Stadt Memphis aufging, ging die Einrichtung von Regierungsabteilungen im Palast einher und offenbar auch die Geburt der Hieroglyphen, der Schrift, in der die ägyptische Sprache zum ersten Mal schriftlich festgehalten wurde. Dies alles scheint sich um 2782 v. Chr. herum abgespielt zu haben, wie wir auf S. 34ff. gesehen haben. Kurz darauf griffen andere Könige der 1. Dynastie von Weiße Mauern aus den Norden an. Nach ihrem Tod wurden die Könige weder in der Nähe von Weiße Mauern (in der Nekropole, die heute als Sakkara bekannt ist) noch in ihrer Heimatstadt Hierakonpolis beigesetzt, sondern in Abydos, der heiligen Stadt nördlich des heutigen Luxor, die schon damals mit dem Gott Osiris verbunden war.

Die Herkunft dieser Menschen ist noch immer nicht geklärt. Ägypten ist und war immer ein Teil von Afrika, auch wenn wir es heute oft zum Nahen Osten zählen. Jedenfalls sind die Männer auf Bildern immer mit dunklerer Haut dargestellt als die Frauen, was nahe legt, dass ihre Haut hell genug war, um in der heißen Sonne zu bräunen. Man muss an dieser Stelle betonen, dass die Zuordnung zu einer Rasse allein aufgrund der Hautfarbe eine ziemlich schlechte Methode ist! Wir wissen ganz sicher, dass einige Siedler aus dem Land zwischen Euphrat und Tigris nach Ägypten kamen – aus Mesopotamien also, dem heutigen Irak. Vielleicht waren sie die Vorfahren der Menschen mit der helleren Haut. Andererseits haben viele Bräuche und viele Bestandteile der ägyptischen Kultur ihren Ursprung in Schwarzafrika. Snofru und sein Sohn Cheops haben auf Abbildungen afrikanische Gesichtszüge.

Die Jahre der Konsolidierung

Nach diesen Überlegungen kommen wir also jetzt zu dem eindeutigen Schluss, dass die Könige in den beiden ersten, kurzen Dynastien, der Dynastie 0 und 1, Ägypten in drei Stufen zu einen versuchten: Erstes Ziel war die Kontrolle über das Niltal, dann folgte die Gründung der Hauptstadt und schließlich die Eroberung des Nordens. Dennoch scheinen diese Herrscher die Menschen des Landes, das sie schon erobert hatten, nicht fest im Griff gehabt zu haben: Unter der 2. Dynastie traten die alten Divergenzen wieder auf, vielleicht begleitet von inneren Unruhen.

William Stevenson Smith hat beobachtet, dass mit Hilfe der materiellen Hinterlassenschaften und Monumente leicht auf die Regierungsdauer ägyptischer Könige geschlossen werden kann, denn je länger ein Pharao regierte, desto mehr baute er wahrscheinlich während seiner Regierungszeit und desto mehr Gegenstände mit seinem Namen werden wir wohl finden. Die Abfolge der Pharaonen der 1. Dynastie ist durch die Entdeckung ihrer Gräber in Abydos und zusätzliche Hinweise aus Königslisten, Täfelchen usw. hinreichend geklärt. Die Namen und Regierungsjahre der Könige der 2. Dynastie dagegen sind ganz und gar nicht gesichert. Trotz der in jüngster Zeit intensivierten archäologischen Arbeit gerade an den ältesten Stätten wie Abydos, Naqada und Hierakonpolis steht bisher nur die Regierungsdauer zweier Könige der 2. Dynastie, Peribsen und Chasechem(ui), einigermaßen fest. Über Chasechem(ui)s Namen sind die Gestalten der beiden Götter Horus und Seth zu sehen, was nahe legt, dass die kurze Einheit der 1. Dynastie schon in der 2. Dynastie wieder auseinander brach. Material aus den Gräbern der 1. Dynastie in Abydos zeigt, dass diese Gräber eindeutig verbrannt wurden. Man hat den Eindruck, dass Chaos, vielleicht sogar Krieg zwischen zwei Rivalen herrschte. Aber immerhin hatte ein König das Vorbild einer Monarchie geschaffen, und andere, besonders alte Rivalen aus dem Süden, hatten unzweifelhaft den Anspruch, dieses neue Amt besser auszufüllen.

Seit dem Bau der ersten Pyramide zu Beginn der 3. Dynastie kam es zu einer plötzlichen, erstaunlichen Stabilisierung. Fast über Nacht, so scheint es, endeten die Konflikte der 2. Dynastie. Diese Blütezeit der 3. Dynastie ist wohl einem einzigen beliebten und mächtigen Anführer zu verdanken, der seinem Land diese Stabilität garantieren konnte. In der Folge gaben die Könige der 3. Dynastie die Richtung vor und erwarben den Reichtum, der es den Königen der 4. Dynastie schließlich ermöglichte, an den Bau von Pyramiden zu denken. Einem König, Netjerichet – besser, wenn auch vielleicht nicht ganz korrekt, als Djoser bekannt –, gelang es, die Arbeitskräfte des Landes zusammenzufassen und so eine Infrastruktur zu schaffen, mit der sich der Entwurf, die Planung und der Bau der Stufenpyramide von Sakkara bewältigen ließen.

Aber den großen Sprung vom offensichtlichen Chaos der 2. Dynastie zur Stabilität der 3. Dynastie hätte es nicht gegeben, wenn nicht ein Mann zur richtigen Zeit am richtigen Ort gewesen wäre.

Sein Name war Imhotep.

Imhotep

Über die vielen Jahrtausende seit dem Beginn der 3. Dynastie hinweg sind uns die Gesichter und Persönlichkeiten der einzelnen Individuen verloren gegangen. Doch obwohl wir nur wenig von ihm wissen, gilt Imhotep noch immer als einer der größten Denker aller Zeiten und blieb über die Jahrtausende als Architekt, Mathematiker, Schriftsteller und Heiler – Arzt wie Anatom – in Erinnerung. Er war der Wesir, der oberste Amtsträger, unter Netcherikhe und könnte deshalb mit dem König verwandt gewesen sein. Man hat vermutet, dass er sein Bruder war, aber dafür gibt es keine Beweise. Reste mehrerer Statuen mit seinem Namen wurden rund um die

Stufenpyramide gefunden. Und ein Aufseher der Arbeiten an der Pyramide hatte einen der wenigen in Sakkara gefundenen Briefe an ihn gerichtet – in hieratischer Schrift, einer Art kursiver Hieroglyphen. In dem Brief beschwerte er sich darüber, dass die Einkleidung der Männer am Palast – sie wurden von der Baustelle mit Booten zum Palast gebracht und wieder zurück – wertvolle Arbeitszeit koste. Ob das Boot nicht vom Palast zur Baustelle kommen und die Kleidung mitbringen könne, um Zeit zu sparen?

Die Form der Stufenpyramide deutet darauf hin, dass der Bau ursprünglich als einfaches Mastaba-Grab geplant war – ein niedriges, rechteckiges flaches Gebäude mit einem in den Felsen geschnittenen Grabschacht. (*Mastaba* ist ein arabisches Wort für eine Bank, der diese Gräber der Form nach ähneln.) Solche Mastabas waren grundsätzlich problematisch, weil sie es Grabräubern extrem leicht machten, über das Dach einzubrechen. Die Stufenpyramide war eine kühne Neuerung, bei der oben auf die Mastaba eine weitere, dann wieder eine noch kleinere, dann noch eine und noch eine gesetzt wurde – bis eine kleine Pyramide dastand.

Der Architekt dieses Baus war ganz zweifellos Imhotep selbst. Als Wesir war er verantwortlich für die Beschaffung der Arbeiter und die Aufsicht über alle Werkstätten – kurz gesagt für alles, was an der Baustelle an Material und Arbeitskräften gebraucht wurde. Er war der Mann an der Spitze der Gesellschaftspyramide, der Mann, der sicherstellen musste, dass alles genau dort war, wo es jeweils gebraucht wurde, und dass die Männer auf der Baustelle genug zu essen und zu trinken und ein angemessenes Dach über dem Kopf hatten, damit der Bau möglichst zügig voranging.

Der Aufbau einer solchen verwaltungstechnischen Infrastruktur ist eine Mammutaufgabe, zu der selbst die fähigsten Manager heute wohl kaum in der Lage wären, denn auf die eine oder andere Art war die gesamte Bevölkerung einbezogen. Ein so kühner Weitblick und eine solche Begabung, ein Konzept auch umzusetzen, liegen jenseits der Fähigkeiten eines normalen Menschen. Imhoteps Ruhm als Heiler und Arzt legt nahe, dass die Arbeiter auf der Baustelle ganz offenbar auch versorgt wurden, wenn sie einen Unfall oder sonstige Verletzungen hatten. Heute weiß jeder, dass eine glückliche Arbeitskraft eine gute Arbeitskraft ist; vor 5000 Jahren aber, in einem Zeitalter der brutalen Herrschaft und Machtausübung durch Gewalt und nicht durch die Vernunft, war der Weitblick seiner Planungen und Taten wirklich bewundernswert.

Nach seinem Tod genoss Imhotep große Verehrung. Sein Grab wurde zu einer heilmächtigen Stätte, bis er in römischer Zeit, etwa 2800 Jahre nach seinem Tod, mit Äskulap, dem Gott des Heilens und der Ärzte, identifiziert wurde. Entsprechende Votivstatuen wurden überall im Römischen Reich bis in die Grenzbezirke hinein gefunden. Noch heute erinnern Standardwerke der Medizingeschichte an ihn. Was für eine Leistung!

Netjerichets Nachfolger in der 3. Dynastie begannen, eigene Pyramiden zu bauen. Aber ohne einen Imhotep scheiterten ihre hochfliegenden Pläne, obwohl sie einen Prototyp vor Augen hatten. Westlich des Komplexes der Stufenpyramide warten noch drei unvollendete Pyramiden auf ihre endgültige Freilegung. Die Umfassungsmauern aller drei Komplexe, nach dem Ägyptologen, der als Erster von ihnen berichtete, De-Morgan-Umfassungen genannt, kann man auf jeder topografische Karte klar erkennen. 1954 spürte der in Ägypten geborene Archäologe Zachariah Goneim den Eingang zu einer dieser drei vergessenen Pyramiden auf und betrat durch die abschüssigen Gänge die Grabkammer darunter, ohne den Sand fortzuräumen. Aus Inschriften erfuhr er, dass einst ein gewisser König Sechemchet in dieser Pyramide gelegen habe, obwohl sich der Alabastersarkophag in der Kammer leider als leer erwies. Höchstwahrscheinlich hat diese Beisetzung nie stattgefunden oder das Grab wurde gleich danach ausgeraubt. Auch der Name Imhotep wurde in diesen Pyramidenresten gefunden, aber der Baumeister muss damals schon sehr alt gewesen sein. Vielleicht brachte sein Tod den Bau der Pyramide zum Stillstand. Nicht der Bau der Pyramide war der schwerste Teil des Unternehmens, wie man in Gise denken könnte, wenn man vor diesen Giganten steht, sondern vielmehr die Organisation der Arbeitskräfte, die man brauchte, um ihn zu vollenden. In der 3. Dynastie hatte dies nur Imhotep geschafft. In der 4. Dynastie brauchte man Männer von ähnlichem Genie, um noch einmal ein so kühnes Unternehmen anzugehen.

Alles deutet darauf hin, dass der rasche Übergang vom Chaos zur Ordnung, von den internen Machtkämpfen der 2. Dynastie zur Reichseinigung der 3., nicht die Leistung eines Königs, sondern die seines Wesirs war. Wenn man die Quellen heute sichtet, stellt sich eine Frage – warum war Imhotep nie König? Warum hat er trotz seiner Brillanz und der starken Kräfte, die hinter ihm standen, nie die höchste Macht an sich gerissen? Die Antwort liegt vielleicht in der Person Netjerichets, die uns allerdings verschlossen bleibt. Er muss sehr stark gewesen sein, wenn ihm der große Imhotep so bedingungslos diente. Andererseits schützte sicher auch das Wesen des Königtums seinen Amtsinhaber. Die Könige des Alten Reiches nach ihm wurden nicht als Menschen porträtiert, sondern als unnahbare Halbgötter, deren Gesichter und Gestalten gleichsam den Inbegriff der Königsherrschaft verkörperten. Nur ein außergewöhnlich kühner Mann hätte es wohl gewagt, einen König zu töten, der als lebender Gott verehrt wurde.

ZWEITES KAPITEL

Land der Pharaonen

Titel für Verwalter und Beamten tauchen in Inschriften und auf Siegeln der Gräber von Sakkara von Beginn der 1. Dynastie an auf. Wir wissen, dass der König damals einen Wesir einsetzte und Posten im Haushalt und in der Armee an Freunde und Familienmitglieder übertrug. Ausgehend von einem nach Jahren geordneten Bericht über die Ereignisse unter den Königen der ersten fünf Dynastien, der in Stein gemeißelt heute im sizilianischen Palermo zu bewundern ist, können wir sagen, dass auch die Behörden mit all ihren Steuer-, Inspektions-, Archiv- und Rechtskammern bereits eingerichtet waren.

Entstehung des Gottkönigtums

Die ägyptische Kultur griff bei ihrer Organisation immer auf schon Bekanntes und Etabliertes zurück. Veränderung war ihr ein Gräuel, und wer auch immer eine Änderung propagierte, riskierte buchstäblich sein Leben, wenn die von ihm vorgeschlagenen Neuerungen fehlschlugen. Sicherer und leichter war es, nichts zu ändern. Die ganze ägyptische Geschichte hindurch aber gab es immer wieder strahlend helle Lichter, die die kulturelle Finsternis zum Leuchten brachten, Genies, die mutig genug waren, ihre Ideen voranzutreiben. Es waren allerdings so wenige im Laufe der vielen Jahrhunderte, dass wir alle ihre Namen kennen – Ptahhotep, Hordjedef, Amenhotep, Sohn des Hapu, Chaemwese und der größte von ihnen, Imhotep.

Dieser wirklich brillante und innovative Denker hob die Dinge zu Beginn der 3. Dynastie auf eine neue Stufe. Er entwickelte einen Plan für den Pyramidenbau und zog gleichzeitig alle Arbeitskräfte des Landes in einer gewaltigen konzertierten Anstrengung zusammen. Als er starb, war die Verwaltung Ägyptens zu einer Ehrfurcht gebietenden Einheit geworden und hatte gezeigt, dass es mit einer einzigen Person an der Spitze möglich war, eine herausragende, ganz besondere Aufgabe zum Wohle des Königtums gemeinsam zu bewältigen. Imhotep hatte so auch den König erhöht, ihn noch weiter von den gewöhnlichen Menschen getrennt und jede einzelne Familie im Reich dazu gebracht, ihren Teil zum Bau eines Grabmonumentes für seinen Herrn beizutragen. Mit einem einzigartigen Kraftakt hatte er die Rolle der Monarchie für eine unabsehbare Zukunft zu definieren begonnen. Er selbst füllte die Rolle des vollkommenen Dieners aus, desjenigen, der seinen Herrn in der Öffentlichkeit repräsentierte und ihm zugleich in jeder Minute diente. Ihm war klar, dass der König so weit über ihm stand wie ein Stern über der Erde. Doch indem Imhotep den König isolierte, einen wahren Gott aus ihm machte, beschnitt er auch alle engen Kontakte des Königs, der nach Imhoteps Konzept allein alle anderen überragen musste. Nur seine Frauen und Kinder konnten ihn je als Menschen kennen lernen. Und genau darin lag eine Gefahr. Positiv dagegen war, dass hier über mehrere Generationen hinweg Strukturen festgelegt wurden, auf die Cheops später zurückgreifen sollte, um die größte Pyramide überhaupt bauen zu lassen.

Wohnsitz der Könige

Ägyptische Königspaläste sind kaum erhalten, und die wenigen vorhandenen Beispiele stammen aus viel späterer Zeit. Aus dem Alten Reich haben überhaupt nur sehr wenige Gebäude die Zeitläufte überstanden. Wir müssen also alle Quellen heranziehen, die wir bekommen können. Seit dem Beginn der 1. Dynastie machten die Könige aus ihrer Wohnung eine Palastanlage, in Hieroglyphen *hwt* genannt und als »hut« ausgesprochen. Von der Hieroglyphe 𓉗 ausgehend ist dies ein großer Komplex mit einem Eingang an der unteren rechten Ecke – die ummauerte Anlage mit der königlichen Residenz oder *pr* (per) darin.

Sobald der Palast zu Beginn der 1. Dynastie einmal stand, konnten sich nur noch die engste Familie des Königs und ehrgeizige lokale Machthaber um ihn scharen. Alle waren bemüht, dem neuen Autokraten nach Kräften zu dienen, alle buhlten um Macht, die nur durch die Nähe zur Person des Königs zu erlangen war. Wie am Hofe Ludwigs XIV. war der Mann, der dem König körperlich am nächsten war, auch der ranghöchste Adlige und unter seinesgleichen herausgehoben.

Seit der 1. Dynastie bis in die Zeit Ramses' II., der eine neue Palaststadt im Nordosten des Deltas bauen ließ, war zunächst Weiße Mauern und später Memphis Sitz der ägyptischen Regierung und des königlichen Hauptpalastes. Wann die zusätzlichen Paläste in anderen Städten errichtet wurden, wissen wir nicht. Erhaltenen Texten zufolge bauten die Könige des Mittleren Reichs ihre Hauptstadt an einem Ort, den sie Itj-taui nannten, »Das Ergreifen der beiden Länder«, aber dieser Ort ist noch nicht gefunden. Ganz sicher jedoch blieben die Spitzen von Verwaltung und Regierung immer in Memphis.

Über die frühe Hauptstadt Ägyptens wissen wir noch immer sehr wenig. Die genaue Lage ist zwar durch neueste Feldforschungen bekannt, doch der Wasserspiegel ist nach dem Bau des Assuan-Staudamms so gestiegen, dass eine Grabung bis in die unteren Schichten heute nicht mehr möglich ist. Sobald die obersten Erdschichten abgeräumt sind, füllen sich die Gräben mit Wasser. Gebäude aus luftgetrockneten Lehmziegeln, die meisten Wohnbauten also, sind sicher schon lange wieder zu Erde geworden, und andere Materialien wie Holz oder Schilfmatten verrotten bei Feuchtigkeit. Der Palast und die Stadt, in der Cheops geboren wurde, sind also schon lange verschwunden.

Allerdings gibt es durchaus einige Hinweise darauf, wie dieser Palast wohl ausgesehen haben mag. Die Stufenpyramide von Sakkara ist von einer hohen Mauer aus Kalkstein umgeben. Heutige Besucher wissen gar nicht, dass es diese Außenmauer erst seit einigen Jahrzehnten gibt. Sie verdankt ihre Existenz wie viele andere Details der Anlage rund um die Stufenpyramide dem französischen Architekten Jean-Philippe Lauer, der sich mit ganzer Kraft dem Wiederaufbau des Komplexes gewidmet hat. Nach dem Vorbild erhaltener Originalblöcke ließ er neue Steine hauen und sie entlang der erhaltenen Fundamente und der niedrigen, verfallenen Mauerstücke aufbauen. Allmählich hat die archäologische Stätte so genug von ihrem alten Glanz zurückgewonnen, um uns einen klaren Eindruck von ihrem früheren Aussehen zu geben.

Die Umfassungsmauer der Stufenpyramide ist an der Außenseite aufwändig behauen mit dem, was heute »Palastfassade« heißt. Dieses Design, das auch von Mastaba-Gräbern der Zeit bekannt ist, taucht bis zum Ende der altägyptischen Geschichte als beliebtes Motiv auf vielen alltäglichen Gegenständen von Kleiderkisten bis hin zu Särgen wieder auf. An der Stufenpyramide erscheint es in Form einer langen Reihe von komplizierten Toren, die jeweils in eine Serie von Nischen innerhalb von Nischen, also doppelt zurückgesetzt wurden. Zur Gestaltung gehörten damals auch Steinmetzarbeiten auf den Abschnitten zwischen den Nischen, die wie Knoten in einem Gewebe aussahen. Andere horizontale Quader waren so behauen, dass sie wie Baumstämme wirkten, die mit Hilfe von gekreuzten Seilen an ihrem Platz gehalten wurden. Das Ganze war einst vor einem Hintergrund von strahlendem Weiß in grellen Grundfarben bunt bemalt. Während das Honiggelb des verwitterten Kalksteins heute wie ein Teil des Wüstenplateaus wirkt, auf dem es sich erhebt, müssen vor 4500 Jahren Farbe und Dynamik grell ins Auge gesprungen sein.

In den Nischen, die sich rund um die gesamte Außenmauer ziehen, sind auf den ersten Blick in regelmäßigen Abständen vierzehn Eingänge auszumachen. Dreizehn von ihnen sind allerdings in den Stein gemeißelte, mit Angeln und Verriegelungen nachempfundene Scheintüren, deren Holzcharakter noch bis in die Maserung der Bohlen hinein betont ist. Nur eine Tür, die an der Südostecke, war ein echter Eingang zu einem überdachten Korridor mit Kalksteinsäulen, die Reetbündeln und langen Weidenruten nachempfunden waren. Im oberen Teil sind sie mit »Seilen« zusammengebunden, über denen sie sich nach außen spreizen und die ersten Kapitelle bilden. Die Säulen sind mit den Wänden hinter ihnen durch flache, ungeschmückte Steintäfelungen verbunden, die ganz offensichtlich hauptsächlich der Stabilisierung dienten. Das Dach zwischen den Säulen ist, wie einige Stellen der Außenmauer, so behauen, dass es nebeneinander gelegten Baumstämmen ähnelt.

Auf den ersten Blick wirkt das alles sehr befremdlich. Weshalb wurde der Stein mit großer Mühe so bearbeitet, dass er genau wie Holz aussah? Ein Vorschlag lautete, die Ägypter hätten Holz deswegen nachgeahmt, weil sie mit dem Material vertraut waren und sich bei diesem ersten großen Steingebäude nicht sicher gewesen seien, ob die Festigkeit des Gebäudes vom Material oder von der Form herrührte. Das, so argumentierte man, erkläre auch die verbundenen Säulen – die ägyptischen Architekten hätten offenbar dem neumodischen Material misstraut. Dennoch liegt der Zugang zum Komplex der Stufenpyramide genau an der gleichen Stelle wie bei der Hieroglyphe für die Palast-Umfassung . Diese Anlage war von Anfang an als eine in Stein gehauene ewige Kopie eines Königspalastes geplant.

Auf seinem Weg durch die Kolonnaden betritt der Besucher zur Rechten einen langen, offenen Hof, der an einer Seite von der Außenmauer und im Westen durch eine Reihe von eleganten Gebäuden mit Tonnengewölbe begrenzt wird. Die Umfassung verläuft auf der Seite der Kolonnaden schnurgerade und im Norden gerundet. In der Mitte der Südseite befindet sich ein erhöhtes Podium.

Die Räume mit dem Tonnengewölbe rund um die Peripherie des Hofes sind alle nur vorgetäuscht. Die Eingänge zu diesen Gemächern sind Scheintüren, sie sind aus festem Stein wie die Türen in der Außenmauer. Solche Umfassungen mit Gebäuden ringsum sind häufig abgebildet, allerdings oft in stilisierter Form. Eine

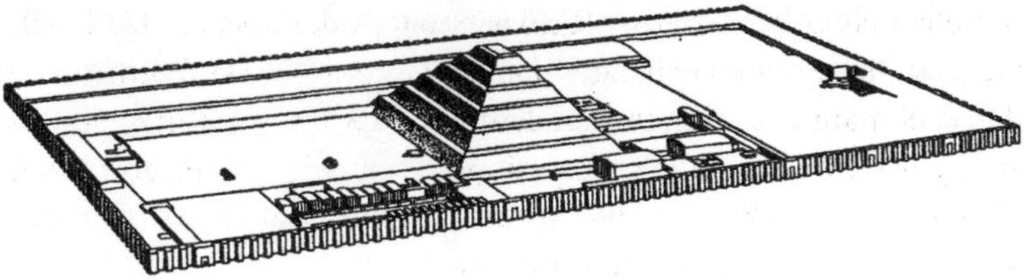

Der Komplex der Stufenpyramide

der frühesten Darstellungen findet sich auf dem Keulenkopf des Narmer, der heute im Ashmolean-Museum in Oxford zu sehen ist.

Hochreliefs auf dem Keulenkopf des Narmer

Im Hochrelief ist Narmer, der erste König der 1. Dynastie, mit der Krone von Unterägypten auf dem Kopf dargestellt, wie er unter einem Baldachin oder Dach auf einem Podium sitzt. Vor ihm sitzt in einer Sänfte eine zweite Gestalt mit der charakteristischen Form einer Frau. Hinter ihr tragen drei männliche Figuren Knoten in den Händen, ähnlich jenen auf den Außenmauern des Pyramidenkomplexes. Unter den Männern sieht man verschiedene Tiere. Ian Shaw vermutet, dass es sich bei den Tieren und Männern um Kriegsbeute handelt, aber die Ägypter stellten Gefangene üblicherweise tot oder gefesselt dar, und das ist hier nicht der Fall. Der Mann mit den erhobenen Armen unten rechts ist eine Hieroglyphe, die oft als »Millionen« gedeutet wird, eigentlich aber eine nicht zählbare, fast grenzenlose Menge meint. Sie bezieht sich auf die Tiere – Rinder, Schafe oder Ziegen, Geflügel. Oben stehen Standartenträger mit ihren Bannern. Die Formen vor den drei männlichen Gestalten deutete Shaw als »tumuli«, aber es sind ganz eindeutig Repräsentationen von mit Tonnengewölben überspannten Gebäuden, wie sie als Scheinräume auch in der Anlage der Stufenpyramide zu finden ist.

Aus Inschriften an Stätten der 1. Dynastie sowohl in Abydos wie auch in Sakkara weiß man, dass Narmer mit einer Königin namens Neithhotep verbunden war. Neith war die Schutzgöttin von Unterägypten und der Name deutet darauf hin, dass die Königin aus dem Delta stammte, das Narmer in der Schlacht erobert hatte (siehe die Darstellung auf dem Keulenkopf des Narmer, S. 54). Über dem König fliegt der Falke, der Gott Horus von Hierakonpolis. Über der weiblichen Gestalt in der Sänfte sieht man das Bild einer ummauerten Stadt im Stil des Deltas, nicht Oberägyptens.

Die sitzende Gestalt ist offenbar Neithhotep und das Bild berichtet von einer politischen Ehe oder Allianz zwischen Narmer aus dem Süden und Neithhotep aus dem Norden, um den Zusammenschluss beider Länder zu besiegeln. Narmer sitzt auf einem Podest und heißt seine Königin willkommen. Neithhotep, in einer Sänfte getragen, stellt ihre drei Beamten dem König vor, der ihr wiederum Tiere in unendlichen Mengen zum Geschenk macht. Der Ort, an dem dies geschieht, eine Anlage mit einem Podest für einen König und Gebäuden mit Tonnengewölben und jeweils freien Räumen dazwischen, muss im Stil dem Hof der Stufenpyramide geähnelt haben – es war, mit anderen Worten, ein Königspalast.

Der offene Hof im Komplex der Stufenpyramide wird gewöhnlich als *sed*-Hof beschrieben. Das *sed*-Fest ist eines der ersten uns bekannten Feste Altägyptens und war enorm wichtig für den Erhalt der Lebenskraft und Durchsetzungsfähigkeit des Königs. Jedes Jahr stand zu diesem Anlass seine körperliche Fitness auf dem Prüfstand. Nur wenn der Pharao gesund und kräftig war, konnte er die Kraft und Vitalität seines Land garantieren. Auf vielen Bilder sieht man, dass er offenbar um den Hof herumlaufen musste, vielleicht sogar mehrere Male. Man hat vermutet, dass jedes Gebäude einen Gau, einen Verwaltungsbezirk Ägyptens, repräsentierte und dass er nacheinander für jeden Gau eine Runde laufen musste.

Das Wort *sdi* hat im frühen Ägyptisch manchmal die Bedeutung »schlachten«, und so ist anzunehmen, dass in den allerfrühesten Zeiten ein *sdi*-Fest mit dem Tod des Königs enden konnte, wenn dessen Kraft zu wünschen übrig ließ. Verschiedene Bilder aus dem Alten Reich zeigen Könige bei diesem Lauf. Das Fest wurde auch in späteren Zeiten noch abgehalten, aber seit dem Neuen Reich ist unklar, ob der König wirklich noch in der Öffentlichkeit laufen musste. Die Zeremonie wurde zu einer Jubiläumsfeier.

Nach der Darstellung auf dem Keulenkopf des Narmer kann man vermuten, dass der König den Palasthof bei allen öffentlichen und staatlichen Gelegenheiten nutzte. Mit flatternden Bannern vor allen Gebäuden und dem Baldachin über dem erhöhten Thron bot er sicher ein majestätisches und farbenprächtiges Bild.

Nach dem *sed*-Hof betritt der Besucher der Stufenpyramide einen riesigen offenen Platz, dessen Nordseite die Pyramide bildet. Wieder schart sich eine Vielzahl von Gebäuden rund um diesen Hof; wieder sind alle nur aufgemalt. Hinter der Pyramide und an ihrer Nordseite angebaut führt eine Reihe von kleinen Räumen den Besucher zu etwas, das auf den ersten Blick wie eine kahle Wand aussieht. Auf Augenhöhe befinden sich zwei Löcher in dieser Wand; wenn man hindurchschaut, sieht man das lebensgroße Bildnis des Königs, in Stein gehauen, zurückstarren. Im Altertum waren die Augen der Statue mit Augäpfeln aus Quarz und Pupillen aus schwarzem Obsidian eingelegt. Außerdem war die Statue dünn verputzt und so bemalt, dass sie dem lebendigen König möglichst ähnlich sah.

Dreimal am Tag, bei Sonnenaufgang, Sonnenuntergang und am späten Abend, wurden hier üblicherweise der Seele, dem *ka* des Königs, Nahrungsmittel und Getränke geopfert. Das muss manchmal wirklich schauerlich gewesen sein! Stellen Sie sich vor, Sie betreten die dunkle, stille Anlage, die nur von den Sternen und ihrer Binsenmarkfackel, die Sie in der Hand tragen, erhellt wird. Sie durchschreiten die lange Flucht der Räume – und dann erweckt das Licht, das durch die winzigen Löcher in der Wand auf die glänzenden Augen der Statue fällt, die Gestalt des Königs plötzlich zum Leben, und er scheint aus der dahinter aufragenden Pyramide herauszutreten!

Der »Keller« *(serdab)* hinter dem Gebäude liegt genau dort, wo sich in allen späteren Häusern die Privatgemächer befanden. Offenbar war das Ritual ein symbolischer Nachvollzug der Aktivitäten im Palast, wo dem König dreimal am Tag das Essen in abgeschiedenen Privatgemächern hinter den öffentlichen Gebäuden serviert wurde. Das heißt natürlich nicht, dass er nicht an Banketten teilnahm; aber insgesamt weisen die Befunde darauf hin, dass der König des Alten Reiches, durch Formalität und Aberglaube gezwungen, ein einsames Leben führte.

Was also repräsentiert der Komplex der Stufenpyramide? Die Vorstellung, dass er für das Leben des Königs nach dem Tode gedacht war, ist logisch und nahe liegend, aber warum wurde er so und nicht anders angelegt? Und warum gibt es so viele Scheinbauten? Alles weist darauf hin, dass diese Anlage eine genaue Replik des ersten Königspalastes in den Weißen Mauern ist. Das würde die Scheinbauten erklären, die im Original natürlich echte Räume mit bestimmten Funktionen gewesen waren. Es würde die auch heute noch dramatische Wirkung der Stätte auf jeden erklären, der sich ihr von außen nähert – die »Weißen Mauern«. Es würde auch die Steinnachbildung der hölzernen Details erklären.

Natürlich hatte der Palast in den Weißen Mauern keine Pyramide in der Mitte, sondern stattdessen die königliche Residenz. Hieroglyphen zeigen, dass Paläste zu der Zeit, als die Schrift entstand, im Allgemeinen zwei Stockwerke, ein mit Zinnen bekröntes Dach und eine Treppe zum Dach hinauf besaßen .

Genauso sieht auch die rechteckige Form aus, in der der Königsname in dieser Anfangszeit stand und die wir *serech* nennen. Das lässt vermuten, dass der ursprüngliche Palast ein mehrstöckiges Gebäude in der Mitte des Hofes war. Die Privatgemächer, in denen der Pharao seine Mahlzeiten serviert bekam, lagen hinter diesem Bau.

Ein Serech

Die Scheingebäude rund um den Pyramidenhof wären dann in der Palastanlage Werkstätten, Büros oder Residenzen für den Hochadel, die Beamten des Königs, gewesen.

Es haben sich keine Bilder erhalten, die uns das Innere dieser Bauten zeigen könnten. Unter der Stufenpyramide findet man in den Kammern und Gängen Verkleidungen aus leuchtend blauer Fayence, die in die Wand eingelassen sind und hängenden Matten ähneln. Wahrscheinlich waren also die Wände im Inneren mit leuchtend bunten Wandbehängen geschmückt. Einen weiteren Hinweis gewinnen wir aus der Beobachtung, dass sich in Oberägypten in vieler Hinsicht tatsächlich kaum etwas verändert hat. Hausmodelle aus gebranntem Ton, die vor 4000 Jahren entstanden sind, haben schon genau die gleiche Form und Anlage wie die Häuser in den heutigen Dörfern. Da es in Ägypten oft sehr heiß ist, leben die Menschen nicht so in ihren Häusern wie wir. Die Bauten dienen der Aufbewahrung und als Schlafräume, während etwa im Freien gekocht wird. Deshalb sind die Häuser oft dunkel, haben kleine Räume und wenig Möbel.

Genau dieses Muster findet sich auch in einem der wenigen antiken Königspaläste wieder, die bisher in Ägypten gefunden und ausgegraben wurden – dem in Tell el-Amarna. Neben dem Tempel im Mittelpunkt zogen sich zwei Gebäudefluchten an den Seiten der Hauptstraße durch die Stadt. Auf einer Seite, im Westen, befand sich der öffentliche Bereich, Höfe, flankiert von Säulen und großen Statuen, mit riesigen Kolonnaden dahinter, die Besucher zumindest beeindrucken, wenn nicht in Ehrfurcht erstarren lassen sollten. Auf der anderen Seite der Straße, im Osten, lagen die Privatgemächer, kleine Zimmer ohne großen Schmuck, meisten gerade groß genug für ein Bett. Auf den ersten Blick bescheidene Räumlichkeiten für den König Ägyptens, doch die Wohnräume seiner Gattinnen, der königlichen Damen, sahen etwas anders aus.

Der königliche Harem

Es ist viel über die Harems des alten Ägypten geschrieben worden. Die mythischen Geschichten nährten die Vermutung, dass alle Ägypter mehrere Frauen heirateten, aber in Wirklichkeit hatten nur die Könige Nebenfrauen – ein König gehörte zur Gemeinschaft der Götter, nicht zu den Menschen. Allerdings lassen die Texte vermuten, dass die damaligen Könige ihre Ehefrauen verwöhnten. Königin Meritites, Cheops' Hauptfrau, wurde beschrieben als: »seine Geliebte, sie, die etwas sagt, das man dann sofort ausführt«.

Ägyptische Harems waren keine türkischen Harems. Es waren keine Gefängnisse, sondern vielmehr Gemächer, in denen königliche Frauen aus eigenem Entschluss in größtmöglichem Luxus lebten. Sie wurden von Dienern und Dienerinnen versorgt, wie auf Bildern in Tell el-Amarna zu sehen ist, und verbrachten einen Großteil ihrer Zeit damit, ihr Haar und ihr Make-up zu perfektionieren, um die Aufmerksamkeit ihres Gatten auf sich zu lenken. Sie machten Musik, sangen, tanzten, aber auch Spinnen und Weben gehörte offensichtlich zum Tagesablauf (wie Funde aus Gurob und Amarna zeigen).

Die von diesen Frauen bewohnten Häuser waren groß, aufwändig dekoriert und komfortabel eingerichtet. In der 3. Dynastie beschrieb der Domänenverwalter Metjen in seinem Grab in Sakkara eines dieser Königinnen-Häuser:

> [Es war] ein Haus, 200 Ellen lang und 200 Ellen breit, gebaut und ausgestattet. Schöne Bäume waren dort gepflanzt, ein großes Becken war dort angelegt, und Feigen und Wein wuchsen darum herum. Alles war nach dem schriftlichen Befehl des Königs ausgeführt worden. Viele Bäume und Weinstöcke wuchsen, und daraus wurden große Mengen Wein gewonnen.

200 Ellen sind etwa 80 Meter – eine ziemlich weitläufige Behausung. Ein Wandgemälde eines Gebäudes aus dem Neuen Reich aus Tell el-Amarna, heute im Ashmolean-Museum in Oxford, gibt einen Eindruck vom Lebensstandard. Es zeigt den König und die Königin auf niedrigen Stühlen sitzend. Der Boden ist bedeckt mit einer gewobenen Decke oder einem Teppich in strahlenden Farben und mit einer Bordüre. Die Kinder sitzen auf Bodenkissen aus zum Teppich passendem Material. Wir wissen, dass die Stühle mit aufwändigen Intarsien versehen oder vergoldet und, wie viele Bilder zeigen, mit losen Kissen gepolstert waren. Die Stuhlrücken hatten Überwürfe, die modernen Hussen (dekorative Überwürfe für Sitzmöbel) ähneln.

Das Gebäude war um eine zentrale, große Halle mit bemalten Böden und hübsch gefliesten Wänden herumgebaut. Licht kam aus Öllampen auf Ständern oder Wandkonsolen. Getränke wurden in verzierten Kelchen gereicht, die schönsten waren aus leuchtend blauer Fayence oder sogar aus Gold und Silber. Dienerinnen brachten das Essen von Serviertischen an einem Ende des Raums auf Tellern in kleinen Portionen zu den Gästen. Man aß mit den Fingern, und Diener brachten Wasser zum Händewaschen.

Der Alltag der königlichen Familie

In der Halle wurden dreimal am Tag die Mahlzeiten serviert, und zwar zur selben Zeit, zu der auch den Totengeistern Nahrung dargebracht wurde. Grundlage dieser Mahlzeiten war offenbar selbst für die Reichen ein grobes Brot – was der Gesundheit der Ägypter nicht unbedingt förderlich war. Es gibt zwar praktisch keine vollständig erhaltenen Mumien aus dem Alten Reich (bisher können nur zwei Mumien sicher auf diese Zeit datiert werden), Schädel jedoch haben wir in rauen Mengen. Anfang des 20. Jahrhunderts glaubten viele Forscher allen Ernstes, sie könnten mit Hilfe der Phrenologie, der »Wissenschaft«, aus der Form der Schädel zu »lesen«, die Archäologen mit möglichen Informationen versorgen. Damals wurden viele Schädel aus Mastabas des Alten Reiches auf dem Gise-Plateau eingesammelt, die noch heute in zwei versiegelten Gräbern lagern und nur für Fachleute von Zeit zu Zeit geöffnet werden.

In den 1960er- und 1970er-Jahren hat der Zahnarzt Dr. Frank Filce Leek die Schädel systematisch untersucht. Sie stammten vom Adel der 4. Dynastie, also meist von nahen Verwandten des Cheops, und wiesen fast alle schwere Abnutzungserscheinungen an den Zähnen auf – schon in jungen Jahren hatte der Sand im Brot den Zahnschmelz abgetragen. Leek ging damals nach Versuchen davon aus, dass die Frauen diesen Sand absichtlich dem Getreide beigaben, um in den Reibsteinen, die die Ägypter benutzten, schneller zu Mehl zu kommen. Mikroskopische Untersuchungen in jüngerer Zeit kommen allerdings zu dem Schluss, dass diese »Sand«-Körner winzige Steinbruchstücke und damit eher Splitter vom Stein der Reibsteine waren.

Bei einem Schädel des Alten Reiches aus Gise finden sich drei Zähne im Unterkiefer, die nicht die eigenen sind. Die beiden äußeren sind durchbohrt und durch die Löcher ist ein Golddraht gezogen, der den mittleren Zahn festhielt. Diese »Zahnprothese«, wahrscheinlich die ältesten falschen Zähne der Welt, wurde dann ins Zahnfleisch eingebettet. Es findet sich nur wenig Plaque auf den Zähnen und der Golddraht ist kaum abgenutzt, deshalb kann man vermuten, dass die Zähne erst nach dem Tod eingesetzt wurden. Allerdings wäre das überaus seltsam, weil in den Kiefern vieler Königsmumien Zähne fehlen, ohne dass jemand den Versuch unternommen hätte, ihnen falsche Zähne für ein Leben nach dem

Tod anzupassen. Wir müssen einen Mann von überaus hohem Rang vor uns haben, wahrscheinlich einen Sohn oder Bruder eines Königs (vielleicht beides). Jedenfalls ist diese technische Leistung (und Zahnschmelz gehört noch heute zu den härtesten Substanzen überhaupt) ein Beispiel für das Wissen und die Fähigkeiten, die die Ägypter beim Einsatz von Naturmaterialien im Laufe der 4. Dynastie entwickelten.

Wie schon erwähnt, bildete Brot, selbst für die engste Familie des Königs, einen wichtigen Teil der täglichen Nahrung. Die Hauptmahlzeit wurde in der Kühle des Abends eingenommen. Nachdem die Arbeiter bei Sonnenuntergang gegen 17 Uhr nach Hause zurückgekehrt waren, aßen und tranken sie etwas, aber die Hauptmahlzeit folgte erst später – zwischen 20 und 21 Uhr nach heutiger Zeitrechnung. Wir haben keinen Grund anzunehmen, dass es bei König und Adel anders war, wenn man einmal von der Qualität der Gerichte absieht. Es wurden verschiedene Hauptgerichte gereicht, dazu gab es Bier oder Wein. Besonders in den reicheren Haushalten waren süße Puddings immer sehr beliebt, zusammen mit frischem Obst – Weintrauben, Datteln, Feigen, Granatäpfeln und Wassermelonen.

Im Grab eines unbekannten Adligen der 2. Dynastie in Sakkara fand man eine komplette Mahlzeit, die allerdings nach 4500 Jahren doch ein bisschen vertrocknet war. Es gab verschiedene Gerichte: einen Brei aus gemahlener Gerste; am Spieß gebratene Wachtel; zwei gekochte Lammnieren; einen Taubeneintopf; geschmorten Fisch; gegrillte Rinderrippchen und kleine dreieckige Brotlaibe aus gemahlenem Emmer, einer Art frühem Weizen, den die Ägypter oft anbauten. Als Nachspeise waren kleine, runde, süße Kuchen vorgesehen, außerdem ein Gericht aus geschmortem Obst (wahrscheinlich Feigen) und ein Teller mit frischen Christdornbeeren und Käse, dazu Bier und Wein aus großen Vorratsgefäßen. Ein wahrhaft königliches Mahl!

Außerhalb des Haremsgebäudes in der Mitte des äußeren Hofes lag ein Wasserbecken, umgeben von Bäumen und vielen blühenden Büschen mit den Düften, die die alten Ägypter so liebten. Schnittblumen schmückten das Haus, und Frauen wie Männer trugen zu Banketten duftende Blüten im Haar. Im Becken schossen aus dem Fluss gefangene Fische hin und her, und vielleicht lebte dort auch, wie einige Reliefs in den Mastabas in Sakkara zeigen, die eine oder andere Schildkröte, während blaue und weiße Wasserlilien, die Symbole Ägyptens, auf der Oberfläche schaukelten.

Alle altägyptischen Betten, die man bisher gefunden hat, sind schmal, gerade breit genug für einen einzelnen Schlafenden. Die Matratzen fallen zum Fußteil hin sanft ab. Das legt die Vermutung nahe, dass sich das Liebesleben des Königs in den Frauengemächern abspielte, in einer angenehm kühlen Umgebung. In vielen Häusern, auch in Palästen, wurden in den Ecken mancher Zimmer niedrige Podeste oder Plattformen gefunden, und diese waren, mit Leinen bedeckt, sicher gut für diesen Zweck geeignet. Die königlichen Kinder wurden so empfangen und dann wohl auch in diesen Räumen geboren und verbrachten dort ihre frühe Kindheit mit ihrer Mutter und ihren Geschwistern.

Cheops lernte wahrscheinlich lesen und schreiben, denn in einer Geschichte rief sein Vater Snofru nach Feder und Papyrus, um etwas zu notieren – das einzige Mal, dass von einem der Könige so etwas berichtet wird!

Snofru herrschte etwa 24 Jahre lang über Ägypten, eine lange Regentschaft zu einer Zeit, da die Menschen, wenn man von Funden der Friedhöfe von Abydos und Naqada ausgeht, schon ab Mitte dreißig zu den Alten zählten. In dieser Zeit hatten ihm seine verschiedenen Ehefrauen sicher Kinder geboren – wir kennen die Namen von einigen Brüdern und Schwestern des Cheops. Diese Kinder wurden im Palast erzogen, wahrscheinlich in einer Haremsschule, wenn die Inschrift des Adligen Ptahschepses die Situation richtig wiedergibt:

> In der Zeit des Mykerinos wurde er ausgebildet unter den Kindern des Königs im Palast des Königs im Harem des Königs und in Gegenwart des Königs mehr geehrt als alle anderen Kinder.

In den Gräbern von Sakkara und Gise im Norden wie auch in den Gräbern derselben Zeit in Assuan im Süden sind viele Adlige mit Haustieren dargestellt. Hunde waren ihre liebsten Begleiter, und sicher hatte Cheops als Kind auch einen solchen Spielgefährten.

Belege aus Texten und Grabungsstätten lassen vermuten, dass das Leben im Palast eine ideale Umgebung für ein Königskind war. Hier wurde es verwöhnt und mit allem versorgt, was es sich wünschen mochte. Andere Schüler der Haremsschule bereiteten sich auf ihre Beamtenlaufbahn vor, Cheops jedoch war zu weitaus Höherem erwählt. Er wurde geboren mit der Bestimmung, König zu sein.

Die Einrichtung des Königtums

Wie wir gesehen haben, bezeugt die Vollendung der Stufenpyramide eine Entwicklung von monarchischen Vorstellungen innerhalb des neuen, geeinten Staates Ägypten. Ein König, für den sich die gesamte Bevölkerung beim Bau eines solchen Monuments zusammenschloss, hatte ganz sicher keine schlagkräftige Opposition zu fürchten. Weil uns jedoch direkte Quellen fehlen, können wir noch immer nicht mit Bestimmtheit sagen, welche Bedeutung ein König der 1. oder 2. Dynastie für sein Volk hatte, obwohl die wenigen Informationsbruchstücke und die Rückschlüsse aus der Entwicklung des Amtes in späterer Zeit alle in die gleiche Richtung weisen.

Nach der Gründung der Hauptstadt und der Einrichtung aller Regierungsämter blieb es, einmal abgesehen von den religiösen Pflichten, mit denen er den Kosmos im Gleichgewicht hielt, die Hauptaufgabe des Königs, die Deltaländer im Norden zu unterwerfen. Die militärischen Eroberungen Narmers waren vielleicht auf den ersten Blick ein großartiger Sieg, aber seine Ehe mit Neithhotep aus dem Norden lässt vermuten, dass er vielerorts nicht willkommen war und nicht akzeptiert wurde und deshalb die Konsolidierung seiner Macht durch eine solche diplomatische Verbindung anstrebte. Der zweite König der 1. Dynastie, Hor-Aha oder »der kämpfende Horus«, musste, wenn man von seinem Namen ausgeht, diesen Kampf offenbar fortsetzen.

Man sollte hier anmerken, dass es sich bei den Kämpfen zwischen Hierakonpolis und Naqada im Grunde um die Auseinandersetzung zweier Stammeshäuptlinge um die lokale Herrschaft handelte. Es gab kein Konzept für das, was der Sieger später mit dieser Macht anfangen würde, denn eine solche Situation hatte sich noch nie zuvor in Ägypten ergeben. Der Fürst von Hierakonpolis, der sich schließlich den Sieg sicherte, musste deshalb seine Position im Angesicht der Opposition und des Widerstands seines überwältigten Feindes definieren. Indem er in einem ersten Akt eine neue Hauptstadt gründete, änderte er sofort den Status seiner Familie und seiner engsten Freunde. Seine Familie war jetzt aufgrund ihrer Blutsverwandtschaft geehrt und privilegiert, auch wenn sie ihm wahrscheinlich nicht viel nützte. Seine engen Freunde konnten sich auf eine Beförderung freuen. Vorbei die Tage, als nur die Schnellsten, Tapfersten und Klügsten Respekt und Ehren erwiesen bekamen – jetzt hing alles von der Beziehung zu einem einzigen Mann ab.

Vor der Reichseinigung wurden die lokalen Beamtenstellen vom Vater auf den Sohn vererbt, und dies übertrug sich automatisch auch auf das neue Amt des Königs. Die lokale Macht allerdings war begrenzt gewesen. Sobald sich eine Familie jetzt die absolute Macht gesichert hatte, konnte nur ein weiterer Bürgerkrieg sie wieder aus dieser Position vertreiben. Die Ehefrau des Königs stieg zur Mutter zukünftiger Despoten auf, die Kinder wurden geboren, um später vor allem aufgrund des Geburtsrechts, nicht aufgrund des Faustrechts, zu herrschen. Dies alles verstärkte natürlich noch den Widerstand der Feinde und war in diesen frühen Jahren vermutlich schwer durchzusetzen.

Die Archäologen James Quibell und Frederick Green haben im Gebiet der 1. Dynastie auf dem riesigen Friedhof von Hierakonpolis ein Grab freigelegt, dem sie die Nummer 100 gaben. Es war eine einfache in den Felsen geschnittene Kammer mit geglätteten, dünn verputzten Wänden, auf denen man Szenen aus dem Leben, vom Tod und Begräbnis eines der letzten Lokalfürsten des Gebiets verewigt hatte – vielleicht ebendesjenigen, der sich zum ersten König eines geeinten Ägypten aufschwang. Das Grab ist einzigartig. Den Szenen fehlt die Ordnung späterer Grabmalereien, die Bilder sind ohne erkennbare Abfolge platziert. In einer Ecke allerdings ist der Herrscher mit einer Keule dargestellt: Er schlägt Feinde nieder, die vor ihm auf die Knie fallen. Hier wird zum ersten Mal der Status eines Königs ikonografisch dargestellt – das Bild haben alle seine Nachfolger in den nächsten 3000 Jahren wieder aufgenommen. Es lässt zwei Deutungen zu: Erstens zeigt es ihn als einen Mann der Kraft und Gewalt, der die Opposition niederzwingen wird. Zweitens aber ist er jemand, der Ordnung in das Chaos bringt, da seine Feinde in geordneten Reihen niederfallen, während er auf sie einschlägt.

Dieser König der 1. Dynastie etablierte sich also vor allem als militärischer Führer und Eroberer, der seine Feinde schlägt und unterjocht; als tapferer Krieger, der persönlich seine Macht erringt und sie durch körperliche Stärke und Standhaftigkeit bewahrt; und als Ordnungsmacht, wo sonst Chaos herrschen würde. Es überrascht nicht, dass das *sed*-Rennen vor allem in den frühesten Zeiten des Königtums gerade diese Qualitäten demonstrieren sollte, denn ganz eindeutig lag hier die eigentliche Essenz der Rolle. Ein König, der seine Regierungsfähigkeit öffentlich nachweisen musste, brauchte sicher starke, taktisch kluge Berater, zunächst Männer, die in den Kriegskünsten bewandert waren. Seine Beamten musste er nach ihrer Körperkraft und ihrer Loyalität auswählen, denn ein starker, ausgebildeter Mann mit einer Waffe war eine Bedrohung für seinen Herrn, wie die Geschichte immer wieder gezeigt hat. In dieser Phase ging man bei Ernennungen nicht notwendig danach, ob derjenige mit dem König verwandt war.

Doch sobald die Palaststadt Weiße Mauern an der Spitze des Landes stand, der Krieg beendet war und sich die Aufgabe der Friedenserhaltung und täglichen Kontrolle stellte, forderten die Adligen einen König mit anderen Eigenschaften. Er wurde zum obersten Verwalter, dem Mann, der die lästigen täglichen Pflichten jetzt seinem Gefolge übertrug. Zunächst hatte er seine Bedürfnisse zu analysieren und über den Status von Amtsträgern zu entscheiden. Die Männer wurden jetzt zu Dienern seiner Person heruntergestuft. Stand etwa ein Friseur über einem Sandalenträger? War ein Tassenträger wichtiger als ein Fächerträger? Der Pharao konnte jetzt auch den schwächsten seiner Anhänger belohnen, weil körperliche Stärke keine grundlegende Anforderung mehr war. Er brauchte jetzt keine Garden mehr, die sich im Kampf um ihn scharten, sondern Diener, die sich um sein Wohlergehen kümmerten und ihn vor Verrat schützten. In dieser Phase hätte er leicht zum *primus inter pares* werden können, zum Ersten unter Gleichen, zum Anführer seiner Männer, der die größten Zimmer bekam und am Kopf des Tisches saß, aber immer noch »einer von ihnen« war.

Stattdessen ernannte er, wie die Narmer-Palette zeigt, einen Verwandten, der die meisten dieser Aufgaben in einer Position übernahm, die wir heute als Wesir bezeichnen. Die Pflichten des Wesirs umfassten nach Aussage eines späteren Textes das Management des Palastes und seiner Büros, die Kontrolle aller anderen Beamten und die Aufsicht über fast alle Bereiche des Staates. Der Wesir war oberster Richter und oberster Botschafter und verantwortlich für die Buchführung über alles, was produziert und importiert wurde. Indem der König zum ersten Mal einen solchen Wesir ernannte, schuf er eine Machtpyramide, an deren Spitze er allein in völliger Isolation stand. Er entzog sich den anderen Menschen und stand nur mit einem Mann, dem Wesir, in täglichem Kontakt. Die Machtkämpfe blieben dem Adel überlassen, und der König konnte die Position der Adligen innerhalb der Machtpyramide aus einer persönlichen Laune heraus jederzeit ändern.

Nachdem er sich so von allen wichtigen verwaltungstechnischen Aufgaben befreit hatte, widmete sich der König der Definition seiner Rolle. Aber wie sollte die aussehen? Der Palermo-Stein führt auch die denkwürdigen Ereignisse unter den Königen der ersten fünf Dynastien an. In der 1. Dynastie wird, abgesehen von einer Angabe zur Höhe des Nils und Berichten über die alle zwei Jahre stattfindenden Zensusreisen den Nil hinauf, um die Flut zu messen, fast nichts außer der Geburt von Erben festgehalten, so etwa diese Eintragung: »Jahr 3, Geburt von zwei Kindern des Königs von Unterägypten«.

Auch die Bedeutung der Königsgattinnen war damit um einiges gewachsen. Plötzlich waren sie nicht mehr unbedeutende Hauswirtschafterinnen wie in der Zeit lokaler Häuptlinge, sondern die Einzigen im Lande, die täglichen und engen Umgang mit der Person des Pharao pflegten. Als Geliebte, Empfängerinnen seines Samens und Gebärende des »Kindes seines Leibes« gehörten die Königsfrauen einem exklusiven Klub an. Sie, und nur sie, durften ihm ins Angesicht sehen. Damit standen sie gesellschaftlich über den Adligen und allen anderen Beamten – mit anderen Worten: über all den wichtigen Männern im Land. Ohne sie konnte die Abfolge der Könige keinen Bestand haben. Im Grunde gab ihnen dies in mancher Hinsicht sogar mehr Macht als dem König selbst. Solange sie loyal blieben, machte das keine Probleme, doch sobald er die kleinste Schwäche zeigte, wurden sie zu seinen schlimmsten Feinden.

Die täglichen Pflichten des Königs

Der Pharao lebte jetzt weit von den Männern entfernt, die er zuvor in den Kampf geführt hatte, und war offenbar selten außerhalb des Palastes zu sehen. Deshalb wurde seine körperliche Fitness zum wichtigsten Punkt seiner Rolle, denn die Ägypter wollten einen starken und gesunden Mann an der Spitze, der sie führen und gesunde und kräftige Söhne, Erben des Horus-Throns, zeugen konnte. Das *sed*-Fest muss ein schrecklicher Tag für jeden König gewesen sein, der spürte, dass seine Kräfte aufgrund seines Alters nachließen.

Neben der Durchführung von Festen spielte auch der Bau von Monumenten eine immer größere Rolle, wobei es die Pflicht des

Königs war, den Grundriss des neuen Gebäudes abzuschreiten, den Verlauf der Mauern mit Hilfe von Seilen zu markieren und – nach Aussage von Inschriften im Tempel von Edfu (knapp 100 Kilometer südlich von Luxor) – beim Legen der Fundamente zu helfen.

> Jahr 17, Auslegung des Seils für den Tempel mit Namen Throne für die Götter (Palermo-Stein)

Diese Gebäude sind wie die Paläste und Städte verschwunden, wahrscheinlich unter den Fundamenten der späteren Bauten, die wir heute besuchen und bewundern.

Nach Auskunft des Palermo-Steins versuchte der König schon Mitte der 2. Dynastie, seine Kontrolle über die alten Grenzen Ägyptens hinaus auszudehnen. So wollte er sich Bodenschätze sichern – den feinkörnigsten Stein für die Bauten, Kupfer für Werkzeuge und Gold, um sein Prestige zu steigern.

> Jahr 14, zum siebten Mal werden Gold und Land gezählt (Palermo-Stein)

Schon vor Beginn der 1. Dynastie wurden Steinbrüche in der Ostwüste angelegt, um einen ständigen Nachschub an harten Gesteinen zu gewährleisten. Jetzt aber konzentrierte sich die Arbeit allein darauf, Steine für den König zu gewinnen. Viele besonders erlesene Steine wurden zu edelsten Gefäßen verarbeitet und auf Hochglanz poliert, jedes einzelne die Lebensarbeit eines Mannes. Die schönsten Granite und Diorite kamen aus Nubien, das auch gigantische Goldlagerstätten besaß. Kupfer im Überfluss gab es im Sinai. Alle diese Materialien waren jetzt der persönliche Besitz des Königs und wurden zu seiner freien Verfügung in Schatzkammern gelagert. Niemand konnte überhaupt noch irgendetwas besitzen, wenn er es nicht vom König bekommen hatte.

Die Könige nutzten diese Situation schnell aus. Aus Passagen des Palermo-Steins und aus Wand- und Felszeichnungen entlang der Strecke zwischen Palast und Steinbrüchen wissen wir, dass Männer vom Wesir ausgehoben, zu provisorischen Regimentern zusammengestellt und von den Königen geführt wurden, um die Minen und Steinbrüche sowie den Weg der Steine und Metalle zurück nach Ägypten zu sichern. Bei diesen Feldzügen ging es nicht darum, das Territorium Ägyptens zu erweitern. Es war offenbar auch nicht beabsichtigt, andere Völker zu unterwerfen, es ging einzig und allein darum, sichere Routen zu den Lagerstätten zu schaffen und die Ägypter zu schützen, die die Steine aus dem Fels schnitten oder die Erze förderten. Diese Expeditionen hinterließen beim Durchmarsch ihre Spuren auf den Felsen. Gelegentlich hatten sie mit lokalem Widerstand zu kämpfen, obwohl sie ganz eindeutig nur im Notfall zu den Waffen griffen. Um solchen Angriffen zu entgehen, begann der letzte König der 2. Dynastie Schiffe einzusetzen, statt durch feindliches Gebiet zu marschieren.

Jahr 17, Schiffe werden gebaut. (Palermo-Stein)

Entwicklungen in der 4. Dynastie

Zu Byblos, dem heutigen Ras Schamra, hatte Ägypten schon enge Verbindungen geknüpft. Östlich dieses Hafens an der Küste Libanons ermöglichte eine Fernstraße, die spätere Seidenstraße, den Import wertvoller Handelswaren selbst aus dem fernen Badachschan, das vor allem Lapislazuli lieferte. Die Ägypter liebten diesen tiefblauen Stein so sehr, dass sie schon in vordynastischer Zeit Versuche unternahmen, billigere Kopien aus farbigem Glas herzustellen.

Während das Territorium nördlich von Ägypten sonst eher feindlich eingestellt blieb, war Byblos so loyal, dass es offenbar allmählich zu einem »Kleinägypten« wurde. Wahrscheinlich war die Hafenstadt zu Beginn der ägyptischen Geschichte von Ägyptern gegründet worden. Jedenfalls war die Verbindung überaus wertvoll, denn an den nahen Hängen des Libanon wuchsen Bäume – Zedern, Wacholder und Kiefern –, auf die die Ägypter ein Auge geworfen hatten. In Ägypten gab es weitaus mehr Bäume, als man vermuten möchte, aber im Libanon, wo das kühlere Klima ein stetiges Wachstum ermöglichte, konnte man lange, gerade Stämme aus festem Holz finden.

Zu Beginn der 4. Dynastie ließ Cheops' Vater Snofru Zedern kommen, um Schiffe zu bauen. Der Palermo-Stein berichtet:

> Jahr 12, 100 Ellen (fast 50 m) Schiffe aus Meru-Holz und 60 16-Ruder-Schiffe werden für den König gebaut.

Sofort nach der Fertigstellung der Schiffe machte sich Snofru auf den Weg nilaufwärts Richtung Nubien.

> Das Land Kusch wird zerstört. 7000 Gefangene kommen lebend, zusammen mit 200 000 Stück Groß- und Kleinvieh.

Der Transport solcher Mengen von Männern und Tieren war keine leichte Aufgabe. Selbst wenn man die Zahlen beim Vieh als Übertreibung wertet, war eine gute Vorbereitung vonnöten, um die vielen Tiere über mehrere hundert Kilometer von Nubien bis nach Ägypten zu treiben. Der Weg führte größtenteils durch die Wüste, also brauchte man unterwegs Wasser und Futter. Höchstwahrscheinlich zwangen die Ägypter die Nubier, diese Aufgabe für sie zu erledigen.

Mit einem Handstreich hatte Snofru sich die Steinbrüche und Goldminen Nubiens gesichert. Er bereicherte sich nicht nur selbst jenseits aller Vorstellungskraft, sondern schlug gleich mehrere Fliegen mit einer Klappe, indem er die Männer aus Nubien fortschaffte – und 7000 Männer bedeuteten insgesamt wenigstens 40 000 Menschen, wenn man die Frauen, Kinder und abhängigen Alten mitzählt. Zunächst einmal entmutigte er die Nubier, denn es würde viele Jahre dauern, bis die Jungen, die er zurückgelassen hatte, wieder zu den Waffen greifen konnten. Zweitens nahm er ihnen das Fleisch weg, indem er ihr Vieh wegtrieb, und schwächte sie damit körperlich. Da die Rinder auch Häute für die Schilde und Leder für Schuhe und Schutzkleidung lieferten, schützte er zudem sein Heer, während er den Nubiern Ausrüstung entzog. Drittens minderte er die Zahl ägyptischer Soldaten, die nötig waren, um die Minen und Steinbrüche zu schützen. Das bedeutete geringere Ausgaben für Vorräte und Nachschub für eine weit entfernte Armee und gleichzeitig eine größere Beliebtheit beim Volk, denn den Heeresdienst hassten alle Ägypter. Viertens sicherte er sich einen schnellen und reichlichen Nachschub an Bodenschätzen für seine Schatzkammer mit dem geringsten zu erwartenden Widerstand. Und fünftens konnte er seine Ägypter ernähren, ohne selbst etwas ausgeben zu müssen – die Rinder und ihre Kälber lieferten ohne größeren eigenen Aufwand frisches Fleisch für alle.

Insgesamt war das Unternehmen also ein äußerst kluger Schachzug. Aber offenbar hatte es auch noch andere Wirkungen, mit denen er nicht gerechnet hatte. Was sollte er mit den Nubiern machen, wenn sie einmal in Ägypten waren? So viele unterworfene und gedemütigte Männer konnten in der Zukunft ziemlichen Ärger bereiten. Eine Stele, die er in Dahschur errichten ließ, verkündet seine Lösung des Problems:

> Die angesiedelten Nubier, die an den beiden Pyramiden des Snofru arbeiten, werden von der Steuer befreit.

Hier haben wir offenbar den Grund dafür, warum plötzlich in der 4. Dynastie wieder Pyramiden im großen Stil auftauchten. Imhotep hatte zu Beginn der 3. Dynastie mit der Stufenpyramide in Sakkara den Weg gewiesen; doch nach seinem Tod endete der Pyramidenbau regelmäßig im Misserfolg, und die Pläne blieben unvollendet – vielleicht auch aus Mangel an Arbeitskräften. Die Ägypter waren traditionell Bauern. Sie stattdessen zum Pyramidenbau zu verpflichten, wäre nicht nur auf erbitterten Widerstand gestoßen, sondern hätte der Landwirtschaft auch Arbeitskräfte entzogen und zu Engpässen bei der Versorgung geführt. Ägypten brauchte die Nahrungsmittel; der König dagegen brauchte Arbeitskräfte.

Snofru hatte offenbar die Lösung des Problems gefunden: Er importierte die Arbeiter.

Die Monarchen des Alten Reiches

Die Rolle des Monarchen war zu Beginn der 4. Dynastie etabliert, sie hatte sich im Laufe der Jahre und als Reaktion auf unterschiedliche Ereignisse entwickelt. Durch die Vereinigung des Nordens und des Süden war der König zum Besitzer aller Dinge im ganzen Land geworden. Durch die Ernennung eines Wesirs hatte er sich vom Volk entfernt und eine Aura der Entrücktheit um sich geschaffen. Durch klug geplante Feldzüge hatte er sich volle Schatzkammern und eine riesige Schar von Fremdarbeitern gesichert. Durch den Rückgriff auf einen Plan des Imhotep war er jetzt imstande, so großartig zu bauen, wie es seinem Status in der Gesellschaft zukam. Er hatte seinem Volk Frieden, Nahrung, Reichtum und Status verschafft. Er hatte praktisch ohne eigene Kosten und eigenes Risiko die Handelsrouten in den Norden über Byblos, in den Osten Richtung Sinai und in den Süden nach Nubien gesichert. Mit der dadurch gewonnenen Popularität hatte sich auch seine Rolle verändert: Aus dem König der 2. Dynastie, der brutal nach dem Besitz anderer Leute griff, war in der 4. Dynastie ein wohlwollender Vater des Volkes geworden.

Wir verfügen über nur wenige Texte aus der gesamten Zeit des Alten Reiches. Abgesehen von den Pyramiden sind auch die erhaltenen Monumente selten, und nur vier der Pyramiden bergen irgendwelche Texte – zwei vollständige und zwei fragmentarische Fassungen dessen, was heute als Pyramidentexte bekannt ist. Darin wird von den Zeremonien berichtet, mit deren Hilfe der sichere Übergang des auferstandenen Königs in sein Leben nach dem Tod gewährleistet werden sollte, kaum jedoch über sein Verhalten vor dem Tode. Uns sind aus den ersten 1000 Jahren der ägyptischen Kultur keine Tempel erhalten, und Tempel sind üblicherweise der Ort, an dem man Hinweise auf die Taten des Herrschers finden kann, wenn auch nur gereinigte Versionen der Geschichte für Propagandazwecke.

Die Pyramiden allerdings standen einst jeweils im Zentrum großer Umfassungsmauern, in einer ganzen Totenstadt mit großen Mastabas in ordentlichen Reihen, ja sogar mit Straßenzügen für die verschiedenen Schichten der Gesellschaft. In einem Viertel haben wir die Gräber der Söhne des Königs; in einem anderen die seiner Ehefrauen, Schwestern und Töchter; in wieder einem anderen die von Kunsthandwerkern und Architekten. Außerhalb der Mauern gab es, wie wir heute aus einigen wenigen Ausgrabungen wissen, Barackensiedlungen für die ständigen Arbeiter, die mit dem Bau der Pyramiden und der sie umgebenden Gräber sowie mit der späteren Erhaltung der Stätte beschäftigt waren. Die ganze direkte Umgebung der Mauern sowie Flächen im Norden und Süden waren allein der Ernährung dieser Arbeiter vorbehalten. Der Tod war zu einer regelrechten Industrie geworden!

Die Mastabas hatten anders als die Gräber der königlichen Anführer Wände voller Bilder und Texte, die auch die Titel und wichtigen Ereignisse im Leben ihrer Inhaber aufführten. Anfangs waren es einfache Auflistungen, dann entstanden im Laufe der Zeit ausführliche und umfassende Biografien, aus denen wir einen gewissen Einblick in die Beziehungen dieser Menschen zum König und zueinander gewinnen. Parallel zur neuen Rolle des Monarchen wetteiferten diese Männer, oft Verwandte des Königs, offenbar darum, einander im Rang zu übertreffen. Jetzt war es plötzlich wichtig, der Nachwelt den jeweiligen Erfolg im Vergleich zu dem der Gleichrangigen mitzuteilen.

> Er war der oberste Schreiber für die Getreidespeicher, Aufseher über alle Vorräte. Er wurde zum Gouverneur ernannt, er wurde zum Richter und Aufseher über allen Flachs des Königs ernannt. Dann wurde er Herrscher des südlichen Hauses des Ched, Bürgermeister von Dep, Oberaufseher von Myper und dem Haus [Tempel] des Sepa; Bürgermeister von Sais; Kommandant der Festung Senet.

Die Titel jedes einzelnen Individuums sind seltsam gemischt, einige sind militärisch, andere beziehen sich auf den persönlichen Haushalt des Königs und wieder andere auf Posten in der Verwaltung des Landes. Viele Männer sind zum Beispiel als »Sohn des Königs« aufgeführt, während wir den Namen ihres Vaters kennen und dieser ganz sicher nicht König war! Der Titel konnte wie viele andere offenbar jedem Adligen im persönlichen Dienst des Königs verliehen werden. Zwei auf Grabwänden festgehaltene Testamente aus dem Mittleren Reich zeigen, dass der Besitz des einzelnen Adligen dreigeteilt war. Ein Teil des Landes und Eigentums gehörte der Familie auf ewig und konnte nach eigenem Willen weitergegeben werden, normalerweise vom Vater an den ältesten Sohn. Anderes Land und Eigentum war ihm in Verbindung mit den Titeln, die er innehatte, vom König verliehen, fiel aber nach nur wenigen Generationen an die Krone zurück. Wieder anderer Besitz, der mit einem Amt verbunden waren, konnte gar nicht vererbt werden, sondern ging von einem Amtsträger auf den nächsten über. Da diese Ämter ein Geschenk des Königs waren, konnte er ernennen und wieder absetzen, wen er wollte und wann er es wollte.

All dies gab dem König der 4. Dynastie die totale wirtschaftliche und politische Kontrolle. Grabtexte belegen, dass die Untertanen dem König des Alten Reichs mit Furcht, ja sogar mit echtem Entsetzen gegenübertraten. Er galt als von der übrigen Menschheit völlig getrennt und grundsätzlich wesensverschieden und wurde ganz der Gemeinschaft der Götter zugeordnet.

Was der König gab, dass konnte er auch wieder nehmen. Da er alles besaß und kontrollierte, zahlte sich Unterwürfigkeit immer aus, denn wer seine Gunst verlor, verlor alles. Bilder von Beamten in ihren Gräbern zeigen die normale Haltung aller, die vor einen höheren Beamten traten – man näherte sich mit geneigtem Kopf, die Augen auf den Boden geheftet, mit herabhängenden Armen und offenen, nach vorn gedrehten Händen, um zu zeigen, dass man keine Waffen trug. Manchmal umklammerte der rechte Arm den linken über der Brust. Diese Haltung nahmen offenbar auch die höchsten Beamten gegenüber dem König ein. Sie war sicher kein alter Brauch, denn die Vorfahren des Adels waren Jäger und keine Staatsdiener gewesen. In Gegenwart des Königs jedenfalls musste auch der arroganteste Adlige niedersinken und den Boden küssen, über den der König schritt. In der 4. Dynastie wurde der Adlige Ptahschepses auf ganz besondere Weise geehrt:

> Seine Majestät rühmte ihn, und seine Majestät erlaubte ihm, seinen Fuß zu küssen. Seine Majestät ließ ihn nicht stattdessen den Boden küssen!

Die Erlaubnis, die Privatgemächer des Königs zu betreten, war eine nur wenigen Menschen gewährte Ehre, die mit großem Stolz in der Autobiografie erwähnt wurde, wie etwa Sabu es in seinem Grab in Sakkara tat:

> Als Seine Majestät mich ehrte, erlaubte er mir, die privaten Gemächer zu betreten, sodass ich den Höflingen ihren Rang zuweisen konnte. Niemals wurde Ähnliches einem anderen Diener von einem anderen König zuteil, denn Seine Majestät liebte mich mehr als jeden anderen seiner Diener.

Im Grab von Rawer, einem Höfling der 5. Dynastie, wird davon berichtet, dass er durch den Palast ging und plötzlich zufällig vom Zepter des Königs berührt wurde. Dies war ein so großer Schrecken für ihn, dass er das Ereignis für die Nachwelt festhielt. Ein anderer Höfling namens Washptah starb buchstäblich aus Angst vor dem König. Sein Entsetzen rührte daher, dass ihm die Gnade der königlichen Gegenwart zuteil wurde.

Die Pflichten des Königtums

Es genügte nicht, wenn ein solcher König allein sterbliche Aufgaben ausfüllte! Dieser König stand weit über und jenseits der normalen Menschheit. Lord Acton hat einmal den berühmten Ausspruch getan: »Macht korrumpiert oft, und absolute Macht korrumpiert absolut.« Die ägyptische Philosophie der Macht klang da etwas anders: Alle Rechte bringen gleichwertige Verantwortlichkeiten mit sich, totale Rechte also auch totale Verantwortung. Das Wort für einen Diener im Altägyptischen war *ḥm (hem),* dargestellt als Keule . Wenn dieses Zeichen in Verbindung mit einem König auftaucht, übersetzen wir es als »Majestät«. Mit anderen Worten: Der König war der oberste Diener, er diente nicht den Menschen, sondern dem Kosmos selbst.

Nach ägyptischem Glauben ging aus dem ursprünglichen Chaos und Nichtsein ein Urhügel hervor, auf dem zunächst die Götter, dann die Natur und schließlich die Menschheit entstanden. Ihre Existenz verdankte sie allein dem Vollzug bestimmter Akte. Das Chaos, *isfet,* war immer gegenwärtig, lauerte ständig darauf, die Macht zu übernehmen. *Maat,* oft fälschlich mit Wahrheit oder Gerechtigkeit identifiziert, war das empfindliche und gefährdete Gleichgewicht des Universums. Alles, so glaubte man, müsse im Gleichgewicht sein. Bilder wurden immer mit einem Gegenstück versehen, um die Balance zu erhalten und zu betonen; Hieroglyphen wurden in gegensätzlichen Richtungen in die Wände gehauen, ausgehend von einem zentralen Punkt, um das Gleichgewicht zu sichern. Alles Gute, alles Böse, jede Pflanze und jedes Tier war wichtig für ebendieses Gleichgewicht in dieser Welt, die wiederum ein Gegenüber in einer Welt des Jenseits hatte; das Männliche hatte das Weibliche, das Oben das Unten, das Sichtbare das Unsichtbare. Die geringste inkorrekte Handlung konnte dies durcheinander bringen und das Chaos wieder aufleben lassen.

Der König schließlich als Gott unter Menschen hatte die Pflicht, die riesige Kluft zwischen Schöpfung und Welt, zwischen Sterblichen und Unsterblichen zu überbrücken. Er allein agierte gelassen in der Gemeinschaft der Götter, er kannte ihre Sprache (*mdw nṯrw* [medu netjeru] oder »Sprache der Götter« war die ägyptische Bezeichnung für die Hieroglyphen). Er verfügte über Wissen und Weisheit, die angeblich aus der Zeit der Götter stammten. Er wurde noch als Prinz nach Heliopolis, in die Stadt der Sonne, geschickt, um von den Männern, die sie bewahrten, die nötige Weisheit zu erlangen. Damit war sichergestellt, dass er die korrekten Handlungen ausführte und die richtigen Worte sprach, um die Bewahrung und Kontinuität der Existenz zu gewährleisten.

Dazu musste der Pharao täglich Zeremonien durchführen, in denen er rituell die Schöpfung nachvollzog und dieselben Handlungen wiederholte, die einst die Welt hervorgebracht hatten. Für uns in unserer oft areligiösen und skeptischen Zeit mag diese Aufgabenteilung sehr vorteilhaft aussehen – der Wesir macht die Arbeit, der König hat einzig und allein die Pflicht, einfache Zeremonien durchzuführen. Doch für Ägypten und den König sah das ganz anders aus. In ihren Augen war die Rolle des Königs die schwerste von allen. Wenn er einen Fehler machte, dann ging womöglich die Sonne nicht auf, die Nilschwelle setzte nicht ein und die Menschen waren dem Verderben preisgegeben.

Unter dem König herrschte in der Gesellschaftspyramide eine gewisse Zufriedenheit. Jeder hatte eine Rolle auszufüllen, und diese Rolle war jeder anderen Rolle gleichwertig, wenn auch nicht gleich. Eine Beförderung bedeutete mehr Verantwortung, deshalb ließen viele Männer gern anderen den Vortritt. Dennoch wusste jeder, dass er ein wesentliches Teil im Puzzle des Lebens war, während die Rolle des Königs, die die normalen Arbeiter nicht das Geringste anging, darin bestand, die weitere Existenz der Welt zu sichern.

Was auch immer der König des Alten Reiches anordnete, musste geschehen. Andernfalls ließen die Menschen ihn womöglich bei der unabdingbaren Notwendigkeit im Stich, das Universum jeden Tag neu in Gang zu bringen. Seiner Isolation, seinem Reichtum, seiner zeitlichen Macht und seiner neuen Arbeiterschar konnte der König der 4. Dynastie jetzt noch die religiöse Furcht hinzufügen. Er konnte jetzt sicher sein, dass er bekam, was er wollte. Und was er wollte, war eine große Pyramide!

Noch immer wissen wir nicht, woher die Ägypter eigentlich kamen. Neue Untersuchungen in Hierakonpolis haben archäologische Quellen aus frühesten vordynastischen Zeiten zutage gefördert, die bestätigen, was schon die Sprache nahe legte: Einige Siedler kamen wohl aus dem Süden, aus Afrika, andere stammten aus dem Norden, aus den semitischen Ländern Mesopotamiens und dem ferneren Osten. Bis zur Zeit der Reichseinigung gab es in Ägypten eine bunte Mischung isolierter Siedlungen mit jeweils eigenen Bräuchen, Sprachen und Überzeugungen – Völker, die miteinander Handel trieben, aber ansonsten Abstand hielten. Der Einigungsprozess verband sie allmählich zu einer Nation und machte viele Kompromisse nötig. Es überrascht nicht, dass er nur langsam voranschritt.

Von Beginn an waren Rinder sehr wichtig. Bei Grabungen sind immer wieder Knochen und Hörner von Rindern zum Vorschein gekommen, die sehr viel größer waren als die heutigen. Bezüge auf Apis, einen Gott, der in Stiergestalt verehrt wurde, finden sich schon in den Anfängen der Schrift, während der Kult selbst wohl noch einmal Jahrhunderte älter ist. Dennoch wurden die Jäger, die den Rinderherden gefolgt waren, mit der Reichseinigung ein sesshaftes Volk und machten sich vom Nil abhängig, auf dessen fruchtbaren Schwemmland sie ihr Getreide anbauten. Laut Plutarchs Schrift *De Iside et Osiride (Über Isis und Osiris)* brachte Osiris, der Sohn der Nut, der Personifikation des Himmels, den Getreideanbau nach Ägypten. Der verstorbene große Archäologe Michael Hoffman, der an vielen Stätten aus sehr früher Zeit gegraben hat, brachte fast unerklärlicherweise frühe Mühlen in Form von Reibsteinen, an denen sich sogar noch Körnerreste fanden, an Stätten zum Vorschein, die er auf die Zeit um 10 000 v. Chr. datierte – 500 Jahre vor dem Beginn der Landwirtschaft in Mesopotamien. Diese Menschen benutzten bei der Jagd auf kleinere Lebewesen wie etwa Fische auch Mikrolithe, winzige bearbeitete

Feuersteine. Vor der Rückkehr der Herden und der Großwildjagd betrieben sie etwa 1000 Jahre lang mit Erfolg Ackerbau. Hoffman nannte diese Lebensform ein »landwirtschaftliches Experiment«. In archäologischer Hinsicht mag dies akzeptabel sein, doch aus anthropologischer Sicht sind 1000 Jahre der Domestizierung von Tieren und Pflanzen, verbunden mit einem sesshaften Lebensstil, wohl kaum als Experiment zu bezeichnen.

Die Funde weisen vielmehr darauf hin, dass, als das Wasser nach der letzten Eiszeit stieg, der Norden von Afrika grünes Weideland wurde. Das Leben ohne Jagd ist leichter, besser kalkulierbar. Nach 1000 Jahren Landwirtschaft schließlich betrachteten sich die Menschen, die das Land bearbeiteten, als Bauern. Aller Wahrscheinlichkeit nach ließ aber gerade die intensive Nutzung des Landes die Böden verarmen, bis sie so staubig und trocken wurden wie die Sahara heute. Das von den Gewässern der Eiszeit abgelagerte Land war fruchtbar genug gewesen, um 1000 Jahre lang Leben zu spenden, während das Land außerhalb des Bewässerungsbeckens des Nils wenig Regen erhielt und keine Flutablagerungen hatte. Möglich wäre auch, dass das fruchtbare Grasland große umherstreifende Herden nach Norden zog, die vorher von kälteren Temperaturen fern gehalten worden waren. Die Ägypter waren und sind noch heute begeisterte Fleischesser. Die Wiederkehr der »Nahrung auf Hufen« könnte nicht nur die in dieser Zeit häufig anzutreffenden Elfenbeinschnitzereien, sondern auch die Rückkehr zur Jagd erklären. Vielleicht waren die Ägypter nur allzu gern bereit, sich von ihren Äckern ab und einer leicht zu erlangenden und reichhaltigen Fleischquelle zuzuwenden.

Grabungen in den Jahren 1998/1999 haben in Hierakonpolis die Bestattung eines jungen Elefanten und etwas später die Reste eines riesigen Auerochsen, dazu wilde Wüstenesel, Gazellen und Steinböcke aus der frühen vordynastischen Zeit ans Licht gebracht. All dies weist darauf hin, dass zur Zeit der Reichseinigung Großwild im Überfluss vorhanden war und zur Quelle des Wohllebens wurde. Dennoch gab es weiterhin neben den Jägern auch

Bauern. Grabreliefs in Sakkara erzählen von Versuchen, Hyänen zu domestizieren.

Die sesshaften geeinten Ägypter mussten ihre Lebensform neu definieren, ebenso wie der König sich gezwungen sah, seine Rolle neu zu definieren. Von wachsender Bedeutung war die Getreideproduktion. Während bei Grabungen an Stätten der frühesten Zeit Fleisch als das wichtigste tägliche Nahrungsmittel hervorsticht, wurde es im Alten Reich dann in dieser Funktion vom Brot abgelöst. Die Jagd, der Klimawechsel, das Schwinden der Lebensgrundlage der Wüstenherden, übermäßige Nutzung von Holz zum Bauen und Kochen – all diese Elemente zusammen veränderten ganz langsam die Balance des Lebens in Ägypten.

Als Snofru den Thron bestieg, arbeiteten die meisten Menschen auf dem Feld, säten, jäteten, wässerten und fuhren eine reiche Getreideernte ein, von der sich die Menschen ernährten. Zu Beginn der 3. Dynastie war Fleisch fast schon zum Luxusgut geworden. Die Verwendung von Tauben, Nieren usw. bei dem Menü auf S. 62 zeigt, dass statt großer Fleischstücke vom Rind und Wildtieren vor allem kleine Tiere und auch Innereien gegessen wurden.

Als das Großwild verschwand, ließen sich die Menschen auf ihren Feldern nieder – und die Männer des Königs kamen, um Steuern einzutreiben und sich so ihren Anteil zu holen. Die Jagd wurde jetzt zum reinen Zeitvertreib der Reichen und diente eher dem Nervenkitzel als der Nahrungsbeschaffung. Manetho berichtet, dass der dritte König Ägyptens »von einem Flusspferd getötet« wurde, während der Palermo-Stein für das Regierungsjahr 18 eines nicht genannten Königs »Flusspferde jagend« vermeldet. Das Elfenbein der 1. und 2. Dynastie stammt, wie sich unter dem Mikroskop zeigt, eher von Flusspferden als von Elefanten, während Reliefs aus den Mastabas in Gise und Sakkara Männer zeigen, die mit Speeren Flusspferde, Fische und Schildkröten jagen sowie Fische in Netzen fangen. Der Fluss hat im Alten Reich das Land als Ort der Jagd ersetzt, und in den Kornspeichern lagerte ein Teil der jährlichen Ernte, um den König, die Adligen, ihre Familien und die Staatsbeamten zu ernähren.

Die einfachen Ägypter haben wenig hinterlassen, das uns bei unserer Suche helfen könnte. Da sie nicht lesen und schreiben konnten, sind ihre Namen verloren, auch wenn ihre Gräber vielleicht gefunden werden. Ihr spärlicher Besitz war zu wertvoll, um mit ihnen bestattet zu werden, und was ihnen doch ins Grab folgte, wurde meist von Grabräubern gestohlen. Reliefs allerdings zeigen, dass die Menschen in der 3. Dynastie webten, Teppiche knüpften, Boote bauten, Vieh züchteten, töpferten, Perlen herstellten und Stein und Metall bearbeiteten. Auch gehobene Handwerksberufe entstanden, es gab Mediziner, Friseure, Fußpfleger, Zahnärzte, Leinenweber, Färber und Schneider ebenso wie Bäcker und Brauer. Von der 3. Dynastie an zeigen die Titel erfolgreicher Männer, dass sie alle Verantwortung für einige solcher Werkstätten trugen. Frieden und eine gesicherte Existenz unter einer starken Herrschaft brachten jedem einzelnen Ägypter Wohlstand, obwohl man an den Gräbern ablesen kann, dass sie noch immer ein hartes und sehr kurzes Leben führten, das von schwerer Arbeit und Anstrengung geprägt war.

Vom Beginn der 3. Dynastie an begannen die Menschen, auch Philosophien für den Hausgebrauch zu entwickeln. Einige Männer hatten die Zeit und die Fähigkeit zur Selbstbeobachtung und versuchten, Grundregeln für ein gelungenes Zusammenleben aufzustellen. Diese so genannten »Weisheitstexte« sind oft nur als Kopien von Kopien erhalten, doch einer der frühesten wurde schon von Kagemni, einem Wesir des Huni und des Snofru am Ende der 3. Dynastie, formuliert. Ein anderer, von dem nur ein kleines Fragment auf einem Ostrakon in München erhalten ist, stammt offenbar von Hordjedef, einem Sohn des Cheops. In diesen Texten ist schriftlich niedergelegt, wie die Menschen nach Ansicht der Autoren miteinander umgehen sollten. So entstand ein Moralkodex mit Richtlinien für eine entstehende Gesellschaft, der beschrieb, wie die Menschen sich umeinander kümmern und sich im höflichen Miteinander begegnen sollten. Damit waren die Weisheitstexte weiter gefasst als die griechische Philosophie, die etwa 3000 Jahre später auf diesen ägyptischen Vorbildern aufbaute. Die

Regeln für ethisch korrektes Verhalten waren nicht wie die jüdischen und griechischen von der Vorstellung geprägt, dass man bestraft würde, sobald man sie verletzte, sondern von der Idee, dass alle Menschen, egal welchen Standes, sich in einen großen Daseinsplan einzuordnen hätten und dass sie einander respektieren müssten, da sie nun einmal alle zusammenlebten. Dies hätte durchaus ein Mittel für die Reichen sein können, um den Armen Regeln aufzuerlegen, wie es die Römer mit ihrer Trennung von Patriziern und Plebejern, »Besitzenden« und »Habenichtsen« versuchten, oder um Kasten zu bilden, wie es die indische Gesellschaft tat. Doch in Ägypten war diese Vorstellung auf ein einfaches Prinzip gegründet – heute mochte man vielleicht reich sein, aber schon morgen konnte sich dies ändern. Wenn man als reicher Mann die Armen verachtete und schlecht mit ihnen umging, wie konnte man dann erwarten, mit Verständnis behandelt zu werden, wenn man selbst verarmte? Dies ist, so scheint es, die Grundlage für das »moderne« Konzept: »Was du nicht willst, das man dir tu, das füg auch keinem andern zu.«

Kagemni diktierte seinen Befehl am Ende des Textes:

> Da ließ der Wesir seine Kinder (= Schüler) kommen, nachdem er der Menschen Wesen durchschaut hatte und nachdem ihr Charakter ihm aufgegangen war. Er sagte zu ihnen: »Beachtet alles, was in diesem Text geschrieben steht, Hört darauf, wie ich es gesagt habe, und überschreitet nicht, was geschrieben steht.« Dann warfen sie sich auf den Bauch und lasen (genau), wie es geschrieben stand, und es war in ihren Augen besser als alles andere im ganzen Land.

Dann hielt Kagemni noch einige Gedanken zum Leben fest:

> Einem Mann, der respektvoll ist, wird es gut gehen. Ein demütiger Mann wird gerühmt werden. Die Türen öffnen sich vor dem Mann, der schweigt, und es gibt viele Türen für den Mann, der schweigt, also beteilige dich nicht an Klatsch und Tratsch!

Wenn du mit denen zusammensitzt, die du liebst, lehne Essen ab, das du gerne nehmen würdest.

Ein einziger Schluck Wasser befriedigt den Dürstenden; eine einzige Portion Kräuter bringt die Energie zurück [wörtlich: stärkt das Herz]. Eine gute Sache steht für die Güte, wenig steht für viel. Ein Mann, dessen Magen noch mehr will nach einem Mahl, der wird verachtet.

Wenn du mit einem betrunkenen Mann trinkst, tu dies nur, wenn sein Herz zufrieden ist. Stürze dich nicht auf das Fleisch, wenn du neben einem Vielfraß sitzt, sondern nimm, was er dir gibt. Lehne nichts ab, und es wird genügen.

Dein Ansehen mag für dich sprechen, aber du selbst bleibe still. Wenn du erwählt wirst, prahle nicht mit deiner Stärke vor deinen Altersgenossen, oder sie werden gegen dich arbeiten.

Hordjedef, der Sohn des Cheops, riet mit Hinweis auf die Kürze des Lebens zu einer ähnlichen zurückhaltenden Lebensweise:

Wenn es dir gut geht, dann bau ein Haus, nimm dir eine Frau, die ihr eigenes Herz im Griff hat [d.h. die einen Haushalt leiten kann], und dir wird ein Sohn geboren werden. Du baust dein Haus für deinen Sohn, wenn du ein Haus für dich selbst baust. Kümmere dich um dein Heim in der Nekropole, sichere dir deinen Platz im Jenseits. Befolge diesen Rat, denn der Tod wird uns erniedrigen, gerade wie das Leben uns erhebt, aber das Haus des Todes ist für immer.

Dieser Ratschlag ist in Anbetracht seines enormen Alters überaus beeindruckend. Plötzlich wird klar, dass die Zeit, die zwischen uns und ihnen vergangen ist, nur ein kurzer Moment im großen Lauf des gesamten Daseins ist. Der Rat bezeugt zudem einen grundlegenden Glauben an die Philanthropie, an die Sorge für andere, egal, wie weit man aus der normalen Menschheit herausgehoben ist. Natürlich garantierte das nicht unbedingt eine gute Behandlung der Armen, denn die lag in der Hand der einzelnen Menschen, aber es war eine allgemeine Vorschrift, die mehrere tausend Jahre in einer Kultur erhalten blieb und vom Christentum und Islam aufgenommen wurde.

Wenn die reichen Adligen diesen Ratschlag befolgten und die armen und einfachen Menschen davon profitierten, dann muss das Leben in Ägypten ungeachtet der alltäglichen Probleme relativ angenehm gewesen sein. Interessanterweise hat sich diese Einstellung im Niltal bis heute erhalten, und der Besucher kann sich immer eines warmen Empfangs sicher sein.

Das Ägypten, in das Cheops hineingeboren wurde, hatte sich seit den frühesten Zeiten schon dramatisch geändert. Cheops erbte ein ruhiges und geordnetes Land, in dem jeder seinen Platz kannte und stolz darauf war – ein Land, das geeint war in der Furcht vor dem reichen König, dem ein von seinem Vater zusammengestelltes Heer von Arbeitern zur Verfügung stand. Jene Generationen von Archäologen, die über das ihrer Ansicht nach plötzliche Auftauchen von Pyramiden in einer solchen Größenordnung spekuliert haben, haben einige wesentliche Punkte außer Acht gelassen: Erstens hatte die Entwicklung schon mehr als 1000 Jahre zuvor in vordynastischer Zeit begonnen. Zweitens konnte in Anbetracht der Ressourcen und der zu Cheops' Zeit herrschenden Lebensphilosophie der Bau von großen Pyramiden geradezu vorhergesagt werden. Wie sonst konnte ein so großer Herrscher seinen Ruhm für die Nachwelt bewahren, wenn nicht durch den Bau einer Palaststadt für sein Leben nach dem Tod, einer von einem steinernen Monument beherrschten Palaststadt, das die Stellung dieses Mannes widerspiegelte.

In diesem Licht betrachtet war der Bau der Großen Pyramide ganz und gar keine Überraschung. Er war im Gegenteil geradezu unvermeidlich.

DRITTES KAPITEL

Die Kindheit eines Pharaos

Cheops kam nach der gegenwärtig akzeptierten Datierung um 2550 v. Chr. zur Welt. Wir wissen nichts über seine Geburt, was aber nichts zu bedeuten hat, da die ägyptischen Könige ihre Kinder nie erwähnten, bevor sie nicht ein gewisses Alter erreicht und einen eigenen Status errungen hatten. Über 3000 Jahre hinweg gibt es praktisch keine Bilder von Prinzen, bevor sie die Krone übertragen bekommen.

Die Gründe dafür sind vielfältig. Zunächst einmal war die Kindersterblichkeit enorm hoch und die Chancen eines Kindes, die mit der Entwöhnung im Alter von drei Jahren verbundenen Gefahren zu überleben, standen noch nicht einmal 50:50. Selbst innerhalb der Königsfamilie gab es im Anschluss daran auch keine Garantie, dass ein entwöhntes Kind alt genug für die Thronfolge werden würde. Zweitens glaubten die Ägypter damals wie heute an die Laune des Schicksals, die einem immer das nimmt, was man am meisten schätzt. Je mehr etwas gerühmt wird, desto größer ist die Wahrscheinlichkeit, dass man es verliert. Bei Söhnen war diese Gefahr immer präsent. Jedes Elternpaar brauchte Söhne, um ihnen ihr Eigentum und ihre Fähigkeiten zu vererben und um im Alter auf eine Stütze zurückgreifen zu können. Die Geburt eines Sohns ist auch heute noch in Ägypten eine besondere Freude und aus altem Aberglauben heraus gilt jedes Kompliment für den neugeborenen Sohn noch immer als Vorzeichen seines baldigen Todes. Drittens, und das ist wohl der wichtigste Grund, war eine Kindheit in Ägypten für alle Gesellschaftsschichten kaum existent. Kinder galten als Miniaturausgaben der Erwachsenen und wurden üblicherweise auch so dargestellt. Spielzeug gab es so gut wie gar nicht und oft begann man schon mit fünf Jahren zu arbeiten. Von einer Vergötterung oder auch nur zärtlichen Gefühlen gegenüber Kindern, wie man sie heute in vielen Ländern findet, ist nichts zu spüren. Die Pflichten eines Kindes galten seinem Vater. Kinder wurden vielleicht schlicht und einfach nicht als wichtig genug erachtet, bis sie eigene Titel erwarben und ein eigenes Bild verdienten.

Die Geburt des Cheops

Über die Herkunft des zukünftigen Pharao wissen wir allerdings durchaus einiges. Wie im ersten Kapitel schon erwähnt, hieß sein Vater Snofru, seine Mutter Hetepheres (Hetep-heres). Snofru (oder Soris, wie im griechischen Text steht) ist bei Manetho der erste König der 4. Dynastie, während der Palermo-Stein ihn offensichtlich mit der Familie der 3. Dynastie in Verbindung bringt.

Im alten Ägypten gab es den Begriff der Dynastie eigentlich gar nicht. Er war Manethos Erfindung, die wir noch heute beibehalten, auch wenn wir schon lange wissen, dass seine Werke nicht unbedingt verlässlich sind. Meist endeten die Dynastien mit einem Wechsel der Familienlinie, wenn ein Mann aus einer anderen Familie den Thron übernahm.

In diesem Fall allerdings wird Manetho noch genauer und erklärt zur 4. Dynastie, das seien »acht Könige aus Memphis, die zu einer anderen Linie gehörten«, gewesen. Da es Memphis zu Beginn der 4. Dynastie noch gar nicht gab, müssen wir annehmen, dass Manetho sich auf die frühere Stadt an dieser Stelle, auf Weiße Mauern bezieht. Können wir also seiner Aussage über das Ende der Familienlinie trauen? Sie ist schwer zu beweisen, da die Abstammung eines Königs von Ägypten nie aufgezeichnet wurde. Er stand so hoch über der normalen Menschheit, dass seine sterblichen Ursprünge völlig in Vergessenheit gerieten.

Von Snofrus Vorgänger Huni wissen wir überhaupt nichts außer einem Kolophon, einem ornamentalen Postskriptum, auf dem Papyrus Prisse in der französischen Nationalbibliothek in Paris. Dort heißt es schlicht: »Die Majestät König Huni starb und die Majestät König Snofru bestieg den Thron als König dieses ganzen Landes.« Es gibt andere Erwähnungen des Namens Huni, sodass wir davon ausgehen können, das es ihn wirklich gab, aber das ist auch schon alles. Der Palermo-Stein gibt als Namen seiner Frau Meresanch an. Manetho macht das Problem nicht kleiner, indem er zum Ende der 3. Dynastie erklärt: »Die sechs verbleibenden Könige leisteten nichts Erwähnenswertes.« Er vermeldet, dass Snofru 29 Jahre lang regiert habe, während der Turiner Königspapyrus ebenso wie die Graffiti von Arbeitern rund um Dahschur und in den Steinbrüchen auf eine Regierungszeit von etwa 24 Jahren hindeuten. Letzteres wird heute als eher wahrscheinliche Zahl akzeptiert.

Genau wissen wir hingegen, dass Hetepheres auf Möbeln aus ihrer Wiederbestattung (siehe Kapitel 7) als »die Tochter des Königs von Ober- und Unterägypten« bezeichnet wird. Offenbar ist sie von rein königlicher Abstammung, wahrscheinlich eine Tochter Hunis. Über Snofrus Herkunft dagegen ist nichts bekannt. Vielleicht war er ein jüngerer Sohn oder Cousin. Es ist höchst unwahrscheinlich, dass er gar nicht mit dem Königshaus verwandt war, denn die Könige des Alten Reiches versuchten immer, die Erbfolge in der eigenen Familie zu halten.

Je länger man sich mit der Kultur des alten Ägypten beschäftigt, desto offensichtlicher wird der dramatische Umbruch gegen Ende des Alten Reiches. Alle Regeln für die Königsherrschaft und die Staatsführung änderten sich an diesem Punkt so sehr, dass man sie kaum wiedererkannte. Oft ist es so, als ob man zwei ganz verschiedene Länder vor sich hätte. Das Alte Reich bezog seine Regeln zum Wesen des Königtums aus seinen Erfahrungen in der Zeit der Reichseinigung. Wie wir im letzten Kapitel gesehen haben, galt der König damals als gottähnlich. Man erwartete von ihm, dass er über allen Menschen stand. Nach dem Umbruch am Ende des Alten Reiches galt der König als Sterblicher, aber mit einem Wissen oder Fähigkeiten begabt, die es ihm ermöglichten, mit der Götterwelt in Kontakt zu treten.

Vorher richtete der König sein Leben nach dem Leben seiner geistigen Verwandten, der Götter, aus; später schlüpfte er vielleicht bei offiziellen Zeremonien in die Rolle eines Gottes, aber er blieb ein Mensch, der aß, trank, schlief und liebte wie alle anderen Menschen auch.

Königliche Ehen

Die Einigung von Ober- und Unterägypten vollzog sich nicht durch eine Eroberung, sondern durch eine Eheschließung. Der Keulenkopf des Narmer, heute im Ashmolean-Museum in Oxford, zeigt die Ankunft der Neithhotep mit Geschenken vor dem Reichseiniger Narmer. Wir wissen wenig von Neithhotep, doch ihr Name bestätigt, dass sie aus Unterägypten stammte. Wenn es im Süden bisher noch keine Vorstellungen von weiblicher Macht und Königswürde gegeben hatte, führte spätestens sie diese ein. Ein für sie errichtetes Monument in Abydos deutet an, dass sie selbst eine mächtige Herrscherin von eigenem Recht war, als sie sich aus diplomatischen Gründen dazu entschloss, ihren oberägyptischen Eroberer Narmer zu heiraten. Ja, mehr noch: Auch in der folgenden Generation bekamen zwei Frauen, die wohl ihre Töchter waren, Merneith und Herneith, riesige Mastaba-Gräber errichtet. Mit Merneith verbundene Titel legen nahe, dass auch sie eine regierende Königin von eigenem Recht war.

Dass in alten Zeiten nur Männer absolute Macht ausüben konnten, ist eine irrige Vorstellung. In der Frühzeit gab es offenbar keine rechtlichen Unterschiede zwischen Männern und Frauen. Neithhotep und Merneith lieferten, wie es scheint, Vorbilder für das nachfolgende Alte Reich. Nach diesem Glauben waren der König und seine Gemahlinnen ebenso gleichberechtigt wie ja auch alle Götter und Göttinnen gleich waren und den gleichen Respekt einforderten.

Da der König ein Gott war, lebte er wie ein Gott – und dem Vorbild aller ägyptischen Götter von Schu und Tefnut bis zu Isis und Osiris folgend hieß das, dass er seine Schwester heiratete. Nach dem Umbruch am Ende des Alten Reiches waren die Könige zwar immer noch mit ihren Schwestern auf dem Thron verbunden, aber ihre Schwester-Gemahlinnen waren reine Staatsoberhäupter, nicht mehr ihre eigentlichen Ehefrauen. Sie waren in der königlichen Familie erzogen worden und wussten, was man von ihnen erwartete. Vor dem Umbruch war das anders. Es steht unzweifelhaft fest, dass im Alten Reich nicht nur die Könige, sondern auch ihre Söhne die eigenen Schwestern ehelichten. Es gab kein Konzept, das solche Verbindungen als unschicklich gegeißelt hätte. Sie wurden vollzogen und waren ebenso fruchtbar wie die mythischen Ehen zwischen Göttinnen und Göttern.

Heute erscheint uns diese Vorstellung barbarisch – doch das ist unser Problem und nicht ihres (vgl. S. 99 zu einer ausführlicheren Besprechung der Bedeutung des Inzests in der Antike). Es gab ganz offensichtlich mehrere gute Gründe für diese Verbindungen zwischen Bruder und Schwester. Zunächst einmal blieben andere damit außen vor. Das war lebenswichtig, um den Mythos von der Göttlichkeit in der Familie aufrechtzuerhalten. Kein Mann königlicher Abstammung konnte es sich leisten, einer nicht königlichen Frau von weniger als göttlicher Abkunft nackt zu erscheinen. Nachdem es diese eine Familie jetzt geschafft hatte, sich den Thron und die absolute Macht zu sichern, wollte sie anderen Familien auch nicht den geringsten Anspruch in ihrem Palast einräumen.

Zweitens vereinigte eine solche Ehe zwei verschiedene, aber gleichwertige Stränge der Macht. Es gibt überhaupt keinen Zweifel daran, dass das Anrecht auf den Thron vor dem Umbruch eher über die weibliche als über die männliche Linie weitergegeben wurde. Wieder können wir die Ursprünge dieses Konzepts bei Neithhotep erkennen: Durch ihre Ehe mit Narmer übertrug sie ihm das Recht auf den Thron Unterägyptens. Bei ihrer Tochter Merneith sehen wir, dass sie die ererbten Rechte ihrer Mutter innehatte und sie auf den Mann, den sie heiratete, übertrug. In der 4. Dynastie führte die älteste Tochter die Linie fort – sie konnte zwar nicht den Thron erben, aber sie verschaffte ihn dem Mann, den sie heiratete.

Drittens erlaubte diese Eheform der Königsfamilie, die Illusion der Göttlichkeit aufrechtzuerhalten, da sie und nur sie allein den gesellschaftlichen Umgang der Götter nachahmen konnte. Im Grunde erhielt sie damit eine völlige Freiheit, was das persönliche Verhalten betraf.

Mit der Zeit hatte dies erschreckende Auswirkungen. Da die altägyptischen Könige dem Rest der Gesellschaft entfremdet waren, konnten sie keine engen Freundschaften pflegen, und so hatten ihre Frauen als Einzige freien Zugang zu ihnen. Ein König musste entweder stark genug sein, seine Probleme selbst zu lösen, oder er musste sich seinen Frauen, Söhnen oder Brüdern anvertrauen. Das war in mancher Hinsicht ganz sinnvoll – es führte zu eng verbundenen erweiterten Familien, und Außenstehende hatten keine Chance, einem König jemals so nahe zu kommen, dass sie ihn beeinflussen konnten. Mit einem Schlag beseitigte es auch jeden Widerstand gegen den König bei anderen Familien, denn die Königsfamilie konnte die Bedingungen diktieren, unter denen die anderen ihr dienten. In anderer Hinsicht allerdings bedeutete es auch, dass Probleme innerhalb der Familie zu Rivalitäten und Eifersüchteleien führten, die den ganzen Clan sprengen konnten. Und es gab keine gefährlichere Zeit dafür als das Interim zwischen dem Tod des Königs und der Thronbesteigung seines Nachfolgers. Der Mann, der die große Erbin kontrollierte und heiratete, sicherte sich normalerweise den Thron. Das war eine gefährliche Situation.

Nach diesem allgemeinen Muster trug also Hetepheres als Tochter Hunis das Thronrecht im Blut, und wer immer sie heiratete, bekam damit diesen Thron. Deshalb ist es auch unwahrscheinlich, dass Snofru ein »Mann von außen« war. Man weiß so wenig von Huni, dass man nur raten kann, wie lange er regierte und wo er beigesetzt wurde. Viele Bücher verkünden mit der Inbrunst der Überzeugung, dass Huni in der Pyramide von Meidum bestattet wurde. Wie wir sehen werden, zeigen Befunde dort, dass diese Pyramide erst in der Regierungszeit Snofrus gebaut wurde. Bis wir aber mehr über Huni wissen, können wir nur annehmen, dass er wohl nur kurz regierte, denn er hinterließ keine ihm eindeutig zuzuordnenden größeren Monumente; und dass er sehr wenige Kinder hatte, denn wir haben in dieser Generation keine Adligen, die sich mit dem Titel »Schwester« oder »Bruder« des Königs schmückten. Vielleicht waren Snofru und Hetepheres tatsächlich Bruder und Schwester oder Halbgeschwister.

Die Familie

Wir können unser Wissen aus der Regierungszeit des Cheops benutzen, um zurückzurechnen und mehr über dessen Geburt zu erfahren. Wir wissen, dass Cheops 23 Jahre lang über Ägypten herrschte. Wir wissen auch, dass kurz vor seinem Tode sein Sohn und Erbe, der Kronprinz Kawab, unerwartet starb. Kawab ist auf den Bildern in seinem Grab und auf Statuen als beleibter älterer Mann mit schütterem Haar dargestellt. Er kann bei seinem Tod nicht jünger als 40 Jahre gewesen sein. Das heißt, dass Cheops diesen Sohn wohl wenigstens 20 Jahre vor seiner eigenen Thronbesteigung gezeugt hatte.

In einer Geschichte besucht Prinz Baufre, einer von Cheops' Söhnen, seinen Großvater Snofru. Dieser war offensichtlich noch jung genug, um lüsterne Gedanken zu hegen, während Baufre schon alt genug war, um sich für seinen königlichen Großvater auf die Suche nach einem Zauberer begeben und diesen zu ihm zu bringen. (siehe S. 96).

Wenn Cheops schon 20 Jahre vor seinem Regierungsbeginn alt genug war, um Kinder zu zeugen, und Snofru 24 Jahre lang regierte, dann kam Cheops ebenfalls lange vor der Thronbesteigung seiner Eltern Snofru und Hetepheres zur Welt. Im anderen Falle wäre Cheops zu der Zeit, zu der er nach unserem Wissen

Vater wurde, erst maximal vier Jahre alt gewesen. Wenn wir ein akzeptables Alter für eine Vaterschaft von etwa 16 Jahren annehmen, dann wurde er etwa zwölf Jahre vor der Thronbesteigung seines Vaters geboren.

Wir wissen nicht, ob Cheops der älteste Sohn war, können es aber annehmen, weil wir die Namen vieler seiner Brüder und Schwestern kennen und vermuten dürfen, dass einer von diesen den Thron bestiegen hätte, wenn er älter gewesen wäre. Allerdings waren einige dieser Geschwister neben der Pyramide in Meidum beigesetzt. Unabhängig davon, ob diese Pyramide jetzt zur Zeit von Huni oder von Sofru errichtet wurde, die Bestattung dort lässt vermuten, dass diese Geschwister starben, bevor Cheops König wurde. Wenn sie älter waren als er und in hohem Alter vor ihrem Vater Snofru starben, dann mag Cheops ein jüngerer und weniger bedeutender Nachkomme gewesen sein, bis nach dem Tod seines Vaters seine Zeit kam.

Wir können also zumindest in zwei Punkten sicher sein: Wir wissen, dass Snofru nicht mehr der Jüngste war, als er auf den Thron kam. Und wir wissen, das Gleiches auch für Cheops galt, als er dessen Nachfolge antrat.

Das Bemerkenswerte an all diesen Überlegungen ist, dass Manethos Behauptung, Snofru sei aus einer anderen Linie, damit fast sicher falsch sein muss. Hetepheres gab das Thronrecht weiter und wen auch immer sie heiratete, er war bestimmt, König zu werden. Wenigstens 20 Jahre vor dem Thronwechsel heiratete sie Snofru und schenkte ihm Kinder; Snofrus Bestimmung war also von Anfang an klar. Wenn es außerdem so ist, dass Huni nur sehr kurz regierte, dann besteht durchaus die Möglichkeit, dass weder Snofru noch Hetepheres seine Kinder waren. Vielleicht waren sie seine Geschwister. Von Hunis Vorgänger ist ebenso wenig bekannt wie von ihm selbst. Sein Name war Chaba, und er hatte sich für seine Pyramide einen Platz im modernen Saujet al-Arjan ausgesucht. Dies ist interessant, weil alle Vorgänger Chabas offenbar in Sakkara hatten begraben werden wollen. Er war der Erste, der mit dieser Regel brach, und Huni folgte ihm offensichtlich darin. Dies legt nahe, dass Chaba selbst nicht zur königlichen Hauptlinie gehörte.

Vielleich lässt sich Manethos Information so erklären. Wenn Chaba tatsächlich einer anderen Linie angehörte – zum Beispiel ein Cousin des vorherigen Königs war und nicht sein Sohn – und Snofru sein Sohn und ein jüngerer Bruder von Huni war, dann hätte Hetepheres, eine Tochter von Huni, das königliche Geblüt weitergetragen, und eine Ehe mit ihrem Onkel Snofru wäre so überaus verständlich gewesen. Wir wissen sicher, dass Hetepheres bis in die Regierungszeit ihres Sohnes Cheops hinein lebte, da sie als »Mutter des Königs von Ober- und Unterägypten« erwähnt wird. Dies passt zu der vorgeschlagenen Rekonstruktion, nach der sie wesentlich jünger gewesen wäre als Snofru.

Es entsteht also folgendes Bild: Chaba herrscht über Ägypten und hat zwei Söhne, den älteren Huni und den jüngeren Snofru. Bei seinem Tode wird Huni König und zeugt eine Tochter, die das Recht auf den Thron weiterträgt. Er verheiratet sie mit seinem Bruder Snofru, Hetepheres' Onkel, und stellt damit sicher, dass diese beiden den Thron erben werden. Da wir wissen, dass Huni nur eine kurze Zeit regierte, könnte Hetepheres selbst vielleicht damals noch ein überaus junges Mädchen gewesen sein.

Die Geschichtsschreibung ist freundlich mit Snofru umgegangen. Er gilt als sanfter Mann, als jemand, der sich keine Feinde machte. Oft ist zu hören, dass unsere Vorstellung von der Menschenfreundlichkeit oder Grausamkeit der altägyptischen Könige von den Monumenten abhängen, die sie hinterlassen haben. Da Cheops nun einmal die größte Pyramide hinterließ, gilt er in der Geschichte – Herodot sei Dank – als der größte Tyrann überhaupt. Das ist allerdings falsch, und die Quellen weisen, wie wir noch sehen werden, darauf hin, dass Snofru nicht nur eine, sondern gleich drei Pyramiden bauen lassen wollte.

Es besteht durchaus die Möglichkeit, dass die Legende ein Stück weit die Wahrheit eingefangen hat und dass Snofru, der Onkel seiner Frau, ein freundlicher und großzügiger Mann war. Der Papyrus Westcar, heute in der ägyptischen Galerie der Staatlichen

Museen Berlin, erzählt eine Geschichte, die sich angeblich in der Regierungszeit des Königs Snofru ereignete. Snofru bekam Besuch von seinem Enkel Baufre, Cheops' Sohn. Der König langweilte sich, und Baufre bot ihm an, für etwas Unterhaltung zu sorgen. Er zog los und traf einen großen Zauberer namens Djadjaemanch, der auch eine Lösung des Problems parat hatte: »Möge Deine Majestät sich zum See des Palastes begeben! Bemanne dir ein Boot mit allen Schönen deines Palastinneren. Das Herz Deiner Majestät wird sich erquicken, sie auf und ab rudern zu sehen.« Snofru fand diese Idee exzellent, aber er hatte noch ein paar weitere Vorschläge: »Dann hole man mir zwanzig Frauen mit makellosem Körper und (junger) Brust und mit Zopffrisur und die noch nicht geboren haben. Man hole mir weiter zwanzig (Perlen-)Netze und gebe diese Netze den Frauen anstelle ihrer Kleider.« Der König sah dem Schauspiel zu und, so berichtet der Text: »dem Herzen Seiner Majestät tat es wohl«. Besonderen Spaß hatte Snofru, als eine junge Frau, die mit einem fischförmigen Anhänger an ihrem Zopf gespielt hatte, diesen ins Wasser fallen ließ. Entsetzt hörte sie auf zu rudern, und die anderen Mädchen gerieten aus dem Takt und stoppten. Snofru befahl ihnen weiterzurudern, aber das Mädchen weigerte sich. »Willst du, dass ich ihn dir ersetze?«, drängte er. »Ich will lieber mein eigenes Stück«, beharrte sie. Wahrscheinlich war der Anhänger etwas Besonderes, vielleicht symbolisierte er ihre Jungfräulichkeit oder ihre Stellung im Palast. Jedenfalls konnte es keinen gleichwertigen Ersatz geben. Djadjaemanch wurde noch einmal gerufen. Nachdem man ihm die Lage erklärt hatte, ging er und »legte eine Wasserhälfte des Sees auf die andere«, fand den Anhänger auf einer Tonscherbe und »brachte das Wasser des Sees an seinen Platz zurück«. [siehe: *Altägyptische Märchen*, hrsg. und übersetzt von Emma Brunner-Traut, Reinbek 1991, S. 49f.]

Obwohl der Wahrheitsgehalt der Geschichte mehr als zweifelhaft ist, eröffnet sie uns doch einen wunderbaren Blick auf den Menschen, nicht den König Snofru. Er erscheint als Voyeur, ein älterer Mann, der gern heiratsfähige, junge, halb nackte Mädchen anschaut. Das Mädchen, das seinen Anhänger verliert, zögert nicht, sich gegen Snofrus Befehl zu wenden und auf ihren Rechten zu bestehen. Auch wenn alle in Furcht vor dem König des Alten Reiches erzitterten, galt Snofru offensichtlich als zu nett und zu gerecht, um unfair zu sein, und die Mädchen wussten sicher, dass er einer Bitte durchaus zugänglich war.

In dieser Geschichte wirkt es so, als sei der Haushalt des Snofru mit einem älteren Vater und einer jungen Mutter eine angenehme und glückliche Umgebung gewesen. Wir wissen nicht, wie viele Frauen Snofru hatte, aber für einen König war es eigentlich üblich, mehrere Gemahlinnen zu ehelichen, und so können wir das wohl auch in seinem Fall annehmen.

Ein herausragendes Kind Snofrus war seine Tochter Nefretkau. Sie lebte bis in die Regierungszeit ihres Bruders Cheops hinein und wurde in seiner Nähe bestattet (Grab G7130). Sie war mit ihrem Bruder Chufuchaf verheiratet, dessen Grab (G7140) sich in der anderen Hälfte ihrer Mastaba befindet. Mehrfach werden die beiden mit zwei Söhnen, Nefermaat und Chufuchaf (II.), sowie einer Tochter dargestellt. Das Grab eines Nefermaat und seiner Frau Itet wurde in der Nähe der Meidum-Pyramide gefunden. Von dort stammt das berühmte Gemälde der Meidum-Gänse. Es kann allerdings nicht Nefermaat, Sohn der Nefretkau, gewesen sein, da die Mutter in Gise begraben wurde und wir das Grab ihres Sohnes Nefermaat ganz in ihrer Nähe gefunden haben. Wie es im Alten Reich Brauch war, wurde ihr Sohn wahrscheinlich nach jemandem aus einer älteren Generation benannt. Wahrscheinlich war also der Nefermaat von Meidum ein Bruder von Snofru. Cheops oder (Chnum-)Chufu war wahrscheinlich der ältere Sohn und Thronerbe.

Das Grab eines weiteren Bruders, Rahotep, der mit seiner Schwester Nofret verheiratet war, wurde ebenfalls in Meidum gefunden. Das berühmte Statuenpaar von Rahotep und Nofret, heute im Ägyptischen Museum in Kairo zu bewundern, gibt uns die beste Gelegenheit, einen Blick auf die Familie zu werfen, in die Cheops hineingeboren wurde und in der er aufwuchs. Die Gesichter der beiden wirken entschlossen, aber gelassen. Sie sind gedrungen mit kantigem Kinn und breiten Schultern. Rahotep macht den Eindruck eines körperlich gesunden Mannes, er trägt einen Schnurrbart. Während nämlich die alten Ägypter gemeinhin glatt rasiert waren, trugen die Männer in Cheops' Familie häufig Schnurrbärte. Von einer weiteren Tochter, die wahrscheinlich die älteste oder sogar das erste Kind überhaupt war und Meritites hieß, wissen wir so gut wie nichts. Sie heiratete schließlich Cheops und wurde eine seiner Königsgemahlinnen. Unter seinen vielen anderen Frauen befand sich auch seine Schwester Henutsen – er hatte also wahrscheinlich viele andere Geschwister, und seine Schwestern wurden zu Nebenfrauen.

Nicht nur das Leben Snofrus liegt mit Ausnahme dieser wenigen Informationsbruchstücke im Dunkeln, auch über seinen Tod wissen wir fast nichts. Allerdings muss er, der als älterer Mann König wurde und 24 Jahre regierte, ein erfülltes und langes Leben gehabt haben, und wir können für ihn hoffen, dass er ruhig und in seinem eigenen Bett starb, wie es sich alle Ägypter wünschten.

Nur ein einziges winziges Bild von Cheops als König hat die Zeiten überdauert: Eine kleine Elfenbeinfigurine, kaum fünf Zentimeter groß, trägt seinen Namen, was allerdings in letzter Zeit bezweifelt wird. Das Gesicht ist wie das seines Bruders Rahotep kantig mit breiter Mundpartie. Die Figurine ist unbemalt, sonst wäre auch dieser König höchstwahrscheinlich mit einem Schnurrbart dargestellt. In mancher Hinsicht wirkt er nubisch. Wir wissen, dass Snofru tausende Nubier mit sich nach Ägypten zurückbrachte, also war das vielleicht der Kunststil der Zeit.

Wie sein Vater heiratete Cheops schon lange vor der Thronbesteigung wenigstens zwei seiner Schwestern. Wir kennen die Namen vieler Söhne und Töchter, die ihm Meritites und Henutsen gebaren und von denen einige in seiner Regierungszeit als ältere Menschen starben.

Um es noch einmal zu betonen: Dies entsprach nicht der allgemein gültigen Moral. Es war akzeptabel, ja sogar wünschenswert, dass ein Herrscher ganze Scharen von Königsgemahlinnen hatte, aber kein normaler Mann durfte dieses Recht für sich in Anspruch nehmen. Oft wird zwar behauptet, dass die alten Ägypter in Polygamie lebten, aber der Nachweis fällt sehr schwer. Ein Wissenschaftler hat bei seinem Durchgang durch die alte Geschichte festgestellt, dass es in den ganzen 3000 Jahren der altägyptischen Kultur gerade einmal fünf Belege dafür gibt, dass ein Mann mit mehr als einer Frau zur selben Zeit verheiratet war (wenn ein Mann nach dem Tod seiner Frau noch einmal heiratete, wurde die verstorbene Frau – oder auch mehrere Vorgängerinnen – ebenfalls im Grab genannt und dargestellt, es fehlt aber nie der Zusatz »gerechtfertigt«, was »gestorben« bedeutet). Wie der Forscher ebenfalls darlegte, ist nicht auszuschließen, dass diese fünf Männer sich scheiden ließen, bevor sie wieder heirateten.

Mit anderen Worten: Nur Könige durften mehr als eine Ehefrau haben. Nun stellt sich allerdings die Frage, warum es Cheops gestattet war, mindestens zwei seiner Schwestern zu heiraten, bevor er den Thron bestieg? Die einzige vernünftige Erklärung dafür wäre, dass Cheops der Kronprinz war und als designierter Erbe schon einige königliche Vorrechte für sich in Anspruch nehmen konnte. Dies hatte später interessante Folgen, wie wir noch sehen werden.

Die inzestuöse Ehe leiblicher Geschwister kann als soziales Experiment heute nicht mehr beobachtet oder wiederholt werden. In mehreren genetischen Studien ist festgestellt worden, dass Kinder aus so engen inzestuösen Verbindungen überdurchschnittlich häufig mentale und körperliche Schwächen aufweisen, doch im Alten Reich sind solche Probleme offenbar nicht aufgetreten. Nur zu *einer* anderen Zeit in der ägyptischen Geschichte sind leibliche Geschwister die Ehe miteinander eingegangen, und zwar in der ptolemäischen Dynastie zwischen 323 und 30 v. Chr., als die Ägypter die neuen Könige davon überzeugten, dass solche Ehen die Norm gewesen seien. Die Geschichte der ptolemäischen Dynastie ist weitaus besser dokumentiert als die des Alten Reiches, und wir können hier feststellen, dass durchaus schwerwiegende Probleme auftraten. Die Männer dieser griechischen Königsfamilie wurden in jeder Generation schwächer, bis sie kaum noch zur Regierungsausübung fähig waren, während ihre Schwestern ihre geistigen Kapazitäten wahrten und sich im Gegensatz zu ihren schwächlichen Brüdern zu dominanten und grausamen Herrscherinnen entwickelten, die selbst spätere römische Kaiser wie Caligula und Nero in den Schatten stellten.

Für diese Degeneration gibt es eine genetische Erklärung: Alle Gene für die persönlichen Charakteristika einer Person liegen auf dem X-Chromosom. Wenn es ein fehlerhaftes Gen bei den Vorfahren einer Familie gab, dann wurde es über das X-Chromosom weitergegeben. Männer haben ein X- und ein Y-Chromosom, sodass sich das in ihrem X-Chromosom weitergegebene Erbe direkt auswirkt. Eine Frau dagegen hat zwei X-Chromosomen, ein dominantes, dessen Gene sich ausprägen, und ein rezessives, das nie in Erscheinung tritt, das sie aber an die nächste Generation weitergeben kann. Wenn also eine Frau Gene einer mentalen Behinderung erbt, dann treten die womöglich nie zutage, aber es besteht die fünfzigprozentige Wahrscheinlichkeit, dass sie sie an ihre Kinder weitergibt. Wenn das Kind ein Junge ist und ihr defektes Chromosom erbt, dann wird diese Schwäche auch zum Tragen kommen. Mit anderen Worten: Die Frauen gaben die Probleme weiter, aber nur bei den Männern wurden sie offensichtlich.

Im Hinblick auf das Alte Reich gibt es also zwei Möglichkeiten: Der erste und unwahrscheinliche Ansatz ist, dass diese Königslinie überhaupt keine genetischen Defekte aufwies. In diesem Fall stellte Inzucht kein Problem dar. Die Königsfamilie der 4. Dynastie konnte so andere Familien außen vor halten, ihr gesundes Erbgut bewahren und sichergehen, dass ihre Erben geeignete Regenten waren. Die andere, wahrscheinlichere Möglichkeit ist, dass es durchaus genetische Schwächen gab, die auch vererbt wurden und sich in den Männern zeigten, aber vor den Zeitgenossen und damit auch vor uns durch das Wesen der Königsherrschaft verborgen wurden. Die wahre Persönlichkeit des Königs wurde nur innerhalb der Familie wahrgenommen.

Wir wissen ganz sicher, dass Cheops zeugungsfähig war und viele Erben hatte. Die Gräber rund um seine Pyramide bargen, wie wir gesehen haben, lauter Familienmitglieder. Nigel Strudwick *(The Adminstration of Egypt in the Old Kingdom)* geht anknüpfend an frühere Gelehrte davon aus, dass viele Titel wie »Sohn des Königs« oder »Leiblicher Sohn des Königs« fälschlich und freigiebig an Adlige aus anderen Familien verliehen wurden, aber dafür gibt es keinen logischen Grund. Die Entschlossenheit der Könige der 4. Dynastie, das Königtum »in der Familie zu behalten«, legt nahe, dass es sich hier tatsächlich um Söhne handelte, vielleicht um Kinder von Nebenfrauen und damit nicht um Söhne ersten Ranges, aber immerhin um Königssöhne. Umso seltsamer ist es, dass Cheops' Linie schon nach zwei Generation ausstarb. Dies könnte in der Tat auf Inzuchtprobleme hindeuten, die sich vielleicht so auswirkten, dass seine Kinder und Enkel keine Kinder zeugen konnten.

Cheops bestieg den Thron als Mann mittleren Alters, wahrscheinlich mit Anfang vierzig. Seine ersten Kinder von seiner Schwester und Hauptfrau Meritites waren ein Sohn namens Kawab und eine Tochter, die nach ihrer Großmutter Hetepheres genannt wurde. Ihnen folgte eine weitere Tochter, Meresanch nach Cheops' Großmutter, der Gattin Hunis, und ein Sohn namens Horbaf, der allerdings wahrscheinlich der Sohn des Cheops mit einer anderen Königin war. Um diese Frauen von ihren Vorfahrinnen gleichen Namens zu unterscheiden, nennen wir sie Hetepheres II. und Meresanch II., obwohl es im Altägyptischen keine Zahlen hinter ihren Namen gibt. Sobald die Mädchen alt genug waren, heiratete Kawab seine älteste Schwester Hetepheres II., Meresanch wurde mit Horbaf verheiratet. Aus beiden Verbindungen gingen Kinder hervor.

Einen Stammbaum zu zeichnen, der diese Ehen innerhalb der Familie und deren Kinder adäquat darstellt, ist überaus schwierig. Cheops zeugte außerdem viele Kinder mit seiner anderen Schwester Henutsen. Wir kennen die Namen ihrer Söhne – Achchaf, Minchaf und Chufuchaf waren drei davon. Der vierte, dessen Name später bekannter werden sollte, ist der Geschichte als Chephren bekannt, weil Herodot ihn so genannt hat. Geschrieben wird sein Name eigentlich Chaefre. Wenn man dem Muster seiner Brüder folgt, dann sollte er wahrscheinlicher wohl Rechaf lauten. Jedenfalls standen die Kinder von Henutsen sowohl dem Namen wie dem Rang nach, den sie letztlich erreichten, unter denen der Meritites. Offenbar galten Meritites' Töchter Hetepheres II. und Meresanch II. nach ihrer Mutter als die Herrinnen des Landes, und Hetepheres trug die königliche Linie weiter, was wiederum nahe legt, dass sie das älteste Kind oder die älteste Tochter aus der Verbindung war.

Verwandte in Führungspositionen

Klaus Baer und Nigel Strudwick haben jeweils zu ihrer Zeit (Baer 1960, Strudwick 1988) die Titellisten der Adligen männlichen wie weiblichen Geschlechts analysiert und deutliche Muster festgestellt, die die Überordnung einiger Titel über andere zeigen. Eine Nebenfrau konnte also nicht erwarten, dass ihre Kinder, wie begabt sie auch sein mochten, bis in die höchsten Ämter aufstiegen. In Cheops' Palast richtete sich der Rang nach der Geburt und nicht nach der Abwägung der Fähigkeiten und des Charakters – wenn man die falsche Mutter hatte, hatte man schon vor Beginn des Spiels verloren.

Später war der höchste Rang, den ein Zivilist außerhalb der Berufsarmee erreichen konnte, der, den wir heute als Wesir bezeichnen. Im Neuen Reich beschreibt der Wesir Rechmire den Posten als »nicht süß, sondern bitter wie Galle«. Damals trugen die Wesire die Verantwortung für die gesamte Verwaltung und hatten gleichzeitig meist noch die wichtigsten Ministerposten inne. Neben der Überwachung etwa der Aktivitäten an den Gerichtshöfen waren sie außerdem oberste Richter und in dieser Funktion dem König verantwortlich. Sie mussten nicht nur die Importe kontrollieren und schriftlich festhalten, sondern waren gleichzeitig auch noch Außenminister und oberste Botschafter sowie Leiter des Nachrichtendienstes. Die Wesire waren damals Zivilisten und wurden vom König ihrer Fähigkeiten wegen gefördert; viele von ihnen stammten, wie etwa Hapusoneb unter Hatschepsut, aus dem einfachen Volk.

Auch hier finden wir wieder deutliche Anzeichen für einen Umbruch gegen Ende des Alten Reiches. Das aus Erfahrungen der Reichseinigung heraus entstandene Königtum erwies sich als nicht erfolgreich und musste später noch einmal reformiert werden. Unter diesen Bedingungen sind der Rang und die Pflichten eines Wesirs vor dem Umbruch schwer festzustellen. Klar ist, dass das Amt offenbar unter Snofru zum ersten Mal vergeben wurde. Zwar steht schon auf der Narmer-Palette über dem Kopf des Sandalenträgers des Königs »Wesir« *(tjati)* geschrieben. Ob sich aber der gesamte Rang des Wesirs im Alten Reich von diesem frühen Hinweis ableitete, ist unsicher. Zudem finden wir den großen Imhotep überraschenderweise nirgends als Wesir verzeichnet, wobei allerdings ein Papyrusbrief aus der Bauzeit der Stufenpyramide, der an einen hohen, für die Verteilung von Nahrungsmitteln und Bekleidung an die Vorarbeiter verantwortlichen Beamten gerichtet war, wohl ihn als Adressaten hatte.

Der erste echte Wesir wurde etwa in der Mitte der Regierungszeit des Snofru ernannt. Sein Name war Nefermaat, und wahrscheinlich war er ein Bruder Snofrus.

Hier bekommen wir einen Hinweis auf die Auswahl eines typischen Wesirs des Alten Reiches – er scheint immer ein jüngerer Bruder oder ein älterer Sohn des Königs gewesen zu sein, dessen Existenz dem König gefährlich werden konnte. Da kein Außenstehender in die Familie einheiraten und Probleme verursachen konnte, begannen die Rivalitäten stattdessen schon innerhalb der Familie. Der Posten des Wesirs wurde also vor allem vergeben, um einer eventuell aufkommenden Opposition den Wind aus den Segeln zu nehmen. Was konnte ein jüngerer Bruder, Sohn derselben hochrangigen Mutter, innerhalb der Königsfamilie der 4. Dynastie sonst noch erreichen? Welche Tücken des Schicksal hatten es so kommen lassen, dass sich der Rang bei Hofe nach der Geburt und der Mutter richtete, dass aber die jüngeren Brüder eines gekrönten Königs, Söhne derselben Mutter, keinen Rang einnahmen, der ihre höhere Position gegenüber anderen Familienmitgliedern widerspiegelte?

Der Titel des Wesirs war wahrscheinlich nicht viel mehr als eine Rangbezeichnung. Oft steht er in Verbindung mit dem Titel  *sab,* der offenbar eine Rolle in der Rechtsprechung umschrieb – vielleicht wäre »Richter« die treffendste Übersetzung. Wenn ein autokratischer und göttlicher König irgendwelche täglichen Verwaltungsgeschäfte abgeben wollte, dann sollte der Kandidat für den Posten drei Voraussetzungen mitbringen: Zugehörigkeit zu seiner Familie, eine echte Fähigkeit, die Aufgabe zu lösen, und eine hohe soziale Position, die Probleme bereiten würde, wenn man diese Person nicht erwählte.

Der erste Wesir unter Cheops war offenbar sein ältester Sohn aus der Verbindung mit Henutsen, Achchaf. Man kann sich nur zu gut vorstellen, dass nach der Krönung von Cheops dessen ältester Sohn aus der Ehe mit Meritites überall als Erbe des Königs gefeiert wurde, während der älteste Sohn der Nebenfrau völlig ausgeblendet war, ein Nichts. Das Amt des Wesirs bot eine gute Möglichkeit, ihn einzubinden. Aber wieder einmal betont dieses Vorgehen die Probleme, die es innerhalb einer Familie, in der alles vom Rang der Mutter abhing, bereitete, wenn man von der »falschen« Mutter abstammte.

Achchaf hatte den Posten wohl nur wenige Jahre zu Regierungsbeginn inne, er ging nach ziemlich kurzer Zeit an den ältesten Sohn des vorherigen Wesirs Nefermaat über. Dieser Mann, Hemiunu, war offenbar ein herausragender Organisator, denn sein Name findet sich in Graffiti in Gise, was darauf hindeutet, dass er mit dem Bau der Pyramiden begann und die Arbeiten auf dem Plateau von Gise überwachte. Der begabte Sohn eines Wesirs erwartete verständlicherweise, dass der Titel auf ihn übergehen würde, und muss verbittert gewesen sein, als Achchaf ihn stattdessen bekam. War Achchaf tot, als Hemiunu sein Amt endlich antrat? Oder wurde er seines Amtes enthoben und abgelöst? Wir wissen es nicht, aber es ist offensichtlich, dass die starken Rivalitäten innerhalb der Königsfamilie zu Problemen führen würden.

Einen weiteren Hinweis darauf finden wir, als Hemiunu stirbt und das Amt auf Kronprinz Kawab übergeht. Es könnte gut sein, dass die Auseinandersetzungen zwischen den beiden Familienzweigen schwer zu schlichten waren und Cheops beschloss, das Amt dem einen Sohn zu geben, der schon so viel Macht besaß, dass seine Brüder sich nicht mehr gegen ihn stellen würden. Der vorzeitige Tod von Kawab, auf dem alle Hoffnungen und Erwartungen des Vaters ruhten, muss ein schwerer Schlag gewesen sein. Nach Kawabs Tod übernahm der jüngere Bruder von Achchaf, Minchaf, für sehr kurze Zeit den Posten. Die Söhne von Henutsen wollten ihren untergeordneten Rang offenbar einfach nicht akzeptieren.

Ein so entfremdeter und isolierter König wie Cheops hatte wohl kaum die Möglichkeit, selbst ein Heer zu befehligen, wie es seine Nachfolger später oft taten. Vielleicht war er dazu auch nicht in der Lage. Jedenfalls gab es zu seiner Zeit weder ein stehendes Heer noch ein echte Notwendigkeit, eines aufzustellen. Der Status des Königs spiegelte sich im Status des ganzen Landes wider, das in der 4. Dynastie ebenso isoliert war wie die königliche Familie. Es ist richtig, dass man im Hafen von Byblos im Norden, das immer in ägyptischer Hand war, einige Inschriften aus Cheops' Regierungszeit gefunden hat; ebenso wurde sein Name auf dem Weg zu den Kupferminen von Serabit el-Chadim im Sinai und in Nubien gefunden. Doch all dies waren Gegenden, mit denen Ägypten Handel trieb. Die Handelskarawanen wurden von Wehrpflichtigen geschützt, die in festen Abständen stationiert waren. Diese Wehrpflichtigen wiederum wurden von Berufssoldaten befehligt. Grab 1203 in Gise gehörte einem gewissen Kanefer, mit dem Titel »Befehlshaber der Bogenschützen«, Grab 2110 einem Nefer, »Aufseher der Schreiber der Mannschaften und Kommandant von Wehrpflichtigen«. Ihr Verwandtschaftsverhältnis zu Cheops kennen wir allerdings nicht.

Ägypten trieb also Handel mit dem Norden wie mit dem Süden

und schützte seine Handelsrouten, so gut es ging, aber Anzeichen von Imperialismus finden sich nirgendwo. Cheops war zufrieden damit, in seinem Palast zu bleiben, und zufrieden damit, dass andere Länder sich selbst regierten.

Die Nachkommen des Cheops

Cheops hatte noch weitere Kinder mit weiteren Ehefrauen, von denen wir allerdings nichts Genaueres wissen. Wir kennen die Namen vieler Kinder, aber da der Name ihrer Mutter nicht genannt wird oder verloren gegangen ist, können wir über ihr Verwandtschaftsverhältnis zum König nur rätseln. Da ist zunächst einmal Baufre, den wir schon kennen gelernt haben. Da dieser Prinz mit seinem Großvater Snofru Umgang pflegte und ihm half, indem er ihm die Dienste eines bekannten Zauberers vermittelte, können wir wohl davon ausgehen, dass er von einer der beiden Hauptfrauen abstammte. Er erscheint als jemand, der gern bereit ist, seinem Großvater zu helfen, ohne dass etwas von irgendwelchen Rivalitäten zu spüren ist, und das legt nahe, dass er vielleicht sogar ein Sohn von Meritites selbst war.

Der zweite Sohn mit unbekannter Mutter ist Hordjedef. Dieser junge Mann war offenbar eine bemerkenswerte Erscheinung, ein Genie seiner Zeit. Seine Worte der Weisheit lebten noch tausende Jahre nach seinem Tode weiter, wir haben sie oben schon einmal zitiert:

> Wenn es dir gut geht, dann bau ein Haus, nimm dir eine Frau, die ihr eigenes Herz im Griff hat [d.h. die einen Haushalt leiten kann], und dir wird ein Sohn geboren werden. Du baust dein Haus für deinen Sohn, wenn du ein Haus für dich selbst baust. Kümmere dich um dein Heim in der Nekropole, sichere dir deinen Platz im Jenseits. Befolge diesen Rat, denn der Tod wird uns erniedrigen, gerade wie das Leben uns erhebt, aber das Haus des Todes ist für immer, deshalb bestimme für dich einige fruchtbare Felder [um Essen und Trinken zu liefern].

Noch viele Jahrhunderte nach seinem Tod galt Hordjedef als großer Weiser und wurde bis in die Spätzeit hinein kultisch verehrt – doch die Identität seiner Mutter bleibt uns verborgen. Aller Wahrscheinlichkeit nach war es auch die Mutter von Radjedef (Djedefre), da sich die Namen so sehr ähneln. Über diese spätere Geschichte werden wir in Kapitel 9 mehr erfahren.

Noch zwei weitere Söhne kennen wir mit Namen: Nikaure, vielleicht ein leiblicher Bruder von Baufre und damit ein Kind von Meritites; und Schepseskaf, wahrscheinlich ein Sohn von Henutsen.

Die Frauengemächer des Palastes in Weiße Mauern waren also unter Cheops zunächst vom Schreien und Lachen der Kinder erfüllt. Die Zukunft muss golden und sicher ausgesehen haben. Mit so vielen Kindern und der Aussicht auf Enkel und Großenkel wie Sand in der Wüste – Cheops hatte wenig Grund, sich zu sorgen.

Der Papyrus Westcar allerdings erzählt eine andere Geschichte. Dieser Papyrus, auf den ersten Blick eine Geschichtensammlung über Magier, hat einen tieferen politischen Ursprung. Er wurde am Beginn der 5. Dynastie verfasst. Diese Pharaonen, die nur entfernt, wenn überhaupt, mit denen der 4. Dynastie verwandt waren, hatten offenbar Sorgen, was die Legitimität ihres Anspruchs betraf. Deshalb befahlen sie anscheinend, »falsche Prophezeiungen« zu schreiben. Die ersten dieser Geschichten demonstrieren die unglaublichen Fähigkeiten ägyptischer Weiser und Zauberer, die Macht über alle Aspekte der Natur hatten und ihre ganze Weisheit einsetzten, um ihren König zu beraten oder zu unterhalten. Die späteren Geschichten handeln von der Voraussage und der Geburt von Drillingssöhnen einer unbekannten Nebenfrau, »Frau eines Priesters des Re von Sachbu«. Diese Kinder, so erfahren wir, waren zur Herrschaft bestimmt. Sie wurden die Könige der 5. Dynastie.

Natürlich sollen die Geschichten alle Leser und Zuhörer davon überzeugen, dass die Pharaonen der 5. Dynastie ein Recht hatten, den Thron nach dem Niedergang der großen 4. Dynastie zu übernehmen. Aber wie hatte es überhaupt zu diesem Niedergang kommen können? Die Geschichte wendet sich dem Hof von Cheops zu, wo sein Sohn Hordjedef seinem Vater von einem Weisen namens Djedi erzählt, der nahe Meidum lebt. Er bringt den alten Mann an den Königshof. Cheops behandelt ihn mit Misstrauen, und Djedi muss erst ein paar spektakuläre Zaubertricks vorführen, um sein Können zu beweisen.

Sobald seine Fähigkeiten bestätigt sind, ist schließlich die Stimme des Pharaos zu hören:

> »Man sagt, dass du die Zahl der geheimen Schreine in der Halle des Thoth kennst.« Djedi sagte: »Ich kenne ihre Zahl nicht, mein Herr, aber ich weiß den Ort, wo es (das Verzeichnis) liegt.«

Djedi beschreibt Cheops den Ort. Das Verzeichnis liegt in einer geschützten und geheimen Kiste. Cheops befiehlt Djedi, dorthin zu gehen und es für ihn zu holen.

> »Oh König, mein Herr, nicht ich bin es, der es dir bringen kann.« »Wer dann?«, sagte seine Majestät. »Es ist das älteste der Kinder, die im Bauch von Ruddjedet sind.« Seine Majestät sagte: »So sei es.«

Djedi erklärt Cheops, dass diese Jungen »das Hirtenamt in diesem ganzen Land ausüben« sollen – mit anderen Worten, Könige sein werden. Cheops reagiert mutlos. Ist seine Linie nicht sicher? »Dazu kann ich sagen«, meinte Djedi. »Erst dein Sohn, dann dessen Sohn, dann erst einer von ihnen.«

Die Prophezeiung war natürlich gefälscht, sie entstand erst im Nachhinein. Wie die Archäologie gezeigt hat, folgten Cheops nacheinander zwei seiner Söhne auf dem Thron, erst dann ein Enkel, und auch ein König der 5. Dynastie sowie die Ehefrau eines der Drillinge waren direkte Nachfahren von ihm.

Was aber war schief gegangen? Der Ärger entstand eindeutig im Palast, aus der Enttäuschung einer großen und gesunden Familie, deren Ambitionen einfach nur durch die Geburtsfolge zum Scheitern verurteilt waren.

Cheops' Regierungszeit mag durchaus ruhig und im Wohlstand verstrichen sein, selbst wenn sich ein Schatten enttäuschter Hoffnung über alles legte. Aber nicht dafür ist Cheops in Erinnerung geblieben, denn zu Beginn seiner Regierung wurde unter der Oberaufsicht des Hemiunu der Grundstein für die Pyramide von Gise gelegt. Der Bau der Pyramide sollte seine Regierung völlig dominieren. Für Herodot war Cheops grausam und despotisch:

> Bis zu König Rhampsinitos, so erzählt man, herrschte in Ägypten vollkommene Ordnung und großer Reichtum. Aber Cheops, sein Nachfolger, stürzte das Land ins größte Unglück. Er schloss nämlich alle Tempel und hinderte zunächst am Opfern. Dann zwang er alle Ägypter dazu, für ihn zu arbeiten; die einen mussten Steinblöcke aus den Steinbrüchen im arabischen Gebirge bis an den Nil schleppen. Nachdem die Blöcke auf Schiffen über den Fluss geschafft waren, trug er anderen auf, sie zu übernehmen und bis zu den so genannten libyschen Bergen weiterzuschleifen.
> [...]
> Cheops ging in seiner Schlechtigkeit so weit, dass er aus Geldmangel die eigene Tochter in ein Freudenhaus brachte und sie dort eine möglichst hohe Summe Geld verdienen ließ. Die Priester haben mir die Summe allerdings nicht genannt. Sie beschaffte aber das vom Vater befohlene Geld und fasste dazu noch den Gedanken, ein Denkmal für sich zu errichten. So bat sie jeden Mann, der zu ihr kam, ihr einen Stein für den Bau zu schenken. Aus diesen Steinen, so erzählt man, wurde die mittlere der drei Pyramiden gebaut, die vor der großen steht und deren jede Seite eineinhalb Plethren [46 m] misst.
> [Aus: Herodot, Historien, 1.Bd, griech.-dt., hrsg. von Josef Feix, München 1963. Hist. II,124 und 126.]

Noch immer gilt Herodots Geschichte trotz aller Versuche von Ägyptologen, sie ins Reich der Sage zu verbannen, als glaubwürdig. Dabei war er kein Zeitzeuge, sondern besuchte Ägypten etwa 2000 Jahre nach dem Bau der Pyramiden. Er hatte keine genauere Vorstellung davon, wie und warum eine Pyramide gebaut wurde, als wir heute davon, wie Kleopatras Stimme klang oder was sie am liebsten trank! Er glaubte, was ihm seine Führer und Dolmetscher erzählten, und prägte damit bis heute unser Bild von Cheops als einem grausamen Despoten. Dieser beliebte Mythos hat sich ganz allmählich in eine unumstößliche Wahrheit verwandelt. Hollywood hat die Geschichte natürlich aufgriffen und zelebriert mit großem Vergnügen die erfundenen Grausamkeiten, von Cecil B. de Milles von Peitschen vorwärts getriebenen Sklaven bis hin zur Leinwandmutter von Charlton Heston in *Die Zehn Gebote*, deren Schal sich beim Bau der Pyramide unter den Transportrollen verfängt. Nicht zu vergessen die jugendliche Joan Collins, die in *Land der Pharaonen* ihre Gier nach den in einer Pyramide verborgenen Schätzen mit dem Leben bezahlt. Das alles ist unterhaltsame Fiktion – nicht mehr und nicht weniger. Wie wir sehen werden, fehlt ihr praktisch jedes Körnchen Wahrheit.

Teil Zwei

DER PYRAMIDENBAU

EINFÜHRUNG

Die Große Pyramide

Wir haben ein Bild des Cheops entstehen sehen: das eines autokratischen Herrschers über ein geeintes Land mit einem perfekten Verwaltungssystem. Erkennbar geworden ist freilich auch, wie wenig über Cheops als Person bekannt ist. Wegen der Geheimhaltung, die ihn zu Lebzeiten umgab, gelangten außer seinen Frauen und Kindern wohl nur wenige in seine Nähe. Er muss eine einsame Existenz geführt haben.

Das Leben des Cheops war von Geburt an festgelegt. Mit mehreren seiner Schwestern verheiratet, stieg er zu einem bedeutenden und gefürchteten König auf. Obwohl wir auch von seiner Präsenz in Nachbarländern wissen, hat eines in seiner Herrschaftszeit herausragende Bedeutung: der Bau seiner Pyramide.

In diesem Teil des Buch versuchen wir Antworten auf einige der rätselhaftesten Fragen zu geben: Wer errichtete die Pyramiden von Gise und aus welchem Grund?

Die Große Pyramide ist die gewaltigste der drei riesigen Steinbauten, die am Westufer des Nils über dem Plateau von Gise aufragen. Heute schiebt sich von allen Seiten her ein wild wucherndes Kairo bis dicht an diese Weltwunder heran und erweckt die umliegende Wüste zum Leben. Nur wenige Meter von ihnen entfernt vollzieht sich das ernüchternde Schauspiel eines tosenden und hupenden Stadtverkehrs. Jeder Versuch, sich in das geheimnisvolle Erscheinungsbild der Pyramiden zu versenken, erstirbt so im Anblick von Staus.

Die Große Pyramide – sie steht im Norden der Dreierreihe – erscheint kleiner als die in der Mitte, in der offenbar Cheops' Sohn

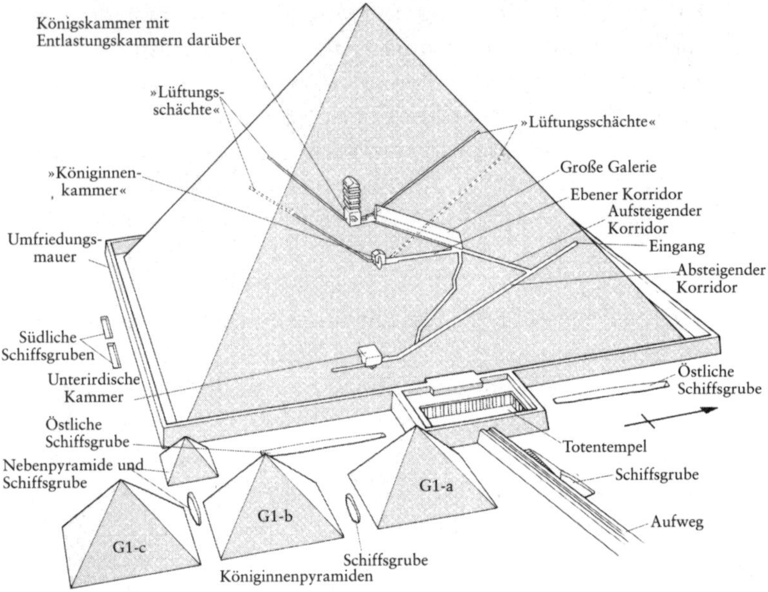

Die Große Pyramide

Chephren beigesetzt worden ist und die auf einem höher gelegenen Areal des Plateaus errichtet wurde. Die dritte und kleinste Pyramide, die des Mykerinos, wirkt geradezu bescheiden. Wenn man sie allerdings neben einer der anderen 95 Pyramiden Ägyptens sehen könnte, erschiene auch sie gigantisch.

Die Große Pyramide betritt man heute durch eine Öffnung, die Grabräuber in die Westseite geschlagen haben. Der ursprüngliche Eingang liegt gut neun Meter darüber und ist noch immer mit Steinblöcken versperrt. Das eher enttäuschende Innere ist für Menschen mit Platzangst oder körperlichen Beschwerden zur Besichtigung nicht zu empfehlen. Obwohl der Eingang von außen groß wirkt, wird es in den Gängen häufig sehr eng. Der einzig wirkliche Unterschied zum Inneren der Pyramide des Mykerinos besteht darin, dass man in der Großen Pyramide längere Strecken gebückt zurücklegen muss.

Der ursprüngliche Eingang fiel stark zu einer Kammer hin ab, die mehrere Meter unter dem Fundament in das Felsplateau geschlagen worden war. Heute für Publikumsverkehr geschlossen, scheint dieser Raum wie ähnliche in früheren Pyramiden als Grabkammer gedacht gewesen zu sein. Allerdings gibt es eine Neuerung. Wo der absteigende Korridor durch den Kalkstein stößt, wurde er mit Granitplatten aus Assuan ausgekleidet. Von ihm aus zweigt schon nach wenigen Metern ein zweiter aufsteigender Korridor ab, der ins Zentrum der Pyramide führt. Wie wir wissen, ist er erst nachträglich und unter Abänderung des ursprünglichen Plans in die bereits gelegten Lagen aus Kalksteinblöcken gebrochen worden. Erst in größere Höhe, wo während seines Baus neue Lagen aufgelegt wurden, ist er weiter mit Granit ausgekleidet. Außerdem blieb an der Verbindungsstelle beider Korridore ein eher unauffälliger Vorsprung zurück, der die exakt gehauene Lichtung des Durchgangs plötzlich verengt.

Der aufsteigende Korridor führt steil nach oben ins Zentrum der Pyramide. Wegen der niedrigen Decke kann man ihn nur gebückt erklimmen. Nach einer endlos lang erscheinenden Wegstrecke gelangt man schließlich an eine Abzweigung.

An dieser Stelle knickt der Korridor in die Horizontale ab und führt am Ende in eine kleine rechteckige Grabkammer mit massiven Wänden. Ihre Decke ist in der Mitte gegiebelt. Die Araber sprachen deswegen früher von der »Königinnenkammer«, weil Frauen in der arabischen Welt traditionell in Gräbern mit giebelförmigem Aufbau beigesetzt wurden. In der Ostwand öffnet sich eine kleine, offenbar nicht voll ausgehauene Nische.

Weiter vorn, noch an der Abzweigung, ist in den Boden ein Gitter eingelassen, das einen finsteren Schacht verschließt. Er fällt senkrecht bis in eine unergründliche Tiefe ab.

Hier, tief im Inneren der Pyramide, schlagen sich an den massiven Steinwänden die Ausdünstungen der Touristen nieder. Zur einen Seite setzt sich der aufsteigende Korridor fort und weitet sich an dieser Stelle überraschend zu einer Galerie mit einer atemberaubenden Höhe von fast acht Metern. Polierter Granit verkleidet

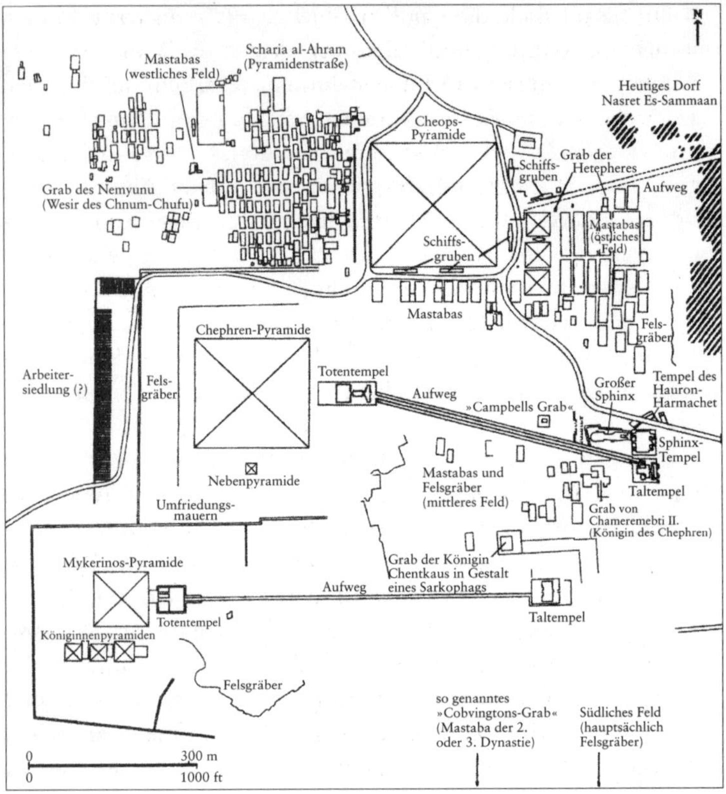

Das Plateau von Gise

die Wände. Er ist so makellos aneinander gefügt, dass kaum eine Fuge zu sehen ist. Beide Wände kragen oben nach innen hin aus und schließen mit einer schmalen flachen Decke ab. Die Lagen der Granitplatten folgen genau dem Steigungswinkel des Bodens, sodass einen beim Aufstieg bisweilen das seltsame Gefühl beschleicht, man bewege sich auf einem ebenen Boden. In ungefähr zweieinhalb Metern Höhe, sind in beiden Wänden Löcher eingelassen. In manchen stecken Reste von Holz. (Wozu es gedient hat, sehen wir an späterer Stelle.)

Oben, am Ende der Großen Galerie, tritt man vor eine kleine rechteckige Öffnung und steigt in eine Passage, die man auf Knien durchqueren muss. Am Ende steht man plötzlich und ohne Vorankündigung in der Grabkammer. Sie erscheint kleiner, als man sich vorgestellt hat, und seltsam kahl. Ist das alles, so fragt man sich. Dieser kalte, finstere Granitkubus? An der Westwand, zum Westhorizont hin ausgerichtet, ruht der Sarkophag. Er ist an einer Seite zerbrochen.

Blickt man in der kahlen Grabkammer nach oben, fallen am Randbereich der Decke mehrere gebrochene Platten auf. Für einen Augenblick stockt einem fast das Herz. Über eine Million Tonnen Steine lastet über dieser Decke, und die steinernen Balken, die sie stützen, sind vollständig durchgebrochen! Aber es gibt keinen Grund zu Sorge: Die Brüche haben sich bereits im Altertum, beim Bau der Pyramide, ereignet und schon den Baumeistern Kopfzerbrechen bereitet. Über der Decke ist eine Reihe von fünf »Entlastungskammern« angelegt, kleine Räume mit der Aufgabe, das gewaltige Gewicht der Pyramide auf die Seitenwände zu verteilen.

Der Sarkophag wirkt trostlos und geradezu fehl am Platz. War der Raum einst tatsächlich mit goldenem Gerät und Möbeln ausgestattet? Ruhte hier einst ein menschenähnliches Bildnis des Cheops mit breitem Gesicht und einem angedeuteten Lächeln? Ein Cheops als ewig junger König mit einem bleistiftdünnem Schnurrbart? Seltsam fremd wirkt der Sarkophag in dieser Umgebung, während heute die meisten anderen auf die Nationalmuseen der Welt verteilt sind. Er ist freilich zu groß, als dass man ihn durch die Gänge abtransportieren könnte. Er muss folglich während des Baus der Pyramide, als die offene Grabkammer noch unter freiem Himmel lag, an seinen Standort gebracht worden sein. Wie die gewaltigen, als Täfelung dienenden Granitplatten wurde er über 60 Meter in die Höhe gehievt und an seinen Bestimmungsort hinabgelassen.

Wenn der letzte Tourist gegangen ist, breitet sich trotz des störenden elektrischen Lichts rasch wieder eine Atmosphäre der Ruhe aus. Diese Stille ist mehr als die Abwesenheit von Lärm. Sie saugt gleichsam jeden Laut auf, ein Gefühl, als sei man in Watte gepackt und höre nur noch den eigenen Atem und Herzschlag. Doch selbst sie scheinen die Totenruhe zu stören.

Dieser Raum war vor 4500 Jahren das Ziel einer Gruppe von halb nackten Männern, die schwitzend und tief gebeugt den Leichnam des Königs auf seiner letzten Reise durch die schmalen Korridore an seinen Ruheort zogen. In der Grabkammer murmelten die Priester die magischen Beschwörungsformeln, die es dem König durch eine Verwandlung ermöglichten, die anschließende Weiterreise zu seinen Geschwistern, den Göttern, anzutreten. Nach dem Aufsetzen des Deckels trat das kleine Gefolge unter dem Fallgatter hindurch den Rückweg an. Einer übernahm die Aufgabe, die Stützsteine unter ihm zu entfernen. Das Donnern des herabstürzenden Kalksteins hallte durch die kahlen Kammern und Gänge. Wie viele Männer blieben bis zum Schluss? Wohl nur zwei oder drei, während die Priester und Adligen, die Söhne und Enkel des verstorbenen Königs mit gebeugtem Rücken in Richtung Ausgang schritten, um wieder die süße Luft des Lebens zu atmen.

Drinnen stiegen die wenigen Verbliebenen – jeder wohl mit einer brennenden Fackel in der Hand – bis ans Ende der Großen Galerie hinab. Sie nahmen einen an der Wand lehnenden Knüppel oder ein anderes stumpfes Werkzeug zur Hand, prüften es und holten mit weitem Schwung über ihren Köpfen aus. Hoch über ihren Köpfen ruhten auf Stützbalken Granitblöcke. Durch einen gezielten Schlag mit dosierter Kraft zerschmetterten sie das Holz, sodass es unter der Last des auf ihm ruhenden Blocks vollends zusammenbrach. Der Granit stürzte polternd zu Boden und glitt ruckelnd das Gefälle des aufsteigenden Korridors bis ans Ende hinab und blieb schließlich an der Einmündung des absteigenden Korridors in der sich verengenden Lichtung stecken. Sich durch die Große Galerie rückwärts nach oben arbeitend, zerschlugen die letzten – und tapfersten – Diener des Königs mit jedem Schritt einen weiteren Stützbalken, worauf die Blöcke nacheinander herabstürzten und in der Finsternis verschwanden. Kaum war der Korridor verbarrikadiert, wurde die Luft stickig und heiß. Rasch zehrten die Fackeln den knapper werdenden Sauerstoff auf.

Kein Lüftchen und kein Schimmer Licht drang jetzt noch von draußen in die Pyramide ein. Die Verbliebenen waren eingemauert in einem finsteren Grab, in dem ihnen nur noch der verstorbene und durch Magie verwandelte König Gesellschaft leistete. Jetzt mussten sie zu dem dunklen und damals noch offenen Schacht hinabsteigen, der heute, 4500 Jahre später, zum Schutz der modernen Besucher mit einem Gitter verschlossen ist. An diesem Punkt löschten sie ihre Fackeln. Vor ihnen lag ein senkrechter Abstieg durch den engen Schacht, der unten, unweit der ursprünglichen Grabkammer, in den absteigenden Korridor einmündet.

Heute kann man sich kaum noch vorstellen, wie die Männer diesen gefährlichen Abstieg durch die Finsternis zu dem Korridor hinab, der das Reich des Todes mit dem der Lebenden verband, geschafft haben. Angesichts der nur grob in die Schachtwände gehauenen Einbuchtungen musste jeder Griff und jeder Tritt sitzen. Für eine Fackel hatten sie jedenfalls keine Hand frei.

Wenn sie unten den sicheren Boden erreicht hatten, rannten sie zweifellos ohne Rücksicht auf schmerzende Glieder so schnell sie konnten den absteigenden Korridor nach oben bis zu dem Ausgang, der ihnen Leben und Freiheit verhieß.

Mit Trommeln und Gesang wurden draußen weitere Blöcke in den Eingang geschoben. Binnen weniger Minuten hatte sich die Pyramide in eine uneinnehmbare steinerne Festung verwandelt. Hier konnte keiner mehr eindringen.

Und so blieb es für über 3000 Jahre.

VIERTES KAPITEL

Die Cheops & Söhne GmbH

Nach Herodot benötigte der Bau einer Pyramide über zwanzig Jahre. Wir wissen, dass Cheops 23 Jahre lang herrschte. Einer seiner ersten Amtshandlungen nach der Thronbesteigung dürfte folglich darin bestanden haben, mit seinem Baumeister die Gestalt, die Höhe und – das Wichtigste – den Standort der Pyramide zu besprechen.

Für die Architekten und Bauarbeiter muss dies eine schwierige Zeit gewesen sein. Aus dem Turiner Königspapyrus und anderen Texten geht hervor, dass Snofru ungefähr 24 Jahre regierte, Cheops 23, Chephren 24 und Mykerinos ungefähr 26 Jahre. Die Zeiträume scheinen also durchaus zusammenzupassen. Was aber geschah, wenn ein König unerwartet jung vor Vollendung seiner Pyramide starb? Er brauchte doch die Grabkammer für sein ewiges Leben. Werfen wir einen Blick auf die Regierungsdauer von Königen aus der Mitte der 18. Dynastie:

- Thutmosis IV. herrschte sieben Jahre (falls er eine Pyramide gewollt hätte, wäre er leer ausgegangen).
- Amenophis III. herrschte 39 Jahre (bei ihm hätte die Zeit gereicht).
- Echnaton regierte 17 Jahre (auch er hätte Pech gehabt).
- Smenchkare herrschte zwei Jahre (keine Chance).
- Tutanchamun saß neun Jahre auf dem Thron (auch dieser König hätte sich eine andere Art Grabstätte suchen müssen).
- Eje kam auf vier Jahre (keine Chance).

Natürlich war für alle diese Könige eine Bestattung in Felsgräbern im Tal der Könige vorgesehen, sodass sie einem frühen Tod entspannt ins Auge sehen konnten. Bei einer Bauzeit von zwanzig Jahren wären in der Zeit dieser sechs Könige, die zusammen 78 Jahre regierten, drei Pyramiden fertig gestellt und eine weitere wäre zu drei Viertel vollendet worden. Für die fehlenden beiden Pyramiden wären weitere vierzig Jahre Bauzeit notwendig gewesen. Hätten die Mumien der letzten beiden Könige in einem Tiefkühlfach auf die Vollendung ihrer Grabstatt warten müssen? Und wie hätten die nachfolgenden Könige dann an eine würdige Ruhestätte kommen sollen?

All dies stellt ein großes Problem dar, denn während wir in der Rückschau wissen, dass die Könige des Alten Reichs nach der Krönung noch so lange lebten, dass ihre Pyramiden fertig wurden, konnten sie selbst sich darauf natürlich nicht verlassen. Wenn in der 18. Dynastie eine ganze Reihe von kräftigen, gesunden und reichen Königen unerwartet früh starb, wie konnten die Könige der 4. Dynastie sich dann so sicher sein, dass ihre Regierungszeit für den Bau einer Pyramide ausreichen würde? Und interessanterweise herrschten sie tatsächlich auch ungefähr gleich lang.

Sicher ist jedenfalls, dass ich mich nicht auf so eine Planung eingelassen hätte, nicht für alles Gold Nubiens. Immerhin war das Unternehmen mit dem Risiko behaftet, dass man mit einer halb fertigen Pyramide und der Mumie eines allmächtigen Königs und Halbgottes dastehen und nicht wissen würde, wo man den Leichnam beisetzen sollte.

Es sei denn, es gab eine andere Möglichkeit…

Irrtümer bezüglich Überschwemmung und Ackerbau

Ägypten hätte ohne seine jährlichen Überschwemmungen nicht überleben können. Nur das Hochwasser des Nils, das jedes Jahr fruchtbaren Schlamm aus dem Hochland Äthiopiens herantransportierte, ermöglichte eine sichere und dauerhafte Bebauung des

Bodens. Und der sei so saftig und fruchtbar gewesen, so hieß es, dass ein hineingesteckter Stock unversehens Wurzeln schlug, austrieb, aufblühte und Früchte trug. Kein Wunder, dass die Ägypter von ihren Nachbarn beneidet wurden: Deren Kampf ums Überleben war komplizierter und hatte geringere Erfolgsaussichten.

Die Ägypter unterteilen ihr Jahr in drei Jahreszeiten mit jeweils vier Monaten. Die erste, Achet, war die Zeit der Überschwemmung, die zweite, Peret, das Wiederauftauchen des Landes und die sich anschließende Ernte und die dritte, Schemu, die Zeit des Wassermangels, die Trockenzeit.

Diese Einteilung ist vergleichsweise gut bekannt. Allerdings sind daraus falsche Schlüsse gezogen worden: dass die Überschwemmung vier Monate gedauert und sich eine viermonatige Erntezeit und bis zur Wiederkehr der Flut eine lange, heiße Trockenperiode angeschlossen hätten.

Dies bedarf der Korrektur: Die Jahreszeiten erhielten ihre Namen deshalb, weil sich das fragliche Ereignis innerhalb der vier Monate ihrer jeweiligen Dauer ereignet hat. So setzte die Flut zu Beginn der Jahreszeit Achet ein. Dabei erreichte das Wasser den Höchststand an den jeweiligen Orten allerdings zu unterschiedlichen Zeitpunkten. Die Städte des Nordens erreichte es erst viele Tage nach denen des Südens, und die Pegelstände nahmen nach Norden zudem immer mehr ab. Die Wassermassen, die durch die südlichen Katarakte und Schluchten nach Norden getobt waren, verloren mit dem Eintritt ins ägyptische Schwemmland allmählich an Gewalt. Sie stiegen unspektakulär langsam und fast unmerklich an, wälzten sich träge durchs Land und blieben in den einzelnen Städten nur für zwei Wochen auf voller Höhe stehen, ehe sie sich wieder zurückzogen.

Bei ihrem Rückzug mussten sich die Bauern und Verwalter sofort um den wieder auftauchenden Boden kümmern. Ägypten hatte ein gut funktionierendes Verwaltungssystem. Das Land war zwar zur Bewirtschaftung unter den Städten und Dörfern aufgeteilt, gehörte aber stets dem König, der die Nutzung gelegentlich an Privatpersonen oder Einrichtungen verlieh, die im Gegenzug Steuern entrichteten. Das staatliche Archiv hielt akribisch den Grenzverlauf der einzelnen Parzellen sowie die gegenwärtige und vergangene Bewirtschaftung fest. Aus dem Gerichtsverfahren des Mes, das in dessen Grab in Sakkara aus der 19. Dynastie festgehalten ist, wissen wir, dass solche Akten jederzeit verfügbar waren und die Besitzverhältnisse für jeden Streifen Land über Jahrhunderte zurückverfolgt werden konnten. Das Steuersystem beruhte auf gerecht gezogenen Grenzen.

Das Wasser der Nilschwemme löschte alle Spuren früherer Grenzen aus: Die Gräben zwischen den Feldern füllten sich mit Schlamm und wurden vollständig eingeebnet, sodass der Grenzverlauf zwischen den Feldern nicht mehr zu erkennen war. Kaum hatte sich das Wasser ein klein wenig zurückgezogen, waren die Verwalter der einzelnen Bezirke zur Stelle, um neue Markierungen zu setzen. Nach dieser wichtigen Amtshandlung konnten die Bauern den Boden bestellen. Als Erstes hoben sie neue Gräben aus, die allerdings nicht der Bewässerung, sondern der Dränage dienten. Die Böden waren so voll gesogen, dass das ausgebrachte Saatgut sonst im nassen Schlamm verfault wäre. Erst jetzt konnte mit der Aussaat begonnen werden.

Und so ging es täglich weiter: Grenzen wurden gezogen, Entwässerungsgräben ausgehoben, die Böden von Hand mit Pflügen und Breithacken bearbeitet (Ochsen wären bis zur Brust im Schlamm eingesunken.) und Saaten ausgebracht. Die Arbeit war unerbittlich hart, aber überlebensnotwendig. Ohne sofortige Aussaat konnte nicht rechtzeitig geerntet werden. Mein Kollege Steve Oxbrow hat viele Jahre lang mit Sämlingen von Kulturpflanzen experimentiert und dabei die Entwicklungszeiten bis zur Ernte und die Ertragsfähigkeit aufgezeichnet. Er erhielt verblüffende Ergebnisse:

> *Trimestre triticum* war ein Dreimonatsweizen, jenes Getreide, von dem Herodot erwähnt, es sei in Ägypten angebaut worden und bei dem es sich mit großer Wahrscheinlichkeit um den in Italien gebräuchlichen Emmer handelt. ... Bei einer

Aussaat im Frühjahr zur Nutzung der langen Sommertage reichen bis zur Reifung neunzig Tage aus, wenn zum optimalen Termin ausgesät wird. Bei künstlicher Bewässerung würde eine anschließende Bebauung mit Gerste meines Erachtens gut zum Land am Nil am passen. Ob die am höchsten gelegenen Felder ebenfalls ausreichend bewässert werden konnten, ist fraglich, aber keineswegs ausgeschlossen. (Gerste benötigt weniger Wasser als alle Weizensorten.)

Wurde der Emmer nicht rechtzeitig gesät, konnte zur Saison nicht geerntet werden. Steve Oxbrows Ergebnis einer Spanne von neunzig Tagen von der Aussaat bis zur Ernte passt genau in den altägyptischen Kalender. Jeder Monat hatte dreißig Tage und jede viermonatige Jahreszeit somit hundertzwanzig Tage. So konnte der Nil seine volle Höhe erreichen und das Wasser sich langsam wieder zurückziehen, worauf die Verwalter die Grenzen markierten und die Bauern ihre Gräben aushoben sowie das Saatgut von Hand in die zuvor gepflügten Furchen säten. Ab dem Einsetzen der Überschwemmung standen für all dies genau dreißig Tage zur Verfügung, und neunzig Tage später, mit Beginn der Erntesaison, konnten die ersten Erträge Emmer eingebracht werden. Dann wurde das Land sofort mit einem von Ochsen gezogenen Karren umgepflügt, um den durchwurzelten Boden zu lockern und eine zweite Saat auszubringen. Eine zweite Ernte Emmer hätte zum Heranreifen mehr Zeit benötigt, und wie Steve hervorhebt, eignete sich Gerste besser, weil sie mit weniger Wasser auskam und so weniger Nilwasser auf die höher gelegenen Felder geschöpft werden musste.

In griechischen Zeiten wurde das Land nach der Arure berechnet, eine Flächenmaßeinheit, die Sir Alan Henderson und andere Autoren auf ungefähr 100 Quadratellen oder 150 Quadratfuß (2735 m^2) taxieren. Ein Stück Land dieser Größe konnte einen erstaunlichen Ertrag Emmer abwerfen. So fährt Steve fort:

Ich kam auf Nettoerträge, die sich bei (gerundeten) zwei Tonnen pro Hektar von der Römerzeit bis nach 1957 nicht verändert haben. Dies entspricht einer halben Tonne pro Arure, gerade so viel, um drei Menschen ein Jahr lang zu ernähren. Steuern und Pacht zehrten 67 Prozent des Ertrages auf. Ich gehe davon aus, dass die Arbeiter, die die Pyramiden errichteten, und die Handwerker der Königsgräber über dieses Abgabensystem in Naturalien entlohnt wurden.

Der Ertrag eines Stück Lands war nach Abzug der Steuern gerade noch ausreichend für den Unterhalt eines Arbeiters, während der Löwenanteil in die Kornkammern des Königs ging. Wie wir wissen, wurden aus diesen Lagern täglich im Regierungsauftrag Bäcker beliefert, die in großem Maßstab Brot für die Arbeiter buken. Steve führt dies weiter aus:

> Eine Arure entsprach so nicht nur 100 x 100 Ellen, sondern auch einem Tag Pflügearbeit für ein Paar klapprige Ochsen und einem Ertrag, der (nach Abzug der Abgaben für die Elite und deren Handwerker) zur Ernährung einer Person ausreichte.

Diese Beobachtungen, die auf einem jahrelangen dokumentierten Anbau auf biologisch gedüngten Böden im Südwesten Englands beruhen, geben uns erste Aufschlüsse über das Leben eines ägyptischen Bauern. Der ägyptische Landmann taucht in unserer Archäologie kaum auf, auch wenn sein Los in den Texten gelegentlich beklagt wird. Die Ägyptologie stützt sich fast ausschließlich auf die Berichte der Superreichen des Landes. Aber welcher Adlige ging schon auf die Felder und schaute sich das Leben mit eigenen Augen an? Bildeten die Malereien in den Gräbern der Hochgestellten die Realität oder deren Träume ab?

Es ist zwar richtig, dass Ägypten fruchtbar war und diese Fruchtbarkeit der jährlichen Überschwemmung des Nils verdankte. Aber inzwischen ist ebenso erwiesen, dass die Bauern rund ums Jahr auf den Feldern täglich, lange und hart arbeiten mussten, um ihren eigenen Unterhalt und den ihrer Familie zu sichern.

Nicht von ungefähr sehnte sich jedermann nach einem Sohn, der die Anbaufläche und so das Einkommen der Familie verdoppeln konnte, damit sie besser über die Runden kam.

Trugschlüsse Herodots

> Er [Cheops] schloss nämlich alle Tempel [...] Dann zwang er alle Ägypter dazu, für ihn zu arbeiten [...] Zu je hunderttausend Menschen arbeiteten sie gruppenweise daran, jede Gruppe drei Monate. Zehn Jahre gingen für das fronende Volk dahin allein durch den Bau der Straße, auf der sie die Steine beförderten [...].
> (Herodot, Historien, 1.Bd, griech.-dt. hrsg. von Josef Feix, München 1963. Hist. II, 124)

Bevor in Ägypten die wissenschaftliche Archäologie Einzug hielt und die Entzifferung der Hieroglyphen gelang, hatte sich das Bild der altägyptischen Kultur ausschließlich auf zwei Quellen gestützt: auf die antiken Schriftsteller und die Bibel. In einem Punkt sind sie sich alle einig: dass die Ägypter, insbesondere die Könige, ein übler Haufen gewesen seien.

Übersehen wurden dabei mögliche Fehlerquellen in den antiken Darstellungen. Über Herodots Deutungen zu Ägypten haben wir bereits spekuliert. Er besuchte das Land ungefähr fünfzig Jahre vor Alexander dem Großen. Er sprach kein Wort Ägyptisch. Aus der Archäologie ist bekannt, dass es griechische Siedlungen in Ägypten wahrscheinlich schon seit dem 7. Jh. v. Chr. gegeben hat. Herodot hielt sich folglich in einem Dorf eingewanderter Griechen auf, mit denen er sich verständigen konnte. Von ihnen erfuhr er Einzelheiten über das Leben in Ägypten. An dieser Stelle muss man sich fragen, wie zuverlässig Auskünfte von Zuwanderern, die an ihren Sitten und Gebräuchen festhalten, über ihr Gastland sind. Die Menschen, mit denen sich Herodot unterhielt, werden nach bestem Wissen und Gewissen Informationen aus zweiter und dritter

Hand, vermengt mit Gerüchten, Legenden und Aberglauben, an ihn weitergegeben haben. Und wie bereits erwähnt, war der Bau der Pyramiden bei seiner Ankunft bereits 2000 Jahre her gewesen. Die Befragten hatten also in Wahrheit gar keine Ahnung, auf welche Art und warum diese gewaltigen Mausoleen gebaut worden waren.

In seiner Beschreibung gibt Herodot sogar die Abmessungen der Pyramiden falsch wieder:

> Der Weg, über den die Blöcke geschleppt wurden... ist fünf Achtel einer Meile lang [=1 km; ungefähr richtig], 60 Fuß breit [=18,3 m; in Wahrheit 3,6 m], am höchsten Punkt 48 Fuß hoch [=14,6 m; in Wahrheit keine 6 m] ... [Die Pyramide] hat eine quadratische Grundfläche, ist 800 Fuß hoch [= knapp 244 m; die Cheops-Pyramide als die größte ist knapp 147 m hoch] entsprechend jeder Seitenlänge [230 m].

Kaum ein Wort stimmt in diesem Bericht, und dies war, wie wir erfahren, Herodot sogar selbst aufgefallen. Eine Pyramide, die so hoch ist wie ihre Seitenlängen, wirkt groß, schlank und spitz. In diesen Proportionen erschienen die Pyramiden von Gise in den Illustrationen, mit denen viele frühere »Reisenden« (die Mehrzahl hatte nie ägyptischen Boden betreten) ihre Augenzeugenberichte glaubhaft machen wollten. Diese Abmessungen konnten leicht überprüft werden, und mit etwas gesundem Menschenverstand und Phantasie hätte Herodot merken müssen, dass bei den Größenverhältnissen etwas nicht stimmte. Woher hatte er also seine Informationen?

Hierzu eine weitere Passage:

> An der Pyramide ist in ägyptischer Schrift angegeben, wie viel Geld man für Rettich, Zwiebeln und Knoblauch für die Arbeiter ausgegeben hat. Wenn ich mich recht an die Summe erinnere, die der Dolmetscher mitteilte, der mir die Inschriften vorlas, so waren es 1600 Silbertalente.

Im 4. Jh. v. Chr., als Herodot Ägypten besuchte, gab es bereits den Reiseführer! Und allem Anschein nach nahm Herodot an einer Tour nach Gise teil, hielt schriftlich oder in Gedanken fest, was er erfuhr, und nahm es in sein Geschichtswerk mit auf. Wir können ihm keinen Vorwurf machen. Zur damaligen Zeit gab es die Geschichte im heutigen Sinn noch nicht. Herodot wurde gewissermaßen erst zum Begründer des Fachgebietes.

Wie sollte er den Unterschied zwischen Tatsachen und Meinungen unterscheiden? Und war das überhaupt wichtig? Schließlich war die Pyramide nach damaligem Verständnis so gewaltig, dass sie alle Zeitalter überdauern würde. Ich bezweifle, dass Herodot je der Gedanke kam, dass künftige Generationen sein Werk als »Wahrheit« und Grundlage für weitere Forschungen betrachten könnten. Sein Anliegen bestand darin, vornehmlich die Geschichte der Griechen darzustellen, und in der gaben die Ägypter nur ein kurzes Zwischenspiel. Er konnte sich wohl kaum vorstellen, was für eine Bedeutung sein Tagesausflug zu den Pyramiden für uns Heutige haben würde!

Andere antike Schriftsteller stimmten mit Herodot überein. Sie betrachteten ihn als »Vater der Geschichte« und benutzten seine Werke als Grundlage für eigene. Mit Blick auf die biblischen Geschichten um Moses und die Versklavung durch die Ägypter sei an die Gründung Israels erinnert, an das Land, »wo Milch und Honig fließen«, das Gott den Israeliten in seinem Bund verheißen hatte. Wären sie nicht unter die Sklaverei der Ägypter gefallen, hätten sie keinen triftigen Grund gehabt, das Land zu verlassen. Der Exodus hätte so wenig stattgefunden wie die schier endlose Wanderung durch die Wüste. Und ohne sie hätte Moses weder den Bund mit Gott schließen noch die Tafeln mit den Zehn Geboten in Empfang nehmen können. Die Zeit der Sklaverei hatte also durchaus ihren Sinn. Auch deutet in dem Bericht so manches darauf hin, dass diese Phase gar nicht so schlecht gewesen war. Muss sich Moses nicht die lauten Klagen der Israeliten anhören, dass sie in Ägypten gut genährt worden seien und zurückkehren wollten? Und übergeben sie Aaron nicht ihr Gold, damit er daraus ein Götzenbild schmelze? Gold? Von Sklaven? Erklärt wird diese Ungereimtheit mit einer Bibelstelle, nach der die Israeliten sich dieses Gold »geliehen« hätten.

Man stelle sich die Szene vor: Ein hebräischer Sklave klopft an das Palasttor eines Ägypters. »Hallo«, sagt er. Der Ägypter hört ihm erwartungsvoll lächelnd zu. »Sie kennen mich nicht persönlich. Ich weiß, Sie sind einer unserer Aufseher, aber ich möchte Ihnen trotzdem sagen, dass ich Ihnen nichts nachtrage. Wir werden alle aus Ägypten fortziehen. Aber erzählen Sie es bitte nicht überall herum. Versprochen? Nur Sie und wir wissen davon! Und seien Sie jetzt bitte nett und leihen Sie uns Ihr Gold. Großes hebräisches Ehrenwort: Sie werden es irgendwie wieder zurückbekommen!« – »Natürlich«, antwortet der Ägypter. »Nehmen Sie ruhig mein Gold und meine Edelsteine. Ich vertraue Ihnen! Ich wünsche eine sichere Reise. Aber nehmen Sie sich vor der Flut im Meer in Acht – die ist durchaus tückisch.« – »Danke«, sagt der Hebräer. »Wirklich nett von Ihnen. Und Ihre Warnung werde ich an unseren Führer weiterleiten. Nochmals danke.«

Natürlich hätte sich die Szene so niemals abspielen können. Wie jeder Historiker weiß, geben Quellen aus zweiter Hand die Dinge häufig entstellt wieder und dürfen nicht wörtlich genommen werden. Trotzdem müssen die enthaltenen Informationen sorgfältig geprüft werden. Dass sich frühere Archäologen oft auf sie als einzige Informationsquelle stützten, kann man ihnen heute nicht mehr vorwerfen. Seltsam mutet dagegen an, dass sie trotz ihrer Fragwürdigkeit und nachgewiesenen Fehler noch immer als Grundlage für Aussagen dienen! Leider finden ihre Darstellungen bei den Massenmedien mehr Anklang als die Wahrheit – sehr schade, denn die tatsächlichen Verhältnisse sind, wie bereits erwähnt, faszinierender als jede Fiktion.

Entgegen der Darstellung in zahlreichen neueren Werken ist über den Bau der Pyramiden doch vieles bekannt. So wissen wir beispielsweise, dass die Steinblöcke von Bautrupps bewegt wurden, und dass die meisten dieser Trupps sogar Namen hatten. Die von ihnen geschleppten Blöcke wurden mit roter Farbe markiert, wahrscheinlich zur Kennzeichnung, damit das geleistete Tagespensum berechnet werden konnte. Solche Markierungen tauchen an den meisten Pyramiden an den Außenseiten mehrerer Steinblöcke auf, und weitere würde man mit Sicherheit auch auf anderen Blöcken finden, wenn man sie umdrehen könnte. Die Namen der Trupps bezogen sich gewöhnlich auf den königlichen Bauherrn: »Cheops ist zufrieden, ist freundlich.« – »Chephren wird zu seinem Horizont auffliegen.« Die Namen sind einfallsreich. Aber was für ein Gefühl für einen Vorarbeiter, wenn er beim Verkünden des Tagespensums eines Trupps den Namen »Mykerinos ist ein alter Säufer« aufrufen musste?

In Wahrheit gab es in Altägypten überhaupt keine Sklaverei. Ein Sklave ist per Definition eine Sache ohne rechtliche Existenz. Der Besitzer kann ihn wie einen Stuhl behandeln: ihn zertreten, zerschmettern, umstoßen oder ihn verschenken oder verkaufen. Bei einem Sklaven ist dies möglich. In Ägypten wurde jedermann mit Proviant bezahlt – monatlich mit eineinhalb Säcken Getreide, einem halben Sack Gerste zum Bierbrauen sowie Gemüse der Saison und anderem. Diener erhielten eine Bezahlung in Naturalien und hatten zudem das Recht, Dinge zu erwerben und zu verkaufen. Und sie konnten auch erben oder Güter hinterlassen.

In einer Geschichte, die vom Ende des Alten Reichs überliefert ist, beobachtet ein Grundbesitzer einen Bauern, der seinen Esel ausführt. Und er will das Tier haben. Am nächsten Tag sperrt er mit Leinen den Weg ab, sodass der armen Mann den Esel durch sein Getreidefeld führen muss. Er wartet ab, bis der Esel unterwegs ein Büschel Getreide geschnappt hat, und verlangt sogleich, dass er das Tier als Entschädigung für sein Getreide bekommt. Aber der Bauer kennt seine Rechte und weiß sich zu verteidigen. Als der Fall vor den König kommt, stellt er eine solche Beredsamkeit unter Beweis, dass der ganz betörte König kein Urteil fällen will. Er ruft den Bauern täglich zu sich in den Palast, um seiner goldenen Zunge zu lauschen. Jeder, ob Mann oder Frau, und sogar ein Ausländer hatte das Recht, bei Bedarf vor den König zu treten.

Wenn die Arbeiter eine Pyramide errichten sollten, benötigten sie eine angemessene Verköstigung und Versorgung mit Wasser. Bei zu vielen Zusammenbrüchen und Todesfällen unter den Arbeitern wäre die Pyramide nicht rechtzeitig fertig geworden. Die Arbeiter wurden in Naturalien entlohnt. Und manche Trupps gaben sich Namen, die den Bauherrn herabsetzte – solche Späße hätten sich Sklaven gewiss nicht herausnehmen dürfen.

Die von Herodot genannte Zahl von 100 000 Mann pro Jahreszeit – 400 000 im Jahr – ist in der Vergangenheit zu wörtlich genommen worden. Wenn man die Angehörigen hinzuzählt – Frauen, alte Eltern und Verwandte sowie Kinder – dann hätte selbst bei einer vorsichtigen Schätzung die gesamte männliche Bevölkerung am Pyramidenbau beteiligt gewesen sein müssen, wenn man von einer Gesamtbevölkerung von ungefähr zwei Millionen Menschen ausgeht. Können wir uns auf diese Zahl stützen?

Im Anschluss an Herodot gingen die Ägyptologen des 19. und frühen 20. Jahrhunderts nach den griechischen und römischen Schriften, die sie lesen konnten, von einem »Frondienst« aus, zu dem jeder arbeitsfähige Mann jedes Jahr herangezogen worden sei. Demnach hätten die Männer dem König für mehrere Monate als Bauarbeiter bei der Errichtung der Pyramide oder als Soldat in der Armee dienen müssen. Und diesen Frondienst hätten die Ägypter so sehr verabscheut, dass sie sich beim Dienst am König im Jenseits durch kleine Dienerfiguren, Uschebtis genannt, vertreten ließen. Fügt man diese Annahme Herodots Bericht hinzu, so war es nur ein kleiner Schritt zu der Vermutung, wonach der Frondienst jedes Jahr drei Monate gedauert habe. Statistisch gesehen, waren ja alle erwachsenen Männer des Landes einmal im Jahr von ihm betroffen. Und naheliegenderweise soll dieser Dienst während der Überschwemmung abgeleistet worden sein, da die Bauern in dieser Zeit ihre Felder nicht bestellen konnten.

Wie viele Aspekte der altägyptischen Forschung geht diese Deutung von einer falschen Annahme aus. Zusammen mit weiteren Vermutungen wurde sie im Lauf der Zeit zu einer Hypothese verarbeitet, die heute in den meisten Büchern vertreten wird. Aber das macht sie nicht wahrer.

Aus einer eingehenden Betrachtung der Weisheitstexte wissen wir, dass sich in der griechisch-römischen Periode die Sitten und Gebräuche beträchtlich geändert haben. Die Weisheitstexte sollen von Männern für ihre Söhne oder nachfolgende Generationen verfasst worden sein, um ihnen Umgangsformen in der Gesellschaft zu vermitteln. Der Verhaltenskodex im Ägypten der Könige zwang die Menschen zu einem freundlichen Umgang mit Bedürftigen. Hinter ihm steckte der Gedanke, dass der Wohlhabende, falls er einmal verarmte, ja auch mit Respekt behandelt werden wollte. Dagegen ermunterten die griechisch-römischen Schriften dazu, Untergebene wie Esel zu prügeln, weil ihnen angeblich nur so Gehorsam beigebracht werden könne. Dass die Griechen und Römer in der Heimat ihre Arbeiter ganz selbstverständlich übel behandelten, heißt freilich noch nicht, dass dies auch für die Ägypter gilt. Tatsächlich gibt es keine Belege dafür, dass es in Altägypten jemals einen Frondienst gegeben hat.

Behandeln wir das Problem von der logischen Seite her. Wie wir gesehen haben, war ein Bauer mit seinem Boden verbunden und hatte buchstäblich keine Gelegenheit zur Untätigkeit. Erstens ist die Vorstellung, wonach die Felder wegen der regelmäßigen Überflutung des Landes vier Monate lang nicht hätten bestellt werden können, schlichtweg falsch. Zweites benötigten Handwerker am Bau, Schlepper von Steinblöcken und Arbeiter in den Steinbrüchen (wegen des erhöhten Kalorienbedarfs bei körperlicher Schwerstarbeit) genauso viel, wenn nicht noch mehr Verpflegung und Wasser, als wenn sie auf den Feldern gearbeitet hätten. Den Böden hätten also noch höhere Erträge abgerungen werden müssen. Drittens stellt sich die Frage, ob Bauern so einfach Aufgaben von Bauarbeitern übernehmen können. Ein Bauer ist ein Fachmann, der seine Pflanzungen beobachtet und aus dem Boden mit Instinkt und Erfahrung möglichst hohe Erträge herausholt. Und auch der Handwerker am Bau ist ein spezialisierter Fachmann. Man muss nur einmal versuchen, einen Untergrund vollkommen eben zu bekommen oder eine Lage Ziegelsteine absolut plan aufzulegen, um zu begreifen, dass diese beiden Fachleute nicht so einfach austauschbar waren.

Viertens kommt man bei einem Einsatz von ungelernten Arbeitskräften nicht schneller, sondern langsamer mit der Arbeit voran. In einem Steinbruch haben um einen Kalksteinblock herum für ein richtiges Arbeiten nur eine bestimmte Anzahl von Männern Platz. Hätten ungelernte Arbeiter die Blöcke exakt an ihren Bestimmungsort schaffen sollen, wären höhere Unfallraten und baulicher Pfusch das Ergebnis gewesen. Benötigt wurde dagegen eine kleine Anzahl von Facharbeitern, die zur richtigen Zeit am richtigen Ort waren. Sie brauchten eine mehrjährige Ausbildung und Erfahrung, ehe sie selbstständig arbeiten konnten. Man versuche nur einmal, einen jener kleinen Brocken aus Kalkstein, die überall auf dem Plateau herumliegen, so zu bearbeiten, dass eine vollkommen ebene Fläche herauskommt. Ohne die notwendigen handwerklichen Fähigkeiten und das geschulte Auge ergeht es einem wie dem unerfahrenen Heimwerker, der einen schaukelnden Tisch zum Stehen zu bekommen versucht und dazu von den Beinen immer weitere Stücke absägt: Der Steinbrocken ist zu nichts zu gebrauchen.

Fünftens hätte ein Frondienst, zu dem alle drei Monate ein Viertel der arbeitsfähigen Männer des Landes herangezogen worden wären, seinen Zweck schon aus Gründen der Logik nie erfüllt. Ungelernte hätten erst nach Ablauf der Zeit die notwendige Routine erworben, durch die sich ihr Einsatz überhaupt erst lohnt.

Im Alten Reich gab es keinen Frondienst. Die Felder standen nicht länger als einige Tage unter Wasser. Die Bauern mussten ausreichend Erträge produzieren, um mit ihren Abgaben die Bauarbeiter zu ernähren. Die Steinmetze mussten ausgebildete Handwerker sein, und dies galt auch für die Steineschlepper und die Bauarbeiter. Dies ist eine logische, keine archäologische Überlegung.

Allerdings wird sie in weiten Teilen neuerdings auch von der Archäologie bestätigt.

Mathematische Schlüsse sind zwingend. Während Mark Lehner quantitative Schätzungen zum Bau der Pyramide anstellte, habe ich während meiner dreißigjährigen Suche nach Informationen zu den Pyramiden von Gise und ihrer Bauweise die Mathematik bemüht und bin zu etwas anderen Ergebnissen gelangt.

Es sei daran erinnert, dass die Errichtung einer Pyramide Herodot zufolge zwanzig Jahre gedauert haben soll. Obwohl diese Angabe durch keinerlei archäologische Fakten gestützt wird, erscheint sie angesichts der Herrschaftsdauer der fraglichen Könige durchaus plausibel. Stellen wir also auf dieser Grundlage Berechnungen an. Die Große Pyramide besteht aus ungefähr 2,5 Millionen Steinblöcken, nicht mitgerechnet den Granit, der die Kammern und Korridore ausgekleidet. Demnach müssten für einen termingerechten Abschluss der Bauarbeiten pro Jahr 125 000 Blöcke bewegt und an der richtigen Stelle eingesetzt worden sein.

30 Wochen entsprachen einem Jahr = 4167 Blöcke pro Woche.
10 Tage entsprachen einer Woche = 417 Blöcke pro Tag.

Die Ägypter unterteilten als die Ersten den Tag und die Nacht in gleich lange Abschnitte – unsere heutigen Stunden. Da Assuan auf dem Wendekreis des Krebses liegt, gibt es dort bei der Dauer der Helligkeit im Jahresverlauf geringere Schwankungen als in den nördlichen Breiten. Es war stets ungefähr zwölf Stunden lang hell. Bei unserer Berechnung müssen wir davon ausgehen, dass die Bautrupps die Arbeit bei Dunkelheit einstellten. Sie benötigten Verpflegung und Schlaf, um am nächsten Tag wieder ganze Arbeit leisten zu können. Außerdem hätte man ihre Arbeitsstätte unmöglich künstlich beleuchten können.

12 Stunden pro Tag = 35 Blöcke pro Stunde

Für die Fernsehserie *Secrets of Lost Empires* (Geheimnisse untergegangener Reiche) des Senders NOVA haben sich Mark Lehner und sein Team an der Rekonstruktion einer Pyramide versucht. Dabei wurden fertig behauene Steinblöcke an die Baustelle angeliefert und mit Gabelstaplern an den vorgesehenen Stellen eingefügt. In zwei Wochen mussten sie 135 Blöcke, also weniger als zehn pro Tag verbauen. Sie haben dieses Ziel nicht erreicht!

Es sei daran erinnert, dass bei diesen Berechnungen kein freies Wochenende und kein Urlaub einkalkuliert ist. Frei waren in Altägypten lediglich die nicht zum Arbeitskalender gehörigen fünf Tage am Ende jedes Jahres. Beachtet werden muss zudem, dass für eine fristgerechte Fertigstellung der Pyramide das volle Arbeitspensum erreicht werden musste. Schon ein Block pro Stunde zu wenig bedeutete eine Verzögerung. Die Grundfläche der Pyramide misst 230 x 230 Meter.

Die Seitenlänge der Blöcke: 0,91 Meter = 252 Blöcke pro Seite
Die unterste Lage:
252 x 252 Blöcke= 63504 Blöcke insgesamt

Wenn die darüber liegende zweite Lage um einen Block zurückgesetzt aufgelegt wird (dies führte zu einem Neigungswinkel der Pyramide von 45 Grad), ergibt sich daraus für jede nächst höhere Lage eine Verkürzung der Seite um 2 Steinblöcke.

Zweite Lage: 250 x 250= 62500 Blöcke
Beide Lagen zusammen:
63504 + 62500= 126004 Blöcke

Das heißt, nach einem Jahr koordinierter Bemühungen, bei denen Blöcke gebrochen, behauen, zur Baustelle geschleppt und eingesetzt worden waren, erreichte die »Pyramide« eine Höhe von gerade einmal 1,80 Metern. Ein großer Mann konnte auf Zehenspitzen noch immer über sie hinwegsehen – ein sehr enttäuschendes Ergebnis für die kollektiven Anstrengungen einer ganzen Belegschaft.

Bis zur Spitze hatte die Pyramide eine Gesamthöhe von 146,6 Metern. Jede Lage war 0,9144 Meter hoch. Daraus ergibt sich:

146,6 : 0,9144 = ca. 163 Lagen von der Basis bis zur Spitze

Mit zunehmender Höhe verringerte sich allerdings die Fläche jeder Lage. Die zweite reduzierte sich mit ihren 62500 Blöcken gegenüber der ersten um 1004 Blöcke. Und sie hatte ihrerseits 966 Blöcke mehr als die dritte. Und so fort.

Bei einem gleichförmigen Fortgang der Bauarbeiten (der für eine rechtzeitige Vollendung vorausgesetzt werden muss) wuchs die Pyramide in den unteren Bereichen zunächst sehr langsam. Je weiter die Arbeit voranschritt, desto mehr Lagen wurden pro Jahr vollendet, wenn man von dem jährlich zu verbauenden Pensum von 125 000 Blöcken ausgeht. Mit zunehmender Höhe wuchs die Pyramide immer schneller. Besonders deutlich wurde dies, wenn die Hälfte der Endhöhe erreicht war. An diesem Punkt hatte sich die Fläche der obersten Lage bereits so stark verringert, dass der Rest der Pyramide, bei der sich die Flächen der Lagen weiter verringerten, in weniger als drei (von insgesamt zwanzig) Jahren vollendet wurde.

Kehren wir zu dem Arbeitspensum von 35 verbauten Blöcken pro Stunde zurück.

Damit es erfüllt werden konnte, mussten auch 35 Blöcke pro Stunde gebrochen, abtransportiert und am Bestimmungsort angeliefert werden. Im unteren Bereich der Pyramide war dies einfacher zu bewerkstelligen als im oberen, wo die Blöcke nach der Anlieferung vom Steinbruch einen immer größeren Höhenunterschied überwinden mussten.

Wenn wir davon ausgehen, dass ein Bautrupp zum Einfügen eines angelieferten Steinblocks zwei Stunden benötigte, dann müssten für die 35 zu vermauernden Steine pro Stunde an der Pyramide gleichzeitig 70 Trupps in Aktion getreten sein. Aus Inschriften in Steinbrüchen und auf Grabwänden aus dem Alten Reich ist bekannt, dass eine durchschnittliche Arbeiterkolonne 60 Mann umfasste, die in vier Trupps zu je 15 Mann zusammenwirkten.

Nach dem mathematischen Papyrus Rhind, der heute im British Museum verwahrt wird, lässt sich der Neigungswinkel einer Arbeitsrampe auf 1:8 oder 12,5 Grad berechnen. In den 1980er-Jahren zeigte ein von Japanern in Gise durchgeführtes Experiment, dass ein Steinblock von 2,5 Tonnen – das durchschnittliche Gewicht dieser Quader – eine Steigung von 12,5 Grad von acht Männern einigermaßen bequem nach oben gezogen werden kann. Geht man davon aus, dass einige Männer härter arbeiteten, während andere eher bummelten, und dass sie alle im Durchschnitt in einer eher schlechten körperlichen Verfassung waren, deckt sich dies ungefähr mit unseren Zahlen.

70 Trupps mit je 15 Arbeitern
zum Einsetzen der Blöcke = 1050 Mann

Diese Trupps setzten alle zwei Stunden einen Block ein. Folglich brauchte es 35 Trupps zu je 15 Mann, um die Blöcke über die Rampe hinaufzuziehen und die Arbeiter so mit neuem Baumaterial zu versorgen.

35 x 15 = 525 Mann
Insgesamt: 1575 Mann

Dies sind nur die direkt am Bau beteiligten Männer. Notwendig war zudem eine Infrastruktur zu ihrer täglichen Versorgung.

Die Logistik des Pyramidenbaus

Da jedes große Manöver eine große Anzahl von Arbeitern erforderte, kam der Logistik der Operation, wie unsere Berechnungen gezeigt haben, entscheidende Bedeutung zu. Unmittelbar deutlich geworden ist, dass die von Herodot angegebene Zahl von »je hunderttausend Menschen [...] drei Monate« den notwendigen und vernünftigen Bedarf bei weitem übersteigt. Das Platzangebot auf der unvollendeten Pyramide war beschränkt: Ein Gedränge auf der Baustelle hätte zu Behinderungen und vermehrten Unfällen geführt. Wie wir gesehen haben, stellten »angesiedelte Nubier« – Snofru hatte sie nach Ägypten geholt – einen Großteil der Arbeitskräfte. Dem Palermo-Stein zufolge kamen so 7000 Nubier ins Land – eine Zahl, die gut zu unseren Berechnungen passt.

Würde heute ein so gewaltiges Bauvorhaben in Angriff genommen, benötigten allein die Verwaltungsakte und Vorarbeiten für die verschiedenen Bauabschnitte mehrere Jahre. Tatsächlich würden die Planungen länger dauern als die eigentlichen Bauarbeiten.

Im alten Ägypten konnte bei so einem Vorhaben zunächst nicht auf Erfahrungswerte zurückgegriffen werden. Imhotep, der den Auftrag zum Bau der ersten Pyramide hatte, musste eigene Vorhersagen treffen. Wie viele Laibe Brot würden täglich benötigt? Wie viele Meter Tau? Wie viele Stücke Holz zur Fertigung der notwendigen Werkzeuge? Jede Fehlkalkulation oder Ungenauigkeit bei den Schätzungen gefährdete die Einhaltung des Terminplans.

Hinter jedem Arbeiter oben auf der Pyramide konnten Hunderte zu seiner Unterstützung stehen. Jeder Steinquader musste gebrochen, zur Baustelle verschifft, auf den Aufweg gehievt, zur Pyramide geschleppt und an der richtigen Stelle eingesetzt werden.

An dieser Übung fasziniert mich persönlich nicht so sehr der Bau der Pyramide selbst – wie wir sehen werden, lässt er sich auf nahe liegende Weise erklären –, als vielmehr die dahinter stehende menschliche Logistik. Ich stelle mir immer wieder Fragen und komme zu keinen befriedigende Antworten, weil es an nachprüfbaren Fakten fehlt. Zu welcher Tageszeit aßen die Bauarbeiter? Nahmen sie ihre Mahlzeiten am Fuß der Pyramide ein, oder gab es mobile Küchen? Wenn sie ihre Mahlzeiten unten einnahmen, konnten sie dann den Zeitpunkt selbst wählen oder wurde in Schichten gegessen? Wer gab das Essen aus und wie? Wer spülte das Geschirr? Stiegen die Männer auch zum Trinken hinab oder kamen Wasserträger nach oben? Trugen sie Sonnenhüte? Verfügten sie gar über Salben gegen Melanome, die noch heute helfen könnten? Und vor allem, wie verhielten sie sich, wenn sie mal mussten? Gab es oben Geschirre? Oder stiegen sie zur Verrichtung schnell hinunter? Was geschah, wenn ein Arbeiter einen Sonnenstich bekam? Oder wenn ihn der allgegenwärtige »Fluch der Pharaonen« traf? Stand dem alten Ägypter auf dem Pyramidenstumpf achtzig Meter über dem Boden ein Mittel gegen Durchfall zur Verfügung?

Wie ich bereits sagte: Die Pyramide existiert, also muss sie gebaut worden sein. Und folglich hat jemand alles bis ins Kleinste durchgeplant.

Eines ist völlig klar. Die Planung wurden von einem Einzelnen durchgeführt, sonst hätte das System nie funktioniert. Natürlich kennen wir den Namen dieses ersten Pyramidenkonstrukteurs: Imhotep. Allerdings ging nach seinem Tod der Bau von Pyramiden in vielen Generationen entweder schief (so im Fall der unvollendeten Pyramide des Sechemchet in Sakkara) oder wurde erst gar nicht in Angriff genommen.

Doch dann erlebte der Pyramidenbau zu Beginn der 4. Dynastie unter der Herrschaft des Snofru plötzlich und wie aus heiterem Himmel eine Renaissance. Inzwischen waren so viele Jahre vergangen, dass das Wissen um den Pyramidenbau nicht mehr durch Überlebende aus der alten Zeit überliefert worden sein kann. Offenbar war zu Beginn der Herrschaftszeit des Snofru jemand auf die »Pläne« zum Bau von Pyramiden – einschließlich der notwendigen organisatorischen Abläufe – gestoßen und auf den Gedanken gekommen, zu einer neuerlichen Umsetzung das gewaltige Potential der Nubier zu nutzten, die eine Beschäftigung brauchten. Snofrus Ansiedlung von Menschen aus Wawat (Obernubien) schuf die Voraussetzungen, um solche Großprojekte erneut in Angriff nehmen zu können.

Welche der beiden Möglichkeiten auch richtig ist, eines leuchtet unmittelbar ein: Der Bau der Pyramiden wurde mit der Arbeitskraft eingewanderter Nubier bestritten. Auch hier ist Herodots Darstellung falsch.

Zunächst musste ein Bauplatz gewählt, vermessen und eingeebnet werden. Bauarbeiter mussten die Werkstätten errichten: die der Brauer zur Herstellung des täglich getrunkenen Bieres, der Bäcker zum Mahlen des Getreides und zum Backen der Brote. Aus einem Text zum Heerwesen aus dem Neuen Reich geht hervor, dass ein Mann täglich mit zehn Broten versorgt wurde. Mit Blick auf die Männer auf der Pyramide bedeutet dies, dass jeden Tag 15 750 Brote benötigt wurden, nicht mitgezählt die für die anderen Arbeiter an der Baustelle, die ebenfalls verköstigt werden mussten. Benötigt wurden zudem Jäger zur Beschaffung von Wild, Schlachter für die Verarbeitung von Fleisch und Köche für die Zubereitung der Speisen. Ebenso Fischer für den Fang und die Herstellung von Trockenfisch, Weber zur Fertigung der Leinenstoffe und der jederzeit benötigten Taue sowie Handwerker an den Olivenpressen zur Gewinnung von Speiseöl, Lampenöl oder Salböl als Sonnenschutz für die Haut. Wasserträger mussten das Nass aus dem Nil aufbereiten und zu den Arbeitern bringen, während andere in Gefäßen deren Fäkalien entsorgten. Benötigt wurden zudem Zimmerleute, welche die Sandschlitten herstellten und reparierten, Steinmetze, welche die feinen Steinen behauten und polierten, die Goldschmiede und Kunsthandwerker – ganz zu schweigen von den alles auflistenden Schreibern und den Buchhaltern, die sämtliche Güter registrierten und verteilten.

Kurzum, die Infrastruktur für die benötigten 1575 Männer umfasste wahrscheinlich gleich viele Leute, die nur für die Alltagsbedürfnisse dieser Männer zuständig waren.

Und ganz oben an der Spitze dieser Arbeitshierarchie stand ein für alles verantwortlicher Mann. Wer war er? Nur ein Einzelner konnte alle Abteilungen koordinieren und dafür die notwendigen Befehle erteilen. Ein Einzelner musste die Zahlen für jede einzelne Abteilung für jeden Tag während der gesamten zwanzig Jahre kennen. Mit anderen Worten: Gebraucht wurde ein hervorragender Verwalter und Führer. Und den hatten die Ägypter in Imhotep zweifellos gefunden. Und Imhotep hatte seine Methoden entweder anderen beigebracht oder sie schriftlich hinterlassen.

Beim Bau der Großen Pyramide fiel diese Aufgabe dem Wesir zu. Seine Ernennung war trotz der internen Machtkämpfe für den Erfolg des gesamten Unternehmens von entscheidender Bedeutung. Cheops musste trotz der Streitereien, die zwischen den Faktionen in seiner Familie entbrannten, hierfür den Richtigen finden.

So gesehen erscheint die eigentliche Errichtung einer Pyramide angesichts des für sie notwendigen logistischen Aufwands geradezu bedeutungslos. Die Logik sagt, dass ein solches Vorhaben mit unzufriedenen Arbeitern oder gar mit Sklaven niemals umsetzbar gewesen wäre. Und diese Einsicht bestätigt auch die Archäologie.

Pyramiden wurden niemals von Sklaven errichtet. Sie sind architektonische Meisterwerke, eine Demonstration der Fähigkeit von Menschen, mit Blick auf ein gemeinsames Ziel koordiniert zusammenzuwirken.

Aber worin bestand dieses Ziel? Was überzeugte alle Beteiligten davon, dass sich diese gewaltigen Anstrengungen lohnten?

Das Giza Plateau Mapping Project und der Oberste Rat der Altertümer

Wie wir gesehen haben, zeigen Schätzungen auf der Grundlage von Logik und Mathematik, dass die Anzahl der am Pyramidenbau beschäftigten Arbeiter weit unter den früheren Schätzungen gelegen hat. Und die Arbeiter waren keine Sklaven, sondern gut ausgebildete Handwerker.

Bei einigen Zuarbeitern für den Baubetrieb blieb das täglich zu leistende Arbeitspensum auch dann gleich hoch, wenn an der Pyramide nicht gebaut wurde. Die Arbeiter mussten ja trotzdem verköstigt werden. Der Verbrauch schwankte so nur geringfügig. Die Gesamtmenge des benötigten Brotes, Fleisches und der anderen Nahrungsmittel für den landesweiten Verzehr änderte sich folglich kaum mit dem Baubeginn. Der einzige Unterschied bestand darin, dass ungewöhnlich große Mengen an Lebensmitteln zu einer Baustelle transportiert werden mussten.

Die Versorgung der Arbeiter war auf zwei Arten zu bewerkstelligen. Entweder wurden die zum Verzehr bereiten Lebensmittel zur Baustelle befördert, was mit Gefahren, Zeitaufwand und zusätzlicher Arbeit verbunden war, oder sie wurden vor Ort erzeugt. Auch legt die Logik nahe, dass ein Arbeiter, der an seinen Einsatzort wohnt, seine Energien besser nutzt, als wenn er erst von seinem Heimatdorf aus anreisen und nach der Arbeit nach dort zurückkehren muss. In einer nahe gelegenen Hütte, wo ihn Speisen, Getränke und vielleicht sogar Abendunterhaltung am Feuer erwarteten, konnte er für den nächsten harten Arbeitstag auf dem Bau neue Kräfte schöpfen.

All dies ergibt sich allein aus der Logik. Aber dieses Szenario wurde ab 1984 mit der Arbeit des *Giza Plateau Mapping Project* (GPMP) unter Leitung Mark Lehners vom Oriental Institute der Universität Chicago zudem zweifelsfrei nachgewiesen. Östlich der Großen Pyramide und südlich des Sphinx hat das GPMP eine kurz zuvor entdeckte Mauer freigelegt. Diese Heit el-Ghurob oder »Mauer der Krähe« genannte Wand besteht aus Steinblöcken in der Größe der Quader in der Großen Pyramide und wird von einem ungefähr sieben Meter hohen Tor durchbrochen. Um das umliegende Areal freizulegen, mussten gewaltige Mengen modernen Schutts abgetragen werden. Dr. Lehner erinnert sich an eine Schicht von knapp einem bis gut sechs Metern Dicke – vielfach ein Gemisch aus Sand und Mist aus den umliegenden Pferde- und Eselställen auf dem Plateau.

Nördlich der Mauer liegt ein – allerdings erst spärlich freigelegtes – Areal mit dem antiken Namen *Re-esch,* »Mündung des bewässerten Landes«. Hier standen einst die Taltempel von Cheops und Chephren, beide wahrscheinlich mit Anlegestellen in einem überfluteten Bereich. Dieser mit dem Nil verbundene künstliche See ermöglichte es, Güter möglichst nahe an das Plateau heranzutransportieren.

Südlich der Mauer kamen bei Ausgrabungen die ersten Bauten einer großen Stadt zum Vorschein. Zunächst tauchten die Überreste von Großbäckereien auf, in denen noch gewaltige konische Tonkrüge in einem Bett aus Asche steckten. Eine Analyse ergab verbranntes Akazienholz, das im umliegenden Buschgebiet gesammelt worden war. Das sumpfige Umland von Re-esch dürfte für diese Bäume, die besonders gut am Rand von Wasserläufen gedeihen, ein günstiger Standort gewesen sein. Die Akazien wurden jedes Jahr über der Wurzel gekappt, damit sie neue gerade Äste trieben. Sie spendeten etwas Schatten und betupften die sonst dürre Gegend mit etwas Grün. Das gesamte Areal der Bäckerei war überdacht. Die dicken Schichten feiner Asche waren rötlich gefärbt – ein Hinweis auf sehr hohe Temperaturen. Riesige, im Boden eingelassene Bottiche dienten offenbar zum Kneten des Brotteigs. Wie Analysen zeigten, wurde auch hier Emmer verarbeitet. Die Krüge wurden mit der spitz zulaufenden Unterseite oft nach oben aneinander gestellt, sodass man andere wie in einer Eierschachtel mit der Unterseite hineinsetzen konnte. Sie tauchten zu Hunderten auf. In Betrieb musste diese Bäckerei mit den lodernden Feuern und den gewaltigen Mengen Brot, die zur Verköstigung der Arbeiter auf der Baustelle umgeschlagen wurden, einem Höllenschlund geglichen haben.

Bei späteren Ausgrabungen tauchte eine breite gepflasterte und beiderseits von Bauten gesäumte Hauptstraße auf, die vom Tor der Mauer der Krähe aus weiter nach Süden verlief. Diese Gebäude ähnelten den heute freigelegten »Lagerhäusern« hinter dem Ramesseum in Theben-West bei Luxor. Stellenweise fanden sich in ihnen Reste von umlaufenden Bänken und mit Säulen bestandene Areale. Ihre Nutzung muss erst noch ermittelt werden, während sie bei den Werkstätten, unter anderem Kupferschmieden, schon jetzt feststeht. Die hier aufgetauchten kupfernen Angelhaken und Nadeln wurden sicher zur Versorgung der Bauarbeiter hergestellt.

Ab 1992 führte Dr. Zahi Hawass, der Chefinspektor für die Altertümer auf dem Plateau von Gise, nördlich der Arbeitersiedlung, südlich des Sphinx und unterhalb des heutigen Dorfs Nasret es-Sammaan weitere Grabungen durch. Möglich geworden waren diese erst durch die Verlegung des lokalen Abwassersystems. Dr. Hawass lokalisierte dabei zwei Friedhofsareale. Der Untere Friedhof enthielt Grabstätten von Bauarbeitern und Vorleuten, während auf dem Oberen Friedhof Handwerker, die Facharbeiter, die in der Siedlung gelebt hatten, bestattet worden waren. Das Grab eines gewissen Inti-sched aus dem Umfeld des Königs enthielt vier auffällige bemalte Statuen, die sich zweifelsfrei der 4. Dynastie zuordnen lassen. Zwei zeigen den für die Ära typischen schmalen Schnurrbart.

Die Skelette, die in den Gräbern bislang freigelegt wurden, zeigen an sämtlichen Gelenken ungewöhnlich starke Verschleißerscheinungen. Ein Mann hatte zu Lebzeiten mehrere Knochenbrüche erlitten. Alle waren glatt und in der richtigen Position verheilt. Solche Frakturen, die häufig vorgekommen sein dürften, hätten sich ohne angemessene Behandlung infiziert und wären falsch zusammengewachsen. Dass dies nicht der Fall war, deutet auf eine für damalige Verhältnisse hervorragende medizinische Versorgung hin. Dem Zustand der Skelette nach zu urteilen, hatte es sich um professionelle Bauarbeiter gehandelt: Ihre Knochen zeigen deutliche Spuren jahrelanger körperlicher Schwerstarbeit.

Die Rätsel von Meidum und Dahschur

Im Jahr 1974 veröffentlichte der Ingenieur Kurt Mendelssohn aus Cambridge ein Buch zur Pyramide von Meidum. Er wies darauf hin, dass dieses Bauwerk auf einem Hügel errichtet worden war. Es stammt aus der Frühzeit des Pyramidenbaus. Die Stufenpyramide von Sakkara, das einzige noch frühere Bauwerk dieser Art, hatte sich in Schritten und fast zufällig entwickelt: Sie geht auf einen Beschluss des großen Imhotep zurück, eine Mastaba – wahrscheinlich aus Sicherheitsgründen – mit einer zweiten zu überbauen. Das Bauwerk von Meidum ist dagegen die erste planvoll errichtete Pyramide.

Als gegen Ende der 3. und Anfang der 4. Dynastie Imhoteps Pläne zur Organisation eines solchen Mammutunternehmens ins Blickfeld rückten und die notwendigen Arbeitskräfte für ihre Umsetzung verfügbar wurden, war das tatsächliche Vorgehen beim Bau einer Pyramide noch keineswegs sicher. In Meidum entschied sich der Baumeister für eine neue Methode. Statt mit einem ebenen Fundament zu beginnen und Schicht um Schicht darauf zu setzen, begann er mit einem schmalen hohen Turm, dessen Kanten oben wie bei einer Pyramide spitz aufeinander zuliefen. Er umgab diesen Turm mit einem Mantel aus Steinen, die allerdings nicht ganz bis oben hinaufreichten und zum Zentrum hin geneigt waren, damit der Bau so einen soliden Schwerpunkt erhielt.

Dieses Bauwerk wurde dann mit weiteren Schichten Stein umgeben, sodass schließlich eine Stufenpyramide hätte entstehen müssen. Aber es kam anders. Mendelssohn vertrat die Ansicht, nach Vollendung der Pyramide sei bei einem starken Erdbeben der obere Teil eingestürzt.

Als Nächstes entstand die Pyramide in Dahschur. Sie wurde planvoll von der unteren Steinlage an weiter nach oben errichtet, wobei die Kanten unten exakt den gleichen Winkel bilden wie die an der zusammengestürzten Pyramide von Meidum. Wegen des Vorfalls wurde der steile Neigungswinkel wohl als zu riskant angesehen und im oberen Bereich der Pyramide in einen flacheren überführt. Als Ergebnis entstand die so genannte Knickpyramide. Die Gestalt soll angeblich dem König so stark missfallen haben, dass er in ihr nicht bestattet werden wollte. Stattdessen habe er die Errichtung einer weiteren Pyramide befohlen. Diese nördliche oder rote Pyramide, die nach dem roten Farbton des verbauten Steins benannt ist, wurde schon an der Basis mit dem flacheren und sichereren Neigungswinkel des oberen Teils der Knickpyramide erbaut. Die Ägypter sammelten beim Bau von Pyramiden offenbar Erfahrungen.

Allerdings passt Mendelssohns Hypothese, so einleuchtend sie erscheint, zu keinem der archäologischen Fakten: Zunächst einmal ist die Pyramide von Meidum trotz ihrer seltsamen Form keineswegs zusammengestürzt. Ein Erdbeben, das so stark gewesen wäre, um die nach innen geneigten Steinlagen des äußeren »Mantels« ins Rutschen zu bringen, hätte gewaltige Schäden verursacht. Dagegen sind die stark einsturzgefährdeten Korridore und Kammern im Inneren der Pyramide völlig unversehrt geblieben. Auch handelt es sich bei dem an der Pyramidenbasis aufgehäuften Schutt keineswegs um Trümmer. Unter dem Sand kamen vielmehr massive Steine zum Vorschein, die den äußeren Abschluss des Bauwerks gebildet haben. Bei einer Untersuchung, die kürzlich im Rahmen einer Feldforschung an diesem Schutthaufen durchgeführt wurde, kamen zudem große Mengen an vordynastischen Tonscherben zum Vorschein. Das Areal um die Pyramide von Meidum ist praktisch noch nicht ausgegraben worden und eine Nekropole aus der Zeit vor den Dynastien bislang nicht belegt. Aber diese Überreste beweisen, dass es eine gegeben hat. Falls sie irgendwann zum Vorschein kommt, kann man wegen der Scherben jetzt schon sagen, dass sie bereits im Altertum geplündert worden ist. Doch wie kamen die Scherben an den Fuß der Pyramide? Wahrscheinlich mit Sand aus der Umgebung, der möglicherweise als eine Art Schmierstoff zum Transport von Steinen herbeigeschafft worden war. (Siehe Kapitel 6.)

Zweitens war die nahe gelegene Mastaba, die im 19. Jahrhundert ausgegraben worden ist, die Grabstätte zweier Angehöriger des Snofru, eines Bruders und eines Sohnes, sowie von deren Frauen. Nichts deutet hier auf einen Bezug zum König Huni hin. Diese Mastaba war allem Anschein nach für Snofru errichtet worden. Besucher der Stätte aus dem Neuen Reich ließen Graffiti mit einem Vermerk zurück, wonach sie die Pyramide des Snofru besucht hätten. Solche Hinweise waren im Altertum üblich und wurden noch über 1000 Jahre nach Snofrus Tod gepflegt.

Drittens fehlen auf den Stelen in der Totenkapelle an der Ostseite der Pyramide die Inschriften – höchst ungewöhnlich an einer fertig gestellten Pyramide, die als Grabstätte gedient haben soll. Bei den Stelen handelt es sich um gewaltige Granitplatten von über viereinhalb Metern Höhe. Abgesehen von den Graffiti der Besucher aus dem Neuen Reich ist in der Totenkapelle keinerlei Ausschmückung erkennbar. Auf dem Boden der Grabkammer ist der Bereich markiert, wo der Sarkophag hätte eingelassen werden sollen. Die Arbeiten hatten begonnen, waren aber nicht abgeschlossen worden. Alles deutet darauf hin, dass die Pyramide niemals als Begräbnisstätte gedient hat.

Was die Knickpyramide angeht, so sind an einer Kante im unteren Bereich des Mauerwerks Einsturzstellen erkennbar. Dass sie trotzdem zu Ende gebaut wurde, erscheint merkwürdig. Wenn Einsturzgefahr bestand, warum hat man den unvollendeten Bau nicht einfach aufgegeben? Die Ursache für die Schäden liegt offenbar darin, dass die Pyramide statt auf Fels auf Sand gegründet worden war. Auch hier konnten die ägyptischen Baumeister etwas lernen. In den vielen Jahren meiner Lehrtätigkeit auf dem Gebiet sind mir Tausende von Fragen gestellt worden. Aber erst ein fünfjähriges Mädchen stellte mir eine Frage, die so nahe lag, dass sie mich aus dem Konzept brachte: Wie schwer ist eigentlich eine Pyramide? Während Erwachsene sich mit Fragen zu den Abmessungen, der Konstruktion oder dem Zweck befassen, braucht es für die naheliegendste Frage schon den Geist eines Kindes. Man kann eine Pyramide nicht beliebig in die Landschaft setzten: Die Große Pyramide wiegt nach einer mittleren Schätzung ungefähr sieben Millionen Tonnen. Sie benötigt einen Untergrund aus solidem Fels.

Ein weiteres Problem liegt darin, dass die Knickpyramide außen vollständig mit glattem Stein verkleidet ist. Der hochwertige Stein stammt aus Tura von der anderen Seite des Nils. Er ist schwieriger zu bearbeiten als der örtliche, bekommt aber bei einem sorgfältigen Schliff einen schönen Glanz. Nach allgemeiner Meinung soll dieser Stein bei einem letzten Arbeitsgang an der Pyramide von der Spitze an abwärts geschliffen worden sein. Wenn dem Bauherrn der Knick an der Pyramide missfallen hat, warum ließ er dann trotzdem die Schleifarbeiten durchführen? Sie konnten den

Gesamteindruck des Bauwerkes doch nicht entscheidend verändern.

Wer aber sagt, dass die Pyramide allen missfiel? Die einzig verfügbaren gesicherten Fakten zeigen, dass in der Knickpyramide der Neigungswinkel im Verlauf der Bauarbeiten verändert worden ist und dass die später entstandenen Pyramiden gleich von Anfang an mit einem flacheren Winkel errichtet wurden. Aber dies kann auch einen anderen Grund haben. Man schaue sich das Foto der Knickpyramide an und stelle sich die Frage, welche Höhe sie bei einem Weiterbau mit dem ursprünglichen Winkel erreicht hätte. Vielleicht war dem Baumeister beim Entwurf der Pyramide nicht sofort klar gewesen, dass er mit der Grundfläche und dem Neigungswinkel der Kanten auch die Höhe festgelegt hatte. Bei einem Weiterbau mit dem ursprünglichen Winkel hätten viel mehr Lagen Stein aufgelegt werden müssen. Die Pyramide wäre mindestens 15 Meter höher geworden, die Baumaterialien hätten in größere Höhe hinaufgebracht werden müssen, und es wären viele Kubikmeter Stein mehr zu verbauen gewesen. Dass die Pyramide fertig gestellt und zudem mit poliertem Stein verkleidet wurde, spricht mit größerer Wahrscheinlichkeit dafür, dass sich der veränderte Neigungswinkel aus der späteren Einsicht des Baumeisters erklärt, dass er unbeabsichtigt einen Giganten entworfen hatte. Die flacheren Winkel späterer Pyramiden könnten folglich auch das Ergebnis von Überlegungen zur Gesamthöhe und zur benötigten Materialmenge gewesen sein.

Dank der Inschrift auf einer Stele, die neben den Pyramiden von Dahschur entdeckt wurden, ist immerhin sicher bekannt, dass die »angesiedelten Nubier, die an den beiden Pyramiden des Snofru arbeiteten, von Steuern befreit« waren. Die Stele hat viele Diskussionen ausgelöst. Sie belegt klar, dass für Snofru zwei Pyramiden errichtet wurden. Aber warum? Und welche? Wenn die Inschriften und Hinweise an den Bauwerken von Meidum korrekt sind, dann wurde Meidum für Snofru begonnen. Und Snofru hat die Knickpyramide vollendet und wurde in der Nördlichen Pyramide beigesetzt.

Schon der Bau einer Pyramide erforderte ein erstaunliches Maß an Organisation. Die Vorstellung, dass in einem Zeitraum von zwanzig Jahren gleich zwei Pyramiden entstanden, erscheint unwahrscheinlich. Und die Überzeugung, es seien ihrer sogar *drei* gewesen, grenzt geradezu an Irrsinn! Wenn die Pyramide von Meidum nie vollendet und die Knickpyramide zwar vollendet aber nicht als Grabstätte benutzt worden war, dann sieht es so aus, als sei die dritte Pyramide als Grabstätte des Snofrus in weniger als zehn Jahren hochgezogen worden. Angesichts der erforderlichen Logistik eines solchen Unternehmens scheidet diese Erklärung aus. Es muss folglich eine andere geben.

Die Industrie des Pyramidenbaus

Die Grabungen auf dem Plateau von Gise haben in Ansätzen das bestätigt, worauf Logik und Vernunft in Kombination mit Mathematik hindeuteten. Die Pyramiden wurden von einer relativ geringen Anzahl ständig beschäftigter Arbeiter errichtet, die zusammen mit den Arbeitskräften, die für ihren Unterhalt sorgten, in einer eigens für sie errichteten Stadt lebten. Bislang unerwähnt geblieben ist die ebenfalls logische Tatsache, dass die Errichtung dieser gewaltigen Bauarbeitersiedlung vor Beginn der Pyramide ein gewaltiges Maß an Arbeit und Zeit erfordert hatte. Dass sie bis ins kleinste Detail geplant worden war, zeigen die Areale, in denen in gigantischem Maßstab Nahrungsmittel verarbeitet wurden. Und ebenso das geschulte medizinische Personal, das sich offenbar um Verletzungen durch Arbeitsunfälle zu kümmern hatte.

Der Plan, Pyramiden zu bauen, wurde offenbar erstmals wieder unter Snofru aufgegriffen. Da dieser König nicht bei Gise, sondern weiter südlich baute, darf man erwarten, dass ähnliche große Siedlungen für Arbeiter eines nicht fernen Tages auch in Dahschur und Meidum zum Vorschein kommen werden. Für die Bauarbeiten notwendig war eine große Anzahl von Männern, wobei die 7000 »befreiten« Nubier gereicht hätten, die Snofru aus Wawat ins Land geholt hatte.

Gehen wir einen Schritt weiter. Wir haben gesehen, was geschah, wenn ein König vor der Zeit starb: Seine Pyramide wurde nicht rechtzeitig zur Beisetzung fertig. Was aber passierte, wenn der König sehr viel länger lebte? So wie beispielsweise Ramses II., der 67 Jahre regierte? Was geschah mit den an der Pyramide beschäftigten Bauarbeitern? Sie hatten immerhin eine durchschnittliche Lebenserwartung von fast vierzig Jahren. Bei einer Bauzeit von zwanzig Jahren für eine Pyramide hätte unter Ramses für die nächsten 47 Jahre kein Arbeiter mehr eine Beschäftigung gefunden. Was geschah mit ihrer Siedlung? Wie bewahrten sie sich ihre Fachkenntnisse und Körperkräfte? Und wie wurden sie unterhalten, wenn sie doch nichts produzierten? Arbeitete eine gewaltige, für die Versorgung zuständige Belegschaft fast fünfzig Jahre lang für drei Generationen von Bauarbeitern, von denen zwei niemals an einer Pyramide tätig wurden?

Und noch etwas kommt hinzu. Betrachten wir den Bau einer Pyramide genauer. Mit zunehmender Höhe, so haben wir gesehen, wird die Fläche der Lagen kleiner, sodass die Pyramide schneller wächst. Aber damit wird auch der Platz, auf dem sich die Arbeiter bewegen können, immer geringer. Am Fuß der Pyramide stand den Männern für ein bequemes Arbeiten noch ausreichend Raum zur Verfügung. In dreißig Metern Höhe wurde das anders: Die 70 Trupps, die nach unseren Berechnungen für die fristgerechte Fertigstellung des Bauwerks notwendig waren, konnten hier unmöglich gleichzeitig zu Werke gehen. Und auch die 35 Trupps, die ihnen die Blöcke anlieferten, hätten sich nicht mehr bewegen können. Oben wurde es einfach zu eng.

Nun gibt es mehrere Möglichkeiten. Vielleicht beschäftigten die Bauherren der Pyramiden »Gelegenheitsarbeiter«. Sie wären vor allem in den unteren Bereichen benötigt worden und hätten mit zunehmender Höhe der Pyramide schrittweise abgezogen werden müssen. Aber wie erwähnt, ist diese Annahme kaum stichhaltig. In Altägypten standen Arbeitskräfte nicht jederzeit für Bauprojekte zur Verfügung. Alle arbeitsfähigen Ägypter hatten ihre Aufgaben, zumeist auf den Feldern, wo sie zur Versorgung der Bevölkerung und der Arbeiter auf der Baustelle gebraucht wurden. Ihre erworbenen Fähigkeiten gingen damit auch verloren. Eine andere Möglichkeit besteht darin, dass die unteren Bereiche der Pyramide in einem höheren Arbeitstempo entstanden: dass jeder Trupp beispielsweise das doppelte Pensum erledigte, damit in den oberen Bereichen mehr Zeit zur Verfügung stand. In dem Fall müssten wir von größeren Belegschaften ausgehen, die dann schrittweise abgezogen wurden.

Tatsächlich ist nur eine Antwort möglich, die sich mit bestechender Logik aufdrängt. Die Pyramiden wurden nicht jeweils für einen bestimmten König errichtet. Vielmehr war eine ganze Bauindustrie laufend damit beschäftigt, an verschiedenen Pyramiden zu bauen, die sich an unterschiedlichen Standorten in verschiedenen Stadien der Fertigstellung befanden. Die Belegschaften und Ausrüstungen wurden nach Bedarf von einer Baustelle zur nächsten verlegt. Stand der Bau einer neuen Pyramide an, wurden Männer von einer fast fertig gestellten abgezogen. In der »Pyramidenstadt« wohnten so ständig fachkundige Handwerker, die täglich den Weg zu ihren Baustellen antraten. Unter Snofru befanden sich so drei Pyramiden im Bau, wobei die von Meidum bereits der Vollendung entgegenging. Sie galt als wahrscheinlichste Grabstätte des Königs und wurde deswegen zur Beisetzung von Angehörigen genutzt, die zu Anfang seiner Herrschaftszeit verstarben. Die Knickpyramide dürfte folglich zur Hälfte fertig gewesen sein, als ein Teil der Arbeiter zu einer neu eröffneten Baustelle abkommandiert wurde: Bei dieser Gelegenheit hat man dann wohl auch erkannt, dass sich mit einem flacheren Neigungswinkel der Kanten die Höhe verringerte und so weniger Baumaterial, Zeit und Arbeitskräfte benötigt wurden. Die Nördliche Pyramide wurde folglich begonnen, als die Knickpyramide in die entscheidende zweite Bauphase mit dem flacheren Winkel eingetreten war. Langsam, aber sicher entdeckten die Vorarbeiter und Baumeister Konstruktionsfehler und fanden Lösungen, während die Arbeitskräfte von einer Baustelle zu nächsten weiterzogen. Und der nächste verstorbene König konnte in der nächsten fertig gestellten Pyramide beigesetzt werden.

Nur dieses Szenario erscheint möglich. Tatsächlich war die Pyramidensiedlung von Gise nach gesicherten Erkenntnissen vom Beginn der 4. Dynastie bis zum Untergang des Alten Reichs, mit dem sich die Bestattungspraktiken änderten, ständig bewohnt. Adlige, die noch in der 6. Dynastie in den Nekropolen an den Pyramiden von Gise beigesetzt wurden, sind durch Grabinschriften mit Titeln wie »Bürgermeister der Pyramidenstadt des Cheops« ausgewiesen.

Die Herrschaftszeit des Cheops steht in gewissem Maß im Schatten der Gewalt und Größe des von ihm hinterlassenen Bauwerks. Hatte sein Vater für die notwendigen Arbeitskräfte gesorgt, um Pyramiden in einem gewaltigen Maßstab zu errichten, so ersannen Cheops und seine Söhne eine Methode, wie diese Industrie noch erfolgreicher arbeiten konnte. In der Herrschaftszeit des Snofru fanden die »angesiedelten Nubier«, die von Vorarbeitern, Architekten und Adligen aus Cheops' Familie geschult und ausgebildet wurden, in einer riesigen und relativ luxuriös ausgestatteten Stadt in der Nähe ihres Einsatzortes ihre Unterkunft. Damit sie zufrieden stellend arbeiten konnten, wurden sie hier verköstigt, mit allem Notwendigen versorgt und geradezu verwöhnt. Sie bildeten eine Elite, die über die speziellen Kenntnisse verfügten, wie man Steinquader so schnell wie möglich zur Baustelle bringt und verbaut. Dieses Wissen durfte nicht in Vergessenheit geraten oder vernachlässigt werden. Vielmehr war eine ganze Industrie damit beschäftigt, auf dem Felsplateau westlich des Nils in einem Gürtel von 80 Kilometern Länge nebeneinander eine ganze Reihe von Pyramiden zu errichten.

Schließlich wurde der Aufwand zu groß. Der Unterhalt der Pyramidenstadt war kostspielig. Die dort lebenden Familien hingen von anderen ab, die ebenfalls ernährt und gekleidet werden mussten. So zog man in der 5. Dynastie die Lehren aus dem bisher betriebenen gigantischen Aufwand und nahm Pyramiden mit einer kleineren Grundfläche und damit auch einer geringeren Höhe in Angriff. Größere Mühen verwandten die Bauherren stattdessen für die niedrigeren Nebenbauten im Umland. Unter der Herrschaft späterer Könige war Ägypten schließlich nicht mehr in der Lage, die angesiedelten Nubier, bei denen es zweifellos Bestrebungen zur Rückkehr in die alte Heimat gab, weiterhin zu unterhalten: Das Corps der Pyramidenbauer wurde verringert.

Gegen Ende der 6. Dynastie machte sich bei den Unterstützern der Könige Unmut breit, weil in ihren Heimatregionen der Hunger um sich griff. Da dort die Abzugsgräben nicht mehr ausgehoben wurden, blieben die Felder nach der Überschwemmung durchnässt, sodass das Getreide verfaulte und die Menschen hungerten. Die Energien der nubischen Arbeiter wurden anderswo benötigt.

Vielleicht enthielt der touristische Bericht Herodots doch ein Körnchen Wahrheit. Cheops stürzte sein Land nicht durch größenwahnsinnige Bauvorhaben in die Armut. Aber er baute eine Industrie auf, die nur solange existieren konnte, wie eine Pyramide nach der anderen errichtet wurde. Und ihr Unterhalt wurde schließlich zu teuer.

Dass Cheops zur Finanzierung seiner Bauvorhaben eine seiner geliebten Töchter in ein Bordell hätte schicken müssen, ist durch nichts belegt. Dennoch erschien der Unterhalt einer ganzen Stadt für Bauarbeiter mit der Zeit als Verschwendung. Die Prachtentfaltung der 4. Dynastie sollte nie wieder erreicht werden.

FÜNFTES KAPITEL

Die Götter und die Pyramiden

Im vorigen Kapitel sind wir durch Logik und anhand der archäologischen Fakten zur Einsicht gelangt, dass am Bau der Pyramiden weitaus weniger Menschen beteiligt waren, als Herodots Führer behauptete und viele heute noch glauben. Entgegen der Vorstellung, wonach die gesamte männliche Bevölkerung Ägyptens einmal im Jahr zu elender Fronarbeit verurteilt gewesen sei, zeichnet sich jetzt ein ganz anderes Bild ab. Die Arbeitskräfte waren eine gut ausgebildete und dauerhaft beschäftigte Belegschaft von Männern, die das gesamte Jahr über am Bau einer ganzen Reihe von Pyramiden mitwirkten. Dabei sammelten sie zugleich Erfahrungen und entwickelten anhand aufgetretener Konstruktionsmängel die Baupläne für Pyramiden weiter. Unterhalten wurden die Arbeiter auf den Baustellen in der Wüste von einer Infrastruktur von gewaltiger Größe und eindrucksvoller Effizienz. Die Bauern wurden zwar nicht zum Pyramidenbau eingesetzt, mussten aber bei umso härteren Arbeitseinsätzen die notwendigen Erträge erwirtschaften, mit denen das stehende Heer der Bauarbeiter verköstigt, versorgt und untergebracht wurde.

Die Beschäftigten auf den Baustellen waren in Trupps mit bestimmten Namen eingeteilt, die sie wahrscheinlich selbst wählten. Alle mussten als Tagespensum eine bestimmte Anzahl an Steinblöcken bewegen. Wenn wir davon ausgehen, dass der Arbeitstag zwölf Stunden hatte und das Einsetzen eines Steinblocks zwei Stunden erforderte, musste jeder Trupp als Arbeitspensum täglich nur sechs Blöcke einfügen – kein unvernünftig hoch gestecktes Ziel, solange die Steinblöcke rechtzeitig zur Stelle waren.

Die Koordination dieser arbeitenden Massen ist eine atemberaubende Leistung, welche in vielerlei Hinsicht bei weitem die der eigentlichen Bauarbeiten übertrifft. Wie versorgt man eine so gewaltige Belegschaft über einen so langen Zeitraum mit dem Notwendigen? Die Antwort lautet: Durch Organisation und Planung. Jeder kannte seine Aufgabe, die trotz aller Schwierigkeiten unter Einsatz der eigenen Kräfte durchaus erfüllbar war. Wie unbedeutend die eigene Arbeit auch sein mochte, jeder konnte sich sicher sein, dass aus dem Zusammenspiel sämtlicher Kräfte ein Baudenkmal hervorgehen würde, das die Welt noch in den kommenden Jahrhunderten in Staunen versetzen würde.

Wie wir wissen, hat der große Imhotep gewisse Regeln für den Bau einer Pyramide niedergelegt. Dieser erforderte den Einsatz einer fachkundigen Belegschaft, die in eine perfekt organisierte Verwaltung eingebunden war. Zu Anfang der 4. Dynastie konnte Snofru dank der ins Land geholten nubischen Arbeitskräfte Imhoteps Pläne umsetzen. Das Ergebnis war der Aufbau einer Industrie, deren Wirken sich in der Errichtung einer ganzen Reihe von Pyramiden niederschlug. Diese Organisation, in der mittelbar fast jeder im Land beteiligt war, beherrschte fast die gesamte Regierungszeit des Cheops. Aber die wichtige Frage bleibt: Wozu das Ganze? Warum wurden diese gewaltigen Anstrengungen unternommen? Was sollte all dies überhaupt? Diese Frage verblüfft uns fast noch mehr, als der Versuch nachzuvollziehen, auf welche Weise die Pyramiden entstanden sind. Um den Methoden ihrer Errichtung auf die Spur zu kommen, haben wir zumindest einen wichtigen Anhaltspunkt: die Pyramide selbst als steinernes Zeugnis der eingesetzten Arbeitsmethoden. Wenn wir allerdings hinter die Gründe für ihre Errichtung kommen wollen, müssen wir uns in die Psyche der alten Ägypter hineinversetzen. Welche Überzeugungen konnten sie zu derartigen Höchstleistungen motivieren?

Diese Frage wirft so große Probleme auf, dass die Gelehrten ihre Beantwortung praktisch seit vielen Jahren aufgegeben haben. Nach landläufiger Sicht können Menschen zu solchen Leistungen unmöglich freiwillig angespornt werden, also muss es eine andere

Lösung geben: Es fällt leichter, sich einen Pharao vorzustellen, der einen Haufen widerstrebender Sklaven mit der Peitsche zur Arbeit antreibt, als Handwerker, die aus freien Stücken solche Mühen auf sich nehmen. Aber ist es denn überhaupt richtig, dass, wo Schwerstarbeit geleistet wird, auch Überzeugungen vorhanden sein müssen? Teilt der Polier oder Schweißer, der ganz oben auf dem Wolkenkratzer seine Arbeit macht, die Überzeugungen seines Bauherrn? Verehrt er den millionenschweren Investor? Tatsächlich steht er dort oben, weil es Teil seiner Arbeit ist, weil er so seine Fähigkeiten einsetzt und weil er dafür bezahlt wird. Warum sollte dies nicht auch die treibende Kraft beim Bau der Pyramiden gewesen sein? Wie wir im vorigen Kapitel gesehen haben, war der Arbeiter auf dem Bau – bis hin zur »Gesundheitsfürsorge« – offenbar gut versorgt. Sein Lebensstil war unendlich viel besser und sicherer als der seiner Landsleute, die mit gebeugtem Rücken unter sengender Sonne im stinkenden Schlamm der Felder schufteten.

Wir müssen also gar nicht nach dem Grund suchen, warum die Arbeiter am Bau der Pyramide mitwirkten. Nichts deutet auf die mitunter vorgetragene Vermutung hin, sie hätten sich durch die Mitarbeit an der Grabstätte des Königs ein Leben im Jenseits zu sichern gehofft. Aber aus welchem Grund gab der König den Bau einer solchen Grabstätte in Auftrag? Hier braucht es wirklich eine Antwort. Wenn ein Multimillionär in einen Wolkenkratzer investiert, tut er dies nicht nur aus Freude am Geldausgeben oder weil ihm die Architektur gefällt. Sein Bauwerk soll ihm auch nutzten.

Welchen Nutzen zog der König aus seiner Pyramide?

Wie der Gedanke an eine Pyramide aufkam

Die Idee, eine Pyramide zu errichten, kam entgegen so mancher Annahme nicht aus heiterem Himmel. Hinter ihr stand vielmehr eine lange Entwicklung. In frühester, vordynastischer Zeit wurden in Ägypten die Toten einfach mit Schmuck und anderen Beigaben in Gruben im Sand beigesetzt. Wie Ausgrabungen bei Naqada und Abydos allerdings zeigen, wurden diese Gräber anschließend oft ausgeraubt. Dass die Räuber ihre Hand durch den Sand genau dorthin steckten, wo die wertvollen Grabbeigaben lagen, deutet auf ein Wissen hin, über das nur die Teilnehmer an der Bestattungszeremonie verfügten. Aufgehäufte Felsbrocken über den Gruben dienten wohl dazu, den Ort des Grabes zu markieren und Grabräubern das Werk zu erschweren. Da dieses Ziel aber verfehlt wurde, kamen andere Methoden zur Sicherung der Gräber auf. Dank einer Nebenkammer, die in den Boden der Grube gegraben und nach der Bestattung mit Holz oder Stein verschlossen wurde, sollte das Grab leer erscheinen. Allerdings deutet einiges darauf hin, dass die Grabräuber bei den Beisetzungen selbst anwesend waren und folglich wussten, wo es etwas zu holen gab. Auch diese Methode funktionierte also nicht.

Zu Beginn der 1. Dynastie oder schon früher wurde der Steinhaufen über der Grube zusehends größer. Vielleicht konnte ja ein darüber liegender Aufbau das Grab vor der Ausplünderung schützen. Funde in Sakkara zeigen, dass das Problem mit einem großen Bau mit Wänden aus Lehmziegeln über der Grabkammer gelöst werden sollte. Wegen der Ähnlichkeit mit ägyptischen Sitzbänken wurden solche Grabstätten, wie im ersten Kapitel erwähnt, Mastabas genannt. In den massiven Aufbau über der zentralen Grabkammer waren häufig türlose Kammern eingelassen. In den Zellen einiger Mastabas tauchten unter anderem Weinkrüge und Reste geopferter Speisen auf. Möglicherweise sollten so vor allem Lehmziegel eingespart und das auf der unterirdischen Kammer lastende Gewicht verringert werden. Da in die Zellen wegen der dünnen Dächer von oben her leicht eingebrochen werden konnte, wurde der Zweck dieser Konstruktion, mehr Sicherheit zu schaffen, aber letztlich nicht erfüllt. Und nicht nur dies: Mit ihrer eindrucksvollen Größe wies die Mastaba anders als die unauffälligen Grablöcher den potenziellen Grabräubern auch noch den Weg. Das Auftauchen der Mastaba bildete möglicherweise den Wendepunkt, an dem sich der Grabraub vom Gelegenheitsdiebstahl innerhalb der Familie zum organisierten und professionell betriebenen Verbrechen weiterentwickelte.

Diese Sichtweise unterstellt allerdings (was in der Archäologie stets vermieden werden sollte), dass Mastabas hauptsächlich zum Schutz vor Grabräubern errichtet worden seien. Möglich wäre aber ebenso, dass mit der Größe des überirdischen Bauwerks der gesellschaftliche Status der Bestatteten zum Ausdruck gebracht werden sollte. Eine solche Deutung liegt nahe: Die Grabkammern der frühen Mastabas aus dem Alten Reich sind an den Wänden mit erhabenen Reliefs ausgeschmückt, die den Verstorbenen bei Amtshandlungen zeigen. Seine Bedeutung spiegelt sich in allen Fällen in der Größe seiner Darstellung wider. Der oder die Verstorbene ist in großem Maßstab abgebildet. Bei Männern wurden die Frau nur in halber Größe und die Kinder in der halben Größe der Gattin abgebildet. Auch das Gefolge und die Diener tauchten nach Maßgabe der jeweiligen Bedeutung in einem verkleinerten Maßstab auf. Je größer das Grab, desto höher der Status des Besitzers. Aus diesem Grund musste die Grabstätte des Königs die gewaltigste von allen sein.

Die ersten Pyramiden

Die Errichtung einer Mastaba mit einem Flachdach aus sonnengebrannten Lehmziegeln ist ein bedeutendes Unternehmen, aber geradezu nichtig im Vergleich zum Bau einer Pyramide. Der Lehm konnte in Eimern zur Baustelle getragen, mit Stroh vermischt und unter der Sonne im Wüstensand zu Ziegeln getrocknet werden, aus denen dann der Bau entstand.

Warum also eine Pyramide bauen?

In Sakkara entdeckte W. B. Emery eine Mastaba, die sich in der Form von den anderen unterschied. Das Grab 3038 aus der 1. Dynastie zeigte über der unterirdischen Grabkammer einen stufenförmigen Anbau, mit der eine gewöhnliche Mastaba mit senkrechten Wänden umschlossen wurde. Diente es Imhotep später als Vorbild?

Der erste König der 3. Dynastie in Sakkara hieß Netjerichet (»Der von göttlicher Gestalt«). Zweieinhalb Jahrtausende später, in der Zeit der Ptolemäer, entstand im achthundert Kilometer weiter südlich gelegenen Assuan eine Inschrift, in der eine Verbindung zwischen den Namen Netjerichet und Djoser hergestellt wurde. Da der Name Djoser in Sakkara selbst nicht auftaucht, empfiehlt sich die Benennung des Königs mit dem belegten Namen Netjerichet. Die heute so genannte Stufenpyramide entstand in einer früheren Bauphase als Mastaba. Bei einer Untersuchung der vorderen Fassade stellte sich heraus, dass dieser erste Bau, der wie alle Mastabas wahrscheinlich rechteckig war, im Kern mit örtlichem Kalksteinschutt aufgefüllt und mit Kalkmörtel befestigt wurde. Dann folgte eine Ummantelung aus glatt poliertem Kalkstein. Auf diesen ersten Bauabschnitt folgte eine Erweiterung an der Südseite, der die rechteckige Form stärker betonte. Dann wurde erneut nach Süden hin eine zweite, flachere und stufenförmige Erweiterung angefügt. Das Ganze lag über einer Reihe von zehn parallel verlaufenden senkrecht in den Felsboden getriebenen Schächten. In einem tauchten die Überreste eines in einem Holzsarg bestatteten jungen Mannes auf, in dem ein Sohn des Netjerichet vermutet wurde. Wahrscheinlich war der Thronerbe unerwartet früh verstorben und hatte in einer fürstlichen Grabstatt beigesetzt werden müssen.

In diesem Stadium des Baus kam Imhotep der Gedanke, auf die erste Mastaba eine kleinere und auf sie weitere kleinere aufzusetzen. Daraus ergab sich zunächst ein vierstufiger Bau. Wer kann heute noch sagen, ob das eindrucksvoll große Bauwerk wegen der günstigeren Statik oder zur Sicherung gegen Grabräuber entstanden war? Im Endeffekt bildete es jedenfalls – wenn auch zufällig – den Prototyp einer Pyramide. Wahrscheinlich stand ursprünglich das Erscheinungsbild im Vordergrund, denn zunächst wurde der Bau am Fundament und an den vier untersten Stufen erweitert, worauf zwei weitere Stufen aufgesetzt wurden. Unten fanden eher kleine, unbehauene Steine Verwendung, die aus einem Steinbruch stammten oder einfach vor Ort aufgelesen worden waren.

Hinter der Entwicklung der echten Pyramiden ab der Herrschaftszeit des Djoser steckte eine veränderte Konzeption dieser Bauwerke. Diese Mausoleen, die aus solidem Stein bestanden und innere Gänge und Kammern bargen, wurden von Anfang an in gigantischem Maßstab geplant. Sie sollten zum Blickfang für ganze Totenstädte werden. Die Gräber, die sich um sie herum gruppierten, waren für die Angehörigen der weit verzweigten Familie des Königs bestimmt, in der Inzestehen an der Tagesordnung waren. So konnte der König wie zu Lebzeiten auch im Tod eine verborgene Existenz hinter den Höflingen führen. Im Zentrum der Totenstadt ragte die Pyramide als Glanzpunkt und weithin sichtbares Zeichen der Größe des Königs auf, der im Leben über alle Sterblichen erhaben gewesen war.

In der Grabkammer jeder Pyramide ruht ein vollständig oder teilweise erhaltener Sarkophag, oder zumindest deuteten Spuren darauf hin, dass einer einst dort gestanden hat. Welchen Zweck man hinter einer Pyramide auch vermutet – ein Sarkophag in ihrem Inneren spricht klar dafür, dass in ihr irgendwann auch ein Leichnam beigesetzt worden ist.

Die Religion und die alten Ägypter

Die weit verbreitete Vorstellung einer komplizierten Welt von Göttern und Göttinnen, die häufig mit Tierköpfen dargestellt wurden, hat mit der Realität nur wenig gemein. Tatsächlich war das Universum des alten Ägypten eine weitaus einfachere Welt.

Nach dem altägyptischen Glauben gab es zwei Reiche, die sich auf vielerlei Art glichen, aber einen verblüffenden Unterschied aufwiesen. Die Welt der Lebenden bestand aus einer kurzen, schmerzvollen und unbeständigen Existenz, zentriert um den schwachen Körper. Dieses Dasein konnte nicht ewig währen. Nach dem Tod verließ die Seele den Körper und lebte ewig und schmerzlos an einem jenseitigen Ort.

Bei der Empfängnis wirkten die Kräfte beider Welten, des Diesseits und des Jenseits, zur Bildung eines Kindes zusammen. Die Kräfte der physischen Welt ließen einen kleinen Körper entstehen. Er war allerdings nicht lebens- und handlungsfähig ohne die geistige Kraft des so genannten *Ka*. Die Ka-Seele als das geistige Ebenbild des Menschen konnte den lebenden Körper im Schlaf oder in Zuständen der Bewusstlosigkeit verlassen, kehrte aber stets wieder in ihn zurück. Sie besetzte buchstäblich den Leib, von dem die Ägypter aus den Prozeduren zur Mumifizierung wussten, dass er aus Knochen und »Gefäßen« bestand. Die Aufgabe des Ka bestand nun darin, diese äußere Hülle in Bewegung zu setzen. Empfindungen von Hunger oder Durst waren seine Rufe. Wurde dem Ka ein Wunsch versagt, fand er Mittel, den Körper in Form von Krankheiten dafür zu bestrafen. Ein Kind entstand aus dem Ka, das vom männlichen Samen und dem weiblichen Ei gespendet wurde. Nach dem Tod wurde diese Art Seele wieder freigesetzt, besetzte aber noch immer einen irdischen Ort auf dem Friedhof, den Platz über oder neben dem Grab oder einer Grabkammer, falls man sich eine leisten konnte. Da der Ka den Lebenden mit Bedürfnissen und Sehnsüchten beseelt hatte, mussten diese auch nach dessen Tod noch befriedigt werden.

Bei der Geburt erbte man ein *Ba,* eine innerste Lebenskraft. Sie war gestaltlos, wanderte umher und bevölkerte den Kosmos, den Himmel und die Sterne, die Städte, Pflanzen und Tiere. Sie fuhr durch das rechte Ohr in den Leib ein und verließ ihn wieder durch das linke. Wenn bei der Geburt eines Kindes zufällig kein Ba zur Verfügung stand, kam es tot zur Welt. Nach dem Tod kehrte der Ba zu den anderen Geistern des Universums zurück. Er verfügte über kein Gedächtnis, sodass er sich im Fall einer Wiederverwendung in einem neuen Körper an das Vorleben nicht erinnerte. Entgegen unserem Verständnis handelte es sich dabei nicht um eine Wiedergeburt, sondern nur – fast im Sinne einer hinduistischen Deutung der Welt – um einen Einsatz von Elementen des Lebens im Kosmos.

Beim Tod ließen Ka und Ba den Körper als leere Hülle zurück. Wenn man Glück hatte und es sich leisten konnte, entfernten Einbalsamierer die Zentren der Fäulnis. Sie bandagierten und balsamierten den Leichnam ein, um ihn dauerhaft haltbar zu machen. Der mumifizierte Körper wurde am Tag seiner Beisetzung mit Beschwörungsformeln in ein *Ach* verwandelt, ein Akt, der einer Wiederauferstehung gleichkam. Jetzt konnte der weiße, reine und vollständig ausgestattete Leib seine Reise ins Jenseits antreten.

Das Jenseits wurde von den vormals Verstorbenen bevölkert. Doch durfte in dieses Reich nur derjenige einkehren, der ein tadelloses Leben nachweisen konnte. Das Jenseits war in jeder Hinsicht ein Spiegelbild Ägyptens, einschließlich des Königs, der Adligen, der Höflinge und so weiter. Aber dieses Reich war von Mühsalen und Leiden frei, eben ein vollkommener Ort für ein Leben in Ewigkeit.

Der Standort dieses jenseitigen Reichs scheint sich mit der Zeit verlagert zu haben. Inschriften zufolge siedelten es die Ägypter in der frühesten Zeit »im Himmel« – im Verbund mit den Sternen – an. In den Sternen entdeckten sie Bilder, die sie mit den Aufenthaltsorten der Geister in Verbindung brachten und zu dem die Ach-Seele nach dem Tod als ihrem neuen Lebensraum aufstieg.

Später, mit dem Untergang des Alten Reichs, änderten sich diese Vorstellungen. In Gestalt des Upuaut, des lokalen Gottes von Assiut, tauchte Anubis auf. Upuaut, der »Öffner der Wege«, erschien in Darstellungen als wilder Wüstenhund, der dem Glauben nach den Rand des Horizonts bewachte. Auf einem Hügel kauernd, hinderte er die Lebenden daran, ins Reich der Toten einzudringen. Ursprünglich mit den Rängen der Einbalsamierer in Verbindung gebracht, wurde Upuaut zu »Dem der auf seinem Berg sitzt«, zum Hüter des Westhorizonts. Bei ihren Beobachtungen des Himmels sahen die Ägypter die Sonne im Westen verschwinden und im Osten erneut auftauchen. Wo war sie in der Zwischenzeit geblieben? Die Antwort lag auf der Hand: Die jenseitige Welt lag nicht in den Sternen, sondern hinter dem Horizont der diesseitigen Welt verborgen. Die Sonne schien tagsüber für uns und tauchte zur Nacht hin ins Jenseits ein.

Jeder Altägypter hegte die gleiche Erwartung: Solange er ein sittlich reines und gerechtes Leben führte, durfte er auf ein ewiges Leben in Herrlichkeit hoffen. Dieses Jenseits spiegelte sich in einer von Schilfgräsern bestandenen und von Wassern umspülten Insel am Ende der Welt wider. Sie war wie Ägypten, ebenso fruchtbar, grün und saftig. Das griechische Wort *paradeisos,* »Garten«, leitete sich aus der altägyptischen Vorstellung vom Leben nach dem Tod ab, die so auf direktem Weg ins moderne Denken einging.

Beide Welten hielten eine labile Balance zueinander, *Maat* genannt. Nur der König stand mit je einem Bein in beiden Reichen und kommunizierte mit beiden Universen. Er konnte als Bote die Welt der Sterblichen über Veränderungen in der spirituellen Welt informieren. Im Allerheiligsten eines »Tempels« trat er mit den Geistern täglich in Kontakt und reichte ihre Mitteilungen an die Lebenden weiter. Alle, die einst gelebt hatten, waren ins Jenseits eingetreten. Hier herrschten sie als wohlwollende Geister, deren altägyptische Bezeichnung oft auch als »Götter« übersetzt wurde. Der Schlüssel zur Verbindung der Welten lag nach damaligem Glauben an einem bestimmten Ort: in Heliopolis, dem einstigen Iunu, der »Stadt des Pfeilers«. Dorthin wurden die ägyptischen Prinzen geschickt, um sich ein Verständnis dessen anzueignen, was das Universum im Innersten zusammenhielt. Hier empfingen sie das notwendige Wissen, um mit der »jenseitigen Welt« in Verbindung zu treten.

Dennoch stand Iunu oder Heliopolis, die »Stadt der Sonne« nicht immer im Vordergrund des altägyptischen Glaubens. Ihre herausragende Stellung erhielt die Stadt erst im Alten Reich unter der Herrschaft des Cheops.

Die religiöse Revolution

Nach sämtlichen Autoritäten des Fachgebiets fand die einzige größere religiöse Revolution im alten Ägypten während der 18. Dynastie, mit Beginn der so genannten Amarna-Zeit statt. Wie ich in meinem Buch *Tutanchamun. Leben und Sterben des jungen Pharao* gezeigt habe, gibt es keine Hinweise darauf, dass in dieser Zeit tatsächlich eine Umwälzung stattgefunden hat. Der damalige König Echnaton hat sich in seinen religiösen Überzeugungen offenbar schlicht auf das alte System von Heliopolis zurückbesonnen. Die von ihm angelegten Tempel waren getreue Nachbildungen früherer Sonnentempel. Die damaligen Überzeugungen spiegelten den Glauben an den Re von Heliopolis wider. Und Echnatons Religion beschränkte sich auf den Raum innerhalb der Grenzen seiner Stadt. Dies hatte tatsächlich gar nichts Revolutionäres an sich.

Klar ist indes, dass eine religiöse Revolution stattgefunden hat, wenn auch nicht im Neuen Reich, sondern bereits tausend Jahre früher in der Mitte der 4. Dynastie.

Der Papyrus Westcar (siehe S. 107) enthält die Ankündigung einer neuen Dynastie von Königen nach Erlöschen der des Cheops. Diese Könige, drei Brüder, sollen »im Schoß der Ruddjedet, der Frau eines Priesters des Re von Sachebu«, herangewachsen sein. Das bislang noch nicht identifizierte Sachebu dürfte in der Gegend um Abusir, heute ungefähr 65 Kilometer südlich von Kairo, am Westufer des Nils gelegen haben.

In Abusir wurden nacheinander die Könige Userkaf, Sahure und Neferirkare beigesetzt. Ihre Nachfahren Schepseskare, Neferefre und Niuserre fanden ihre letzten Ruhestätten in nahe gelegenen kleinen Pyramiden. Ungefähr eineinhalb Kilometer nordwestlich von ihnen liegen die Überreste zweier Tempel, einer für Userkaf, der andere für Niuserre. Beide waren fast baugleich mit dem Haupttempel des Re in Heliopolis und bestanden aus einfachen Höfen, die sich zur Sonne hin öffneten und von einem zentralen Pfeiler, dem *Benben,* überragt wurden. Dieser vergoldete Turm ähnelte einer schlanken Pyramide oder einem gedrungenen Obelisken. Aus kleinen Steinen am Westende des Hofs errichtet, diente er wahrscheinlich dazu, diesen mit den reflektierten Strahlen der aufgehenden Sonne zu erhellen.

Glaubte man bis in die 1950er-Jahre hinein, der Titel »Sohn des

Re« an den Königsnamen sei erst mit Beginn der 5. Dynastie aufgetaucht, so änderte sich dies mit der Entdeckung der Schiffe an der Großen Pyramide von Gise 1954 und mit den Ausgrabungen in Abu Roasch. Der erste König, dessen Name in Form einer Gipskartusche als »Sohn des Re« überliefert ist, war Cheops' Sohn und direkter Nachfolger Radjedef (Djedefre). Die Namen der beiden folgenden Könige Chaefre oder Chephren und Menkaure oder Mykerinos enthalten den gleichen Götternamen.

Diese Neuerung überrascht, denn die Namen verraten, welchen Gott die Eltern zur Zeit der Geburt des betreffenden Kindes verehrt haben. Überraschend ist zudem der Name Re für Söhne der Königsfamilie. Der Wandel im religiösen Glauben erfolgte also schon unter Cheops. Und da die Könige dieses Namens – auch wenn wir nicht wissen, ob sie ihn von ihrem Vater oder ihrer Mutter erhielten – schon sehr früh geboren wurden, musste der Wandel bereits in der Zeit des jungen Cheops, vor dessen Krönung zum König, erfolgt sein.

Seltsamerweise wurden aber nicht alle Söhne des Cheops nach dem neuen Gott Re benannt. Wie bei der Ernennung der Wesire ergibt sich auch hier das störende Bild einer Spaltung innerhalb der Familie. Cheops' oder Chufus Name entspricht dem seines Vaters Snofru. Und doch trugen seine Söhne andere Namen. Ging der Namenswechsel also auf Cheops selbst zurück? Oder auf eine seiner beiden Frauen, diese mächtigen Damen, die um die Thronansprüche ihrer jeweiligen Söhne kämpften?

Die Pyramidentexte

Es ist stets schwierig, sich in den Geist eines anderen zu versetzen. Und bei einer Person, die vor 4500 Jahren verstarb, ist dies geradezu unmöglich. Wir haben praktisch keinerlei Informationen zu den religiösen Überzeugungen der Ägypter aus der Zeit des Alten Reichs. Während ein paar steinerne Inschriften überdauert haben, tauchte bislang noch keine Spur von einem Tempel mit Kultbild auf. Da das Alte Reich 1000 Jahre nach der Reichseinigung unterging, bedeutet dies, dass für ein ganzes Millennium praktisch keine Hinweise zu den religiösen Überzeugungen vorliegen, die den Anstoß zum Bau der Pyramiden hätten geben können.

Die Grabkammern und die Wände einiger Gänge in den vier Pyramiden in Sakkara vom Ende der 5. und Anfang der 6. Dynastie weisen eingemeißelte Inschriften auf, die als »Pyramidentexte« bekannt wurden. Die Bezeichnung ist allerdings irreführend, denn in 94 Pyramiden kamen keine solchen Inschriften zum Vorschein. Und wir haben keine Anhaltspunkte dafür, warum sie in diesen vier Pyramiden plötzlich auftauchten und – noch wichtiger – warum sie in der Folgezeit wieder verschwanden.

Es gibt nur eine Hand voll komplette Übersetzungen. Die erste zuverlässige Abschrift (sie liegt in handschriftlicher Form vor und müsste aktualisiert werden) wurde 1904 von Kurt Sethe in Angriff genommen. Sethes Übersetzung erschien erst nach seinem Tod dreißig Jahre später. Eine französische Übersetzung wurde 1923 und eine englische 1952 veröffentlicht. Aber erst 1969 brachte Piankoff in den USA eine Übertragung heraus – ungefähr zu der Zeit, als Faulkner eine neue englische veröffentlichte. Faulkner bekennt sich offen dazu, dass seine »Übersetzung natürlich auf dem Text von Sethe beruht«. Er ging mit anderen Worten von zwei Annahmen aus: dass Sethes Abschriften korrekt und seine Übersetzung zuverlässig seien.

Aber wir haben ernsthaften Grund, an beiden Annahmen zu zweifeln. Bei den Texten handelt es sich um senkrecht verlaufende Inschriften, die in der Abschrift aber waagrecht wiedergegeben wurden. In manchen Bereichen verlaufen die Schriftzeichen von rechts nach links und in anderen von links nach rechts, während die Abschrift konsequent von links nach rechts verläuft. Außerdem hat Sethe sie nach »Sprüchen« oder Äußerungen aufgeteilt, ein äußerst problematisches Vorgehen. Bei der Übersetzung des Altägyptischen steht und fällt alles damit, dass man die Zeichen in der jeweils richtigen Gruppe liest. Wird die Stellung eines Buchstabens verändert, wenn er zum Beispiel vom Ende eines Wortes an den Anfang des nächsten gerückt wird, kann dies auf die Bedeutung des Gesagten verblüffende Auswirkungen haben.

Bei seiner Abschrift fasste Sethe die Zeichen auf der Grundlage von Annahmen zu bestimmten Sinn ergebenden Gruppen zusammen, und diese Lesart diente den nachfolgenden Gelehrten als Vorbild für ihre Übersetzungen. Aber waren die entstandenen Wörter auch richtig? Die von Sethe angegebenen Zahlen (sie verweisen auf die Nummer der Spalte an der Wand und auf deren Lage in der Grabkammer) zeigen, dass einige der von ihm zu einem Wort zusammengestellten Zeichen auch zwischen dem unteren Abschluss einer Spalte und dem Anfang der nächsten oben (ein Abstand von ungefähr viereinhalb Metern) getrennt sein könnten. Seine Lesart und seine Wiedergabe der Hieroglyphen ist in manchen Fällen fragwürdig.

Noch problematischer ist die Tatsache, das Sethe an vielen Stellen vollständig subjektiv übersetzt hat. So merkte Sir Alan Gardiner in seiner *Egyptian Grammar* an: »Sind die Erfordernisse von Wörterbuch und Grammatik erst erfüllt – und sie lassen einen breiten Spielraum für auseinander gehende Deutungen –, ist [die Übersetzung] eine intuitive Einschätzung der Richtung, in welche das Denken des antiken Verfassers strebt«. Auf möglichst diplomatische Art bringt Gardiner hier zum Ausdruck, dass die von Sethe zusammengestellten Wörter in den Lexika und Grammatiken häufig gar nicht vorkommen. Und dass der Übersetzer in seinen Bemühungen, ihre Bedeutung zu erraten und sie miteinander in Verbindung zu bringen, die Gedanken des antiken Schriftstellers lesen muss. Mit anderen Worten: Die Übersetzungen entfernen sich häufig sehr weit von den Originaltexten und weisen von einem Gelehrten zum anderen große Unterschiede auf. Entgegen der Vorstellungen vieler liegt im Ergebnis so keine endgültige Übersetzung, sondern vielmehr die Arbeitshypothese eines Wissenschaftlers darüber vor, wie eine mögliche Übersetzung aussehen könnte.

Es ist sehr zweifelhaft, ob Sethe oder ein anderer noch so bedeutender Gelehrter seine Arbeit veröffentlicht hat, damit sie ungeprüft übernommen wird. Weitaus wahrscheinlicher verstand er sie als eine Arbeitsgrundlage für andere, um eigene Übersetzungen vorzustellen. Schließlich ist unwahrscheinlich, dass ein einzelner Gelehrter – was man ihm auch nicht anlasten kann – bei seiner Arbeit ein absolut fehlerfreies Ergebnis erzielt. Leider fehlt es an genügend Leuten, die auf dem Gebiet arbeiten, und auch an der Zeit, alles bis ins Einzelne zu überprüfen. Manchmal muss man auch delegieren.

Wie wir jetzt wissen, benutzte Faulkner Sethes Übersetzung als Grundlage für seine Beschäftigung mit den Pyramidentexten. Dazu bekennt er sich offen in seinem Vorwort. Mit Blick auf die Zuverlässigkeit der Übersetzungen haben wir inzwischen drei mögliche Fehlerquellen ausgemacht: bei der Abschrift von der Wand auf Papier, bei der ursprünglichen Übersetzung des Gelehrten ins Deutsche und bei der anschließenden Übersetzung vom Deutschen ins Englische. Faulkner weist darauf hin, dass er bei Lücken, die in Sethes Übersetzung auftauchten, auf den Originaltext zurückgegangen sei, aber sehr wahrscheinlich hatte er überhaupt keine Zeit, um sich mit ihm zu beschäftigen.

Die Pyramidentexte stammen aus vier Gräbern und zeigen einen unterschiedlichen Inhalt. Jeder Text enthält bestimmte Abschnitte. Wo Abschnitte in mehr als einer Pyramide auftauchen, sind sie inhaltlich weitgehend identisch. Sie umfassen mehrere Abschnitte oder »Sprüche« (eine sehr fragwürdige Übersetzung).

Obwohl sich die Sprache der alten Ägypter über die Jahrhunderte kaum geändert hat, lassen Besonderheiten im Schreibstil direkt auf das Alter des jeweiligen Textes schließen. Ähnlich können wir im Englischen den Stil Shakespeares mit dem Graham Greenes vergleichen – die gleiche Sprache, aber verschiedene Ausdrucksweisen. Mit Blick auf die Pyramidentexte lassen sich drei Gruppen unterscheiden: sehr alte Texte mit dem Thema des Königs, der im Sand beigesetzt wird und Grabräuber abwehrt; alte Abschnitte, die vom Aufstieg des Königs zu den Sternen erzählen, und die spätesten Texte, die zeitgleich mit den Pyramiden entstanden und in denen der Aufstieg der Seele des Königs mit dem Lauf der Sonne über den Himmel gleichgesetzt wird.

Mit Blick auf den Hauptgegenstand folgt Mark Lehner von der Universität Chicago Piankoffs Beispiel und unterteilt die Texte in fünf Typen: in dramatische Texte, Hymnen mit Namen, Litaneien, verherrlichende Texte und magische Sprüche. Ich würde es anders formulieren.

Diese Texte sind in ihrem Kern klar als Liturgien erkennbar, die in den verschiedenen Phasen des Begräbniszeremoniells, das den König auf der Reise ins Jenseits begleitete, verlesen wurden. Nach den Texten mussten über allen Grabbeigaben Beschwörungsformeln gesprochen werden. Diese Gaben bestanden überraschenderweise hauptsächlich aus Fleisch, Brot und Kuchen sowie aus verschiedenen Sorten Bier und Wein. Die gleichen Grabbeigaben kamen auch in den Mastabas aus der 1. und 2. Dynastie in Sakkara und in den Grabkammern der Königsgräber der 1. und 2. Dynastie in Abydos zum Vorschein. Sie mussten zu festgelegten Zeitpunkten und auf besondere Weisen geopfert werden. In bestimmten Abschnitten der Zeremonie bildeten die Beschwörungsformeln längere Textabschnitte, die wahrscheinlich von kultischen Handlungen begleitet wurden. Sie drückten auch den Zweck der Kulthandlung aus: den König auf seiner Barke zu den Sternen zu geleiten oder dafür zu sorgen, dass er mit dem Sonnengott Re die tägliche Reise über den Himmel antreten konnte.

Ein Text aus einem Abschnitt, der in den Pyramiden besonders häufig auftaucht, ist völlig falsch gedeutet worden. Die so genannte »Kannibalen-Hymne« hat mit Kannibalismus in Wahrheit nicht das Geringste zu tun.

Die einleitenden Worte sind zuvor so übersetzt worden: »Sie haben den König als einen Gott, der von seinen Vätern lebt und sich von seinen Müttern nährt, an die Macht kommen sehen.« Nach diesem Wortlaut ist die gesamte Passage ausgelegt worden. Das zuletzt genannte Verb »nährt« müsste in Wahrheit freilich »antwortet auf«, »entgegnet« oder »erwidert« lauten. Es müsste also heißen: »Sie haben den König als einen Ba erscheinen sehen, einen lebendigen Gott wie seine Vorväter, der wie seine (Vor-)Mütter antwortet«. Der König ist tot, und mit Erscheinen seines Ba stößt dieser zu jenen, die vor ihm gegangen sind. Eine genauere Bestimmung, die in einem Abschnitt von Sethes Text fehlt, erhellt die übrige Passage: Sie handelt von der Opferung von Rindern, von »ihren großen Gliedern zum morgendlichen Mahl; die Innereien [wörtlich: das, was drinnen ist] für sein abendliches Mahl, und die Köstlichkeiten sind für sein Mahl zur Nacht«.

All dies nur zur Veranschaulichung der Probleme, die auftauchen, wenn man statt der Originaltexte eine Übersetzung heranzieht. Wie sollen wir die religiösen Anschauungen der Ägypter, der Erbauer der Pyramiden, verstehen, wenn die notwendigen Texte fehlerhaft übersetzt sind?

All diese Texte sollten dem König dabei helfen, das jenseitige Leben zu erlangen. Einige enthielten Beschwörungsformeln zur Verwandlung physischer Gegenstände in spirituelle, damit sie ihm auch im Jenseits dienen konnten. Andere sollten ihn sicher auf seiner einsamen Reise ins Reich der Geister geleiten, mit denen er die meiste Zeit während seines Lebens in Kontakt gestanden hatte.

Die eigentlichen Unterschiede liegen im jeweiligen Sprachgebrauch: Hier zeichnet sich eine Entwicklung mit verschiedenen Stadien ab. Es gibt deutliche Hinweise darauf, dass der König in den verschiedenen Zeitaltern an unterschiedliche Orte reisen sollte. In der Anfangszeit ging es um den Komfort des Königs in seinem irdischen Grab. Später erwartete ihn ein jenseitiges Leben bei den Sternen. Und die spätesten Texte machen ihn, wie erwähnt, zu einem Begleiter des Re auf dessen Himmelsreise. Und die zuletzt genannten Texte stammen frühestens aus der Herrschaftszeit des Cheops.

Hält man sich vor Augen, dass die Größe der Pyramide die Bedeutung des Königs im Leben und dessen jenseitige Verbindungen im Sarkophag in der Grabkammer widerspiegelt, so galt die Pyramide möglicherweise als eine Art »Maschine«, die für den Transport ins Jenseits sorgte. In den Texten heißt es, der König »steigt über die Treppe in den Himmel empor«. Dies würde bedeuten, dass seine Seele über die äußeren Schrägen des Bauwerkes in die Gesellschaft der Götter in den Sternen gelangte. Alternativ dazu könnte die Vorstellung geherrscht haben, dass die Seele aus der Grabkammer durch einen »Lüftungsschacht« nach oben enteilt. Falls sich die zuletzt genannte Vorstellung mit dem tatsächlichen altägyptischen Glauben deckt, warum tauchen diese Schächte dann nicht auch in anderen Pyramiden auf?

Tatsächlich gibt es Hinweise, wonach diese auch in der zweiten, heute Chephren zugeschriebenen Pyramide zumindest in Angriff genommen worden sind. Demnach wären die Schächte in der Zeit, als die drei Pyramiden entworfen worden sind, eine Konsequenz der vorherrschenden religiösen Anschauungen gewesen, da entsprechende Pläne in der ersten Pyramide voll umgesetzt worden sind. Dass dies sich bei der zweiten änderte, könnte auf einen Wandel in den Anschauungen hindeuten.

Die Lüftungsschächte

Betrachten wir diese »Lüftungsschächte« genauer. Heute lässt sich nicht mehr sagen, wer die kleinen rechteckigen »Löcher« in der Nord- und der Südwand der so genannten Königskammer im Zentrum der Großen Pyramide als Erster entdeckt hat, doch standen sie mit Beginn der modernen Zeiten im Blickpunkt. Bei Untersuchungen dieser Öffnungen kamen Schächte zum Vorschein, die ein paar Meter weit waagrecht verlaufen und dann scharf nach oben in Richtung Außenwand abknicken, allerdings ohne tatsächlich bis nach draußen durchzubrechen. Trotzdem behauptete gegen Ende des 19. Jahrhunderts Charles Piazzi Smythe, diese Schächte hätten zur Belüftung gedient. Daran anknüpfend stellten spätere Autoren die Vermutung an, sie hätten die Temperatur im Inneren der Pyramide konstant bei zwanzig Grad Celsius halten und die Grabkammer mit Frischluft versorgen sollen.

Im Jahr 1947 bemerkte Iorwerth E. S. Edwards in seinem Klassiker *The Pyramids of Egypt* (dt.: »Die ägyptischen Pyramiden«, Wiesbaden 1967), der nördliche Schacht sei zum Polarstern und der südliche zum Orion und zum Sirius hin ausgerichtet. Die Schächte seien speziell dazu angelegt worden, um die Seele des Königs himmelwärts in Richtung Orion zu leiten.

Im Jahr 1992 erhielt der Roboterexperte Rudolf Gantenbrink die Erlaubnis, unter Aufsicht von Dr. Rainer Stadelmann vom Deutschen Archäologischen Institut (DAI) in Kairo einen kleinen ferngesteuerten Roboter auf Rädern in die von der Königskammer ausgehenden Lüftungsschächte einzuführen. Dieses Roboterfahrzeug namens Upuaut (»Der Öffner der Wege«) war mit einer Videokamera und einem Beleuchtungssystem im Miniaturformat bestückt und bot erstmals die Gelegenheit zu einer Untersuchung des Schachtes von innen. Merkwürdigkeiten kamen dabei zwar nicht zum Vorschein, aber immerhin wurde entdeckt, dass die so genannten Lüftungsschächte sehr sorgfältig gearbeitet worden waren. Man hatte sie nicht einfach in die jeweils neue Lage der Steinblöcke hineingetrieben, sondern sie von innen mit Kalksteinführungen ausgekleidet. Der Architekt musste beim Bau Öffnungen in die Lagen des Kalksteins schlagen lassen, damit die Auskleidung eingepasst werden konnte. Dabei waren genaue Berechnungen notwendig, um die Schächte bis an den gewünschten Punkt an der Oberfläche zu leiten.

Im folgenden Jahr 1993 setzte Gantenbrink seinen Upuaut-2 ein. Diesmal ging es um eine Untersuchung der von der Königinnenkammer aus schräg nach oben führenden Schächte, die erst gegen Ende des 19. Jahrhunderts entdeckt worden waren. 1872 hatte Waynman Dixon, ein Schüler von Piazzi Smythe, beim Abklopfen der Wände in dieser Kammer hohle Geräusche gehört. Er brach an den fraglichen Stellen Löcher in die Wände und stieß auf die Einmündungen von Lüftungsschächten – keine überraschende Entdeckung, gab es solche doch auch an den gleichen Stellen in der Hauptkammer. Die Gelehrten waren ja lange Zeit davon ausgegangen, dass die so genannte Königinnenkammer als die eigentliche Grabkammer angelegt worden war, ehe dann die Pläne geändert wurden. Der Weiterbau an der Königinnenkammer soll eingestellt worden sein, um die Große Galerie zu erweitern und sie zur

Verwahrung der Steinblöcke zu nutzen, mit denen die Pyramide nach der Bestattung hermetisch verschlossen wurde. Deswegen weckten die Lüftungsschächte in der Königinnenkammer nur geringes Interesse: Alle waren ja überzeugt, dass sie nur ein Stück weiterführen und dann auf der Ebene enden würden, auf welcher der Weiterbau der Kammer eingestellt worden war.

Upuaut-2 wurde in den Schacht mit einer quadratischen Öffnung von zwanzig Zentimetern Seitenlänge eingeführt. Nach Einschalten der beiden vorderen Halogenlämpchen übermittelte die Videokamera Bilder entsprechend denen, die das Vorgängermodell ein Jahr zuvor aus den Schächten in der oberen Kammer übertragen hatte. Zur allgemeinen Überraschung kam der kleine Maulwurf allerdings keineswegs nach kurzer Strecke am Ende des Schachtes zum Stehen. Er stieg vielmehr Meter um Meter immer weiter in Richtung Außenseite nach oben. Etwas stimmte offenbar nicht: Wenn die Schächte wie die von der Königskammer ausgehenden in voller Länge angelegt worden waren, dann musste auch diese kleinere Kammer einem bestimmten Zweck gedient haben. Plötzlich trat eine Stille ein, gefolgt von lautstarker Aufregung.

Wie der Monitor zeigte, hatte der Maulwurf gestoppt. Ein Kalksteinblock versperrte ihm wie eine Tür die Weiterfahrt. Vor dem Block tauchten im Schein der Lämpchen zwei Kupferverstrebungen auf! Was mochte sich hinter dieser Tür verbergen? Die Laserlichter, die waagrecht auf den kleinen Spalt unter dem Block gerichtet wurden, verloren sich ohne reflektiert zu werden im Nichts: Hinter dem Block befand sich folglich ein Hohlraum.

Wenige Tage später füllten Spekulationen, wonach in geheimen Gängen in der Pyramide Schätze zu finden seien, die Nachrichtenblätter. Bilder der beiden Kupferverstrebungen, die seit 4500 Jahren kein menschliches Auge mehr erblickt hatte, erschienen weltweit auf Seite eins der großen Zeitungen.

Dieser versiegelte »Lüftungsschacht« gibt noch immer Rätsel auf, die von einer Lösung weit entfernt sind. Am 17. September 2002 führte Dr. Hawass einen weiteren ferngesteuerten Roboter in den Schacht ein. Durch Löcher, die der Roboter in die Tür gebohrt hatte, erfassten die Kameras jetzt einen kleinen weiteren Schachtabschnitt, dessen Ende ebenfalls mit einem Stein oder einer »Tür« versperrt war. Dass dahinter etwas Lohnendes zum Vorschein kommen könnte, ist ziemlich unwahrscheinlich. Wie Mark Lehner hervorhebt, ist der Schacht kaum so breit, dass eine Ratte hinaufkriechen könnte. Jenseits des Kalksteinblocks könnten allenfalls sehr kleine Objekte auftauchen. Die Archäologie spielt einem gerne solche Streiche: Ein Schacht, der sich nach einem viel versprechenden Verlauf im Nichts verliert; ein Papyrus mit einem fehlenden Endstück, das auf spektakuläre Weise auftaucht, sich dann aber als völlig belanglos erweist, obwohl die Forscher sich wichtige Aufschlüsse erhofft hatten. Fraglos werden sich auch diese Fallgatter in dem Schacht als etwas völlig Unspektakuläres erweisen. Vielleicht sollten sie einfach Vögel und anderes Getier daran hindern, in die Grabkammer einzudringen. Wir wissen es nicht.

Aber eines ist jetzt immerhin klar geworden: Die so genannte Königinnenkammer gehörte zum ursprünglichen Entwurf der Pyramide. Aber wozu diente sie? Wie Rainer Stadelmann hervorgehoben hat, handelt es sich um einen abgeschlossenen Grabraum mit einer realen Ähnlichkeit des Serdab, der in der Stufenpyramide entdeckt wurde. Die Nische in der unfertig bearbeiteten Wand hätte die passende Größe für eine Sitzstatue des verstorbenen Königs gehabt. Ebenso vermutete Stadelmann, die unvollendete untere Kammer im Felsgrund des Plateaus unter der Pyramide sei als ein symbolisches Abbild der Unterwelt gedacht gewesen. Vielleicht habe die Seele des Königs in sie hinabsinken sollen. Diese Deutung ist freilich eher unwahrscheinlich. Sie fügt sich schlecht in unser Wissen über die Vorstellungen vom jenseitigen Leben des Königs und erscheint auch sonst kaum plausibel. Ein Volk, das die Arbeiten an einer 146 Meter hohen Pyramide organisiert hatte, hätte, falls gewünscht, sicher auch eine kleine Grabkammer vollends ganz aus dem Fels hauen können. Die Funde in der unterirdischen Kammer zeigen indes, dass die Arbeiter hier von einem

Tag auf den anderen abberufen wurden. Davon zeugen noch zurückgelassene Steinbrocken und Werkzeuge.

Die Schöpfungsmythen

Gibt es noch eine andere Erklärung, warum die Könige des Alten Reichs Pyramiden bauen ließen?

Nach einer zweiten und wahrscheinlicheren Erklärung versuchte der König mit ihrer Errichtung, ein Kraftwerk der Schöpfung nachzubauen und so die äußeren Umstände wiederherzustellen, unter denen die umgebende Natur entstanden war. Dadurch sollte dann auch seine Seele im Jenseits neu erschaffen werden können.

Nach allen Formen des altägyptischen Glaubens war die Welt zu Anbeginn ein wüstes Chaos aus Wasser. Aus ihm heraus erhob sich ein Berg, auf dem sämtliches Leben entstand. Dieser Schöpfungsmythos erlebte in den verschiedenen Zeitaltern einen gewissen Wandel. Frühe altägyptische Darstellungen zeigen den Berg in Gestalt einer Pyramide. Diese Erklärung für die Pyramiden erscheint sehr gut nachvollziehbar, vor allem mit Blick auf die Zeit der Nilschwemme, wenn die steigenden Fluten deren Fundamente umspülten. Die Pyramiden von Gise erschienen so als die aus dem Chaos auftauchenden Berge der Schöpfung.

Aber warum drei Berge? Ihre Vielzahl passt schlecht in die ägyptische Theologie. Oder war den Ägyptern diese »leichte« Abweichung mit Blick auf ihren Glauben gleichgültig?

Sonnenstrahlen

Viele Gelehrte, darunter I. E. S. Edwards und R. Stadelmann, haben hervorgehoben, die Gestalt der Pyramiden entspreche genau der Form von Sonnenstrahlen, die – insbesondere vor Sonnenuntergang – durch die Wolkendecke brechen. Wer ein solches

Schauspiel miterlebt, kann gut den Gedanken nachvollziehen, wie die Seele des Königs die Schrägen der Pyramidenwände erklimmt, um sich mit dem Sonnengott Re zu vereinen.

Problematisch ist daran freilich die Tatsache, dass aus den Texten, die in der Zeit der Planung und Entstehung der Pyramiden entstanden, sowie aus deren architektonischer Anlage hervorgeht, dass die Seelen von Cheops und seinen Vorfahren eben nicht zur Sonne, sondern zu den Sternen auffahren sollten. Trotz seiner Attraktivität ist dieser Gedanke folglich einfach nicht logisch.

Neue Gedanken

In den letzten beiden Jahrzehnten sind immer neue Vermutungen um die Entstehung der Pyramiden vorgetragen worden. 1994 veröffentlichten Robert Bauval und Adrian Gilbert ihr Werk *The Orion Mystery* (dt.: »Das Geheimnis des Orion«, München 1994) mit der These, die Pyramiden von Gise ahmten in ihrer Stellung zueinander die Lage der Gürtelsterne des Orion nach. Einen großen Schritt weiter ging das Werk mit der Behauptung, die anderen Pyramiden aus der 4. Dynastie bildeten zudem die übrigen Sterne des Orion ab. Nach dieser Darstellung sei die Große Pyramide nicht als Grabstätte, sondern als Tempel konzipiert gewesen. Die »Lüftungsschächte« darin hätten für Riten zur symbolischen Befruchtung des Hundssterns gedient, der mit der Göttin Isis in Verbindung gebracht wurde. Nach einer anderen Annahme sollte die Pyramide nur zum Vollzug des Mundöffnungsrituals dienen, eines rituellen Aktes zur Wiederbelebung der Königsmumie.

In späteren Werken ging Bauval mit Graham Hancock noch weiter. In den Diskussionen um das Alter des Sphinx, die anhand der Verwitterungsmuster in der Mulde um die Statue geführt wurden, kam ein weitaus höheres Alter ins Gespräch, als die Ägyptologen bisher angenommen hatten. Und dies wurde wiederum als Beweis für die Existenz einer früheren Kultur angeführt, die ihre geheimen Kenntnisse oder ihr Wissen der Nachwelt hinterlassen habe. Die seien dann von den alten Ägyptern wiederentdeckt und zum Bau der Pyramiden verwendet worden. Die Autoren gingen sogar so weit, das Vorbild für den Sphinx in einem »Affengesicht« zu vermuten, das sie in Aufnahmen von der Marsoberfläche entdeckt haben wollten.

Die wesentliche Grundlage für diese und viele weitere Gedanken wurde mit den Visionen des amerikanischen Spiritualisten Edgar Cayce gelegt. In Trance hatte Cayce, ein einflussreiches Medium, prophezeit, dass an der Schwelle zum 21. Jahrhundert in Gise bemerkenswerte Entdeckungen gemacht würden. Im Zentrum steht eine verborgene »Halle der Aufzeichnungen«, in der verschollenes Wissen zum Vorschein komme. Als das Datum herannahte, waren seine Anhänger eisern entschlossen, für die Erfüllung dieser Prophezeiung zu sorgen. Spekuliert wurde dabei über geheime Kammern unter dem Sphinx, um Verbindungsgänge zwischen dem Standbild und der Großen Pyramide sowie natürlich um die Halle der Aufzeichnungen. Anträge auf Genehmigungen für Grabungen gingen ein, mit denen das Geheimnis gelüftet werden sollte. Allerdings hält sich der Oberste Rat der Altertümer in Ägypten an seine Grundregel, wonach archäologische Arbeiten, insbesondere an den bedeutenden Denkmälern auf dem Plateau von Gise, nur von qualifizierten Ägyptologen durchgeführt werden dürfen. Nur mit einer Idee im Kopf und einem Spaten in der Hand ist an keine Lizenz heranzukommen. Die Leute – sie sind überzeugt, wir Ägyptologen wüssten etwas, wollten es aber für uns behalten – prangerten lauthals eine »Verschwörung« an. Erst kürzlich bin ich in einer amerikanischen Radiosendung deswegen angegriffen worden: Ich wurde gefragt, ob ich denn nicht wüsste, dass die Große Pyramide aus ihrer ursprünglichen Position wegbewegt worden sei.

Als Ägyptologin kann ich nur sagen: Es gibt keine Verschwörung. Wir wissen nichts, was nicht schon bekannt ist, und haben keinen Zugang zu Informationen, die sich nicht jeder andere auch beschaffen kann. In Gise wird jedenfalls nichts unter Verschluss gehalten.

Tatsächlich sind die Verhältnisse an sämtlichen Ausgrabungsstätten in Ägypten ähnlich. Wie Untersuchungen mit dem Echolot zeigten, enthält die natürliche Kalksteinformation, auf der die Pyramiden stehen, von Abu Roasch im Norden bis Fajjum im Süden – ein Gürtel von knapp hundert Kilometern Länge – Tausende von »Hohlräumen«. Bei einigen dürfte es sich um natürliche Brüche handeln. Andere gehen sicher auf Menschenhand zurück. Ohne Grabungen lässt sich nicht klären, worum es sich bei den einzelnen Hohlräumen handelt. Mit einiger Wahrscheinlichkeit harren unter der Ausgrabungsstätte aber weitere Grabkammern und Gänge ihrer Entdeckung. In Sakkara, wo bereits seit über 27 Jahren Grabungen liefen, kamen Grabschächte zum Vorschein, die in große Tiefen hinabführen und zuweilen fünf oder sechs Ebenen aufweisen. Jede dieser Grabstätten besteht aus einem komplexen System aus Kammern und Gängen. Und natürlich müssen alle einzeln umfassend aufgenommen und die zum Vorschein kommenden Objekte gesichert werden. Dies ist ein langwieriges und sehr teures Verfahren. Die auftauchenden Gegenstände dürfen per Gesetz nicht ausgeführt werden und landen in der Mehrzahl im Kairoer Museum. Dieser 1901 eröffnete Bau platzt schon jetzt aus allen Nähten. Für den Erhalt der Objekte fehlt das Geld und für ihre Ausstellung der Platz.

Die Ägyptologie muss für jeden einzelnen Fund Verantwortung übernehmen. Eine Grabung aufs Geratewohl und ohne Vorbereitung an der Großen Pyramide, ohne Anhaltspunkt, was und wo etwas zum Vorschein kommen könnte, würde dieser Verantwortung nicht gerecht. Auch ohne neue Funde haben wir schon jetzt zu viel archäologisches Material, das angemessen behandelt werden muss. Die Dinge brauchen Zeit. Was 4500 Jahre im Sand überdauert hat, kann ruhig noch etwas im Verborgenen in Sicherheit abwarten, bis wir es fachkundig bergen können. Wegen des hohen Grundwasserspiegels unter dem Plateau sind die Aussichten, dass größere Strukturen die lange Zeit in der Nässe unbeschadet überdauert haben, allerdings eher gering.

Wie ich bereits sagte, ist die Archäologie ein destruktiver Vorgang. Diejenigen, die ohne Bezug zum archäologischen Umfeld graben und sich dabei nur als »Schatzsucher« betätigten, sind keine Archäologen, sondern Grabräuber. Unter ihnen hat Ägypten schon genug gelitten. Wir alle schulden der ägyptischen Regierung und den Inspektoren großen Dank, weil sie ihr Bestes geben, um der jahrhundertelangen Ausplünderung und Zerstörung archäologischer Stätten einen Riegel vorzuschieben. Gise braucht weitere Forschungen, aber im geeigneten Rahmen und zur richtigen Zeit. Bis dahin müssen wir uns gedulden.

Die Anordnung der Pyramiden

Ist an der Vorstellung, wonach die Pyramiden von Gise planvoll als ein Abbild des Sternbilds Orion angelegt worden seien, etwas daran? Diese Diskussion wird inzwischen von zwei tief zerstrittenen gegnerischen Lagern beherrscht. Auf der einen Seite klagt eine Gruppe von Forschern, die über keine entsprechende anerkannte Ausbildung verfügen, sich zum Ärger der Fachleute aber als Ägyptologen verstehen, dass ihre Ansichten nicht angemessen repräsentiert seien und sie selbst marginalisiert und ignoriert würden. Ihnen gegenüber halten sich die akademischen Ägyptologen – gewöhnlich schüchterne und zurückhaltende Gelehrte, die das Licht der Öffentlichkeit scheuen – hartnäckig bedeckt in der Hoffnung, die andere Seite werde schon wieder »verschwinden«. Das alles hat in eine Sackgasse geführt.

Was könnte an der Theorie, wonach die Pyramiden von Gise planvoll als Abbild des Orion entstanden, richtig sein? Zunächst einmal gibt es, wie ausführlich dargelegt, mehr als genug Beweise für die Existenz einer Industrie des Pyramidenbaus. Wie wir inzwischen wissen, wurden die einzelnen Pyramiden nicht für einen bestimmten König errichtet. Vielmehr war gleichzeitig eine ganze Gruppe von Pyramiden in jeweils unterschiedlichen Bauphasen im Entstehen begriffen. Während aus Graffiti überzeugend hervorgeht, dass die beteiligten Bautrupps zur Zeit des Cheops an der

Großen Pyramide gearbeitet haben, gibt es keinen Bericht darüber, dass dieser König dort auch bestattet worden ist. Wo er tatsächlich seine letzte Ruhestätte gefunden hat, hing davon ab, welche Pyramide zum Zeitpunkt seines Todes fertig gestellt war. Dies widerspricht also keineswegs der Vorstellung von einer planvollen Anlage der Pyramiden von Gise als Gesamtkomplex.

Zweitens: Sollten die Pyramiden tatsächlich so geplant worden sein, wäre eine solche Planung erstmals erfolgt. Wie wir gesehen haben, erlernten die Erbauer der Pyramiden ihr Handwerk durch die Trial-and-Error-Methode. Falls die Anlage tatsächlich die Position der Gürtelsterne im Orion wiedergeben sollte, darf man mit hoher Wahrscheinlichkeit annehmen, dass bei der Umsetzung auch Fehler unterlaufen sind. Es ist darauf verwiesen worden, dass die Anlage der Pyramiden auf den Kopf gestellt und die des Mykerinos zu klein geraten sei. Außerdem hätten die Lüftungsschächte nicht genau zur richtigen Zeit die passende Ausrichtung zum Orion hin. Diese Kritiker müssen sich aber die Verhältnisse von vor 4500 Jahren vor Augen führen: Die Technik entwickelte sich damals nur schleppend und ruckartig voran. Wie wir bei der Knickpyramide von Dahschur gesehen haben, wirkte sich schon ein grundlegender Fehler an der Basis auf die weiteren Arbeiten an der Pyramide aus. Eine Ungenauigkeit um den Bruchteil eines Grades bei der Führung der auffälligen, zur Außenseite führenden Schächte im Zentrum der Pyramide vervielfältigte sich mit zunehmender Höhe des Bauwerkes.

Drittens: Die Kritiker, die bemängeln, dass sich unser heutiges Bild vom Orion nicht mit dem aus der 4. Dynastie deckt, haben vollkommen Recht. Darstellungen des Orion auf Decken mit aufgemaltem Sternenhimmel aus dem Neuen Reich und Reliefs auf Tempelwänden belegen, dass die alten Ägypter im Orion nicht wie wir einen Jäger, sondern lediglich dessen Gürtel sahen.

Tatsächlich ist dieses Argument von eher geringer Bedeutung. Wir wissen aus Inschriften sowie anhand von Artefakten und nahe gelegenen Monumenten ohne jeden Zweifel, dass die Pyramiden von Gise während der 4. Dynastie entstanden sind. Wir wissen ebenso sicher, dass ihre äußere Gestalt nicht auf das verschollene Wissen einer älteren Kultur zurückging.

Bekannt ist ebenso ohne jeden Zweifel, dass die Könige zur Zeit der Planung und des Baus dieser Pyramiden traditionell glaubten, sie würden nach ihrem Tod in die Gesellschaft der Götter in eine spirituelle Welt aufsteigen, die zur damaligen Zeit in den Sternen lag. Zu Lebzeiten des Cheops und aus Gründen, die wir heute nicht mehr nachvollziehen können, ereignete sich in den Anschauungen eine Revolution. Fast über Nacht rückten die Stadt Heliopolis und der Kult des Re in den Vordergrund. Wie wir gesehen haben, erhielten viele Söhne des Cheops den Namen des neuen Gottes. Und wie aus den Schriften hervorgeht, wandelte sich in der Folge davon die Vorstellung vom Jenseits von einem Ort zwischen den Sternen zu der eines Landes unter der Erde, das nachts von der Sonne beleuchtet wurde, sobald diese hinter dem Westhorizont versunken war. In der Unterwelt spiegelte sich also offenbar nicht nur das über der Erde gelegene Diesseits wider, worauf so oft verwiesen wurde. Vielmehr wurde die Vorstellung von einem Jenseits oben von der eines Schattenreichs unten abgelöst.

Die Pyramide und die Riten

Bauvals Theorien über die Anordnung der Pyramiden sind weder zu beweisen noch zu widerlegen, da es an nachprüfbaren Fakten fehlt. Doch wie steht es mit seinem Gedanken, wonach die Große Pyramide als Tempel gedient habe? Gibt es Hinweise darauf, dass die Pyramiden entgegen der von uns vertretenen Auffassung keine Gräber, sondern etwas ganz anderes gewesen sind?

Verfechter der Meinung, die Pyramiden hätten einen rein symbolischen Zweck erfüllt, berufen sich darauf, dass in ihnen keine menschlichen Überreste zum Vorschein kamen. Alte Texte belegen indes, das Besucher, die im Altertum in sie eindrangen, durchaus auf solche Reste gestoßen waren.

Der Deckel war aufgebrochen. Doch fand sich drinnen nichts
als Knochen, angenagt vom Zahn der Zeit.

Da der ungebetene Gast auf andere Dinge aus war, warf er diese Überreste als bedeutungslos weg. Wegen der Sarkophage, die in den meisten Pyramiden auftauchten, besteht kein Zweifel daran, dass sie als Begräbnisstätten genutzt worden waren. Konnten sie auch einem anderen Zweck gedient haben?

Die Annahme, die untere Kammer der Großen Pyramide sei für das Mundöffnungsritual genutzt worden, ist auf jeden Fall statthaft. Der Ba des verstorbenen Königs konnte dann durch die Schächte aufsteigen, um sich mit Sirius und Orion zu vereinen. Dies deckt sich durchaus mit Angaben in Texten aus der Zeit. Ganz anders liegt der Fall aber mit der Vermutung, die Pyramide sei eigens zu diesem Zweck gebaut worden. Die Zeremonie, die am Leichnam des verstorbenen Königs vollzogen wurde, dauerte nur wenige Minuten. Die Annahme, allein dazu sei ein Bauwerk von 146 Metern Höhe errichtet worden, erscheint wenig stichhaltig.

Zu Bauvals Theorie, wonach die Pyramiden Tempel gewesen seien, ist darauf hinzuweisen, dass solche Sakralbauten für die Zeit des Alten Reichs nicht belegt sind. Sollten wir nach der falschen architektonischen Form gesucht haben? Hatten die Tempel anders als in späterer Zeit, als sie mit gewaltigen Pylonen und Säulenhallen ausgestattet waren, im Alten Reich die Gestalt von Pyramiden?

Die Ausgrabungen in Hierakonpolis und Abydos, bei denen frühe traditionelle Formen der Tempelanlage identifiziert wurden, zeigen, dass Tempel von jeher eine ähnliche Gestalt hatten. Doch schauen wir uns den angeführten Beweis für die Hypothese an. Wenn die Große Pyramide tatsächlich für religiöse Zwecke errichtet worden wäre, dann spräche die Anlage ihrer Lüftungsschächte zweifellos für eine Ausrichtung des gesamten Baus nach den Sternen. Der Gedanke, der König sei einmal im Jahr in die Pyramide eingezogen und habe in den Kammern Geheimzeremonien zur

»Befruchtung« von Sothis/Isis durch den geeigneten Schacht durchführt, um die baldige Wiederkehr der jährlichen Flut zu sichern, erscheint auf den ersten Blick möglich. Allerdings handelt es sich bei dem angeführten »Beweis« um eine 1300 Jahre jüngere Darstellung aus dem Königsgrab Thutmosis' III. im Tal der Könige. Das ist ungefähr so, als würde ein Historiker verkünden, die Eroberung Englands durch die Normannen hätte wirkungsvoller und zügiger durchgeführt werden können, wenn die Truppen von Dover aus mit dem Zug zum Einsatzort transportiert worden wären. Wie wir gesehen haben, brachte es ein Umbruch in der Staatsreligion unter Cheops mit sich, dass seine Söhne und Nachfolger fortan als »Söhne des Re« regierten. Nach den Pyramidentexten glaubten sie, sie würden nach ihrem Tod mit der Sonnenbarke vereint von der einen in die andere Welt wandern, und nicht, wie noch ihre Vorgänger, zu den Sternen aufsteigen. Mit anderen Worten: Selbst wenn die Große Pyramide entgegen jedem Augenschein als eine Art Tempel konzipiert gewesen wäre, hätte sie nicht mehr in ihre Zeit gepasst. Nach Cheops' Tod hätte ihre Funktion mit Blick auf die Sterne für die Gesellschaft keinerlei Bedeutung mehr gehabt. Und außerdem wurde sie ja auch versiegelt.

Von den verschiedenen Hypothesen darüber, zu welchem Zweck die Pyramiden errichtet wurden, scheiden einige als unwahrscheinlich aus. So kann ihre Gestalt nicht den Sonnenstrahlen nachempfunden sein, entstanden die ersten Pyramiden doch lange vor jeder Verbindung mit dem Sonnenkult. Entsprechend handelt es sich auch kaum um Tempel: Wir haben Anhaltspunkte aus der 1. Dynastie und aus noch früherer Zeit, dass Tempelanlagen stets nach dem gleichen Grundmuster entstanden. Wir können die Argumentation nicht allein an der Große Pyramide festmachen und alle anderen außer Acht lassen: Hinter allen steht eine deutlich erkennbare Entwicklungslinie und ein kontinuierliches Konzept. Bei der Frage nach den Gründen für den Bau der Pyramiden müssen auch die frühesten und nicht nur die größten in Betracht gezogen werden.

Nur eine Antwort scheint möglich. Die Form der Pyramide symbolisiert einen Berg, auf dem die Schöpfung stattfand, den Gipfel oder das Pyramidion. Sie stellt zwangsläufig die ureigene Quelle der Schöpfung und das Epizentrum jener Kraft dar, welche eine Wiedergeburt oder Neuschöpfung des verstorbenen Königs in einer jenseitigen Welt ermöglicht.

In diesem Fall müsste theoretisch jede Pyramide für sich stehen, womit auch die Annahme, dass die Anlage von Gise den Gürtelsternen des Orion nachempfunden seien, unwahrscheinlich wäre: Es können ja nicht gleich drei Berge die Schöpfung symbolisieren. Da sie zu einer Zeit entworfen wurden und sich ihre Bauzeiten wahrscheinlich überlappten, wurde viel wahrscheinlicher jede als Zentrum ihrer Umfriedung konzipiert. Dennoch ist ihre Anlage auf dem Plateau von Gise seltsam und einzigartig. Wenn es sich nicht um ein Abbild der Gürtelsterne des Orion handelt, dann gibt es bislang noch keine vernünftigen Antworten auf die Frage, warum die dritte Pyramide so viel kleiner ist als die beiden anderen. Es sei denn, die Architekten hätten, wie bei anderen Aspekten des Pyramidenbaus, schließlich erkannt, dass die Höhe der vollendeten Pyramide von der Größe der Grundfläche und den Seitenwinkeln abhängt. Vielleicht lautet die Antwort einfach: Die Ägypter hatten sich für eine bestimmte Form entschieden, wollten aber eine kleinere und leichter umzusetzende Ausführung bauen.

Die Hinweise belegen, dass es zu Lebzeiten des Cheops aus Gründen, die wir heute nicht mehr nachvollziehen können, einen radikalen Wandel in den religiösen Überzeugungen gab. Wir wissen nicht, ob Cheops selbst die neuen Anschauungen übernommen hat. Dies erscheint aber unwahrscheinlich, denn anders als der Name seiner Söhne taucht seiner nie in Verbindung mit den Titel »Sohn des Re« auf.

Es sieht so aus, als hätten sich in der Zeit der 4. Dynastie neue Jenseitsvorstellungen in Ägypten ausgebreitet. Diese beruhten vielleicht auf logischen Überlegungen und der Beobachtung, dass die Sonne zur Nacht verschwand und ihre Wanderung bis zum Morgengrauen anderswo fortsetzen musste. Die alten Vorstellungen gerieten jedenfalls in Vergessenheit.

Nur wenige religiöse Revolutionen ereignen sich still und ohne Widerstände. Schon zu Snofrus Herrschaftszeit vor vielen tausend Jahren war Ägypten ein uraltes Land mit tief verwurzelten Traditionen. Der Zusammenbruch der alten Pfeiler des Glaubens und die Einführung eines völlig neuen Systems muss bedrohlich gewirkt haben. Auch bedeutete der Aufstieg von Heliopolis eine Herausforderung an die Vorherrschaft des ägyptischen Königs. Der König als Alleinherrscher hatte Kontakt zu den Göttern. Dass neue Vorstellungen, die von außerhalb der Königsfamilie kamen, vom König akzeptiert wurden, erscheint undenkbar. Das wäre so wie ein Eingeständnis, dass er und Generationen seiner Vorgänger sich geirrt hätten.

Die Geschichte kann sich auf eine unglaubliche Weise wiederholen. Könnte es sein, dass die spätere religiöse Bewegung des Echnaton, der dem Gott Aton huldigte, nur eine Neuauflage der Revolution unter der 4. Dynastie gewesen ist?

Die Benennung von Cheops' Söhnen nach dem neuen Gott Re ist in höchstem Maß bedeutsam. Jemand innerhalb der Königsfamilie hing diesen neuen Anschauungen an. Da Cheops nicht als Sohn des Re aufgelistet ist, dürfte kaum er der Neuerer gewesen sein, also deutet alles auf eine seiner Frauen hin. Bedeutsamerweise ist der Name einer seiner Gemahlinnen, der von Radjedefs (Djedefres) Mutter, bis heute unbekannt. Dagegen wissen wir, dass Henutsen, die Mutter des Chaefre oder Chephren, alle ihre Söhne nach Re benannt hat und folglich zu dieser neuen revolutionären Gruppe gehörte. Ging der Impuls zur Neuerung also vom Zentrum der Königsfamilie aus? Falls ja, so belegt dies einmal mehr den großen Einfluss der königlichen Gemahlinnen. Da der Thronanspruch über die Mütter vererbt wurde, verdankten die Könige ihnen die Krone. Wenn die Könige zudem ihr Glaubenssystem, die Vorstellungen von ihrem königlichen Leben nach dem Tod, ihren Gemahlinnen verdankten, dann ändert dies einiges an unserer Sichtweise von der 4. Dynastie.

Wie oben erwähnt, haben wir keinen Anhaltspunkt darüber, wie sich die Inzestehen auf die körperliche und geistige Verfassung der Könige ausgewirkt haben. Waren diese Könige wie die Ptolemäer zur Ausübung der Herrschaft möglicherweise nicht mehr in der Lage, sodass ihr Leben von starken Frauen beherrscht wurde? War Cheops so unnahbar und zurückhaltend, weil er die Illusion seiner Göttlichkeit aufrechterhalten wollte? Oder musste er wegen erblicher Defekte von der Öffentlichkeit abgeschirmt werden?

Sollte der Wandel in der Staatsreligion in der Mitte der 4. Dynastie tatsächlich vom Königspalast ausgegangen sein, so könnte sich dieser, unabhängig von seinen Ursachen, nur sanft vollzogen haben. Und sollten im Zentrum nicht Cheops, sondern seine Gemahlinnen und Söhne gestanden haben, und darauf deutet vieles hin, so ist dies ein weiterer Hinweis darauf, dass sich im Palast Aufruhr zusammengebraut hat.

SECHSTES KAPITEL

Wie man eine Pyramide baut

Cheops bleibt ein schemenhafter Charakter, außerhalb der Reichweite der Archäologie. Der Papyrus Westcar weist ihn als einen machtgierigen Monarchen aus, der nach Weisheit strebte, um sich so, wie er hoffte, eine noch umfangreichere Kontrolle über seine Untertanen und seinen Herrschaftsbereich zu sichern. Gleichzeitig erscheint er als ein argwöhnischer Herrscher, der diejenigen, die vor ihn geführt werden, misstrauisch auf die Probe stellt. Für Herodot war er ein tyrannischer Despot. Obwohl dieses Bild ganz offenbar fast nur auf Klatsch und Gerüchten beruhte, hat es sich gehalten. Wie wir im vorigen Kapitel gesehen haben, deutet einiges darauf hin, dass Cheops entweder zur Herrschaft unfähig war und deswegen von der Öffentlichkeit abgeschirmt wurde oder – der wahrscheinlichere Fall – sich absichtlich von der Welt fern hielt, um das Bild von sich als Gott zu wahren und zu intensivieren. Besonders wichtig wäre dies gewesen, wenn er dem Land um seine Person herum inneren Zusammenhalt geben wollte. Obwohl nur wenige, wie wir gesehen haben, unmittelbar am Bau der Pyramiden beteiligt waren, musste das gesamte Land mit ganzer Kraft Erträge produzieren, um das ehrgeizige Bauprogramm durchzuhalten.

Dennoch irrt Herodot mit seiner Behauptung, Cheops habe das Land so in den Ruin getrieben. Indem der Herrscher eine so gewaltige Anzahl von Untertanen in den verschiedenen zuarbeitenden Bereichen für den Staat in den Dienst nahm, gab er allen Sicherheit, Wohlstand und ein gemeinsames Ziel. Trotz der gewaltigen Arbeitslast dürften sie kaum Grund zur Klage gehabt haben.

Die Alternative, nur für den Unterhalt der eigenen Familie zu sorgen, hätte für den Einzelnen härtere und unsicherere Lebensverhältnisse bedeutet.

Die erfolgreiche Vollendung der Pyramiden von Gise belegt jedenfalls, unabhängig von der theologischen Zielsetzung, dass das Land eine Zeit des relativen Wohlstands mit segensreichen Überflutungen erlebt hat. Dürftige Nilschwemmen hätten zu knapperen Ernten, einer schlechten Versorgung und sozialen Unruhen geführt. Selbst wenn man Streiks als unwahrscheinlich ausschließt, hätten die Arbeiter bei einer geringeren Bezahlung in Naturalien und einer schlechteren Ernährung nicht mehr effizient gearbeitet, sodass die Bauarbeiten ins Stocken geraten wären. Wären die Ernten dürftig ausgefallen und so Einfuhren nach Ägypten notwendig geworden, lägen uns heute mehr Hinweise auf einen grenzüberschreitenden Handel vor. Wo Zeugnisse vorliegen, vermitteln diese das gewohnte Bild von einem Ägypten, das in Nachbarländern sporadisch Mineralvorkommen ausbeutet. Für die Zeit von Cheops' Herrschaft ist keine aktive Militärintervention überliefert. Auch tauchen unter den Titeln seiner Angehörigen in den Mastabas in der Umgebung seiner Pyramide kaum militärische Titel auf, die auf eine große Streitmacht hindeuten. Dagegen belegen Ausgrabungen die Existenz von großen Bäckereien, Fischhallen und Schlachtbetrieben, die alle mit voller Kraft produzierten und in der Lage waren, ein gewaltiges Unternehmen wie das des Pyramidenbaus am Laufen zu halten. Man muss sich vor Augen halten, dass jeder Beschäftigte, der Lebensmittel für einen Bauarbeiter produzierte, zusätzlich auch seine eigene Familie ernähren musste. Für den Unterhalt eines einzigen, auf der Pyramide beschäftigten Mannes kann man vier, fünf oder mehr Arbeiter auf die »Lohnliste« setzten. Dieser ganze Betrieb war keine billige Angelegenheit und belegt so fraglos, dass die Verwaltung wie die Produktionsbereiche im Ägypten dieser Zeit höchst effizient gearbeitet haben.

Daraus ergibt sich das Bild vom Wohlstand im Frieden, der auf einer einzigen Aufgabe, dem Bau von Pyramiden, beruht hat.

Cheops selbst taucht darin kaum als Individuum auf. Er wurde zur königlichen Chiffre, um die sich die Alltagsarbeit zentrierte. Um den Arbeiten auf dem Plateau einen Antrieb zu geben, brauchte der König nicht als Mensch in Erscheinung zu treten.

Die kontinuierlich produzierende und dauerhafte Industrie zum Bau von Pyramiden belegt, dass diese Bauwerke entgegen früheren Annahmen für keinen bestimmten König errichtet wurden. Die Errichtung einer Pyramide wurden nicht erst mit der Krönung eines neuen Königs geplant und in Angriff genommen. Wie die Beispiele Meidum und Dahschur zeigen, wurde zeitgleich an mehreren Pyramiden in verschiedenen Phasen und an unterschiedlichen Standorten gebaut und die Trupps der Arbeiter je nach Bedarf von einer Baustelle zur anderen verlegt. Wenn sich zu jeder Zeit drei Pyramiden in verschiedenen Bauphasen (Dahschur und Gise sprechen für diese Quote) befanden und jede Fertigstellung zwanzig Jahre benötigte (wir haben keine andere Leitlinie), dann ging alle sechs oder sieben Jahre eine Pyramide der Vollendung entgegen. Deshalb verfügte auch ein früh verstorbener König über eine Grabstätte. Nur so konnte das System funktionieren.

Umgekehrt liegt der Fall bei Snofru, der so lange lebte, dass er seine Grabstätte wählen konnte. Die Pyramide von Meidum wurde offenbar nie belegt. Wahrscheinlich lag sie zu weit von der Hauptstadt entfernt. Und die Arbeiten an der Nördlichen Pyramide von Dahschur wurden anscheinend rechtzeitig zu seinem Tod abgeschlossen, sodass auch die dortige Knickpyramide unbesetzt blieb. Hätte Snofrus Nachfolger Cheops ebenfalls nur kurze Zeit gelebt, wäre er zweifellos in einer dieser leer stehenden Pyramiden bestattet worden. Aber Gise als ein völlig neuer Standort, für den die gewaltigsten und grandiosesten Pyramiden aller Zeiten geplant wurden, stellte alles Bisherige in den Schatten. Und obwohl Cheops erst als älterer Mann gekrönt wurde, hatte er das Glück, immerhin so lange zu leben, dass er die Fertigstellung der ersten dieser Pyramiden noch miterlebte.

Nachdem wir uns mit den Fragen befasst haben, wer die Pyramiden zu welchem Zweck gebaut hat, wollen wir uns nun auf die

Frage konzentrieren, wie genau sie errichtet wurden. Waren übermenschliche Kräfte notwendig? Womöglich sogar außerirdische Unterstützung?

Wie stets in der Archäologie ist die Antwort weitaus prosaischer. Von den vielen hierzu vorgetragenen Theorien scheint sich keine mit den Fakten zu decken. Und doch ist die Antwort, wie immer in solchen Fällen, bemerkenswert einfach. Sie liegt, wie meistens, auf der Hand, auch wenn sie bislang noch keiner gesehen hat.

Wir haben die Pyramiden bislang nämlich statt von außen von innen her betrachtet.

Die Hebel des Herodot

> Beim Bau der Pyramide ging man so zu Werke: Man baute sie wie eine Treppe, die manche Absätze, andere Stufen nennen. War zunächst eine solche Stufe gebaut, wand man die übrigen Steine mit Hilfe eines Gerüstes aus kurzen Holzstangen hinauf. So hob man die Steine von der Erde auf den ersten Treppenabsatz. Jedes Mal, wenn der Stein auf ihn gebracht war, legte man ihn auf ein anderes Gerüst, das auf der ersten Stufe stand; von dort wurde er auf den zweiten Absatz gewunden, auf ein anderes Gerüst. Denn es gab so viele Maschinen wie Treppenstufen, falls man nicht die gleiche Hebevorrichtung, die ja leicht zu tragen war, mit auf jede neue Stufe versetzte, nachdem man den Stein heruntergenommen hatte. Mir ist nämlich beides erzählt worden, weshalb auch beides weitergegeben sein mag.
> (Herodot, Historien, 1.Bd, griech.-dt. hrsg. von Josef Feix, München 1963. Hist. II, 125)

Erneut macht Herodot deutlich, dass er seine Informationen nur vom Hörensagen hat. Es sei daran erinnert, dass bei seinem Besuch seit dem Bau der Großen Pyramide mindestens zweitausend Jahre vergangen waren. Zudem hatte Geschichte im damaligen Ägyp-

Die Große Pyramide dominiert ihre Begleiterinnen, die des Chephren und des Mykerinos. Pferde und Reiter an ihrem Fuß wirken dagegen winzig.

Die freiliegende Südseite der Stufenpyramide des Netscheriche in Sakkara zeigt die deutlichen Umrisse und die Ausdehnung der ursprünglichen Mastaba.

Die Knickpyramide von Dahschur entstand – ebenfalls unter Snofru – auf sandigem Untergrund. Später rutschten unter der gewaltigen Last Bereiche der Kanten ab.

Die Pyramide von Meidum stellte den ersten Versuch der Ägypter zum Bau einer echten Pyramide dar. Das unter Snofru in Angriff genommene Bauwerk wurde allerdings nie vollendet.

Die Verkleidungssteine der Unas-Pyramide aus der 5. Dynastie fielen bereits im Altertum Plünderungen zum Opfer. Übrig blieb nur der Kern aus Schutt und Sand. Nach dem Einsturz erinnert er eher an eine Sanddüne als an eine Pyramide.

Der Vergleich mit meinen elfjährigen Zwillingen geben einen Eindruck von der Größe der Steinblöcke aus der Verkleidung und dem Kern der Großen Pyramide. Während die gewaltigen Verkleidungsblöcke im Vordergrund sorgfältig behauen sind, variieren die – teils ziemlich kleinen – Blöcke des Kerns dahinter beträchtlich in der Größe.

An der Basis der Großen Pyramide blieben einige wenige Steine der Verblendung erhalten. Glatt, kompakt und gewaltig, sind sie – im Gegensatz zu den Kernblöcken dahinter und darüber – nahtlos aneinanderfügt.

Auf dem waagerechten steinernen Stützbalken im Tempel von Abydos ist eine Hieroglyphe für den Buchstaben a, ein Arm, abgebildet – sie wurde als »Hubschrauber« für den Transport von Steinen gedeutet!

Das Osiris-Standbild aus der Zeit der Ramessiden liegt noch unvollendet im südlichen Steinbruch von Assuan. Da es aus seinem Felsbett nicht vollständig befreit worden ist, gibt es Aufschlüsse über die Arbeitsmethoden der antiken Bildhauer und Steinmetze.

In der Reihe der rätselhaften runden Löcher auf dem Plateau von Gise steckten einst Pfähle, die dazu genutzt wurden, riesige Steinblöcke auf einfache Weise von der Stelle zu bewegen.

Diese schlichte rekonstruierte Holzkiste befindet sich heute im Ägyptischen Museum Kairo und enthält die beeindruckende Sammlung von Silberarmreifen der Königin Hetepheres. Die ursprüngliche Schatulle hatte mehr Verzierungen, ist aber vollständig zerfallen.

Diese Rekonstruktion (Kreuzstich der Autorin) zeigt die Strahlkraft der Farben und das Muster eines Stückes Perlenstickerei, das im Grab von Königin Hetepheres gefunden wurde. Das Original zerfiel zu Staub. Es war vermutlich ursprünglich ein Umhang für das sed-Fest. Diese Rekonstruktion gibt zum allerersten Mal eine Vorstellung davon, wie ein solcher Umhang ausgesehen haben kann.

Der Kopf des Sphinx von Gise ist nachbearbeitet worden. Die Farbreste auf dem Gesicht sowie die Gesichtszüge lassen vermuten, dass er in der 18. Dynastie neu geformt wurde.

Diese kleine Elfenbeinfigur ist das einzige erhaltene Bildnis des Cheops. Ihre Echtheit wird inzwischen angezweifelt.

Diese sorgfältig bemalte Statue eines sitzenden Schreibers trägt die Züge von Kronprinz Kawab, der zu früh starb, um den Thron von seinem Vater zu erben. Es gibt eine starke Familienähnlichkeit zwischen ihm und seinem Onkel Rahotep (rechts).

Dieser beschädigte Kopf von Radjedef, dem Nachfolger des Cheops, ähnelt stark dem Gesicht des Sphinx (links).

Wir haben zwar kaum eine Vorstellung davon, wie Cheops ausgesehen haben mag, aber dieses Statuenpaar zeigt seinen Bruder Rahotep und seine Schwägerin Nofret. Die in Meidum gefundenen Statuen sind typische Arbeiten der 4. Dynastie, und das farbige Abbild des Rahotep ähnelt vom Aussehen her Cheops wahrscheinlich sehr.

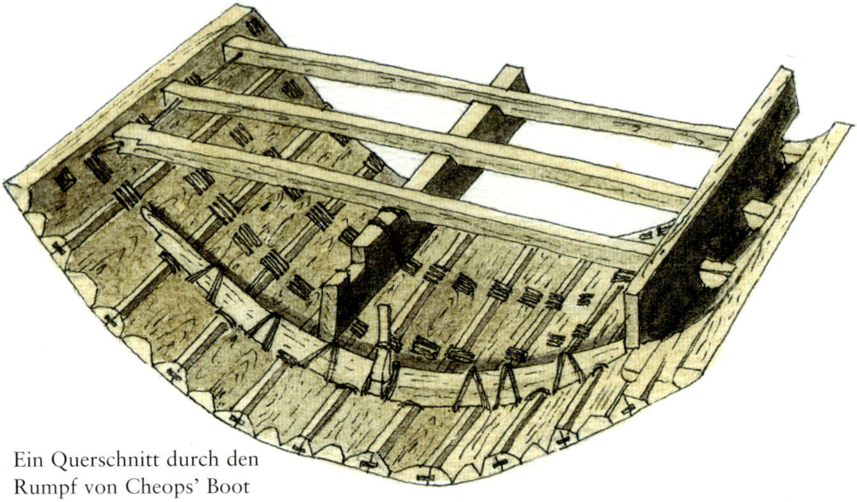

Ein Querschnitt durch den Rumpf von Cheops' Boot zeigt die trotz der einfachen verwendeten Materialien – nur Holz und Seile – komplexe Konstruktion.

Auf diesem wieder zusammengesetzten Schiff ist Cheops selbst einst gefahren. Heute steht es in einem eigens für dieses Exponat errichteten Museum am Fuße der Pyramiden.

ten keine Bedeutung. Herodot hatte also gar keine Möglichkeit, sich zuverlässige Auskünfte zu beschaffen. Wie wir gesehen haben, stellte der Bau von Pyramiden eine stark spezialisierte und hoch entwickelte Industrie dar, die aber zu ihrer Zeit keine über das Niltal hinausgehende Verbreitung fand. Da diese Bauwerke als Wunder bestaunt wurden, stellt sich die Frage, warum die Ägypter in keinem Nachbarland Nachahmer fanden. Allerdings leuchtet ein, dass sie ihr durch Ausprobieren und bittere Erfahrungen gewonnenes Wissen nicht einfach auf Bitten anderer weitergaben. Wie wir zudem festgestellt haben, perfektionierten die Architekten und Handwerker mit jedem Entwicklungsschritt durch Prüfung und Untersuchung ihre Arbeit immer weiter. Wenn ihre Kenntnisse schon damals vor den Landesgrenzen Halt machten, wie hätten sie da zweitausend Jahre später zufällig einen Ägypten bereisenden Ausländer erreichen sollen?

Viele nehmen Herodots Bericht heute als bare Münze und versuchen sich einen Reim darauf zu machen, was er genau gemeint hat. Was waren beispielsweise diese »Maschinen«? Vielleicht sollten wir aber eher fragen, ob es sie überhaupt gegeben hat. Als Herodot Ägypten besuchte – Alexander der Große war noch nicht auf dem Plan erschienen und Ägypten noch nicht hellenistisch –, übte die Bauart der Pyramiden noch immer Faszination aus. Herodots Führer gab Spekulationen über die eingesetzten Techniken wider. Dass er davon spricht, ihm sei »beides erzählt« worden, zeigt deutlich, dass zur damaligen Zeit keiner eine genaue Vorstellungen davon hatte, wie diese Arbeiten durchgeführt worden waren. So versuchte denn auch jeder, sie nach eigenen Vorstellungen zu erklären. Aus Herodots Darstellung geht jedenfalls deutlich hervor, dass seine Beschreibung ganz auf Spekulationen und nicht auf Wissen beruhte.

Das Hauptproblem, das nach Herodot alle im 4. Jahrhundert v. Chr. zu lösen versuchten, war die Frage, wie die Steinblöcke vom Boden auf die Pyramide gelangt waren. Keine Diskussion gab es dagegen beispielsweise um mögliche Schwierigkeiten, die sich aus der Form der Pyramide an sich ergaben.

Die Gestalt einer Pyramide ist vollkommen vorhersagbar. Wenn man von der Ebene in Richtung Himmel baut, sind nur wenige Bauweisen möglich. Bei einer Arbeit mit kubischen Blöcken beginnt man der Einfachheit halber eher mit einem Quadrat oder Rechteck als einem Kreis als Grundfläche. Beim Weiterbauen in die Höhe gibt es nur zwei Möglichkeiten: die Blöcke senkrecht aufeinander zu setzten oder die Lagen zurückversetzt aufzumauern, sodass nach innen geneigten Seiten entstehen. Im ersten Fall entsteht ein Turm. Dessen Bau erfordert nicht nur eine gewaltige Masse an Steinblöcken, sondern auch einen größeren Aufwand, weil die Blöcke in immer größere Höhe senkrecht nach oben transportiert werden müssen. Bei einer Neigung der Seitenwände nach innen entsteht dagegen eine Pyramide. Die Wahl dieser Grundform spricht allerdings nur dafür, dass es den Ägyptern darauf ankam, möglichst nahe an den Himmel heranzubauen.

Die Pyramide ist also kein am Reißbrett entstandener Entwurf, den die alten Ägypter als Prototyp eingeführt haben. Sie diente entgegen dem Versuch, eine Verbindungslinie nachzuweisen, nicht als Vorbild für die Pyramiden im heutigen Lateinamerika. Die letzte ägyptische Pyramide entstand in der 12. Dynastie um 1800 v. Chr. Dagegen sind die Pyramiden der Indiovölker mindestens dreitausend Jahre später entstanden. Für die Übereinstimmung der Form gibt es eine einfache Erklärung. Aus mathematischer Sicht ist die Pyramide die logischste und einfachste Methode, mit Steinquadern möglichst weit in die Höhe zu bauen: Für die obere Hälfte benötigt man nur noch ein Achtel der Gesamtmenge an Blöcken, die für die untere gebraucht wurde.

Das Problem besteht folglich nicht in der Form, sondern in der Methode, die Steine nach oben zu befördern. Herodot erwähnt zwei Hilfsmittel: Rampen und Hebel. Mit Blick auf die Rampen erklärt er überraschenderweise, diese seien dazu benutzt worden, um die Steinblöcke zur Baustelle und nicht etwa zu den höheren Baubereichen hinaufzutransportieren. Dazu wurde ein Streifen im Fels, der vom Re-esch, dem künstlichen Hafen, bis zur Baustelle führte, vollkommen eingeebnet. Von einer Nutzung zum Transport der Steine auf die Pyramide hinauf ist dabei nicht die Rede. Dennoch wird die Diskussion, wie in Altägypten Steine in höhere Lagen hinauftransportiert wurden, heute von Theorien um Rampen beherrscht. Alle Spekulationen drehen sich um die Gestalt, die Anzahl, die Richtung, die Größe und den Steigungswinkel dieser Rampen und nicht etwa um die Frage, ob es diese überhaupt gegeben hat.

Mark Lehner hat eine der von Herodot erwähnten Rampen in der Gegend um die Arbeitersiedlung ausgemacht. Sie besteht aus einem Fundament aus Lehmziegeln, auf das eine dünne Schicht aus gestampftem Flussschlamm aufgebracht worden war. In dieses Bett wurden dann – ähnlich wie unsere Eisenbahnschwellen – in Abständen schmale Holzlatten eingelegt. Zur Bewegung der Blöcke soll Wasser auf die Rampe gegossen worden sein, um den Schlamm und die Schwellen rutschig zu machen. Eine Darstellung in einem Flachrelief im Grab des Djehutihotep in Deir el-Berscheh scheint diese Annahme zu bestätigen. Sie zeigt eine Kolossalstatue, die auf einem flachen Schlitten von Männern an Tauen an ihren Standort gezogen wird. Vor dem Schlitten gießt eine männliche Gestalt eine Flüssigkeit aus, die zunächst als Milch gedeutet wurde – sicher ein ausgezeichnetes Schmiermittel dank der Fetttröpfchen, die unter dem Gefährt zu einem glatten Film ausgewalzt wurden.

Bei dem bereits erwähnten Versuch, für die Fernsehserie *Secrets of Lost Empires* eine verkleinerte Pyramide von Gise zu errichten, hat das Team nach Lehners Entwurf eine entsprechende Rampe nachgebaut. Das auf die Rampe gegossene Wasser erwies sich als hochwirksam: Die Blöcke ließen sich leicht bewegen und gut manövrieren.

Aber Herodot erwähnt nicht eigens, dass Rampen unmittelbar zum Bau der Pyramide genutzt worden seien. Stattdessen spricht er ausdrücklich vom Einsatz von einer »Hebevorrichtung«, da die alten Ägypter nach seiner Annahme über keine Flaschenzüge verfügten. In meinem Buch *Exploring the World of the Pharaohs* (Die Welt der Pharaonen erkunden) habe ich Abbildungen von Flaschenzügen aus der Takelage sehr früher Schiffe veröffentlicht. Sie belegen, dass die alten Ägypter das Grundprinzip dieser Hilfsmittel, bei dem die Zugrichtung eines Seils über Rollen umgelenkt wird, durchaus kannten.

Daraus ergeben sich zwei Möglichkeiten. Die Steinblöcke wurden entweder über angebaute Rampen auf die oberste Stufe der Pyramide befördert oder von einer Lage zur nächsten bis nach oben gehievt. Es fragt sich nur, welche der beiden Methoden – und auf welche Weise – eingesetzt worden ist. Miroslav Verner hat kürzlich die Vermutung geäußert, beide Methoden seien genutzt worden. Die Ägypter hätten beim Höhentransport ihrer Blöcke zu allen damals verfügbaren Mitteln gegriffen. Dieser durchaus attraktive Gedanke erscheint allerdings überaus kompliziert und chaotisch.

Bei seinen Experimenten an der für die Fernsehserie gebauten Pyramide versuchte Lehner, Steine mit Hebeln von einer Lage auf die nächst höhere hinaufzuwuchten. Dieses Vorgehen erwies sich als Fehlschlag. Es war nicht nur besonders zeitraubend, sondern auch höchst gefährlich. Wenn die Steinmassen unter dem neu hinaufgewuchteten Block nachgaben, drohte dieser die Schräge hinabzustürzen. Zudem hätte diese Aufgabe, die sich schon auf den untersten Ebenen als besonders langwierig und zermürbend erwies, ganz oben, in sechzig oder neunzig Metern Höhe, glatten Selbstmord bedeutet: Ohne ausreichend Platz zum Stehen, hätten die sich Männer weit zurücklehnen müssen, um eine angemessene Hebelkraft ausüben zu können. Bei diesem halsbrecherischen Unternehmen wären sie wohl über die Schrägen der Pyramide in die Tiefe gestürzt.

Kann die Archäologie das Problem lösen helfen? In der Umgebung der Pyramiden tauchten Reste von hölzernen »Schaukelstühlen« – an Schlitten erinnernde Bretter mit gewölbten Unterseiten – auf. Wenn man so eine Wippe nach vorn kippte, konnte man einen Steinblock aufschieben, ihn durch Kippen in Gegenrichtung fortbewegen und wieder herunterziehen. Die überbrückte Strecke betrug allerdings nur gut einen halben Meter und damit kaum genug, um dieses technische Vorgehen und die Kraftanstrengung zu rechtfertigen. Zudem hätte dabei eine schwierige Balance gehalten werden müssen, und das dünne Holz unter der Wippe wäre durch die dauernde Beanspruchung während der Schaukelbewegung unter der Last der Blöcke rasch zerdrückt worden. Diese Wippen sind sicher irgendwie genutzt worden, aber bestimmt nicht dazu, Steinblöcke von einer Ebene zur nächsten hinaufzuhieven.

Die Rampentheorien

Manche haben Herodots Rampen und Hebel auf andere Weise gedeutet. Lange wurde angenommen, die Rampen seien irgendwie über den Schrägen an die Pyramide angebaut gewesen, sodass die Quader bis auf die plattformartige Oberseite des unfertigen Bauwerks hinauftransportiert werden konnten. Und oben seien sie mit den Hebeln an ihren Platz gewuchtet worden.

Gestützt wird diese These durch den Papyrus Rhind im British Museum. In einem Abschnitt werden Methoden zur Berechnung der benötigten Ziegelmenge zum Bau einer Rampe mit einem Gefälle von 12,5 Grad genannt. Verschiedene Messungen und mehrere Berechnungen gaben Antwort auf die Frage, wie viele Ziegel und wie viele Arbeitskräfte benötigt wurden, eine praktische, wenn auch sehr komplizierte Reihe von Additionen.

Da allerdings keine Reste großer Rampen erhalten sind, verfü-

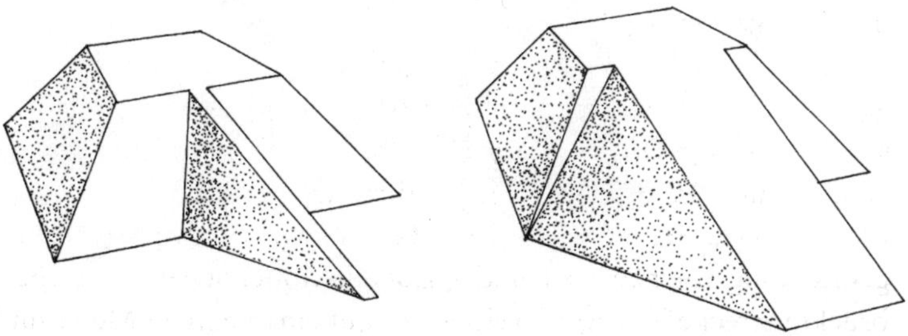

Ein Einsatz von geraden Rampen: links eine schmale, rechts eine breite.

gen wir auch über keinerlei Aufschlüsse darüber, wie diese an die Pyramide angebaut gewesen sein könnten.

Die naheliegendste Form, die am wenigsten Material erfordert und den einfachsten Transport der Steine ermöglicht hätte, wäre eine gerade Rampe gewesen. Überreste einer solchen Rampe hat Lehner an der Südseite der Großen Pyramide entdeckt. Mit zunehmender Höhe der Pyramide hätten unter Beibehaltung des Gefälles von 12,5 Grad allerdings auch deren Länge und deren gesamte Oberfläche vergrößert werden müssen.

Jeder Höhenzuwachs der entstehenden Pyramide hätte bedeu-

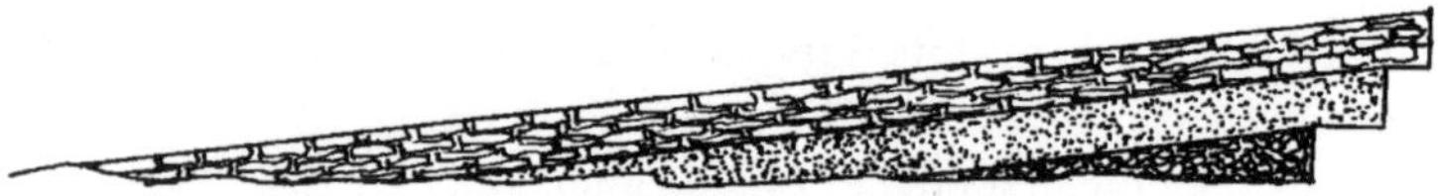

Bei einer Verlängerung der Rampe unter Beibehaltung des Steigungswinkels hätten zusätzliche gewaltige Mengen Material verbaut werden müssen.

tet, dass die bestehende Rampe auf ganzer Länge hätte erhöht werden müssen – ein gewaltiger zusätzlicher Materialaufwand. Bei einem Steigungswinkel von 12,5 Grad und einer Gesamthöhe der Pyramide von 146,6 Metern hätte die Rampe vom Plateau aus schließlich bis ans andere Ufer des Nils gereicht!

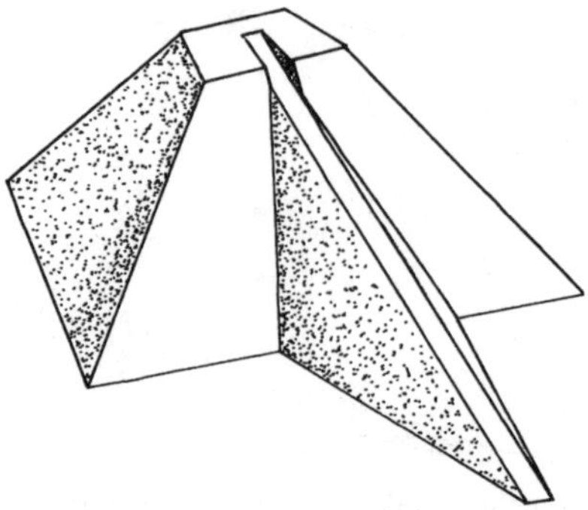

Eine in den Kern der Pyramide eingebaute Rampe nach Arnold.

Diese Lösung scheidet eindeutig aus. Dieter Arnold stellte die Vermutung an, die gerade Rampe sei in den Kern der Pyramide hineingebaut und mit zunehmender Höhe nach außen verlängert worden.

Die Länge der Rampe würde sich so allerdings nur um ein Paar Meter verkürzen, völlig unwesentlich mit Blick auf die oberen Bauabschnitte.

Eine favorisierte Variante ist eine Rampe, die ähnlich einer Wendeltreppe über die Seiten der Pyramide nach oben verläuft.

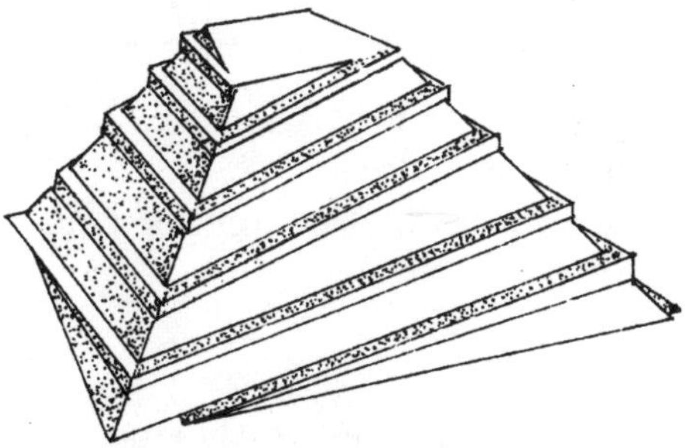

Eine gewundene Rampe, die von einer Ecke der Pyramide ausgeht.

Weitere Varianten sind mehrere Rampen, die jeweils von einer Ecke ausgehend in einem komplizierten System nach oben verlaufen.

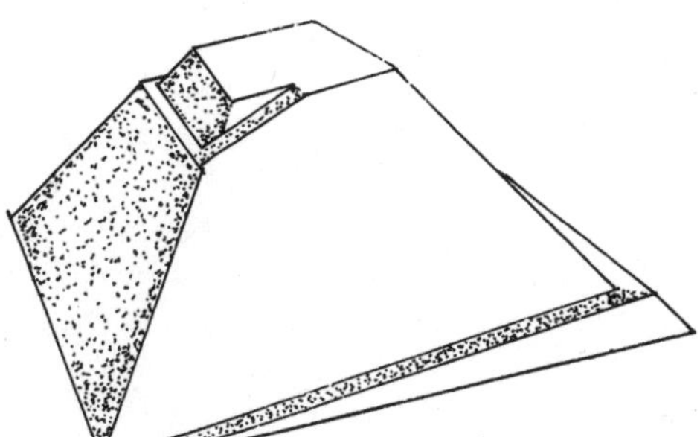

Eine alternative gewundene Rampe,
die von einer Ecke der Pyramide ausgeht.

Als Alternative könnte eine einzelne Rampe auch im Zickzack an nur einer Seite nach oben verlaufen sein.

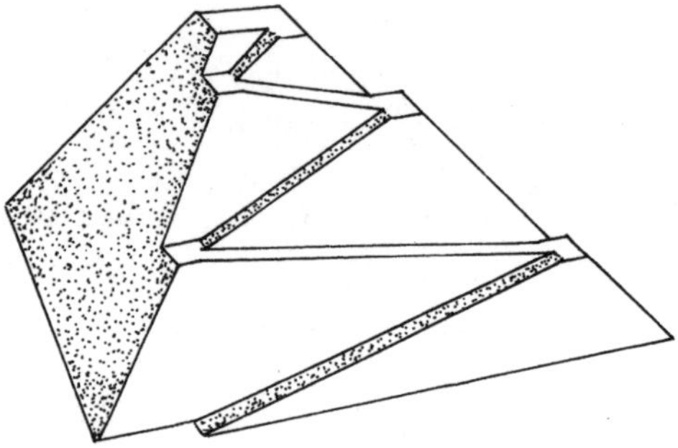

Eine Zickzack-Rampe, die nur an einer Seite nach oben verläuft.

Alle diese Lösungen haben freilich dasselbe Grundproblem: Sie würden nicht funktionieren!

Die Problematik der Rampen

Die Gestalt der Pyramide erscheint als eine einfache Form: eine quadratische Grundfläche mit vier geneigten Seitenflächen, deren Kanten in einem Punkt genau über der Mitte der Grundfläche zusammenstoßen.

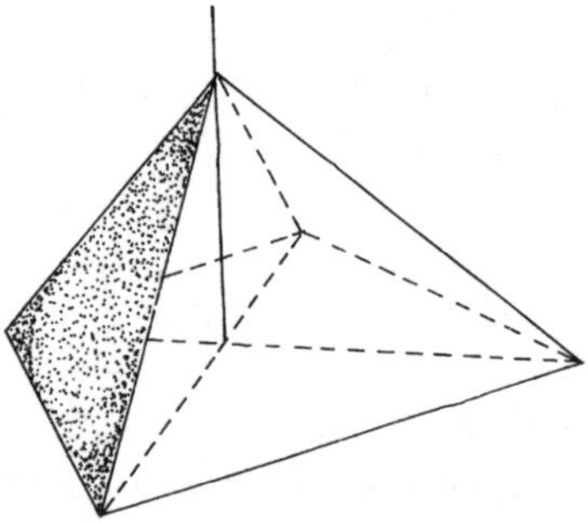

Die Spitze muss über dem Mittelpunkt der Grundfläche liegen, sonst erscheint die Pyramide geneigt.

Aber sie ist schwieriger zu erreichen, als es auf den ersten Blick den Anschein hat. Wie erwähnt, wird die Endhöhe der Pyramide von zwei Faktoren bestimmt: von der Größe der Grundfläche und dem Neigungswinkel der Seitenflächen.

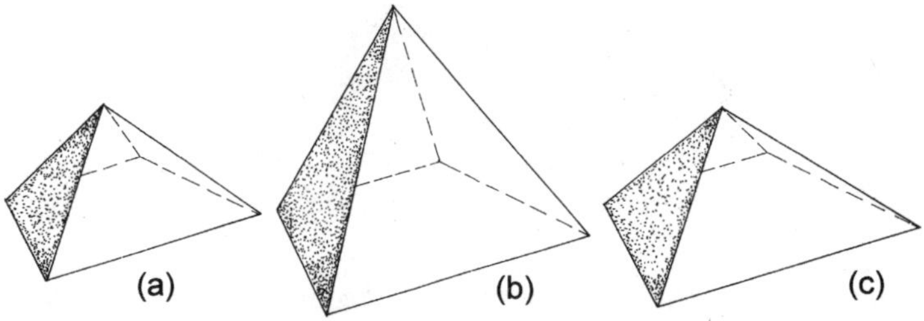

Die Höhe der Pyramide wird (a) durch die Größe der Grundfläche und (b und c) den Neigungswinkel der Seitenflächen bestimmt.

Während der Bauarbeiten können allerdings alle möglichen weiteren Faktoren das Endergebnis verändern. So muss beispielsweise jede weitere Lage Blöcke mit den Kanten exakt parallel zu den darunter liegenden aufgelegt werden. Bei ungenau gesetzten Lagen entsteht eine Pyramide mit verzerrten Kanten.

Ohne exakt parallel liegende Lagen (b) entsteht eine Pyramide mit verzerrten Außenkanten.

Schon der geringste Unterschied zwischen den vier Winkeln der Grundfläche führt unweigerlich dazu, dass die Spitze nicht exakt über dem Mittelpunkt der Grundfläche steht: Die Pyramide weist eine Neigung zur Seite hin auf.

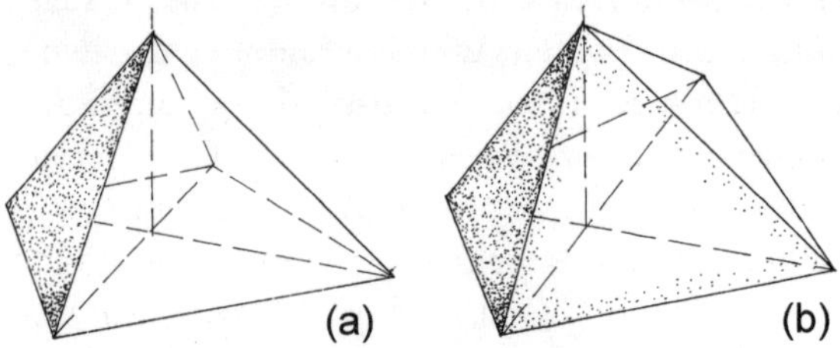

Steht die Spitze nicht über dem Mittelpunkt der Grundfläche, erscheint die Pyramide geneigt (a). Ist die Grundfläche nicht exakt quadratisch, fehlt dem gesamtem Bauwerk die geometrische Regelmäßigkeit (b).

Wenn sich bei den Neigungswinkeln der Seitenflächen während des Weiterbaus nach oben Abweichungen einschleichen, baucht die Pyramide aus oder zeigte Dellen.

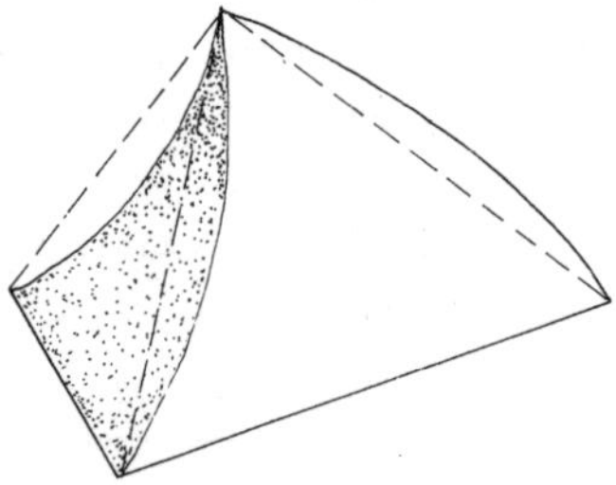

Die Seitenflächen müssen absolut eben sein.
Eine konvexe oder konkave Seite stört den Gesamteindruck.

Um die Seitenlinien während des Bauens absolut gleichmäßig in die Höhe zu ziehen und wirklich ebene Seitenflächen zu erreichen, gab es nur eine Methode: Der Steinmetz musste das Äußere als Ganzes ständig prüfend in Augenschein nehmen können. Um die Pyramide herum verlaufende Rampen hätten ihm diesen entscheidenden Blick versperrt. Der Architekt und die Steinmetze mochten noch so hervorragend sein, nach Entfernung der Rampen hätte sie möglicherweise auf ein Desaster geblickt.

Jedenfalls gibt es eine Möglichkeit nachzuweisen, dass Rampen niemals hätten eingesetzt werden können.

Kehren wir zu den im vierten Kapitel angestellten Berechnungen zurück. Wir haben dort feststellt, dass bei 2,5 Millionen Quadern, die in zwanzig Jahren verbaut wurden, jährlich 125 000 Blöcke in den Bau eingefügt werden mussten. Auch haben wir gesehen, dass die Blöcke für die untersten beiden Lagen einem ganzen Jahrespensum entsprachen. Im zweiten Jahr konnten zwei weitere Lagen fertig gestellt und mit einer dritten bereits begonnen werden. Mit zunehmender Höhe der Pyramide wurden pro Jahr immer mehr Lagen fertig gestellt. Schon ab halber Höhe wuchs die Pyramide in einem rasanten Tempo weiter.

Ein durchschnittlicher Steinblock, so heißt es, sei ein Quader mit einer Seitenlänge von ca. 0,9 Meter und einem Gewicht von etwa 2,5 Tonnen gewesen. Um einen solchen Block nach oben zu befördern, müsste eine Rampe eine Breite von mindestens 1,80 Meter haben, damit er auf seinem Schlitten um die Kanten der Pyramide herummanövriert werden kann. Wenn er allerdings von einem Trupp Männer (oder gar Zugtiere, wie manche annahmen) gezogen und gelenkt worden wäre, dürfte diese Breite ohne ein Risiko, dass der Schlitten mitsamt dem Block und den Arbeitern in die Tiefe stürzt, wohl kaum ausgereicht haben.

Tatsächlich wäre diese Breite auf keinen Fall hinreichend gewesen. So müsste beispielsweise eine einzelne, gewundene oder im Zickzack verlaufende Rampe – hier besteht kein Unterschied – sogar die doppelte Breite von 1,80 Metern gehabt haben, damit die leeren Schlitten mit den Arbeitern beim Abstieg an den beladenen auf ihrem Weg nach oben vorbeigekommen wären. Zudem hätte ihr Rand verstärkt werden müssen, um den Belastungen des Dauerverkehrs von schweren Schlitten standzuhalten. Und auch hier gilt, dass die Arbeit an der Pyramide in sechzig oder neunzig Metern Höhe sehr viel gefährlicher war als unten. Auch wenn Nubier in Altägypten ersetzbar waren, so bedeutete doch jeder tödliche Unfall unter diesen gut ausgebildeten Leuten einen schmerzlichen Verlust. Die nachgewiesene medizinische Versorgung – die Einrichtung gebrochener Glieder oder, wie in einem Fall belegt, sogar eine Teilamputation – spricht jedenfalls für eine hohe Bewertung dieser Männer.

Am Fuß der Pyramide waren Rampen wegen des langsamen Höhenwachstums der Pyramide für mehrere Jahre überflüssig. Nach drei Jahren waren gerade einmal sechs Lagen mit einer Gesamthöhe von knapp fünfeinhalb Metern komplett aufgemauert. In dieser Bauphase war der Aufwand, die Blöcke an Seilen nach oben zu ziehen, sicher noch geringer als der Bau einer Rampe. Bei einer Breite von 3,6 Metern, einer verstärkten Außenseite und einem Steigungswinkel von 12,5 Grad der Rampe hätte in den oberen Bereichen allein der Bau von einem Abschnitt, der bis zur nächsthöheren Lage reicht, mehrere Wochen gedauert, da das ganze Baumaterial von unten hätte herauftransportiert werden müssen. Überall auf der Rampe hätten sich Männer gedrängt, die Lehmziegel, Mörtel, Steine und Holz schleppten, während die Arbeiter für die Pyramiden unten untätig herumsaßen. Außerdem hätten auf der immer kleiner werdenden Arbeitsfläche in zunehmender Höhe immer weniger Arbeiter zu Werke gehen können. Die Wartezeit bis zur Fertigstellung eines Rampenabschnitts hätte oben länger gedauert als das Aufmauern einer Lage Blöcke.

Die Verjüngung der Pyramide zur Spitze hin schuf ein weiteres Problem: Eine 3,6 Meter breite Rampe mit einem Steigungswinkel von 12,5 Grad an den immer schmaleren Seiten hätte dazu geführt, dass die höheren Rampenabschnitte auf die jeweils darunter

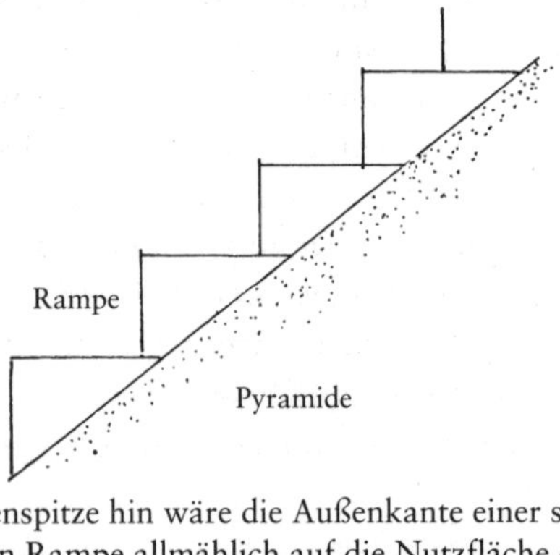

Zur Pyramidenspitze hin wäre die Außenkante einer sich nach oben windenden Rampe allmählich auf die Nutzfläche des nächst unteren Abschnitts vorgerückt und hätte diese immer weiter verkleinert.

liegenden hätten aufgesetzt werden müssen. Diese wären so immer schmaler geworden und hätten ihren Zweck nicht mehr erfüllt.

Unabhängig von der Betrachtungsweise und von der Gestalt der Rampen, ihr Einsatz scheint schlichtweg unmöglich. Zudem hätte eine 3,6 Meter breite Rampe (auf beiden Seiten) die Pyramide an der Basis von 230,4 Meter auf 237,7 Meter verbreitert, ein Zuwachs von drei Prozent, der mit steigender Höhe immer weiter zugenommen hätte. Nahe der Spitze, wo sich die Seitenlänge auf 7,2 Meter verkürzte, bedeutete dies einen Zuwachs von hundert Prozent. Für die gesamte Pyramide erhöhte sich der Materialbedarf um zehn Prozent, und dieses zusätzliche Material hätte nach Fertigstellung des Baus auch noch abgerissen und abtransportiert werden müssen – ein gewaltiges Maß an zusätzlicher Arbeit und Organisation.

So ein Vorgehen hätte niemals funktioniert.

Im Tempel von Karnak, der wichtigsten Kultstätte der Staatsreligion im Neuen Reich, liegen hinter dem südlichen Pylon (Tor) die Überreste von Lehmziegelbauten, bei denen es sich nach landläufiger Meinung um die Relikte einer solchen Rampe handelt. Obwohl ganz unwahrscheinlich, nehmen wir mal an, dass diese Meinung richtig sei. Der Tempel als Heimstatt des großen Gottes Amun wurde jeden Tag vom Pharao oder einem ernannten Stellvertreter aufgesucht. Das Bauwerk erfüllte mindestens 1000 Jahre lang und wahrscheinlich sehr viel länger seine sakrale Funktion. Wenn es überflüssig erschien, eine hinter einem Pylonen gelegene Rampe, auf die täglich der Blick des Pharao fiel, an so einer herausragenden Stätte zu entfernen, welchen Grund sollte es dann gegeben haben, die Rampen an sämtlichen anderen Pyramiden abzureißen? Und das, ohne auch nur den kleinsten Schutthaufen in der näheren Umgebung zu hinterlassen?

Das ergibt keinen Sinn. Es muss eine andere Erklärung geben.

Die Verkleidungsblöcke

Die Pyramiden von Gise bestehen aus einem Kern aus weichen Kalksteinblöcken, der dann mit kompaktem hartem Kalkstein aus Tura vom anderen Ufer des Nils verblendet wurde. Im Gegensatz zu dem weichen Kalkstein aus den örtlichen Brüchen war die Gewinnung und Bearbeitung dieser äußeren Steine sehr viel zeitaufwändiger. Sie waren wesentlich größer als die Blöcke im Kern, erhielten aber nach dem Schliff einen strahlend weißen Glanz. Im Sonnenglast muss diese Verblendung geradezu atemberaubend gewirkt haben.

Herodot erwähnt sie in seinem Bericht.

> So wurde zuerst ihre Spitze fertig gestellt, dann ging es abwärts bis zu den untersten Stufen, auf ebener Erde und tiefer.

Die Blöcke aus Tura, welche die Verkleidung bildeten, waren um ein Vielfaches größer als die Steine im Kern. Die heute erhaltenen der untersten Lage messen an der Oberseite eine Tiefe von 1,80 Meter und – wegen der abgeschrägten Vorderseite – an der Unterseite eine Tiefe von ungefähr 2,30 Meter (siehe Abbildung S. 218). Entgegen Herodots Behauptung können sie nur von unten nach oben eingefügt worden sein. Wäre oben begonnen worden, hätten die Handwerker diese 2,30 Meter tiefen Blöcke über ihren Köpfen in Position wuchten müssen.

Die Blöcke wurden folglich von unten nach oben eingesetzt. Nach Herodots Bericht sollen sie von oben nach unten abgemeißelt worden sein und ihre ebene, blanke Oberfläche erhalten haben. Aber auch diese Vorgehensweise hätte nicht funktioniert. Beim Einebnen der Fläche mussten die Steinmetzen Punkte anvisieren und sich an einer Sichtlinie orientieren können. Bei der Arbeit von oben nach unten wäre dies nur nach oben hin anhand bereits geglätteter Steine möglich gewesen. Aber die Blöcke mussten nach dem Abmeißeln oder Schleifen von der Basis bis zur Spitze und von einer Außenkante zur anderen eine absolut plane Fläche ergeben, und dies war nur bei einer Arbeit von unten nach oben, nicht aber von oben nach unten zu erreichen. Der Steinmetz musste die Linie der Schräge und die Kanten anvisieren können. Wenn die Steine zuerst oben gelegt und dann abwärts geglättet worden wären, hätte er nur noch die Schräge unter ihm bearbeiten können. Aufgetretene Unebenheiten, Dellen und Beulen hätten nicht mehr nachgebessert werden können. Wurden die Verkleidungsblöcke dagegen von unten nach oben eingefügt und sofort geglättet, konnte sich der Steinmetz an der Visierlinie der fertig gestellten Schräge unter ihm orientieren und sich für anfallende Nacharbeiten an einem Seil an die entsprechenden Stellen herunterlassen. Wie also wurden sie genau geglättet?

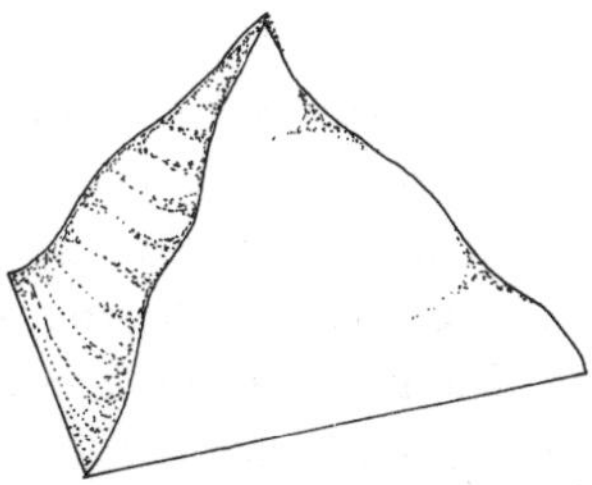

Die Verkleidungsblöcke mussten eine ebene und glatte Fläche ergeben. Sonst wäre eine eingedellte oder verbeulte Oberfläche entstanden.

Die Blöcke der Verblendung bestimmten letztendlich die Gestalt der Pyramide. Sie markierten die alles entscheidenden sichtbaren Konturen. Wenn die Kanten nicht absolut gerade geführt wurden, kam eine verzerrt erscheinende Pyramide heraus.

Die einzelnen Lagen der Blöcke mussten zusammen eine ebene und glatte Fläche ergeben. Tatsächlich wurde der endgültige Steigungswinkel unten an den Ecken der Pyramide allein vom Zuschnitt der Verkleidungsblöcke bestimmt.

Von den rund hundert bekannten Pyramiden in Ägypten sind heute nur noch ganz wenige als »richtige« Pyramiden erhalten. So überraschend dies klingen mag, es entspricht den Tatsachen. Eine Pyramide besteht nämlich aus zwei Elementen: aus den Verkleidungsblöcken, die so exakt aneinander gefügt sind, dass kein Blatt Papier zwischen sie passt – sie bestimmen die endgültige Form des Bauwerks –, und aus dem Kern. Heute steht in den allermeisten Fällen nur noch der Kern.

Bei den in Gise erhaltenen Bauwerken handelt es sich folglich nur noch um den übrig gebliebenen Kern einer Pyramide, nachdem die Verkleidungsblöcke entwendet worden sind. Heute können wir uns nur noch anhand des oberen Bereichs der Chephren-Pyramide und der Verkleidung der Knickpyramide in Dahschur ein Bild davon machen, wie Pyramiden einstmals aussahen.

Besser nachvollziehbar ist dieser Unterschied zwischen dem Kern und der äußeren Hülle bei den später entstandenen Pyramiden. So wurden die der 5. und 6. Dynastie in großer Eile und mit geringerer Sorgfalt ausgeführt. Statt aus Stein wie in Gise, Dahschur und Abusir bestand der Kern fast ganz aus Sand und Schutt, aus leicht zu beschaffendem lockeren Material. Nachdem die Pyramiden als Steinbrüche missbraucht wurden und die Verkleidungsblöcke verschwanden, blieben fast nur noch Sandhaufen übrig, die kaum noch als Pyramide zu erkennen sind.

Und darin liegt nun das Problem. Den Überresten der Unas-Pyramide (siehe Foto) sieht man beispielsweise gar nicht mehr an, dass es sich einst um eine Pyramide gehandelt hat. Ihre Fassade ist verschwunden.

Betrachten wir, wie diese Pyramide entstanden ist. Die Vorstellung, Arbeiter hätten versucht, Steine um einen Haufen Sand herum aufzumauern, scheidet von vornherein aus. Ganz offensichtlich kann der Sand nicht als Erstes aufgeschüttet worden sein. Vielmehr wurden zunächst die äußeren Blöcke aneinander gelegt und die Bereiche dahinter nach Abschluss jeder Lage mit Sand aufgeschüttet, den die Arbeiter in Behältern nach oben trugen.

Dieser Kern aus Sand war immerhin so stabil, dass er die Last des gesamten Bauwerks tragen konnte und dessen Einsturz verhinderte. Als später die äußeren Blöcke herausgerissen wurden, rutschte der weiche Kern aus Sand ab und bildete eine flache Düne.

Dass von den Pyramiden von Gise heute – in Form des stufenförmig aufgemauerten Kerns – überhaupt noch etwas übrig ist, verdanken wir der Entscheidung der Bauherren, sie innen statt mit Sand mit massiven Steinblöcken hochzuziehen. Wären sie wie die Unas-Pyramide aus der 5. Dynastie errichtet worden, wäre der heutigen Menschheit wohl kaum mehr geblieben als die größte Sandburg der Welt. Die Füllung der Unas-Pyramide stürzte in sich zusammen, weil sie zu weich war, während die steinerne in Gise die Zeit überdauerte. Dennoch haben wir es bei den Überresten beider Pyramiden nur mit der Füllung der einstigen Pyramide zu tun.

Wir wissen, dass die Technik des Pyramidenbaus sich schrittweise weiterentwickelt hat. Für einen abrupten und radikalen Umbruch bei den angewandten Methoden gibt es nirgendwo Anhaltspunkte. Wir suchen nach der Vorgehensweise, die beim Bau aller Pyramiden und nicht nur bei der Großen Pyramide eingesetzt worden ist. Die Methode bei der kleinsten ist wahrscheinlich auch bei der größten benutzt worden.

Als sich die Architekten und Konstrukteure der Pyramiden von Sakkara in der 5. Dynastie rückblickend mit den Erfahrungen beim Bau der Pyramiden von Gise aus der 4. Dynastie befassten, galt es, die größten Probleme auszumachen und nach Verbesserungsmöglichkeiten suchen. Das Hauptziel bestand darin, in kürzester Zeit die günstigste Konstruktion mit einem Mindestmaß an Arbeitskräften und Schwierigkeiten in die Höhe zu ziehen. Dabei konnten sie alle möglichen Verbesserungen in Erwägung ziehen: statische wie eine bessere Belastbarkeit der Fundamente, mathematische wie ein veränderter Neigungswinkel an der Basis und eine veränderte Gesamthöhe, organisatorische wie eine Verlegung der Örtlichkeiten zur Versorgung der Arbeiter mit Essen, Trinken und Schlafgelegenheiten sowie eine Verbesserung von deren medizinischer Versorgung oder ästhetische wie durch den Einsatz neuer Baumaterialien. Dazu mussten die Bauarbeiten für jede Phase neu überdacht werden: Wie sahen die Eigenschaften der Blöcke aus, die gebrochen und abtransportiert werden mussten? Wie viele Arbeitskräfte und welche Infrastruktur wurden benötigt, um die Steine nach oben zu bringen und am Bestimmungsort einzusetzen? Wie viel Zeit verschlang der Transport vom Steinbruch zur Pyramide? Die Errichtung der Pyramiden von Gise hatte gewiss ein gewaltiges Maß an Zeit und Arbeit gekostet. Wo konnte man Einsparungen vornehmen? Nach Abschluss der Bauarbeiten war vom Kern der Pyramide nichts mehr zu sehen. Warum sollte man den gewaltigen Aufwand betreiben und Kalkstein verbauen? Warum nicht einfach Sand aus der Wüste holen? Sand war leichter, schneller und mit weniger Arbeit zu beschaffen. Und er erfüllte seinen Zweck genauso.

Allerdings nur solange ihn die Verkleidungsblöcke zusammenhielten. Dass sie später einmal geraubt werden könnten, daran dürfte bei den Erwägungen nicht gedacht worden sein.

Man stelle sich die Große Pyramide zur Zeit des Cheops im Rohbau vor. Von einer der nahe gelegenen Arbeitersiedlungen aus hätte man anders als heute keine honiggelbe Pyramide in den Himmel ragen sehen, sondern einen Pyramidenstumpf, der allseits mit blankem weißen Stein verblendet war. Die Arbeiter waren vor allem auf der Oberseite beschäftigt, statt die Seiten hinauf- und hinunterzusteigen. Die Hauptaufgabe bestand darin, die Blöcke für die Verblendung einzusetzen und sie in Form zu hauen. Das Material dahinter war beliebig. An der entstehenden Pyramide waren keine Stufen erkennbar, nur die Verkleidungsblöcke im Rohzustand vor dem Abmeißeln. Die heute erkennbaren Stufen gehören zur Füllung, eine Tatsache, die wir in unsere Überlegungen zur Entstehung der Pyramiden mit einbeziehen müssen.

Wenn man sich einen Abschnitt der heute sichtbaren Außenseite der Großen Pyramide anschaut, fallen mehrere Dinge auf (siehe Foto). Zunächst einmal sind nicht alle Steinblöcke einheitlich große Quader von 0,9 Meter Seitenlänge. Sie weisen in Größe und Gestalt vielmehr Unregelmäßigkeiten auf. Einige wurden, wenn auch nur grob, behauen. In den Fugen sitzen kleinere Steine, die schon bei der Errichtung eingefügt worden sind. Viele Steine sind größer, länger oder kürzer als andere. Zudem fällt auf, dass entgegen der landläufigen Meinung zwischen den Steinen auch Lücken klaffen. Auch diese unregelmäßig großen Fugen und Hohlräume sind die logische Konsequenz daraus, dass der gesamte Bau komplett verblendet wurde. Die Steine der Ummantelung sowie der Granit, mit dem die Gänge und Kammern ausgekleidet wurden, erhielten dagegen eine weitaus sorgfältigere Bearbeitung.

Die alten Ägypter waren nicht davon ausgegangen, dass der Kern aus groben Steinen jemals sichtbar würde – so wenig wie die Baumeister aus der 5. Dynastie sich vorgestellt hätten, dass von ihrer Pyramide dereinst nur ein Sandhaufen übrig bleiben würde. Fraglos glaubten sie daran, dass die weiße Verblendung der Pyramide die Ewigkeit überdauern würde. Sie konnten nicht ahnen, dass ihre Bauwerke in den kommenden Jahrtausenden als Steinbrüche herhalten mussten.

Von diesem Wissen ausgehend, können wir nun die einzelnen Schritte betrachten, mit denen sämtliche Pyramiden – und nicht nur die von Gise oder die aus der 4. Dynastie – errichtet wurden.

Der Ablauf am Bau

Die Anlage des Bauplatzes

Nach dem Debakel der Pyramide von Dahschur, die auf einem sandigen Baugrund entstand und deswegen Risse bekam, mussten die Baumeister nach einem soliden Felsfundament Ausschau halten. Eine weitere Priorität bildete die Suche nach einem von Natur aus erhöhten Standort, der das vollendete Bauwerk weiter aus der

Umgebung herausheben sollte. Für eine leichtere Anlieferung der Steine aus Tura und Assuan musste der Bauplatz zudem nahe genug am Fluss liegen. Auch sollte die Hauptstadt, die Residenz der Königsfamilie, der sämtliche Arbeiten unterstanden, nicht allzu weit entfernt sein. Für all diese Erfordernisse bildete Gise in jeder Hinsicht einen idealen Standort.

Untersuchungen mit dem Echolot in der Großen Pyramide haben gezeigt, dass die unterste Steinlage nicht auf eine eingeebnete Fläche, sondern auf einem aufgewölbten Felsgrund aufgesetzt worden war. Dieser Hügel auf dem Plateau wurde in seinem ursprünglichen Zustand belassen. Dies erscheint auch logisch: Warum Zeit investieren, um Felsgestein abzumeißeln, das anschließend durch anderes Material hätte ersetzt werden müssen?

Auf einem Hügel ein Bauwerk zu gründen, verursachte freilich Probleme, denn Vermessungsarbeiten mit Tauen setzten eine ebene Fläche voraus. Das Fundament war ja für die Statik der wichtigste Bereich und erforderte deswegen höchste Präzisionsarbeit. Die unterste Steinlage musste eine absolut ebene Fläche bilden, die sämtliche Unebenheiten des Untergrunds ausglich.

Hier stand eine einfache Methode zur Verfügung: Um den gesamten Baugrund herum mauerten die Arbeiter eine flache Umfriedung auf und füllten sie anschließend mit Wasser. In diesem künstlichen See verankerten sie im Boden senkrechte Holzlatten und zeichneten an ihnen den genauen Wasserstand an. Das Ganze diente so gewissermaßen als eine gigantische Wasserwaage. Anschließend wurde die Mauer durch Breschen geöffnet, damit das Wasser ablief, und dann wieder abgerissen.

Einige Kollegen haben gemeint, der Wasserstand habe an der Mauer selbst angezeichnet werden können. Aber diese Methode hätte nicht funktioniert. Beim Aufmauern des Fundamentes hätten die Steine dann über die Mauer – ein gewaltiges Hindernis – an ihren Standort geschleppt werden müssen. Nach der Markierung des Wasserstandes musste die Umfriedung vollständig verschwinden. Außerdem musste auf dem gesamten quadratischen Areal mit einer Seitenlänge von gut 230 Metern, und nicht nur an den Randbereichen, ein absolut ebenes Fundament aufgemauert werden. Mit einer Wasserstandslinie, die nur an der Innenseite der umgebenden Außenmauer entlang lief, wäre dies nicht zu bewerkstelligen gewesen.

Die einzelnen Markierungen an den Latten ließen sich nach Bedarf durch Schnüre oder Fäden zu einem sichtbaren Netz untereinander verbinden. Sie konnten zum Einsetzen von Steinen entfernt und nach Bedarf wieder aufgespannt werden. Die unterste Ebene der Steine musste später exakt auf dieses Niveau gebracht werden, damit ein absolut ebenes Fundament entstand.

Astronomische Beobachtungen ermöglichten wohl die richtige Nord-Süd-Ausrichtung. In einer Zeit, in der kaum störendes Streulicht das Firmament erhellte, waren die Sterne gut sichtbar. Als hervorragende Astronomen orientierten sich die Ägypter an einzelnen Sternen oder Sternbildern. Durch die Rotation der Erde schienen die Gestirne jede Nacht in einer Kreisbewegung von einem Horizont zum anderen zu wandern. Wenn man eine Mauer errichtete und im Abstand von einigen Metern vor ihr einen Stab in den Boden steckte, konnte ein Beobachter einen über der Mauer aufgehenden Stern anpeilen und diesen Punkt auf ihr markieren. Dann musste er nur noch abwarten, bis derselbe Stern nach Stunden wieder hinter der Mauer versank, und diesen zweiten Punkt anzeichnen. Ermittelte der Beobachter nun den Mittelpunkt zwischen beiden Markierungen und spannte von ihm aus eine Schnur zu seinem Visierstab, so erhielt er eine exakt von Nord nach Süd laufende Linie.

Als Nächstes mussten die Ecken der Pyramide festgelegt werden.

Dazu wurden an beiden Enden der Nord-Süd-Linie Pfähle fest im Grund verankert. Befestigte man an ihnen ein Seil, konnte man am Boden zwei gleich lange Kreisbögen abzirkeln, die sich an zwei Punkten schnitten. Die Verbindungslinie dieser beiden Punkte bildete eine exakte Ost-West-Linie, welche die Nord-Süd-Linie im rechten Winkel schnitt.

Beide Linien markierten die Achsen der entstehenden Pyramide. Diese Achsen schnitten wiederum genau in der Mitte die Seiten-

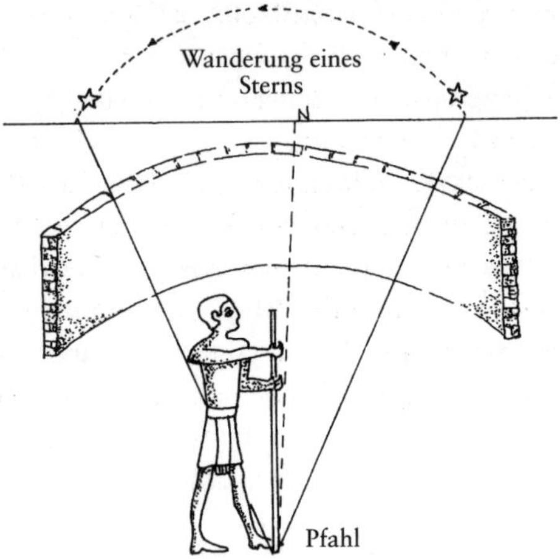

Festlegung der Nord-Süd-Achse mithilfe eines Pfahls, einer Mauer und der scheinbaren Wanderung eines Sterns bei Nacht.

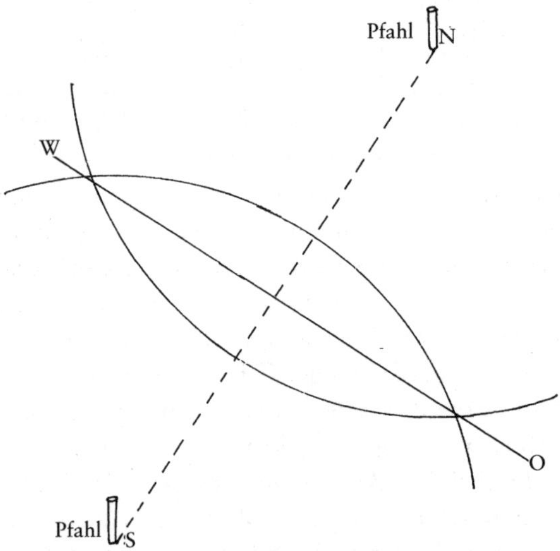

Nach Bestimmung der Nord-Süd-Achse wurden von den Pfählen aus mit Schnüren Kreissegmente gezeichnet. Deren Schnittpunkte gaben die Ost-West-Richtung an.

linien der festzulegenden Grundfläche der Pyramide. An jedem der vier Pfähle, welche die Enden der beiden Achsen markierten, wurden nun zwei Seile festgebunden und parallel zur jeweils anderen Achse ausgespannt. Ihr Schnittpunkt bildete die Ecken der festzulegenden Grundseite. Mit einem Zeichendreieck (Beispiele sind als Teil eines Werkzeugsatzes für Zimmerleute erhalten) ließen sich die vier Winkel genau überprüfen. Da bei dieser Methode nicht über die Erhebung in der Mitte gemessen werden musste – bei einer Vermessung über die Diagonale hätten sich andere Maße ergeben –, war ein exaktes Messergebnis gewährleistet.

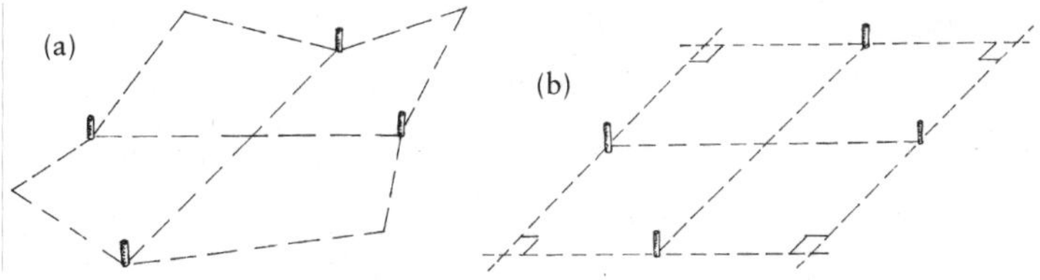

Nach Bestimmung der Achsen mussten die rechtwinkligen Ecken der Grundfläche festgelegt werden. Ohne exakte rechte Winkel wäre ein unregelmäßiges Gebilde (a) entstanden. Bei exakten rechten Winkeln erübrigte es sich, die Diagonalen zu vermessen. Alle Seiten waren gerade und gleich lang.

Dann wurde die erste Lage Steine gelegt. Die Ebenmäßigkeit dieser untersten Schicht entschied über den Erfolg des gesamten Unternehmens. Zunächst wurden Blöcke für den Kern verbaut. Sie mussten in genau der richtigen Größe behauen und ins entstehende Fundament eingepasst werden. Die Blöcke des Kerns wurden den Aufweg hinaufgeschleppt und in Position gelegt. Sie mussten an jedem Punkt genau die Höhe der Markierungen der Wasserstandslinie erhalten. An manchen höher liegenden Stellen waren wahrscheinlich nur dünne oder gar keine Steine notwendig, während an anderen Blöcke benötigt wurden, die weitaus größer waren als die mit der gewöhnlich angeführten Durchschnittslänge von 0,9 Meter. Begonnen wurde mit einer um die Grundfläche herumlaufenden äußeren Einfassung aus Steinen. Wegen der notwendigen Präzision mussten hier Steinmetze zu Werke gehen. Der innere Bereich konnte dagegen ohne große Rücksicht auf entstehende Hohlräume mit Blöcken aufgefüllt werden. Wichtig war nur, dass eine ebene Fläche entstand, da dieser Bereich des Fundaments ja nicht sichtbar sein würde. Er musste nur solide genug sein, um die Last der entstehenden Pyramide zu tragen.

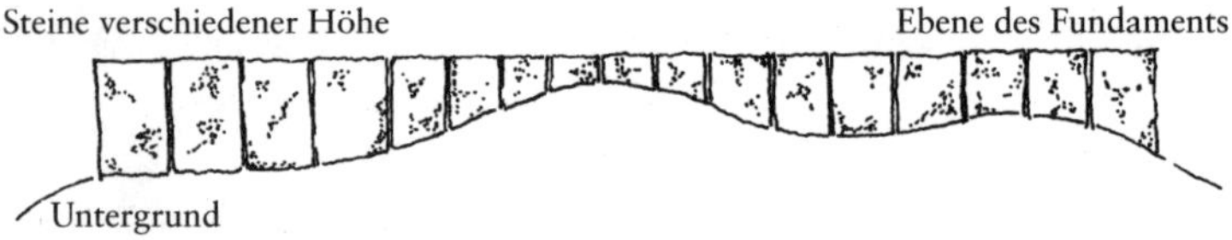

Das ebene Fundament auf dem unebenen Baugrund wurde durch den Einsatz unterschiedlich hoher Steinblöcke erreicht.

Derweil mussten die Architekten ermitteln, an welcher Stelle innerhalb dieses Quadrates die Öffnung für den absteigenden Korridor zur unteren Grabkammer in den Fels gehauen werden musste. Hochkomplizierte Berechnungen waren notwendig, um den Korridor im richtigen Neigungswinkel mit der richtigen Länge in den Fels zu treiben. Da entsprechende Arbeiten bereits an früher errichteten Pyramiden ausgeführt worden waren, lagen wahrscheinlich fertige Pläne vor. Der Abraum aus den Bohrungen diente mit zum Ausfüllen und Aufschütten des Fundamentes. Der absteigende Korridor musste besonders genau vermessen werden, weil er ja durch die später entstehenden höheren Lagen hindurch verlängert und bis zum Punkt seines Durchbruchs nach draußen geführt werden musste.

Ausgekleidet wurde er mit ziemlich dünnen Granitplatten aus Assuan, die mit Zapfen an den Rückseiten im Kalkstein verankert wurden. Ein akkurater Schliff an den Stößen sorgte für exakte Übergänge und eine fugenlos erscheinende Oberfläche.

In der unterirdischen Kammer hauten die Steinmetze auf dem Bauch liegend mit Werkzeugen aus Vulkangestein den weichen Kalkstein aus. In einem unbeschreiblichen Getöse von Werkzeugen erfüllte ständig feiner Steinstaub die Luft, der den Arbeitern in Augen, Nase und Rachen stieg.

War die erste Lage Stein schließlich gelegt, wurde diese mit einer Reihe von Verkleidungsblöcken umgeben. Sie bildeten, wie erwähnt, die sichtbare eigentliche Pyramide und mussten ebenfalls der Linie des äußeren Kerns folgen. Für eine exakte Passung musste der Boden um die bereits gelegten äußeren Blöcke des Pyramidenkerns begradigt werden, damit die Blöcke der Verblendung mit einer Höhe von genau 0,9 Meter davor gesetzt werden konnten. An Stellen mit höheren Kernblöcken musste der Untergrund zunächst mit flachen Steinen erhöht werden, während an Stellen mit niedrigeren oder ganz fehlenden Kernblöcken der Boden davor ausgehauen wurde. Als Ergebnis war der Grund um die äußeren Blöcke der ersten Lage des Kerns vollkommen eingeebnet. Nun konnten die Steine der Verblendung angesetzt werden.

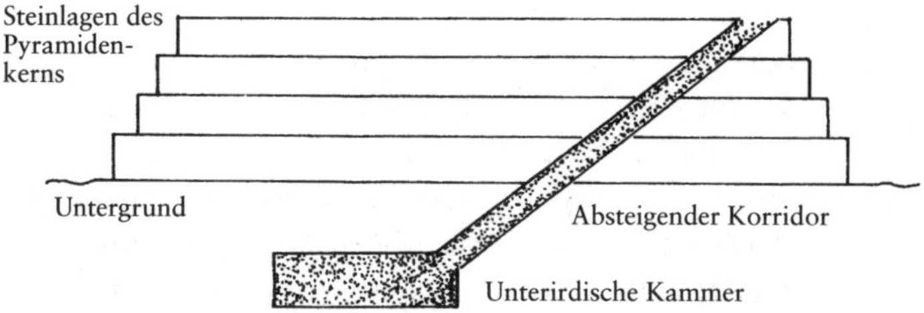

Der absteigende Korridor musste in der richtigen Führung in die jeweils aufgemauerte Steinlage gehauen werden.

Obwohl massiv, war der ziemlich weiche Kalkstein gut zu bearbeiten. Als die Verkleidungsblöcke nebeneinander auf dem felsigen Untergrund aufgesetzt waren, wurde in die Zwischenräume eine Art Kupfersäge mit langer Klinge eingeschoben. Eines dieser Werkzeuge, das an ein Streichmesser erinnert, tauchte in einer Grabstätte aus der 1. Dynastie in Abydos auf. Belegt sind sie zudem durch Darstellungen auf Reliefs, Wandmalereien und durch Modelle von Gräbern. Mit ihnen ließen sich rasch Unebenheiten an den Fugen beseitigen, sodass man die Blöcke vollends nahtlos zusammenschieben konnte.

Waren die Blöcke schließlich eingepasst, legten sich fachkundige Steinmetze der Länge nach auf die Oberseite der Steine und begannen die Kanten abzumeißeln und die Oberfläche zu schleifen. Der Winkel der Schräge an den Verkleidungsblöcken legte zugleich den Neigungswinkel der fertigen Pyramide fest. Präzision war von entscheidender Bedeutung. In dieser Phase gefährdete je-

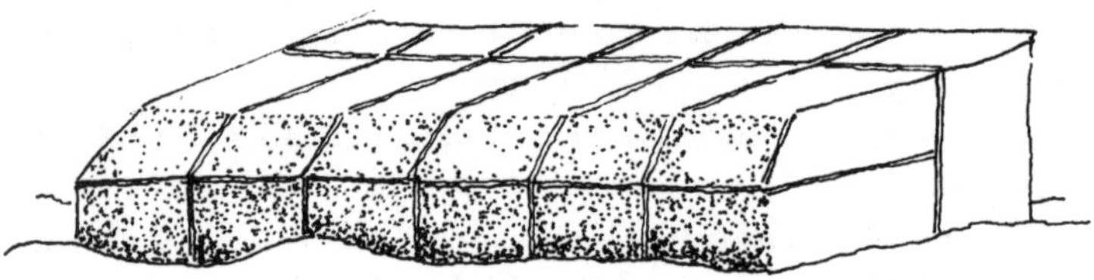

Die untersten Lagen der Verkleidung legten exakt den Neigungswinkel der entstehenden Pyramide fest. Ein Feinschliff sorgte für fast nahtlose Übergänge.

des übereilte Vorgehen das richtige Endergebnis. Die Blöcke mussten oben absolut eben abschließen, damit die darüber liegende Lage der Verkleidung ebenfalls nahtlos anschließen konnte. Die Ebenmäßigkeit dieser Steine, ihre regelmäßige Form, die nahtlosen Anschlüsse und die glatte Oberfläche – all dies garantierte, dass die

Ein Steinmetz prüft im Liegen die Ebenmäßigkeit der Fläche und der Kanten.

Pyramide exakt in der geplanten Form weiter nach oben wachsen konnte. Und das funktionierte nur, solange der Steinmetz bei der Arbeit im Liegen auf den Verkleidungssteinen eine exakt gerade Linie nach unten im Auge behielt.

Im Steinbruch

Die Mehrzahl der Blöcke wurde am Rand des Plateaus von Gise gebrochen – ein großer Vorteil, der den Transportweg zur Baustelle verkürzte. Hier spielten Herodots und Lehners Rampen zweifellos eine Rolle. Lange und sanft ansteigende Rampen, die von den tiefer gelegenen Steinbrüchen zum Aufweg hinaufführten, ermöglichten den raschen Abtransport des Materials zur entstehenden Pyramide.

Dank kurzer Wege von der riesigen Arbeitersiedlung zu den Steinbrüchen konnten die Arbeiter schon bei Sonnenaufgang ihr Tagewerk beginnen. Bereits in der Morgendämmerung dürfte das gesamte Areal von ihren Schlägen widergehallt haben. Mit Hämmern, die aus Eisen oder, seltener, aus gehärtetem Kupfer bestanden, wurden Keile aus scharfem Flint oder einem anderen Stein entlang von Linien in den Fels gehauen. Ein heftiger Hieb in die entstandene Kerbe, und der Stein sprang ab.

Bei einer genauen Betrachtung der Pyramidenseiten fallen an verschiedenen Stellen Unterschiede in den Steinblöcken auf. Manche sind kompakt und kaum angegriffen, während andere stark verwittert sind und eine Struktur fast wie Spinnweben aufweisen.

In den Steinbrüchen war wahrscheinlich immer nur ein begrenzter Bereich in Betrieb. Während Männer das Steinmaterial nach oben schleppten und weiterverarbeiteten, wurden ganze Areale aus dem Fels gebrochen und die Platten in gleicher Reihenfolge im Kern der Pyramide verbaut. Die grob behauenen Steine variierten stark in der Gestalt. Wo eine große Lücke klaffte oder Steine schaukelten, füllten die Arbeiter die Zwischenräume mit Tonscherben, Schutt, Sand oder anderem Material aus.

Am Ostufer des Nils, in Tura, gingen die Handwerker dagegen

mit weitaus größerer Sorgfalt vor. Auch wenn sie zweifellos die gleichen Schlag- und Spalttechniken einsetzten, mussten sie die herausgelösten Brocken zu wohlproportionierten rechteckigen Quadern zurechthauen.

In Assuan, ungefähr achthundert Kilometer weiter im Süden, lagen die Steine bis zum Abtransport per Schiff wahrscheinlich für mehrere Monate auf Lager. Diese kostbaren Granite dienten lediglich als sichtbare Auskleidung der Korridore und Grabkammern. Aber diese Blöcke und Platten waren gewaltig. So wogen beispielsweise die Deckenbalken für die Königskammer ungefähr achtzig Tonnen.

Wie wurde dieser Granit behauen? In der Umgebung der Brüche tauchten zwar mehrere Pfund schwere Brocken aus Dolorit (ein härteres Vulkangestein) auf, aber sie konnten in den frühen Phasen der Bearbeitung nicht als Werkzeuge dienen, weil der Granit dabei zersplittert wäre.

Bei Assuan liegen zwei besonders bedeutende Steinbrüche. Der nördliche, heute für den Fremdenverkehr geöffnete, war bis in relativ späte Zeit noch in Betrieb: Spuren von Arbeiten, die neueren Datums erfolgten, werden den Touristengruppen häufig als antike vorgeführt. Der Steinbruch wird von einem halb aus dem Fels gebrochenen Obelisken beherrscht. Seine ungewöhnliche Größe weist zweifelsfrei auf eine Arbeit unter Ramses II. hin. Da er bei der Arbeit zerbrach, blieb er an Ort und Stelle liegen.

Weitaus aufschlussreicher ist der südliche Steinbruch bei Assuan. Obwohl er noch heute der Steingewinnung dient und für Besucher gewöhnlich gesperrt ist, konnte ich dort Untersuchungen durchführen. Im Gegensatz zum nördlichen Steinbruch gibt es hier Bereiche, die schon in sehr früher Zeit genutzt und später aufgegeben worden sind. Vielleicht stießen die Arbeiter auf eine Steinschicht von minderer Qualität und zogen deshalb weiter. Als Ergebnis sind viele Areale seit dem Altertum nicht mehr bearbeitet worden. Auch hier finden sich mehrere unvollendete Stücke. Ein antiker Sarkophag mit bereits geglätteten Kanten steckt noch immer teilweise in seinem Granitbett. In einem anderen Bereich starrt eine halb vollendete Figur des Osiris, auch er noch in seinem steinernen Bett, zum Himmel empor (siehe Foto).

Diese beiden Stücke, der Obelisk im nördlichen Steinbruch und weitere in beiden Steinbrüchen, weisen auf der Oberfläche alle kleine rechteckige konkave Bereiche auf. Sie können nur durch Schmirgeln oder Schleifen entstanden sein. Wären sie ausgemeißelt worden, sähen sie anders aus. Die Arbeiter haben den Stein offenbar langsam abgeschliffen – vermutlich mit Sand, den sie in der Hand mit Wasser zu einer Paste mischten. Diese zeitraubende und eintönige Arbeit hat indes offenbar gut funktioniert. Die Bearbeitung von Granit war eine besonders qualifizierte Arbeit, die das ganze Jahr über lief. Die Steine wurden zu späteren Nutzung auf Halde gelegt.

In einem abgetrennten Bereich desselben Granitbruchs wurde an Cheops' Sarkophag gearbeitet, an diesem besonders kostbaren Objekt, das die Ägypter »Herr des Lebens« nannten. Der benutzte Granit war deswegen der wertvollste aller Steine. Die Ausführung übernahmen besonders kunstfertige Handwerker, die über Augenmaß und jahrelange Erfahrung verfügten. Wie W. M. F. Petrie trocken angemerkt hat, waren bei den Abmessungen des Sarkophags trotzdem mehr Fehler unterlaufen als an den Seitenflächen der Pyramide.

Der Transport der Blöcke

Wie viele Konservatoren leidvoll erfahren mussten, stellt der Transport gewaltiger Steinobjekte eine große Herausforderung dar. Würde man ägyptische Standbilder oder andere Stücke aus dem jeweiligen Museumssaal in ihr ursprüngliches Umfeld – zum Beispiel einen Tempel oder Pyramidenkomplex – zurückverlegen, so wirkten sie klein und fast unbedeutend inmitten der sie umgebenden gewaltigen Mauern. Trotzdem kann man sie nur nach minutiöser Planung und mit schwerem Gerät von der Stelle bewegen. Oft war in den Museumssälen eine Verstärkung des Bodens notwendig, um ihre gewaltigen Lasten zu tragen. Wenn ihr Transport schon uns Heutige vor Probleme stellt, wie konnten die Menschen vor 4500 Jahren, lange vor der Zeit der automatischen Hebevorrichtungen, solche massiven Steinkolosse fortbewegen?

Mit dem Beginn des Alten Reiches entwickelte sich der Transport gewaltiger Steinblöcke über große Entfernungen hinweg zu einer ägyptischen Spezialübung, die uns noch heute Rätsel aufgibt. 1815 versuchte Giovanni Belzoni den Kopf einer Monumentalstatue Ramses' II. aus einem Tempel in Theben-West bei Luxor für das British Museum zu bergen. Es gelang ihm unter großen Schwierigkeiten, den Kopf zwischen den Säulenbasen hindurch (dazu mussten einige Ecken abgeschlagen werden) mit Tauen und Rollen über die Uferböschung bis auf die Laderampe des Schiffes zu schleppen. Beim Absetzten auf dem Deck bekam das Schiff so starke Schlagseite, das der Kopf in den Nil stürzte. Es dauerte viele Wochen, ehe er geborgen und mit Gerüsten auf die Mitte des Decks gehievt werden konnte.

Ähnlich schwierig gestaltete sich im 19. Jahrhundert der Versuch, einen relativ kleinen Obelisken aus einem Tempel in Heliopolis nach London zu transportieren. Die einzige Lösung bestand darin, ihn von allen Seiten mit einem Behälter aus Eisenblechen zu umgeben, auf einer Seite ein Deck aufzubauen und das Ganze als die *MS Cleopatra* auf die weite Reise nach Europa zu schicken. Während eines Sturms in der Biskaya ging die Besatzung, welche die Seetüchtigkeit des antiken Obelisken anzweifelte, verängstigt von Bord. Zum Glück hielt sich die *MS Cleopatra* über Wasser und konnte später in einen sicheren Hafen geschleppt werden.

Wenn schon uns der Transport dieser Steine so große Mühe bereitet, wie viel komplizierter musste dies dann für die alten Ägypter gewesen sein? Doch überraschenderweise war es für sie vielleicht sogar einfacher, weil sie die Eigenschaften ihrer Werkstücke hervorragend kannten – Kenntnisse und Fertigkeiten, die wir heute nicht mehr besitzen.

Ein Problem hat mich allerdings lange beschäftigt: Wie erwähnt, liegt im nördlichen Steinbruch von Assuan ein unfertiger Obelisk in einem Graben, aus dem er in langwieriger und mühseliger Arbeit herausgehauen worden war. Er zeigt ungefähr von

Nordwesten nach Südosten. Ein kurzes Stück weiter wird das Land flach und zieht sich als fruchtbarer Grüngürtel bis zum Fluss hin. Die Wand des Grabens, in der er eingebettet liegt, ist auf der zum Nil zeigenden Seite nur noch knapp einen Meter dick. Warum wurde diese Wand nicht in einem Zug mit ausgehauen? Die Handwerker wären sehr viel leichter an ihr Werkstück herangekommen und hätten es später leichter abtransportieren können.

Um einen Obelisken zu brechen, musste zunächst entlang beider Seiten je eine schmale Vertiefung ausgehauen werden. In ihnen hockten mit angewinkelten Beinen oder kniend die Handwerker und schliffen Stunde um Stunde die Oberfläche des Granits ab. War die gewünschte Tiefe, die zugleich die Breite einer Seite des künftigen Obelisken bildete, erreicht, wurde das Werkstück von beiden Seiten her unterhöhlt – eine schwierige Aufgabe. Dabei mussten die Maße exakt stimmen, damit sichergestellt wurde, dass beide Höhlungen genau in der Mitte zusammengeführt werden konnten.

Allerdings mussten die Handwerker gleichzeitig auch darauf achten, dass der Durchbruch nicht sofort erfolgte, sondern in der Mitte ein Grat aus Granit stehen blieb, auf dem der Obelisk zunächst noch ruhte. Anschließend konnte er mit Hebeln zu einer der beiden Seiten hin ausgebrochen werden. Dies hätte freilich bedeutet, dass er in einer Neigung an einer der beiden Granitwände zum Liegen gekommen wäre – im Fall des aufgegebenen Obelisken in Assuan mit einem Gewicht von schätzungsweise 1100 Tonnen. Wie man die Sache auch betrachtet: Wäre der Obelisk gegen die Wand gekippt, hätte seine Kante so dicht angeschlossen, dass weder feinste Werkzeuge noch Finger dazwischen gepasst hätten. Wie ihn also herausziehen? Hätte man zunächst die Seitenwand weggemeißelt, hätte man ihn an Führungstauen ans Flussufer rollen können. Aber in der Lage, in der man ihn heute noch vorfindet, hätte man ihn – zum Beispiel an Tauen, die durch Löcher im Grad unter ihm gezogen worden wären – hochhieven und anschließend seitlich über die Granitwand hinwegschwenken müssen. Nochmals: Warum wurde die Seitenwand nicht entfernt?

Die Kraft der Seile

Die Ägypter benutzten Hanfseile. Viele aus der damaligen Zeit kamen im Wüstensand wieder zum Vorschein, und Darstellungen in Gräbern zeigen sogar ihre Herstellung. Sie variieren in der Stärke – dünne Schnüre bis zu dicken Tauen von gut 17 cm Durchmesser. Bei Ausgrabungen tauchen regelmäßig Fragmente von solchen Seilen auf, so auch in Gise. Bei den Eigenschaften dieser Naturfaserprodukte kennt sich niemand so gut aus wie das britische Royal Naval College in Dartmouth in Devon, und dies aus gutem Grund: Sie wurden jahrhundertelang in Schiffstakelagen zum Setzen und Einholen von Segeln verwendet.

Eine Eigenschaft aller Naturfaserseile besteht darin, dass sie sehr leicht eingehen und dabei auf alles, was sie davon abhält, gewaltige Kräfte ausüben. Neue Seile schrumpfen am schnellsten und stärksten, weshalb sie bei der Marine und anderen Einrichtungen vor dem ersten Einsatz zunächst für längere Zeit eingeweicht werden. Aber auch dann schrumpfen sie noch, wenn auch in geringerem Maß. Wurden auf einem Segelschiff neue Seil zur Befestigung von Hölzern verwendet, übten sie unter der Einwirkung von Meerwasser so gewaltige Kräfte aus, dass selbst Eichenbalken wie Streichhölzer knickten. Heute haben Taue aus Synthetikfasern das Problem weitgehend entschärft, weshalb diese Eigenschaft der Hanfseile fast in Vergessenheit geraten ist.

In Ägypten, auf dem Plateau von Gise wie in den Steinbrüchen von Assuan, wurden große zylindrische Löcher in den Felsgrund gebohrt. Mit einem Durchmesser von gut zehn Zentimetern und einer Tiefe von 15 Zentimetern haben sie offenbar als Verankerung von Pfählen gedient. Die Löcher, die auf dem Plateau von Gise zu sehen sind, verlaufen dort in einem mittleren Abstand von viereinhalb Metern in einer Linie vom Fuß der Pyramiden am Aufweg entlang nach Osten (siehe Foto). In Assuan verlaufen sie in ungefähr den gleichen Abständen in einer Entfernung von ca. viereinhalb Metern an dem Obelisken im nördlichen Steinbruch vorbei.

Sie müssen als Halterung für Holzpfähle gedient haben, da im Alten Reich kein anderes Material mit so einem Durchmesser zur Verfügung stand. Aber wozu dienten die Pfähle? Nach einer Vermutung Stadelmanns sollen sie das Zeremonialzelt gestützt haben, das bei der erneuten Bestattung von Königin Hetepheres und wohl auch in verschiedenen Darstellungen auftaucht. Aber das ist eher unwahrscheinlich. Die Pfähle aus dem Grabschacht der Hetepheres – er führt dreißig Meter tief ins Felsplateau von Gise in die Grabkammer hinab –, die nach einer Vermutung Reisners und anderer als Zeltstützen gedient haben sollen, waren schlank. Auch tauchten in diesem Grabschacht Kalksteinsockel mit eingemeißelten Löchern auf, die dem Durchmesser dieser Pfähle entsprechen. Die Pfähle des »Baldachins« vom Bett der Hetepheres (siehe Kapitel 8) wurden von waagrechten Balken zusammengehalten. Außerdem bilden die Löcher im Plateau von Gise eine ungefähr vierzig Meter lange Linie. Geht man von einem Abstand zwischen den Pfählen von ungefähr viereinhalb Metern und von einem Durchmesser von gut zehn Zentimetern aus, so hätte es sich hier eher um eine gigantische Überdachung als um ein Zelt gehandelt. Und was macht ein Zeremonialzelt in einem Granitsteinbruch? Löcher der gleichen Art gibt es ja auch dort.

Bei einer entsprechenden Höhe könnten die Pfähle, die in die Löcher eingesenkt wurden, als Fahnenmasten gedient haben. Doch auch hier stellt sich die Frage: Wozu der Abstand von viereinhalb Metern? Und wozu dienten sie in einem Steinbruch? Wenn es kurze Pfähle waren, konnten sie mit ihrem Durchmesser von gut zehn Zentimetern nur dazu bestimmt gewesen sein, großen Belastungen standzuhalten: Also nicht die Art Pfähle, die man für Zäune verwendet.

Mit anderen Worten: Es dürfte sich um Pfähle gehandelt haben, die als eine Art Winden dienten, indem man Zugseile um sie geschlungen hat, die sich unter der Einwirkung von Wasser zusammenzogen.

Die Ägypter lösten Probleme auffälligerweise immer mit möglichst geringem Aufwand. Der Transport eines Granitblocks, der als Deckenplatte für eine Grabkammer in der Großen Pyramide bestimmt war, oder eines Obelisken erforderte mehrere Trupps von Männern. Wir müssen uns folglich mit diesen Trupps und mit dem von ihnen beförderten Material befassen.

Männer ziehen bekanntlich mit unterschiedlicher Kraft an einem Seil. Und auch wenn Gruppen an Seilen ziehen, üben diese jeweils unterschiedlich starke Kräfte aus. Granit ist anders, als viele meinen, kein wirklich fester Stein: Unter dem Mikroskop offenbart er eine schwammige Struktur mit winzigen Luftbläschen zwischen den gesteinsbildenden Körnchen. Wenn mehrere Arbeitertrupps an Seilen einen schlanken Granitblock schleppen, wirken auf ihn unterschiedliche Zugkräfte ein und belasten das Material so sehr, dass es unter den Spannungen durchaus zerbersten kann. Wochen, wenn nicht Monate waren nötig, um einen Granitbalken für die Grabkammer in einer Pyramide oder einen Obelisken aus dem Felsbett im Steinbruch herauszuhauen. Ein beim anschließenden Transport zu Bruch gegangenes Stück wäre eine Katastrophe gewesen. Damit die Blöcke die Transportmanöver unbeschadet überstanden, musste von sämtlichen Zugseilen die gleiche Kraft ausgehen.

Die einzig denkbare Art, dies zu bewerkstelligen, sieht so aus: Man befestigte an einem als Winde dienenden Pfahl ein neues Hanfseil, schlang das andere Ende um den Granit und goss einen Eimer Wasser über das Seil. Solche Seile übten dann beim Schrumpfen gleichmäßig verteilte Zugkräfte auf den Felsblock aus, der sich daraufhin anmutig ohne weiteres Zutun der Arbeiter aus seinem Granitbett hob. Kam der Schrumpfprozess zum Stillstand (nach dem Abstand zwischen den Löchern für die Pfähle zu urteilen, geschah dies nach einer Strecke von viereinhalb Metern), wurden neue Seile an dahinter liegenden Pfählen befestigt und der Vorgang wiederholt. Die Arbeitstrupps konnten sich so buchstäblich zurücklehnen, im Schatten Bier trinken und abwarten, bis der Block wie von Geisterhand gezogen weiterwanderte – eine traumhafte Situation!

In den Granitbrüchen bohrten die Arbeiter in den stützenden

Grat unter dem herausgearbeiten Obelisken oder Granitbalken in regelmäßigen Abständen Löcher hinein. Durch sie führten sie Seile hindurch, die sie dann um die Pfähle schlangen, wahrscheinlich zwei oder drei Seile pro Pfahl. So verteilte sich die Last auf eine größere Anzahl von Seilen. Dann gossen sie Wasser auf den Hanf, worauf die seitlich einwirkenden Zugkräfte das Werkstück freibrachen. Es konnte dabei nicht gegen die Wand seines Bettes schlagen, weil es von den geschrumpften Seilen festgehalten wurde. Mit zunehmender Schrumpfung der Seile wurde es langsam aus seinem Bett herausgehievt. Wenn wir auch hier von einem Maß von viereinhalb Metern als mittlere Verkürzung für das Seil ausgehen, hätte sich der Obelisk so gefahrlos aus seinem Bett herausgehoben.

Auf dem Plateau von Gise dürfte diese Methode nur bei schwereren Lasten wie großen Granitblöcken oder Sarkophagen eingesetzt worden sein. Die Löcher für die Pfähle sind dort genau so gesetzt, dass die Lasten an ihnen den Aufweg hinaufgezogen wurden.

Das Verschiffen der Steine

Allerdings war der Transport der Steine über Land nur ein Teil des Problems. Die Granitblöcke – die wertvolleren Steine, die in Assuan gebrochen wurden – mussten auf Schiffen zu den Baustellen gelangen. Das bereits erwähnte Missgeschick Giovanni Belzonis zeigt, wie schwierig es ist, gewaltige Steine auf Schiffe zu verladen und sie von dort wieder herunterzubekommen.

Die Ägypter nutzten seit Beginn ihrer Zivilisation den Nil als Transport-, Handels- und Kommunikationsweg. Bis in die Zeit des Neuen Reichs gab es Straßen nur in den Städten, die untereinander ausschließlich durch den Fluss verbunden waren. Deshalb entwickelten sich die Anrainer zu vollendeten Flussschifffern, ob sie sich auch auf die offene See hinauswagten, ist nicht bekannt.

Wir kennen die Namen vieler Schiffstypen, obwohl wir nur wenige beschreiben, identifizieren oder ihren Zweck ausmachen können. Es gibt Darstellungen von Steine transportierenden Kähnen. So zeigt eine steinerne Darstellung am Aufgang der Unas-Pyramide in Sakkara fertig behauene Säulen auf dem Deck eines Schiffes. Eine weitere in Deir el-Bahri in Theben-West bei Luxor zeigt ein seltsames, zum Transport von Obelisken benutztes Schiff, das vier Decks zu haben scheint.

Die Deutung ägyptischer Kunst stellt wegen der fehlenden Perspektive in den Darstellungen stets ein Problem dar. Bei der Abbildung eines rechteckigen Tischs wurde dieser beispielsweise als Rechteck wiedergegeben, während die auf ihm stehenden Objekte im Profil erschienen – eine Technik, die von dem deutschen Ägyptologen Heinrich Schäfer als kindlich etikettiert wurde. Während beim Schiff an der Unas-Pyramide das gesamte Deck dargestellt ist, gibt es keinen Hinweis auf die Gestalt des Schiffsrumpfes. Probleme wirft auch die Seitenansicht des Obelisken transportierenden Kahns am Tempel der Hatschepsut auf: Dass die Ägypter bereits Schiffe mit mehreren Decks konstruierten, ist bislang nicht nachgewiesen. Außerdem erscheint es mit Blick auf die Stabilität ausgeschlossen, dass ein Obelisk auf das Deck eines so hohen Wasserfahrzeugs aufgesetzt und abtransportiert werden konnte. Es ist vermutet worden, dass die Darstellung eher ein in die Breite gehendes Flussgefährt aus vier aneinander gebundenen Schiffsrümpfen oder ein Floß darstellen sollte.

Inschriften in Steinbrüchen seit dem Alten Reich belegen, dass die Schiffer militärische Titel trugen. Die Schifffahrt gehörte also mit zu den Aufgaben des Heeres. Sechzigköpfige Besatzungen wurden in vier Trupps zu je 15 Mann unterteilt. Sie waren für den Transport der Steine verantwortlich, während die Arbeiten im Steinbruch und wohl auch das Ver- und Entladen anderen oblag. Darstellungen von Schiffen im Hafen aus dem Grab des Paheri in El-Kab zeigen spezielle Arbeitstrupps bei der Erfüllung der zuletzt genannten Aufgaben.

Noch immer Kopfzerbrechen bereitet folglich die Frage, wie die alten Ägypter solche gewaltigen Granitblöcke, wie sie zur Auskleidung der Hauptkammer in der Großen Pyramide verwendet wurden, auf ihre Schiffe verluden. Dazu sind mehrere Lösungen angeboten worden, darunter die Nutzung eines Trockendocks. Demnach hätte der Raum um das ankernde Schiff mit Lehm oder Felsbrocken aufgefüllt werden müssen, damit die zu verladenen Steine auf Deck geschleppt werden konnten – viel zu zeitraubend angesichts der zu bewegenden Materialmengen. Das Schiff hätte zudem anschießend freigeschaufelt und wieder flott gemacht werden müssen. Eine andere Lösung sah folgendes Szenario vor: Das Schiff lief in einen engen Hafen mit zwei eng beieinander liegenden Molen ein. Der Rumpf wurde mit Ballast gefüllt und das Schiff zwischen die Molen manövriert, über die eine Reihe von Holzbalken gelegt wurden. Die Arbeiter schleppten den Steinblock auf die Balken und entluden anschließend den Ballast, worauf sich der Schiffsrumpf hob. Durch Wegziehen der einzelnen Balken sei dann die Fracht auf Deck abgesetzt worden.

Versuche, die Machbarkeit beider Lösungen nachzuweisen, erwiesen sich als Fehlschlag. Wie sich beim ersten Experiment zeigte, hätten die Arbeitstrupp bei einer Realisierung in Lebensgröße die schweren Steine unmöglich über die eingesetzte Füllung aus Lehm schleppen können. Und im zweiten Fall ging das Schiff sogar unter.

Aus Inschriften in Steinbrüchen und an Bauten geht hervor, dass viele Steine während des Höchststandes der jährlichen Überschwemmung vom Ursprungsort zu den Baustellen transportiert wurden – eine sinnvolle Lösung, da die Steine von den Brüchen im Süden auf ihrem Weg zu den Baustellen nach Norden ausschließlich stromabwärts fahren mussten. Eine Möglichkeit, die nie richtig in Betracht gezogen, geschweige denn nachgeprüft wurde, ist von allen wohl die einfachste: Wie wir von den alten Ägyptern sicher wissen, setzten sie niemals brachiale Körperkraft ein, wenn sie eine Alternative hatten. So droschen sie ihr Getreide nicht mit Flegeln, sondern mit Ochsen mit einem Dreschgerät im Schlepptau. Da alle Steinbrüche direkt am Grünbereich des Flusses und damit an der Überflutungszone lag, bot es sich an, die fertigen Steinblöcke in Flussnähe auf Flöße zu verladen und abzuwarten, bis sie vom einsetzenden Hochwasser angehoben und anschließend rasch flussabwärts getragen wurden. Beim Hochstand des

Nils (der musste sehr hoch sein, um die Flöße anzuheben) kamen diese dann auch leicht an den Sandbänken vorbei. Problematisch erscheint nur die Frage, wie das Floß am Bestimmungsort angelandet wurde.

Steine heben

Die Steine im Kern der Pyramide weisen, wie wir gesehen haben, beträchtliche Größenunterschiede auf. Ganz große Blöcke wurden nur in der untersten Lage verbaut, um ein wirklich ebenes Fundament zu erreichen. Die Steine der Verkleidung sind aufgelegt knapp 0,9 Meter hoch, und ihr Maß bestimmte die Stärke der hinter ihnen liegenden Steine des Kerns. In Richtung Pyramidenspitze werden die Blöcke des Kerns dagegen immer kleiner und sind ganz oben gewöhnlich so klein, dass sie von einem einzigen Mann getragen werden konnten.

Die Abläufe beim Bau der Pyramide sind so weit geklärt. Jede neu aufgelegte Schicht Steine wurde als Nächstes mit Verkleidungsblöcken umgeben. Jeder Stein dieser Verblendung musste an der Unterseite exakt mit der Oberkante der darunter liegenden Lage abschließen. Beim Abschleifen der Außenseite wurden zunächst wahrscheinlich Blöcke aus Dolerit verwendet. Bei der anschließenden Feinarbeit, wenn der richtige Neigungswinkel erreicht wurde, dürfte ein flacher Block aus Sandstein oder Kalkstein zum Einsatz gekommen sein. Der Steinmetz, der auf der Oberseite des Verkleidungsblocks lag, brauchte beim Schleifen freie Sicht nach unten auf die gesamte bereits blank geschliffene Seitenfläche der Pyramide. Ein Bereich an einer Fassadenseite, wahrscheinlich mit einer Breite von etwa drei Verkleidungsblöcken, blieb als Stufen stehen. Den Grund dafür werden wir später sehen.

Die Steine gelangten auf zwei Arten auf die oberste Ebene der Pyramide. Bei der einfachsten und am häufigsten eingesetzten Art wurden sie auf Schlitten über die Schräge der geglätteten Seiten nach oben gezogen. Für die heißesten Stunden des Tages wurden dort Schatten spendende Dächer – die »Zeremonialzelte«, die in den meisten Texten erwähnt werden – errichtet. In Arbeitspausen begaben sich die Arbeiter in Schichten vielleicht mit den leeren Schlitten zum Essen, Trinken und Austreten nach unten. Die in den Siedlungen vorbereitete und an der Pyramide angelieferte Verköstigung musste so nicht nach oben geschafft werden.

Der Platz für die im Zentrum der Pyramide geplante Hauptkammer blieb zunächst weiträumig ausgespart. Als Erstes mussten die großen Granitplatten des Bodenbelags verlegt werden. An Pfählen und schrumpfenden Hanfseilen konnten sie nach dem erläuterten Prinzip auf Schlitten über die polierte schräge Außenseite langsam nach oben gezogen werden. Vor die Schlitten gegossenes Wasser oder feiner Sand verringerte den Reibungswiderstand. Ganz oben, wo der Baubetrieb hauptsächlich lief, wurden sie in Empfang genommen und auf Wippen an ihren Bestimmungsort in die tiefer gelegene Kammer befördert.

Als 1986 die Materialdichte im Inneren der Pyramide untersucht wurde, zeigten sich neben der Königinnenkammer »Anomalien«. Bei Bohrungen durch die Auskleidung aus Granit drangen die Forscher zunächst in weichen Kalkstein, dann in mit Sand gefüllte Bereiche und schließlich erneut in Kalkstein vor. Im folgenden Jahr stieß ein japanisches Forschungsteam aus Tokio bei ähnlichen Untersuchungen auf einen weiteren mutmaßlichen Tunnel, der von außen in die Pyramide geführt hatte.

Tatsächlich haben wir noch keine genaue Vorstellung davon, was sich jenseits der mit Granit ausgekleideten Kammern und Korridore verbirgt. Die Untersuchungen ergaben immerhin zweifelsfrei, dass es im Kern der Pyramide weitere Tunnel gibt, die später mit Sand und lockerem Material aufgefüllt wurden. Da all diese Untersuchungen von den Korridoren und Kammern aus durchgeführt wurden, geben sie nur für die unteren Bereiche der Pyramide Auskunft. Für die Areale über der Hauptkammer besitzen wir noch keine Informationen. Es liegt folglich nahe, dass sie von einem ganzen Labyrinth aus Arbeitstunneln durchzogen waren, die dem Transport von Steinen auf die jeweilige obere Ebene dienten und nach Abschluss der Arbeiten mit Sand zugeschüttet wurden.

Diese Korridore im Inneren der Pyramide dürften so in Wahrheit als innere Rampen zum Materialtransport gedient haben. Da sie Teil der Konstruktion waren, mussten sie später nicht abgerissen werden.

Der obere Abschluss der Verkleidung

In den obersten Bereichen der Pyramide mussten die Arbeiter bei der Verkleidung auf eine neue Methode zurückgreifen. Wie Mark Lehner aufgefallen ist, gibt es an der Pyramide des Chephren ganz oben eine Unregelmäßigkeit: Einzelne Verkleidungsblöcke stehen um mehrere Millimeter über.

Weil auch noch ganz oben ein Arbeitskorridor benötigt wurde, blieb nicht mehr ausreichend Platz, um auf den letzten zwei oder drei Ebenen alle vier Außenseiten auf die gewohnte Weise abzuschleifen. Nur eine konnte mit ihren Außenkanten richtig bearbeitet werden. Die Steine der anderen Seiten mit den zugehörigen Ecksteinen der Verkleidung mussten deshalb bereits vorgefertigt an ihren Platz geschoben werden. Entstandene Überstände konnten nicht mehr korrigiert werden. Und dies sieht man offenbar noch heute.

Der Abschlussstein

Das Aufsetzen der Pyramidenspitze hat mehr Diskussionen ausgelöst als jeder andere Stein des Bauwerks. Nach einer abenteuerlichen Vermutung soll sie sogar mit einem Hubschrauber aufgesetzt worden sein! Dies geht auf die Deutung einer Inschrift in Hieroglyphen zurück. Eine Version des Buchstabens a wird als ein Unterarm mit Hand wiedergegeben, wobei der Daumen leicht nach oben zeigt.  Bei manchen dieser Schriftzeichen zeigt der Daumen von der Handfläche aus leicht nach unten, was dann als Rumpf, Cockpit und Schwanz eines Luftfahrzeugs interpretiert wurde. In Abydos läuft durch eine dieser Hieroglyphen und die senkrechte Begrenzung der Inschrift ein waagrechter Riss hindurch. Der geschickte Einsatz von Bildverarbeitung, bei der auf einer Digitalaufnahme der Inschrift die äußeren Bereiche abdunkelt wurden, brachte so einen »Hubschrauber« zum Vorschein. Obwohl die Vorstellung faszinieren mag, dürfen wir den Einsatz solcher Technik für Altägypten getrost ausschließen.

Wir haben den Bau der Pyramide und das Glätten der Verkleidungsblöcke, das gleich nach der Fertigstellung jeder neuen Steinlage erfolgte, bereits nachgezeichnet. Ich habe darauf hingewiesen, dass in der Mitte jeder Außenseite eine Reihe von drei oder vier dieser Steine zunächst im Rohzustand belassen wurde. Sie bildeten so eine Treppe, die sich zum Aufsetzen der Spitze nutzen ließ.

Von diesen Abschlusssteinen sind mehrere erhalten. Der am kunstvollsten gearbeitete von der Pyramide Amenemhets III. – er steht im Liverpool-Museum – ist auf allen vier Seiten mit eingemeißelten Darstellungen verziert. Ein schlichterer, der neben der südlichen Pyramide von Sakkara aus der späten 12. Dynastie zum Vorschein kam, ist in zwei Stücke zerbrochen, seine Grundseite und die obere Spitze. Neuerdings tauchte in Gise eine Spitze aus Kalkstein auf, die zu einer der kleinen Pyramiden gehört hatte. Bei sämtlichen Abschlusssteinen ist die Unterseite leicht nach außen gewölbt. Daraus folgt, dass in die oberste Lage der Verkleidungssteine eine dazu passende Delle eingeschliffen wurde, damit die aufgesetzte Spitze sicher an ihrem Platz saß. Die Wölbung sorgte zugleich dafür, dass die Spitze nicht auf der anderen Seite herabstürzte, wenn sie mit einem zu kräftigen Ruck an ihren Platz gewuchtet wurde.

Trotz ihrer beträchtlichen Größe hatten diese Abschlusssteine wegen der zugespitzten Form nur ein Viertel des Gewichtes eines entsprechenden quaderförmigen Blocks. Sie konnten also auf einen Bock gesetzt und nach oben getragen oder – der wahrscheinlichere Fall – über eine Kette von Männern auf den Treppenstufen bis nach oben durchgereicht werden.

Nach dem Aufsetzen wurde die Spitze – wie auf ihnen und in Texten vermerkt ist – mit Gold überzogen, damit sie die Sonnenstrahlen reflektierte. Anschließend erklomm der Steinmetz ein letztes Mal die Pyramide, um die verbliebenen Stufen der Verblendung systematisch von oben nach unten abzumeißeln und zu glätten. Die Pyramide war vollendet.

Oft sind die einfachsten Annahmen die einleuchtendsten. Im Anschluss an Herodots Berichte haben die Gelehrten über Jahrhunderte hinweg immer kompliziertere Theorien zu Rampen entworfen. Wie ich zeigt habe, hält keine einer Überprüfung stand. Diese Methoden hätten niemals funktioniert.

Jede Archäologie muss sich auf erkennbare Fakten stützen. Der deutlichste Hinweis ist der Innenaufbau der mit Sand gefüllten Pyramiden aus der 5. Dynastie. Er zeigt, dass die eigentliche Gestalt des Bauwerkes durch die äußersten Steine und nicht durch den Kern bestimmt wurde. Das, was von der Großen Pyramide heute noch steht, ist keine Pyramide mehr, sondern nur noch ihre steinerne Füllung.

Die hier beschriebene Vorgehensweise ist einfach und doch etwas völlig Neues. Sie erklärt auf schlichte Weise, wie ein Bauwerk von der Größe der Pyramiden von Gise errichtet wurde.

Teil Drei

DER KAMPF UM DIE THRONFOLGE

Das Plateau gibt seine Geschichte frei

Der Bau der Pyramiden von Gise prägte die gesamte 4. Dynastie. Unter Cheops begannen die Arbeiten an mindestens zwei, wenn nicht allen drei Hauptpyramiden auf dem Gise-Plateau. Wenn der König früh gestorben wäre, hätte eine der leer stehenden Pyramiden aus der Regierungszeit seines Vaters ihm als Grab dienen müssen, denn schließlich verdienten die gerade entstehenden Steingiganten von Gise einen großen König, keinen, der vorzeitig seinen Thron räumte.

Der Mensch Cheops verschwindet fast vollkommen hinter der Organisation des Staates. Da aus der Epoche keine Kulttempel traditioneller Prägung bekannt sind, haben wir noch nicht einmal die formellen Inschriften und Reliefs, die uns mehr über seine Regierung erzählen könnten. Ein Relieffragment von den Wänden des Aufgangs zu seiner Pyramide zeigt den König bei seinem *sed*-Fest. Dieses Jubiläum wurde, so scheint es, ganz nach Lust und Laune des jeweiligen Königs gefeiert. Einige Bücher behaupten zwar kategorisch, dass es erst im dreißigsten Regierungsjahr anstand, und dies mag auch für die Pharaonen der 18. und 19. Dynastie zutreffen – auf die gesamte dynastische Zeit jedoch kann man die Aussage nicht ausdehnen.

Wir wissen außerdem durch Inschriften aus Ländern im Norden und Süden, dass Ägypten unter der Regierung des Cheops als Handelsmacht stark genug war, um einen ständigen Zufluss jener Güter zu sichern, die der König brauchte und die das reiche Ägypten nicht selbst produzieren konnte.

Cheops heiratete wenigstens zwei, wahrscheinlich noch weitere seiner Schwestern, die ihm eine große Familie mit vielen gesunden Söhnen schenkten. Doch die Zwietracht wuchs, wie wir gesehen haben. Die Königsrolle war inzwischen so gefestigt, dass es nur natürlich war, wenn die Söhne alle ein Stück vom Kuchen der Macht haben wollten. Doch noch hatte die Tradition Bestand: Die Söhne seiner Hauptfrau, der Königstochter Meritites, rangierten allein aufgrund ihres Geburtsrechts weit vor den anderen Kindern. Welche Hoffnung hatten da die anderen Söhne, die von untergeordneten Ehefrauen abstammten? Ihre Gräber, die sich um den Fuß der Großen Pyramide scharen, zeigen, dass ihr Vater vielen von ihnen Titel verlieh. Manche, allerdings wenige, hatten vielleicht auch eine gewisse Amtsgewalt. Aber welchen Nutzen hatte diese Macht, so lange Cheops seine Distanz wahrte und allein regierte, während Kronprinz Kawab schon darauf wartete, den Thron zu übernehmen?

Jüngere Söhne konnten als Trostpreis das Amt des Wesirs übertragen bekommen, mit dem allerdings keine echte Macht verbunden war. Selbst der Pyramidenbau wurde zwar von den Söhnen des Pharao überwacht, war aber so gut organisiert, dass ihnen wenig zu tun blieb. Eines Tages würde ihr Vater sterben und in einer der Pyramiden beigesetzt werden. Und was dann? Die Rechte Kawabs waren unanfechtbar.

Cheops bestieg den Thron bereits als älterer Mann. Wir wissen, dass seine Mutter, die sicher schon sehr alte königliche Tochter Hetepheres, bei seiner Krönung noch lebte, denn sie trug den höchsten Titel, den eine Frau in Ägypten erreichen konnte – Mutter des Königs. Denn dieser konnte schließlich viele Gemahlinnen und Töchter haben, aber er hatte nur eine Mutter. Wir wissen noch nicht, wo sie bestattet wurde, wahrscheinlich neben ihrem Gemahl Snofru in Dahschur. Irgendwann nach ihrem Tod, gegen Ende der Regierungszeit ihres Sohnes, wurde ihr Grab offenbar ausgeraubt. Es muss ein schwerer Schlag für Cheops gewesen sein. Sofort wurde eine neue Beisetzung für sie inszeniert, diesmal in der Nähe der Großen Pyramide, die er sich selbst als Grabstätte erwählt hatte.

In diesem dritten Teil soll es um weitere Quellen zu Cheops und seiner Zeit gehen, um Gise selbst und um die Gräber und Monumente in der Umgebung.

SIEBTES KAPITEL

Eine Königin geht verloren

Die meisten größeren Entdeckungen in Ägypten sind einer Kombination von wissenschaftlicher Analyse und detektivischer Kleinarbeit zu verdanken. Diese Forschung kann Jahre dauern und findet normalerweise weit von der ägyptischen Wüste entfernt in den Elfenbeintürmen der Akademiker statt. Sie sichten sorgfältig alle Berichte, achten dabei auf Diskrepanzen und starten die Suche erst, wenn sie merken, dass etwas fehlt, was eigentlich da sein müsste. Sehr selten nur gibt der Boden freiwillig eine neue Entdeckung preis. Genau dies aber geschah am 2. Februar 1925 auf dem Plateau von Gise.

Die Hoffnung, noch etwas Größeres in Gise zu finden, ist auf den ersten Blick gering. In den 4500 Jahren, die seit dem Bau der Pyramiden verstrichen sind, ist der Boden von Millionen Füßen, hunderten Generationen festgetreten worden. Es ist für uns schwer vorstellbar, dass die Pyramiden und die Gräber in ihrer Umgebung schon zur Zeit Ramses' II. über tausend Jahre alt waren und schon damals als berühmte Altertümer galten, zu denen die Ägypter als Touristen pilgerten und auf denen sie ihre Graffiti in Hieroglyphen hinterließen. Als Kleopatra in Ägypten regierte, lag der Bau der Pyramiden für sie schon länger zurück als ihre Herrschaft für uns. Und seit die Griechen die Pyramiden zu einem der sieben Weltwunder erhoben hatten, wollten wirklich alle sie sehen. Die arabischen Herrscher erkundeten sie systematisch und verbrachten Jahre damit, sich dort Einlass zu verschaffen, wo kein Eingang zu finden war, um an die Schätze heranzukommen, die ihrer Ansicht nach tief im Inneren verborgen lagen.

Eigentlich haben die Pyramiden also 4500 Jahre ständiger Plünderungen hinter sich. Kein Wunder, dass schon zu Beginn der wissenschaftlichen Ägyptologie wenig mehr zu finden war als der Abfall, den die Besucher und die Grabräuber zurückgelassen hatten. Am Anfang des 20. Jahrhunderts jedoch wurde klar, dass diese so gut bekannte Stätte nie systematisch erkundet, inventarisiert und kartiert worden war. Es war vielleicht nur noch wenig da, aber dieses Wenige musste festgehalten werden, bevor es ebenfalls spurlos verschwand.

Im Jahr 1902 erhielten drei Ausgräber die Konzession, mit der Kartierung und mit Ausgrabungen in Gise zu beginnen. Einer von ihnen war George Reisner. Reisner war ein amerikanischer Ägyptologie-Professor mit geschulter Beobachtungsgabe. Der von Natur aus ruhige und schüchterne Mann war als harter Arbeiter und leidenschaftlicher, genauer Wissenschaftler bekannt. Als Leiter der Hearst-Expedition der University of California musste Reisner sich mit den für jene Zeit üblichen Regelungen in Bezug auf die eventuellen Funde einverstanden erklären: Zufällige, unwichtige Objekte gehörten der Expedition; alle größeren Fundzusammenhänge wurden im Museum in Kairo präsentiert, wo die Verantwortlichen sich aussuchten, was sie haben wollten; und in dem kaum zu erwartenden Fall, dass sie auf ein intaktes Grab stießen, blieb es als Ganzes in Ägypten.

Die Art und Weise, wie diese Konzession erteilt wurde, war allerdings selbst für damalige Verhältnisse überaus bemerkenswert und könnte heute sicher nie so vonstatten gehen. Drei verschiedene Gruppen hatten bei der Altertümerverwaltung um die Erlaubnis gebeten, in ein und derselben Saison an derselben Stätte in Gise graben zu dürfen: George Reisner mit der amerikanischen Hearst-Expedition, Ernesto Schiaparelli vom Turiner Museum mit einem italienischen Team und Georg Steindorff von der Universität Leipzig mit der deutschen Sieglin-Expedition. Alle drei wollten vor allem die Konzession für ein bestimmtes Gebiet haben, den unerforschten Westfriedhof hinter der Großen Pyramide des Cheops. Gise war groß genug für mehrere Arbeitsgruppen, und um niemanden vor den Kopf zu stoßen, schlug die Altertümerverwaltung die Erlaubnis nicht einem Team zu, sondern lud alle drei Männer zu einem Treffen im Hotel Mena House Oberoi am Rande von Gise ein, um dort festzulegen, wer wo arbeiten würde.

Auf dem Westfriedhof hinter der Großen Pyramide warteten die größten Mastabas auf ihre Freilegung. Hier waren wahrscheinlich wichtige Funde zu machen, und deshalb konnten die drei Ägyptologen sich nicht einigen: Also nahmen sie einfach ein Lineal und teilten das ganze Gebiet mit Ausnahme des Westfriedhofs auf der Karte in drei genau gleich große Teile. Dann rissen sie einen Plan des Westfriedhofs in drei gleich große Streifen und Mrs. Reisner musste diese Streifen feierlich aus einem Hut ziehen, um festzulegen, wer wo arbeiten sollte. George Reisner bekam den Nordteil, Steindorff die Mitte und Schiaparelli den Süden.

Den Rest des Plateaus teilten die Männer dann problemlos und einvernehmlich unter sich auf. Die Chephren-Pyramide und den dazugehörigen Komplex übernahm Steindorff, die Mykerinos-Pyramide mit ihrer Nekropolis Reisner. Das Gebiet im Osten der Großen Pyramide wurde noch einmal diagonal mit dem Lineal geteilt und Schiaparelli bekam den Südteil mit dem Sphinx und dem Taltempel, Reisner den Norden mit den drei so genannten Königinnenpyramiden.

So wurden also bei einem netten Nachmittagstee mit Sandwiches und Gebäck die viereinhalbtausend Jahre alten Königsgräber von Gise unter Zuhilfenahme eines Lineals und eines Hutes an die drei führenden Ausgräber ihrer Zeit verteilt.

Drei Jahre später allerdings, 1905, ließ sich Schiaparelli, der auf dem Plateau nur einige wenige sporadische und unsystematische Grabungen zuwege gebracht hatte, überreden, auf seine Konzession zu verzichten. Nach einem Gespräch unter vier Augen übergab er seinen gesamten Teil Reisner und den Amerikanern.

1905 hatte Reisner also zwei Drittel des Westfriedhofs und den gesamten Ostfriedhof der Großen Pyramide und damit den größten Teil des Cheops-Komplexes übernommen. Es fehlte nur der kleine Abschnitt des Westfriedhofs, den Steindorff kontrollierte. 1911 gab Steindorff seine Konzession an seinen deutschen Kollegen Junker weiter. Der Ausbruch des Ersten Weltkriegs, in dem sich die Heimatländer der beiden Ägyptologen feindlich gegenüberstanden, beeinträchtigte die freundschaftliche Arbeitsbeziehung der beiden nicht – die Liebe zu Ägypten verband sie. Mitte der 20er-Jahre und besonders nach dem Debakel mit dem Grab des Tutanchamun im Jahr 1922, wuchs der ägyptische Nationalismus. Immer lauter wurden die Forderungen, Ägypter an den Grabungen im eigenen Lande zu beteiligen. Unter diesem Druck und mit großem Widerstreben übertrugen die Deutschen einen Teil ihrer Konzession – den Ostteil des Komplexes um die Chephren-Pyramide –, an eine Gruppe der Ägyptischen Universität Kairo unter der Leitung von Selim Hassan.

Bereits seit 1905 arbeitete Reisner nicht mehr für die Hearst-Expedition, sondern für die Harvard University und das Museum of Fine Arts in Boston. In den ersten Jahren hatte er sich auf das ursprüngliche Ziel bei seinem Bemühen um die Grabungskonzession konzentriert, den scheinbar informationsträchtigen und kaum bekannten Westfriedhof. Die Arbeit in dem seiner Gruppe zugefallenen Nordteil des Friedhof erwies sich allerdings als enttäuschend mühsam, weil es in ihrem Gebiet einfach keinen Platz gab, an dem sie ihren Abraum lagern konnten. Zudem war bisher wenig Bemerkenswertes ans Licht gekommen. 1903 hatte Reisner »eine leichte Eisenbahn gekauft«, um den Abraum ganz aus der Grabungsstätte herauszutransportieren.

1906 verlegte Reisner seine Arbeit an die Mykerinos-Pyramide, aber inzwischen wurde er massiv bedrängt, sich einem internationalen Team anzuschließen, das mit Feldarbeit in Nubien begann. Denn nach der Eröffnung des relativ kleinen britischen Nildamms im Jahr 1902 setzte sich die ägyptische Regierung intensiv für einen Staudamm bei Assuan ein, der den Nil komplett aufstauen sollte. Damit würde Ägypten selbst jederzeit den Wasserzufluss kontrollieren können und wäre nicht mehr auf die alljährlichen Überschwemmungen angewiesen. Fast nebenbei würde dieser Damm allerdings quasi über Nacht das gesamte antike Nubien zerstören. Obwohl damals nur erste Pläne vorlagen, wurde den Ägyptologen klar, dass die Zeit gegen sie arbeitete. Die meisten aktiven Feldarchäologen, zu denen Reisner und seine Gruppe gehörten, wurden aufgefordert, bei der Erkundung und Kartierung Nubiens, das bisher sträflich vernachlässigt worden war, zu helfen, bevor es völlig in den Fluten verschwand. Es war eine harte Arbeit, und Reisners Herz gehörte dem Norden, gehörte Gise. Bereits 1909 gab er seinen Posten in Nubien wieder auf, um nach Gise zurückzukehren, doch zu seinem großen Entsetzen schickte ihn Harvard nach Samaria.

Die einzige Lösung bestand in seinen Augen darin, seine Zeit aufzuteilen. Im Winter arbeitete er unermüdlich in Gise und trieb jedes Jahr seine Arbeit im Gebiet zwischen dem Westfriedhof und der Mykerinos-Anlage voran, während er gleichzeitig noch Grabungen an Stätten der 4. Dynastie in Saujet el-Arjan aufnahm. Den Rest seiner Zeit verbrachte er außerhalb Ägyptens. Dazu hatte er die Leitung der verschiedenen Grabungsgebiete Kollegen übertragen, die die Arbeit auch ohne ihn weiterführen konnten.

Den ganzen Ersten Weltkrieg hindurch grub Reisner in Gise, legte systematisch Mastabas frei und nahm die Befunde sehr sorgfältig auf. Die systematisch arbeitende Archäologie steckte in Ägypten noch in den Kinderschuhen und verdrängte nur langsam die früheren Methoden, die sich allein auf spektakuläre Funde konzentriert hatten. Wissenschaftler wie W. F. Petrie und Reisner erregten weniger Aufsehen in den Medien, lieferten aber Unmengen bisher fehlender Informationen über das Leben der einfachen Ägypter und die ihnen zur Verfügung stehenden Techniken. Sie konzentrierten sich darauf, auch die winzigsten Fragmente zu bergen, und arbeiteten langsam und methodisch. Nichts entging ihrer Aufmerksamkeit.

Die Arbeit an den nubischen Königsgräbern in Napata beschäftigte Reisner zwischen 1920 und 1923, danach kehrte er wieder nach Gise zurück und wandte seine Aufmerksamkeit zum ersten Mal dem riesigen Friedhof im Osten der Großen Pyramide zu.

Hier befanden sich einige besonders große Gräber, die man für die engsten Angehörigen des Cheops gebaut hatte.

1925 war die Arbeit auf dem Plateau also schon 23 Jahre lang systematisch vorangeschritten. Reisner hatte sich eine geschulte Truppe von Assistenten, Kartografen und Fotografen zusammengestellt, die mit allen Kräften versuchten, die zerstörten Mastabas zu erschließen.

Zwischen 1902 und 1905 hatte Reisner sogar selbst bei der Grabung fotografiert und die Bilder jeden Abend in seiner provisorischen Dunkelkammer entwickelt. Aber auch die Arbeitskraft dieses Menschen hatte ihre Grenzen. Reisner bildete einen jungen ägyptischen Arbeiter, der ihm von Anfang an assistiert hatte, zum Fotografen aus. Von 1906 an schulte dieser Said Ahmed Said selbst eine Reihe von jungen Ägyptern. Ihre Aufgabe bestand darin, die nötigen Fotos zu machen, aber auch mit Hilfe eines Theodoliten die Höhenlinien des Grabungsgebietes auszumessen.

Im Februar 1925 arbeitete ein Mitglied dieser Gruppe direkt im Osten der Großen Pyramide. Hier stehen die drei kleineren Pyramiden G1-a, G1-b und G1-c, die Reisner drei Gemahlinnen des Cheops zugeschrieben hatte. Die erste Erwähnung fanden diese Pyramiden bei Herodot, der berichtete:

> Cheops ging in seiner Schlechtigkeit so weit, dass er aus Geldmangel die eigene Tochter in ein Freudenhaus brachte und sie dort eine möglichst hohe Summe Geld verdienen ließ. Die Priester haben mir die Summe allerdings nicht genannt. Sie beschaffte aber das vom Vater befohlene Geld und fasste dazu noch den Gedanken, ein Denkmal für sich zu errichten. So bat sie jeden Mann, der zu ihr kam, ihr einen Stein für den Bau zu schenken. Aus diesen Steinen, so erzählt man, wurde die mittlere der drei Pyramiden gebaut, die vor der großen steht und deren jede Seite eineinhalb Plethren [46 m] misst.

Dies ist natürlich nur ein Mythos. Die kleineren Pyramiden bestehen aus fast einer Million Steinblöcken. Wenn die Geschichte wahr wäre, hätte diese unbekannte Dame ziemlich hart für ihr Grab arbeiten müssen.

Die Kammern der so genannten Königinnenpyramiden sind winzig, bei weitem zu klein, um auch nur den kleinsten heute erhaltenen Sarkophag des Alten Reiches aufzunehmen. Vielleicht wurden die Kammern selbst als Sarkophage genutzt und die Särge dort hineingeschoben. Die Inschriften in der Umgebung, die diese Stätten mit den Königinnen der 4. Dynastie verbinden, stammen alle aus der Spätzeit, als dort Kulte für die Seelen der Königinnen abgehalten wurden. Grund für die Zuschreibung waren also vielleicht nur die schon damals bekannten Legenden, die Herodot wiedergibt. Da jedoch die Frauen aus Cheops' Familie große Mastabas auf dem Ostfriedhof ihr Eigen nannten, wird es immer schwieriger, die Nebenpyramiden den Königsgemahlinnen zuzuschreiben.

Östlich der Nebenpyramiden liegen zwei riesige Mastabas, die jeweils in zwei kleinere Gräber unterteilt sind. Die nördliche gehört Königin Hetepheres III. und dem Kronprinzen Kawab, die andere Nefertkau und Chufuchaf.

Im Februar 1925 stand einer von Reisners ägyptischen Helfern genau in der Mitte zwischen der Nebenpyramide G1-a und der Mastaba von Hetepheres III. und hatte alle Mühe, sein Fotostativ vernünftig aufzustellen. Er brauchte einen Standpunkt knapp südlich des Aufgangs zur Pyramide. Das Kalksteinplateau war uneben und hart – trotz aller Bemühungen schaffte er es nicht, alle drei Füße des Stativs auf ebenen Boden zu bekommen. Frustriert stieß er das Dreibein um, und beim Aufheben entdeckte er zu seiner Überraschung ein kleines Stück strahlend weißen Putz, der hier auf dem Kalkstein überhaupt nichts zu suchen hatte. Er rief Reisner herbei. Innerhalb weniger Minuten hatten sie eine große, ebene Fläche mit Verfüllungen freigelegt und begannen sie auszuheben.

Reisner wusste sofort, dass er auf etwas ganz Außergewöhnliches gestoßen war. Von Anfang an sprach er von seinem »geheimen Grab«. Es gab zwar in Gise oft Schächte und Kammern unter den Mastabas, aber einen Eingang in den blanken Fels ohne jeden Überbau hatte er noch nie gesehen. Der Putz bildete eine Fläche direkt unter dem Sand, eine große weiße Insel im goldfarbenen Stein der Umgebung. Es gab keine Anzeichen für eine Plünderung, also waren die Erwartungen, etwas Ungestörtes zu finden, von Anfang an sehr hoch.

Unter dem dicken antiken Putz befand sich eine nicht besonders steile zwölfstufige Treppe voller Schutt, die offenbar in ein flaches Grab führte. Plötzlich jedoch, in etwa einem Meter Tiefe, machte die Treppe eine scharfe Kehre und führte stattdessen zu einem vertikalen Schacht mit etwa anderthalb Metern Seitenlänge. Wie die Treppe war auch er mit Schutt gefüllt, stieß aber direkt nach unten in das Herz des Kalksteinplateaus vor. Es dauerte viele Tage, den Schacht zu räumen. An den Seitenwänden fand man in regelmäßigen Abständen grobe Einschnitte, die den antiken Arbeitern als Halt für Hände und Füße gedient hatten.

In einer Tiefe von etwa 7,50 Metern stießen die Ausgräber in der Seitenwand auf etwas, das zunächst wie ein Eingang aussah und wie die Öffnung oben überputzt war. Sobald der Putz entfernt war, starrten sie jedoch in eine kleine Nische, die zwei unversehrte Weinkrüge, den gehörnten Schädel eines Ochsen und drei Beinknochen enthielt. Die Nahrungsmittel waren in eine Binsenmatte eingeschlagen, die allerdings beim Kontakt mit der Luft zerfiel. Offenbar waren sie auf eine Opfergabe gestoßen, die bei der Auffüllung des Schachtes dort deponiert worden war.

Etwa 17 Meter unter der Oberfläche fanden sie viele kleine Stücke von vergoldetem Holz – das größte war eine schlanke kannelierte Säule – und ein paar Kupferteile. Diese Gegenstände waren, wie sich nach der Reinigung herausstellte, mit Silber zusammengelötet worden. Silber war im alten Ägypten überaus kostbar, viel knapper als Gold, da die Ägypter nicht in der Lage waren, Silber aus den anderen Elementen, mit denen es zusammen in der Natur auftrat, herauszuschmelzen. Für die Verwendung von Silber als Lötmittel gibt es sonst keine Belege, weder aus früherer noch aus späterer Zeit. Die Fragmente stammten von der Überdachung oder Stützkonstruktion eines Zeltes, das, wie Reisner später erklärte, bei der Beisetzungszeremonie benutzt wurde. Weiter unten im Schacht, in einer Tiefe von 22 Metern, wurden acht Kalksteinbasen gefunden, in die die kannelierten Säulen hineinpassten. Reisner schloss daraus, dass sie das weiter oben gefundene Dach getragen hatten.

In fast 24 Metern Tiefe stießen sie schließlich auf den Grund des Schachts und auf einen seitlichen Gang. Er führte in eine Kammer, die seit 4500 Jahren niemand mehr betreten hatte.

Die Kammer

Der erste Blick muss eine Riesenenttäuschung gewesen sein. Nur drei Jahre zuvor hatte das Grab des Tutanchamun im Tal der Könige in Luxor gewaltige Schätze offenbart. In dieser Kammer gab es dagegen zwar Gold, aber es lag scheinbar willkürlich verstreut auf Haufen von Staub und zerbrochenem Holz. Die Inhalte eines unberührten Grabes waren in winzige Bruchstücke zerfallen, denen die Feuchtigkeit zugesetzt hatte. Hie und da sah man ein paar größere Stücke und Goldblechfetzen. Die Kammer selbst war grob aus dem Fels gehauen, die Wände nicht gerade, der Boden uneben und an einer Ecke eingesunken. Später stellte man fest, dass ein Teil des Bodens etwa einen Meter tief ausgehoben worden war – wahrscheinlich hatte man die Grabkammer zunächst tiefer anlegen wollen und diesen Plan dann aufgegeben. Die Wände waren nicht dekoriert. In zwei gegenüberliegende Wände hatte man offenbar Türen geschnitten; später sollte sich herausstellen, dass beide nur in noch nicht einmal einen halben Meter tiefe

Nischen führten. Ganz offenbar war ursprünglich ein weitaus größeres Grab geplant gewesen, doch hatte man diesen Plan aufgegeben, nachdem die erste Kammer nur grob aus dem Stein gehauen worden war. Der Schacht zu der halb fertigen Arbeit war nicht gerade sorgfältig mit Schutt gefüllt und der Zugang dann verputzt worden. Der Raum selbst bot einen erbärmlichen Anblick, weit entfernt von den prunkvollen Kammern anderer Grabanlagen.

Links von der Tür stand der einzige heile Gegenstand im ganzen Raum, ein Alabastersarkophag, auf dem mit Gold überzogene Stangen aufgeschichtet waren. Das Holz war in der Feuchtigkeit verrottet, das Gold jedoch hatte die ursprüngliche Form bewahrt. Auf dem Boden sah man inmitten von zerbrochenen Krügen und Geschirr erkennbare Formen. Hier lag ein Stuhlbein, dort ein rechteckiges Stück Goldblech. Es war sofort klar, dass dieses Grab einem überaus reichen und bedeutenden Menschen gehört haben musste. Im Moment allerdings bot es einen entmutigenden Anblick.

An diesem Punkt hätten viele Archäologen der Versuchung sicher nicht widerstehen können, einfach alles stehen und liegen zu lassen oder aber in einer schlichten Rettungsaktion die größeren Stücke zu bergen und den Staub und Schutt wegzukehren. Reisner dagegen war offenbar optimistischer als die meisten anderen. Er verkündete seine Absicht, die Kammer mit größtmöglicher Sorgfalt freizulegen und dabei in seinen Berichten aufs Genaueste die Lage eines jeden einzelnen winzigen Fragments festzuhalten, egal, wie unbedeutend es auch scheinen mochte. In seinem ersten Bericht macht er »die auf den ersten Blick unbedachte Aussage, dass es mit Hilfe der Berichte möglich sein wird, jeden Gegenstand im Grab wieder in seine frühere Position zu bringen, falls irgendjemand einmal eine so unsinnige Forderung stellen sollte«. In einem solchen Durcheinander die Lage und das Aussehen jedes einzelnen Gegenstandes nachzuvollziehen, schien nicht nur unsinnig, sondern schlicht unmöglich. Aber Reisner hatte die nötige Zuversicht – und die Geduld. Das Team fertigte über 1700 Seiten mit Beschreibungen, Plänen und Diagrammen und machte fast 1100 Glasplattenfotos, auf denen es gewissenhaft auch die scheinbar unbedeutendsten Stücke festhielt. Allein die Fundaufnahme dauerte bis Mai 1927.

Nach Abschluss dieser Mammutaufgabe zeigte sich, dass Reisner Recht hatte. Er konnte schließlich zwei komplette Sätze Möbel aus dem Grab rekonstruieren, einen für das Museum in Boston, das seine Arbeit unterstützt hatte, und den anderen mit den originalen Goldfragmenten für das Ägyptische Museum Kairo. Die Goldbeschläge verrieten letztendlich auch den Namen der Grabinhaberin: Es war Hetepheres, die Gemahlin des Snofru und Mutter des Cheops.

Die Objekte

Die Anlage der Kammer

Reisner konnte sein Versprechen also schließlich tatsächlich halten. Mit Hilfe seiner Berichte und Pläne konnte er nicht nur die Möbel der berühmten Königinmutter rekonstruieren, sondern auch, was noch wichtiger war, belegen, wo in dem Grab jedes einzelne Möbelstück einst gestanden hatte und wie es in sich zusammengefallen war.

Vom Eingang aus links stand der Alabastersarkophag mit den Stangen darauf. Diese Stangen stellten sich nachher als Teile eines zusammengestürzten Holzrahmens heraus, den Reisner dann als »Betthimmel« identifizierte. Ganz nahe an den Sarkophag herangeschoben hatte einst ein Lehnstuhl gestanden, einer von zwei Stühlen in diesem Grab – die ältesten übrigens, die aus der Antike erhalten sind. Ihre geschnitzten Armlehnen waren mit filigranen Mustern ineinander verschlungener Lotus- und Papyruspflanzen, den Symbolen des vereinten Ägypten, verziert. Den zweiten Stuhl hatte man in einen rechten Winkel zum ersten gerückt. Dahinter hatte ein Bett gestanden, dessen Matratze zum Rücken des Lehnstuhls hin abfiel, und darauf eine Tragsänfte. Zwischen dem Lehnstuhl und dem Fuß des Bettes lagen die Reste eines hohen zylindrischen Lederbehälters, dessen Deckel und Boden aus vergoldeten Holzscheiben bestanden. In ihm wurden einige Stäbe oder Zepter aufbewahrt. Zwischen dem Bett und dem Sarkophag war noch Platz für eine lange, schmale rechteckige Kiste, deren Seiten und Deckel mit aufwändiger Intarsienarbeit geschmückt waren. Darin befand sich in einer zweiten, kleineren Schatulle eine wunderbare Kollektion von Silberarmreifen mit Einlegearbeit. Dahinter hatte zur Rückseite des kleinen Raumes hin ein kleines Schminkkästchen und eine vergoldete Kopfstütze für den Gebrauch im Bett gestanden. Und hinter all diesen Dingen stapelten sich noch vier größere Kisten, die wahrscheinlich Leinen enthielten – insgesamt also die ganze Ausstattung, die eine Königin im Leben wie im Tod wohl brauchte.

Allerdings machten Reisner noch mehrere Probleme zu schaffen. Die Kammer war winzig, ursprünglich voll gestopft mit all diesen Gegenständen und noch ganz und gar nicht fertig, als sie belegt wurde. War die Mutter des Cheops wirklich so beigesetzt worden? Im Vergleich mit der Grabkammer Tutanchamuns, die gerade zum ersten Mal nach ihrer Entdeckung für die Öffentlichkeit zugänglich gemacht worden war, wirkte dieser Raum schäbig. Der Sarkophag war beschädigt, Alabastersplitter lagen an mehreren Stellen auf dem Boden verstreut. Und vor allem stand die Ausstattung insgesamt völlig falsch. Offenbar war sie in der umgekehrten Reihenfolge hineingetragen worden! Eigentlich hätte der Sarkophag zuerst hineingestellt werden müssen, danach die Möbel, und der persönliche Besitz, die kleinsten Dinge, wahrscheinlich erst ganz zum Schluss. Doch der Sarkophag stand der Tür am nächsten, er war als Letztes noch in den schon voll gestopften Raum geschoben worden. Was konnte die alten Ägypter dazu gebracht haben, eine so hochrangige Persönlichkeit wie Hetepheres, »Tochter eines Königs, Gemahlin eines Königs, Mutter eines Königs«, in einer so unorthodoxen Form beizusetzen?

Die Lehnstühle

Im Schutt und Staub haben sich nicht genügend Holzfragmente erhalten, um eindeutig feststellen zu können, welche Holzarten für die einzelnen Möbelstücke benutzt wurden. Die meisten Stücke waren mit schmalen Intarsienstreifen eingefasst, einige vergoldet, einige aus schwarz gebeiztem Holz, aber alle mit dem Namen und den Titeln der so lange verschollenen Königin geschmückt. Diese Streifen definierten die Formen der Möbel und ihre Größe, sodass man genaue Rekonstruktionen anfertigen konnte und nicht auf Vermutungen angewiesen war.

Beide Lehnstühle hatten Löwentatzen, wobei die Vorder- und die Hinterbeine unterschiedlich gestaltet waren wie bei einem echten Löwen. Beine dieses Stils aus früherer Zeit waren andernorts zwar schon in Bruchstücken aufgetaucht, hier aber hatte man die ersten vollständig erhaltenen, die bei einem Stuhl Verwendung gefunden hatten. Die Verwendung von Löwentatzen als Stuhlbeine setzte sich in der gesamten altägyptischen Geschichte fort. Zum Material des Rückens und des Sitzes, sei es jetzt Holz, Einlegearbeiten oder Binsengeflecht gewesen, kann man keine Aussagen machen. Bei der Rekonstruktion wurde schlichtes Holz eingesetzt.

Nahe dem Lehnstuhl am Sarkophag fand Reisners Team eine Tafel mit Intarsien, die, wieder zusammengesetzt, das erste der verschollenen Königin zugeschriebene Bild zeigte. Wie auf den meisten Bildern des Alten Reiches waren auch hier die Kiefer, die Schultern und der gesamte Körperbau massig und kantig, und ihre Gliedmaßen wirkten schwer und muskulös. Das Bild weist zwar keine Inschrift auf, zeigt aber sicher Hetepheres mit den Armreifen, die ganz in der Nähe im Schmuckkästchen abgelegt waren. Reisner hatte den Eindruck, dass die Einlegearbeiten »offenbar – besonders in der Größe und den Proportionen der erhaltenen Teile – kein besonders geeignetes Bild für den Stuhlrücken lieferten«. Andererseits finden sich sehr ähnliche Bilder am Rücken von Tutanchamuns goldenem Stuhl. Weniger kunstvolle Entwürfe ähnlicher Größe schmückten die Rückenlehnen in dem intakten Grab von Juja und Tuja, das 1905 im Tal der Könige gefunden worden war. Ihre Enkelin, die Große Königsgemahlin Sitamun, hatte sie ihnen mit ins Grab gegeben.

Dieser Stuhl hatte also ursprünglich wohl einen vergoldeten Rahmen und ebensolche Beine sowie auf der Rückenlehne ein strahlend buntes Bildnis der Königin Hetepheres mit dem Schmuck, auf den sie ganz offenbar unglaublich stolz war. Dies entsprach durchaus der antiken Vorliebe für knallige Farben. Das Möbel muss wirklich beeindruckend ausgesehen haben.

Das Bett

Wie die Sessel war auch dieses Stück das früheste seiner Art, das man aufgrund der erhaltenen Einzelteile rekonstruieren konnte, obwohl das Holz stark zerstört war. Das Bett war wie die meisten traditionellen ägyptischen Betten mit Stierbeinen ausgestattet, die ebenfalls vergoldet und wie die Löwentatzen des Sessels als Vorder- und Hinterbeine gestaltet waren. Die Matratzenunterlage fiel zum Fußende hin leicht ab. Die Anbringung eines Fußbords war hier nützlicher als unsere modernen Abschlüsse am Kopfende, die keinem besonderen Zweck dienen. Beim Schlafen ruhten die Füße am Fußbord und verhinderten ein Herabgleiten, sicherten aber gleichzeitig eine überaus gesunde Schlafposition mit erhöht liegendem Kopf. Das Fußbord war aufwändig mit Einlegearbeiten – einem feinen Federmuster kombiniert mit farbigen Rosetten – verziert, die an den Rändern Umrahmungen bildeten.

Wie alle ägyptischen Betten war auch dieses schmal und sollte nur dem Schlafen dienen. Die passende Kopfstütze aus vergoldetem Holz hatte die Königin zweifellos schon zu Lebzeiten in Benutzung gehabt. Über den Einsatz solcher Kopfstützen ist viel diskutiert worden, weil man allgemein annimmt, dass der Schläfer den Hinterkopf auf ihnen ablegte, was eine extrem unbequeme Schlafposition ergibt, weil der Nacken und die obere Wirbelsäule stark belastet werden. Eine kleine Figurine, die sich heute im Metropolitan Museum of Art in New York befindet, zeigt allerdings, dass der Schlafende mit der Wange auf der Kopfstütze ruhte. Die

Stütze war in der Höhe genau auf die Schulterbreite des Schläfers abgestimmt, sodass die Wirbelsäule im Liegen völlig gerade blieb, während der schmalere Fuß der Stütze die Luftzirkulation im Nacken erlaubte – insgesamt also nicht nur eine gesunde Art zu schlafen, sondern außerdem auch überaus komfortabel und kühl im heißen Wüstenklima.

Wenn ich die Rekonstruktionen in den beiden Museen betrachte, überrascht mich immer wieder, wie wenig Aufmerksamkeit die Besucher den Möbeln der Hetepheres schenken. Irgendwie ist ein Bett eben ein Bett und damit ein zu vertrautes Möbelstück, um noch einen zweiten Blick darauf zu verschwenden. Man sieht es, erkennt es und geht weiter zu Dingen, die spannender wirken – zum ägyptischen Schmuck zum Beispiel. Im Ägyptischen Museum in Kairo ist der Raum mit den Schätzen Tutanchamuns immer so voll, dass man kaum Luft zum Atmen hat, geschweige denn Platz, sich zu bewegen, während der Raum mit den Möbeln der Hetepheres nur selten Besucher anzieht.

Man sollte sich klar machen, dass diese Stücke niemals billige Wegwerfmöbel waren, sondern Meisterstücke ihrer Zeit. In dieser frühen Epoche hatten nur wenige Menschen außerhalb des Palastes überhaupt irgendwelche Möbel. Sie saßen oder hockten auf dem Boden und schliefen, wo immer sie einen geeigneten Platz dazu fanden. Auf Grabwänden gab es zwar schon im Alten Reich Darstellungen von Betten, aber hier bot sich zum ersten Mal die Chance herauszufinden, wie sie wirklich aussahen. Deshalb ist dieses Bett von immenser Bedeutung, nicht nur für die Ägyptologie, sondern auch für die Archäologie allgemein. Die Tatsache, dass die Ägypter schon vor 4500 Jahren wussten, welche Schlafposition die gesündeste ist, zeigt, wie hoch entwickelt die ägyptische Gesellschaft war. Und außerdem ist es dem Romantiker in jedem Archäologen unmöglich, dieses Bett anzusehen und sich nicht die Königin vorzustellen, die vor so langer Zeit darauf gelegen hat.

Die Kisten

Vier Kisten, die wie gesagt offenbar einst Leinen enthielten, standen ganz hinten im Raum auf dem Boden. Vielleicht war in ihnen die Kleidung der Königin aufbewahrt, die allerdings heute fast völlig verrottet ist. Auf jeder dieser Kisten stand eine weitere, und diese oberen vier enthielten Keramik. Dieser Aufbau war nicht gerade durchdacht. Im Laufe der Jahrhunderte lösten sich die Seiten der oberen Kisten auf, sodass die Tonkrüge zur Seite rutschten. Noch später ließ das Gewicht der Krüge auf dem verrotteten Holz die oberen Kisten völlig auseinander brechen, die Gefäße fielen heraus. Einige zerbrachen auf dem Boden, andere fielen auf das Bett daneben, das wiederum zusammenbrach, wobei die Tragsänfte, die auf dem Bett lag, ebenfalls auf dem Boden landete. Viele Krüge zerbrachen auch auf den Leinenkisten, die sich öffneten, sodass die Stoffe herausquollen.

In den Gefäßen waren einst Speise- und Parfümöle, Wein und Bier gewesen. Als die oberen Kisten irgendwann auseinander fielen und die Krüge herunterkrachten, spritzten die Flüssigkeiten über die Kisten und das Leinen und verteilten sich auf dem Boden des ganzen Raums. Altägyptische Tonwaren waren nicht glasiert und ihr Inhalt konnte relativ schnell verdunsten. Andererseits standen diese Krüge versiegelt in einem luftabgeschlossenen Raum 30 Meter unter der Erdoberfläche, und so war die Verdunstung wahrscheinlich schnell zum Stillstand gekommen. Die Gefäße waren vielleicht nicht mehr ganz voll, aber sicher noch voll genug, um größere Probleme zu bereiten. Die Flüssigkeit auf altem Holz beschleunigte den Zerfall ganz sicher. Wenn man die Keramikkisten auf den Boden und die Leinenkisten darauf gestapelt hätte, wäre der Schaden geringer gewesen.

Die Kiste mit den Intarsien

Neben dem Sarkophag und hinter dem Lehnstuhl, der der Tür am nächsten stand, lag das prächtigste Stück im Raums, eine lange, rechteckige, schmale und flache Kiste. Einst war ihr Deckel mit Intarsien verziert gewesen, ihre Seitenwände waren mit dicken Goldblechen verkleidet. Im Laufe der Jahrhunderte verrottete das Holz völlig, ein Prozess, der wahrscheinlich noch durch die verschütteten Flüssigkeiten beschleunigt wurde. Übrig blieben nur die Ränder der beiden Enden, die die ursprüngliche Länge der Kiste anzeigen, das Gold von den Seiten, das nach außen gefallen war, und die Intarsien, die auf die Gegenstände fielen, die einst in der Kiste aufbewahrt wurden. Größer wurde der Schaden noch dadurch, dass die Kiste auf einer Unebenheit im Fußboden abgestellt worden war. Durch die Neigung sammelten sich die Intarsien nach dem Zerfall des Deckels an einem Ende der Kiste.

Bei der Restaurierung stellte sich heraus, dass der Deckel einst eine breite Inschrift mit eingelegten Fayence-Stückchen getragen hatte, die sich über die ganze Länge der Kiste zog und die vollen Namen und Titel der Königin aufführte. Die Ränder der Kiste waren mit genau der gleichen Federn- und Rosettenbordüre eingelegt wie das Fußbord des Bettes. Es war offensichtlich, dass die beiden Möbelstücke zusammengehörten.

Zur Überraschung aller enthielt die Kiste offenbar eine konfuse Mischung aus allem möglichen Kleinkram. In einer Ecke stand eine hölzerne Schatulle mit den Armreifen der Königin. Um sie herum hatte man Kupfergegenstände geschoben – Rasiermesser, Pinzetten, kleine Schüsselchen und einen Wasserkrug. Winzige Alabastersplitter vom Sarkophag waren ebenfalls irgendwie in die Kiste geraten. Diese Kiste musste früher anderen Zwecken gedient haben. Reisner Meinung nach war in ihr einst Leinen vom »Betthimmel« oder Kleidung aufbewahrt worden. Noch immer lagen Überreste einer kunstvollen Perlenstickerei in einer Ecke. Als man sie in dieser kleinen Grabkammer unterbrachte, füllte man sie offensichtlich mit verschiedenen kleinen Gegenständen. Die Splitter vom Sarkophag lassen vermuten, dass diese Stücke irgendwo anders aufgesammelt, ja vielleicht sogar aufgefegt worden waren. Diese Kammer war also nicht die ursprüngliche Grablege der Königin, sondern wohl eine Wiederbestattung.

Die Tragsänfte

Auf Reliefs an den Wänden der Mastabas in Sakkara finden wir viele Bilder von Würdenträgern, die in einer solchen Sänfte getragen werden, aber hier bot sich erstmals die Gelegenheit, ein solches Stück *in natura* zu untersuchen. Die Sänfte lag ursprünglich auf dem Bett. Ihr Gewicht trug natürlich dazu bei, dass das Bett bald zusammenbrach, aber die Sänfte selbst wurde durch das Bett abgefedert. Ihr Holz war überraschend gut erhalten – vielleicht weil das Bett die Feuchtigkeit des Bodens abhielt – und dick mit Gold überzogen, die Ränder mit Ebenholzstreifen versehen, auf denen in Goldbuchstaben die Titel der Königin aufgeführt waren:

> Mutter des Königs, der den Horus sieht; diejenige, die verantwortlich für das Lager ist, sie, deren Anordnungen man befolgt, die leibliche Tochter Gottes, Hetepheres.

Getragen wurde die Sänfte mit Hilfe von zwei Stangen, die jeweils an den Enden mit vergoldeten Palmwedeln beschlagen waren. An den vier Ecken der Bodenplatte waren Krampen eingeschlagen, damit man Seile von vorn nach hinten und quer hinüber ziehen konnte, um die Platte zu sichern. Der Boden der Tragsänfte ist völlig eben, was bei einer längeren Reise sicher äußerst unbequem war, weil der Passagier seine Knie bis an die Brust hochziehen musste. Bilder von Sänften, in denen gerade jemand getragen wird, sind nicht sehr hilfreich, weil sie keinen Einblick in die Sänfte, sondern nur eine Sicht von der Seite bieten. Allerdings zeigen Darstellungen von Stühlen aus allen Zeiten, dass sie mit losen Kissen ausgestattet waren, die die Sitze und auch die Rückenlehnen polsterten. Wenn die Sänfte mit Kissen ausgepolstert war, waren auch längere Strecken sicher besser zu bewältigen.

In einer solchen Sänfte getragen zu werden, war sehr ranghohen Personen vorbehalten, auch wenn die Person in der Sänfte von allen zu sehen war. Dies geht aus einem Auszug des Papyrus Westcar hervor, in dem Prinz Hordjedef, ein Sohn des Cheops, in das

Gebiet des heutigen Meidum reiste, um einen Zauberer zu suchen, mit dem er seinen königlichen Vater beeindrucken konnte (siehe auch S. 108)

> Nachdem die Schiffe ans Ufer gezogen worden waren, reiste er über Land, in einer Sänfte aus Ebenholz sitzend, deren Tragstangen aus süß duftendem Holz waren.

Über die Identifizierung des »süß duftenden Holzes« *(sesnedjem)* wird noch gestritten, aber aller Wahrscheinlichkeit nach war es Zedernholz. Auf dem Weg nach Hause half der Prinz dem sehr alten Zauberer und lehnte es aus Respekt vor seinem Alter ab, selbst in der Sänfte zu reisen.

> Der Prinz Hordjedef bot ihm seinen Arm und half ihm aufzustehen. Er ging mit ihm zum Flussufer und hielt seinen Arm.

Die Armreifen

Die Schatulle mit den Armreifen war ursprünglich auf allen Seiten mit schweren Goldplatten verkleidet. Durch eingepunzte Muster sah es so aus, als seien Matten um die Kassette geschlungen. Diese Goldbleche, die zu fragmentarisch waren, um noch einmal ihrer Verwendung zugeführt zu werden, sind bei den Rekonstruktionen weggelassen worden, und so wirkt das Kistchen heute ganz schlicht – Holz ohne jede Verzierung.

Auf einem Stück der Goldplattierung standen die Worte »die Ringe der Königin« in Hieroglyphen. Innen befanden sich Markierungen, wo einst zwei sich verjüngende zylindrische Holzstäbe in der Schatulle von einer Seite zur anderen verliefen, auf denen zwei parallele Sets von Armreifen aufgereiht waren. Die Schatulle ist ganz eindeutig speziell für diesen Zweck gebaut worden. Jeder Stab hielt früher einmal zehn Armreifen gleicher Größe. Zunächst ging man davon aus, dass es sich um Fußreifen handelte, aber der Durchmesser war zu klein, als dass man sie hätte über das Fußgelenk streifen können, ja die kleinsten waren sogar so eng, dass sie überhaupt nicht um einen Knöchel gepasst hätten, und zusammen hätten sie den halben Unterschenkel bedeckt. Statt dessen sollten sie offenbar an den Armen getragen werden, und zwar alle zusammen, von den Ellenbogen bis hin zu den Handgelenken an beiden Armen. Das Bild der Königin, das ja wahrscheinlich die Lehne eines Stuhls bildete, zeigt sie mit diesem Schmuck.

Die Armreifen waren aus purem Silber, gewölbte, an der Innenseite hohle Metallringe, während die konvexe Außenseite mit Türkisen und ein paar kleinen Stücken Lapislazuli eingelegt war, die dort zarte Schmetterlinge bildeten. Mehrere Armreifen waren so schlecht erhalten, dass sie nicht mehr gerettet werden konnten.

Diese Stücke waren weder dem Material noch dem Aussehen nach ägyptisch. Sie kamen ganz offensichtlich aus dem Ausland, wahrscheinlich als Geschenke für die Mutter des Cheops. Anhand von Verunreinigungen im Material könnte man heute herausbekommen, woher das Silber stammte. Nach jüngsten Untersuchungen von P. Nicholson und I. Shaw, *Ancient Egyptian Materials and Technologies,* Cambridge 2000, sind diese Armreifen offenbar bisher der Aufmerksamkeit entgangen. Andere Gegenstände aus Silber, die man untersucht hat, zeigten entweder einen großen Anteil von Verunreinigungen (Gold oder Kupfer) und waren tatsächlich ägyptischer Herkunft, oder sie waren fast reines Silber und importiert.

Wenn man die Herkunft der Armreifen, sei es anhand des Materials oder des Stils, bestimmen könnte, würden sich daraus vielleicht überaus interessante Fragen ergeben. Gemeinhin heißt es, Ägypten habe im Alten Reich (siehe Kapitel 2) in *splendid isolation* abgekapselt von seinen Nachbarn gelebt. Das kann so nicht stimmen; Handelswaren waren für Ägyptens Entwicklung lebenswichtig. Ein Geschenk wie diese wertvollen Armreifen, die die Königin so schätzte, dass sie sich sogar mit ihnen abbilden ließ, könnte auf wichtige Handelspartner Ägyptens verweisen. Der Stil der Stücke weist in die Region Anatolien, das spätere Land der Hethiter, und auf eine Vermittlung über Byblos. Die Hafenstadt

Byblos unterhielt zu allen Zeiten enge Verbindungen zu Ägypten, selbst wenn sich die benachbarten Stadtstaaten gegen die Großmacht erhoben. Man ist versucht, hier eine ägyptische Kolonie zu sehen. Bisher ist unklar, wie weit diese Verbindung zurückreicht; die Herkunft dieser Armreifen bestätigt sie durchaus und kann Anlass sein, sie bis in die Anfänge des Alten Reiches zurückzuverlegen.

Die Perlenstickerei

Dank Reisners Entschlossenheit, wirklich alles genau zu verzeichnen, wurden selbst die winzigsten Fragmente mit absoluter Sorgfalt aufgenommen. Ein Stück Perlenstickerei war in eine Ecke der großen Kiste mit der Einlegearbeit geschoben worden. Die genaue Lage tausender winziger Ringperlen wurde festgehalten, obwohl die Leinenfäden, die sie einst verbunden hatten, sich schon lange aufgelöst hatten. Die Farben der Perlen waren zwar verblasst, man sah aber noch, dass das Stück als Ganzes einst einen blauen Hintergrund gehabt hatte, wie ihn die Ägypter zu allen Zeiten so liebten, darauf ein Diamantmuster mit jeweils einem kleinen Diamant in der Mitte (siehe Foto). Die meisten dieser Rauten waren schwarz, zwei Perlen breit und umschlossen ein gelbes Feld mit einem Viereck von drei auf drei roten Perlen in der Mitte. Über ihnen waren als Bordüre wieder Diamanten mit schwarzer Fassung, gelben Innenflächen und blauen Vierecken im Wechsel mit blauen Innenflächen und gelben Vierecken gestickt. Die Gesamtwirkung war verblüffend (siehe Foto).

Erhalten waren die Überreste eines Vierecks von etwa 15 Zentimeter Seitenlänge. Das gesamte Stück allerdings war ursprünglich beträchtlich länger, wenn man von den in der Nähe verstreuten Perlen ausgeht und in Betracht zieht, dass viele Perlen wahrscheinlich schon zerfallen waren. Das Muster kennt man von Gürteln aus dem Mittleren Reich, aber diese waren länger und schmaler als dieses Stück Stickerei. Reisner kam schließlich zu dem Schluss, dass es sich um das Oberteil eines Kleides gehandelt haben könnte. Eine andere Möglichkeit jedoch wurde gar nicht in

Betracht gezogen: Dieses Diamantmuster findet man auf vielen kurzen Umhängen, die die Könige bei der Feier des *sed*-Festes trugen. In meinen Augen ist es sehr wahrscheinlich, dass wir hier einen solchen Umhang vor uns haben. Die Perlen machten das Kleidungsstück sehr schwer, aber sie glitzerten und zogen mit ihren Farben die Blicke auf sich. Die Bordüre bildete den Rand des Umhangs, der über einem kurzen Schurz getragen wurde. Wir wissen aus zerbrochenen Fragmenten vom heute nicht mehr vorhandenen Aufgang zur Cheops-Pyramide, dass Hetepheres' Sohn ein *sed*-Fest feierte. Vielleicht war dies sein Umhang.

Der Betthimmel

Wie die meisten anderen Möbelstücke im Grab war auch das Holz des Baldachins stark verrottet. Da aber die Holzstücke dicker waren als die Wände der Kisten und die Rahmen von Stühlen und Bett, hat sich genug erhalten, um die komplizierten Verbindungen der einzelnen Stücke und andere interessante Einzelheiten zu betrachten. Die meisten Holzstücke waren mit dickem Goldblech verkleidet, das großteils als leere Hülle erhalten geblieben ist und von dem hölzernen Rahmen, den es einst enthielt, Zeugnis ablegt.

Die Seiten bestanden aus Säulen wie Zeltmasten, die an einem Dachrahmen befestigt waren und unten in Balken übergingen, die auf dem Boden standen. Sie waren mit schwerem Gold überzogen. Die Zapfen oben und unten waren ebenso wie die Balken am Boden jeweils mit dickem Kupferblech verkleidet, was darauf hindeutet, dass der Rahmen häufiger abgenommen und wieder aufgesetzt werden sollte. Für eine dauerhafte Befestigung hätte man sie festgeleimt oder angedübelt. Kupferbeschläge wurden nur auf Holzteilen angebracht, die beweglich sein sollten, wie etwa Türangeln. Die schwere Kupferverkleidung der Bodenbalken, an der Unterseite befestigt und nach oben um den unteren Teil der Balken geschlagen, sollte das Holz sicher auch vor Schäden durch Feuchtigkeit bewahren. Diese Füße waren so gemacht, dass sie auch auf feuchtem Boden und nicht nur auf Steinplatten stehen konnten.

Der Dachrahmen und die Bodenbalken waren ebenfalls mit

Zapfenverbindungen ineinander gehängt und jeweils mit Kupfer verkleidet, um das Ganze leicht ab- und wieder aufbauen zu können. An jeder Eckverbindung waren außerdem zur Stabilisierung ringförmige Krampen aus Kupfer eingelassen. Reisner war der Ansicht, dass man diese mit ungegerbtem Leder verband, wie man es an Wagengelenken aus dem Neuen Reich beobachten kann. Wenn man die Ähnlichkeiten in der Holzbearbeitung bei diesen Möbeln und dem Schiff des Cheops (siehe Kapitel 10) bedenkt, ist es allerdings ebenso möglich, dass die Verbindungen mit Seilen gesichert waren. Auch diese wären problemlos zu befestigen und wieder abzunehmen gewesen und hätten dem Ganzen Stabilität verliehen.

Der Rahmen ist wahrscheinlich oft gebraucht worden. Eine der Querstangen vom Baldachindach war bereits einmal gebrochen und wieder repariert worden, indem man eine Kupferplatte um den Bruch legte und sie mit kleinen Kupfernägeln festnagelte. Auch ein solcher Bruch hätte nicht auftreten können, wenn der Rahmen dauerhaft auf den Stangen befestigt gewesen wäre, denn die stabilen Eckverbindungen hätten jede Bewegung der Dachstangen verhindert. Die Stange kann auch nicht beim Transport in das Grab gebrochen sein, denn die Reparatur ist schon älter und das Holz mit Kupferoxid patiniert. Ein solcher Bruch konnte nur beim Ab- und Aufbau der einzelnen Teile entstehen. An den oberen Ecken des Rahmens und entlang der äußeren Ränder der Seitenbalken waren Kupferhaken festgenagelt, die ganz sicher einen Überzug am Platz halten sollten.

Reisner postulierte, dass die Seiten einst mit Leinenvorhängen verkleidet waren und dass die Kiste mit den Einlegearbeiten diese Bettvorhänge enthalten hatte. »Der ganze Baldachin muss einen abgetrennten Raum gebildet haben, in dem das Bett der Königin und vielleicht andere Möbelstücke Platz fanden, teils zum Schutz der Privatsphäre und teils als Schutz gegen Insekten.«

Diese Ansicht wirkt subjektiv und sehr typisch für eine Zeit, in der reiche Menschen noch in Himmelbetten schliefen und Reisende in den Kolonien ihre Betten mit Moskitonetzen aus feinem Musselin schützten. Es gibt aber eine wahrscheinlichere, logische und überraschende Erklärung für diese Konstruktion: Das Ganze könnte eine vollständige, aufeinander abgestimmte königliche Campingausrüstung gewesen sein! Aus verschiedenen späteren Inschriften ist bekannt, dass die ägyptischen Könige auf Feldzügen ihren gesamten Hofstaat mitnahmen und, am Ziel angelangt, ein Lager aufschlugen, das genau dem Plan des heimischen Palastes entsprach. Und dazu gehörten überraschenderweise auch die Königsgemahlinnen.

> Tempel in Luxor, Reliefs von Kadesch
> Zeit Ramses' II., 5. Regierungsjahr
>
> Ankunft der (Gemahlin) des Königs (Leben, Wohlstand, Gesundheit) am (?), der Mutter der königlichen Kinder, zusammen mit ... (Tuja?) der Mutter des Königs, ... die sich an der Westseite des Lagers niederlassen, um den Feind (zu meiden).

Ein Zelt aus dem alten Ägypten hat bis heute alle Zeitläufte überdauert. Es steht im ersten Stock des Ägyptischen Museums in Kairo in einer maßgefertigten Glasvitrine. Von außen wirkt es wie eine ziemlich langweilige bemalte Kiste. Ich habe gesehen, wie Leute sich daran lehnten, Taschen dort abstellten und gar nicht merkten, dass sich etwas Besonderes in dem Glaskasten befand. Das Zelt wurde 1881 im Grab der Königin Istemcheb am Westufer des Nils in Luxor gefunden, zusammen mit den Königsmumien, die schon im Altertum aus ihren Gräbern im Tal der Könige entfernt und in das Grab der Königin gelegt worden waren, um sie vor Räubern zu schützen. Das Zelt ist überraschenderweise eine Art Würfel und hat kein Spitzdach, wie wir es kennen. Es besteht aus rot, gelb und grün gefärbten und zusammengenähten Lederquadraten. Der Eingang ist nicht wie in modernen Zelten in eine Seite geschnitten, sondern öffnet sich an der Ecke, wo zwei Kanten nicht zusammengenäht sind.

Dieser Zeltüberzug brauchte einen Rahmen, und der Rahmen vom Bett der Königin Hetepheres würde da genau passen. Indem man zwei Kanten des Zeltes nicht zunähte, konnte eine Wand hoch gerollt und festgebunden werden, sodass das Zelt zu einer Seite offen war. Nach der einen Abbildung, die wir von einem solchen Lager – auf dem Feldzug Ramses' II. in Kadesch – haben, werden diese Zelte noch von einer äußeren Schutzwand aus Schilden umgeben. Sie markierten nicht die Außenseite des Lagers, sondern eher eine Abgrenzung des privaten königlichen Bezirks vom Rest des Lagers. Der Baldachin war, wie wir gesehen haben, so konstruiert, dass er problemlos auf- und abgebaut werden konnte. Und die einzelnen Teile konnten zusammengeschnürt und leicht transportiert werden. Die Kupferverkleidung unten an den Bodenbalken war dazu gedacht, auf einem feuchten Feld oder sonstigem Grund aufgestellt zu werden, während die darauf abgestimmten Möbel eine elegante und raffinierte Komprimierung all dessen darstellten, was eine Königin an Ausrüstung brauchte. Das Kistenset mit dem Geschirr und dem Leinen war das antike Äquivalent zu Koffern, während die Tragsänfte zeigt, dass ein paar zuverlässige Fußsoldaten die Königin von Lagerplatz zu Lagerplatz tragen mussten. Wir wissen, wieder aus Militärtexten, dass die ägyptische Armee auf dem Marsch etwa elf Kilometer pro Tag zurücklegte, bis schließlich das endgültige Lager vor der Schlacht erreicht war; und dieses langsame Tempo wurde ganz sicher vor allem durch den Transport der Königinnen und ihrer Ausrüstung bestimmt.

Die Grabausstattung

Nachdem der ganze Schutt aufgenommen und eingesammelt worden war, konnte man sich schließlich dem Sarkophag zuwenden. Anders als in vielen Büchern berichtet hatte Reisner eigentlich kaum Hoffnungen, dort noch menschliche Überreste zu finden. Der Sarkophag war an vielen Stellen angestoßen, und die Splitter in der Kiste mit der Einlegearbeit zeigten, dass der Schaden schon viel früher an anderem Ort eingetreten war. Man konnte jetzt auch sehen, dass der Deckel auf der Seite zur Kammer hin deutliche Beschädigungen an der Fuge zeigte.

Rechts von der Eingangstür hatte man an der Wand ein Stück Putz gefunden. Sobald man die oberste Schicht abgenommen hatte, kam eine schmale Nische weit oben zum Vorschein, die erst mit der Decke abschloss. Darin eingelassen befand sich auf den verrotteten Kufen eines Schlittens ein Gefäß aus Alabaster. Als man schließlich den Deckel abnahm, fand man vier Unterteilungen, von denen eine trocken war, während die drei anderen eine Flüssigkeit enthielten – Natronlauge, in der die entfernten Eingeweide der Königin lagerten. Damit war zweifelsfrei bewiesen, dass Hetepheres voll einbalsamiert worden war – der erste und früheste Beweis für eine Mumifizierung mit Entfernung der Eingeweide in Ägypten.

Die Öffnung des Sakophags wurde mit der nötigen Feierlichkeit vor einem geladenen Publikum zelebriert. Zur Enttäuschung und Verwunderung aller zeigte sich bei Anhebung des Deckels, dass der Sarkophag völlig leer war. Es gab keinen Hinweis darauf, dass sich je eine Leiche dort befunden hatte – allerdings ließen die Beschädigungen am Deckel vermuten, dass der Leichnam bei einem Überfall von Grabräubern an der früheren Grabstätte zerstört worden war.

Welch eine Antiklimax zu der verblüffenden Entdeckung des Grabes! Hetepheres, die Mutter des Cheops, einmal leibhaftig zu sehen, wäre wirklich der höchste Triumph gewesen.

Die Erklärung

Von Anfang an war klar, dass es sich nicht um eine Erstbestattung, sondern um eine Wiederbestattung der Königin Hetepheres handelte. Die umgekehrte Anordnung der Gegenstände in der Kammer wies in Reisners Augen darauf hin, dass die ursprüngliche Grabkammer, wahrscheinlich in Dahschur nahe dem Grab ihres Gemahls Snofru gelegen, von Räubern geplündert worden war. Als man den Schaden entdeckte, räumte man das Grab systematisch aus und transportierte die Gegenstände unverzüglich nach Gise. Hier wurden sie in eben der Reihenfolge, in der man sie aus dem Grab geborgen hatte, in die neue Kammer hinabgelassen, und so waren die Dinge, die man als letzte in das ursprüngliche Grab gestellt hatte, die ersten, die jetzt im neuen Grab einen Platz fanden. Der Sarkophag, der erste Gegenstand im alten Grab, wurde ganz zum Schluss in das neue hinabtransportiert und nahe der Tür abgestellt.

Hinweise auf den vorherigen Raub gab es mehr als genug. Der Sarkophag war gewaltsam geöffnet worden, Deckel wie auch Sargwanne waren beschädigt. Die Alabastersplitter waren aufgefegt und in die Kiste mit den Intarsien geschüttet worden, ebenso kleinere Grabbeigaben, die zum Transport ohne Ordnung in diese Kiste gelegt worden waren.

Wo also war das ursprüngliche Grab? Bisher hat es noch niemand gefunden. Der Sarkophag allein ist schon zu groß, um in den Kammern der so genannten Königinnen-Pyramiden Platz zu finden. Wahrscheinlicher ist, dass Hetepheres neben der Pyramide ihres Ehemannes Snofru in Dahschur beigesetzt wurde. Vielleicht kommt das Grab ja eines Tages noch ans Licht.

Reisner entwickelte eine durchdachte Erklärung der Ereignisse, wie sie sich abgespielt haben müssen. Gegen Ende der Regierung des Cheops – wohl im 23. Regierungsjahr – drangen Diebe gewaltsam in das Grab der Königinmutter ein. Jemand muss den König davon in Kenntnis gesetzt haben, am wahrscheinlichsten wohl einer seiner Söhne. Cheops befahl sofort die Wiederbestattung des Leichnams seiner Mutter und aller Grabbeigaben, die den Übergriff überstanden hatten, wobei ihm offenbar niemand zu sagen wagte, dass der Leichnam seiner Mutter zerstört worden war. Und so spielte sich vor viereinhalbtausend Jahren eine makabre Scharade im Sand nahe der vollendeten Pyramide ab, die Cheops bald für sich in Anspruch nehmen sollte. Er überwachte den Transfer der Grabbeigaben seiner Mutter und trauerte, als ihr Sarkophag in den tiefen Schacht hinabgelassen wurde. Während der Schacht zugeschüttet wurde, brachte er in einer Nische ein Opfer aus Rindfleisch und Wein für ihr *ka* dar. Nie erfuhr er, dass der Schaden größer gewesen war, als es aussah, und dass der Sarkophag, an dem er trauerte, leer war.

Aber noch immer bleibt die Frage: Wer hätte es gewagt, das ursprüngliche Grab zu betreten? Es lag wohl kaum am Ende eines tiefen Schachts wie die Wiederbestattung, denn wie hätten sich Grabräuber offen und systematisch in einen mit Steinen gefüllten, 30 Meter tiefen Schacht vorarbeiten können, ohne dass jemand etwas davon merkte? Die Plünderung ganz normaler Gräber war anscheinend an der Tagesordnung. Aber die Beisetzung der großen Königin Hetepheres war doch sicher etwas ganz anderes. Waren die Sicherheitsvorkehrungen so lax, dass eine Gruppe von Räubern sich schon ein paar Jahre nach ihrem Tod in die königliche Grabumfassung ganz in der Nähe des Grabbaus ihres Gatten einschleichen konnte und genügend Zeit hatte, um die Mumie der Königin zu entfernen und zu zerstören?

Der Raub liefert uns einige weitere Informationen über die Regierung des Cheops. So war, einmal abgesehen von der Organisation der Bauarbeiten, die Imhoteps ursprünglichem Plan folgte, die Sicherheit in Cheops' Ägypten offenbar nicht unbedingt gewährleistet. Man kann auch davon ausgehen, dass die Menschen wohl nicht so religiös waren, wie viele vermuten. Ein Grab zu öffnen und zu plündern ist eine furchtbare Tat; die Räuber hatten offenbar Zeit, sie gingen entschlossen vor und mussten eine Entdeckung kaum fürchten, denn sonst hätten sie es sicher nicht gewagt, den Leichnam einer erst vor kurzem verstorbenen Königin aus dem Sarkophag zu holen und ihn zu vernichten. Man kann vielleicht einwenden, dass die Räuber durchaus gestört wurden, weil die Möbel und der Schmuck unangetastet blieben, aber das ist sehr unwahrscheinlich. Der Sarkophag stand sicher ganz am hinteren Ende der ursprünglichen Grabkammer.

Oder zielte das ganze Unternehmen vielleicht nur auf die Zerstörung des Leichnams ab? Wir haben schon von den Streitigkeiten innerhalb der Königsfamilie gehört. Handelte es sich hier um eine Art Rache an der alten Dame nach ihrem Tod?

Vielleicht hatte Hetepheres ihr Leben lang ihren Mann und ihren Sohn auf Feldzügen begleitet und am Rande der Schlachtfelder in ihrem bunten Zelt geschlafen. Der Titel auf den Möbeln zeigt, dass das Zelt ihr gehörte. Es wäre wunderbar gewesen, die ursprüngliche Grabkammer unangetastet vorzufinden. Was war wohl noch darin gewesen? Da die Möbel ganz offenbar zueinander passen, kann man kaum annehmen, dass alles außer der völlig intakten, zusammengehörigen Campingausrüstung zerstört wurde. Sehr viel wahrscheinlicher ist die Annahme, dass wir hier tatsächlich eine vollständige Beisetzung vor uns haben, inklusive des üblichen Opfers an Nahrungsmitteln und Getränken.

Wenn Reisner Recht hatte, dann standen die Kisten mit dem schweren Geschirr wahrscheinlich auf dem Boden des ursprünglichen Grabes und die Leinentruhen über ihnen. Beim Umzug nach Gise kehrte sich diese Anordnung um. Wenn die Geschirrkisten nicht auseinander gebrochen wären und ihren Inhalt nicht überall vergossen hätten, wären die Gegenstände vielleicht besser erhalten geblieben. So ist ihr Überleben beinahe schon ein kleines Wunder zu nennen. Das Grab und seine rekonstruierten Inhalte sind ein Tribut an die verschollene Königin wie auch an die hervorragende archäologische Methodik eines großen Ägyptologen.

ACHTES KAPITEL

Der Sphinx

Der große Sphinx, die kolossale Kalksteinstatue eines Löwen mit Menschenkopf, wacht seit 4500 Jahren über die Pyramiden. Seine Gesichtszüge sind dem Bild von Cheops' Sohn und Erben Chephren nachempfunden.

Das klingt so überzeugend, aber stimmt es auch? Ist der Sphinx wirklich 4500 Jahre alt? Und trägt er wirklich Chephrens Züge? Das Rätsel des Sphinx stellt sich uns heute anders dar als den alten Griechen. Heute wollen viele Menschen vor allem wissen, wann und von wem er gebaut wurde.

Kairo, die größte Stadt Afrikas, beherrscht heute das Ostufer des Nils und über der Stadt hängt ständig eine Smogglocke, durch die das Westufer oft kaum auszumachen ist.

Vor 4500 Jahren dagegen wirkte das Plateau von Gise ganz anders und blieb auch über viele Jahrhunderte hinweg unverändert. Alte Fotos und Postkarten, gerade einmal hundert Jahre alt, zeigen, dass noch damals alles beim Alten war. Die Pyramiden, die doch immerhin fast zwei Kilometer vom Westufer des Flusses entfernt stehen, beherrschten die Stadt, deutlich aufragend und trotz der Entfernung von majestätischer Größe.

Zu Zeiten der Nilüberschwemmungen, vor dem Bau der Dämme, streckte der Nil seine Finger bis zum Fuße der Pyramiden aus und schuf so eine engere Verbindung zwischen den beiden Ufern. Heute kann man von Kairo aus nur noch sehr selten einen Blick auf die Pyramiden erhaschen, vielleicht an einem außergewöhnlich klaren Tag vom obersten Stockwerk eines der vielen Luxushotels aus, die sich am Ostufer drängen.

Als es noch keine Wolkenkratzer und keine Luftverschmutzung gab, als Kairo sich noch auf das Ostufer beschränkte und die Provinz Gise im Westen ein wirklich unabhängiges Gebiet war, gehörte zum Blick auf die Pyramiden auch die rätselhafteste aller Statuen, der Sphinx, im Arabischen Abu'l Hul genannt. Jahrhundertelang hatte der Sphinx Cheops' Welt der Toten auf dem Plateau von der Welt der Lebenden unten am Fluss getrennt. Mit seinem geduldigen Blick auf den östlichen Horizont hatte er so viele Sonnenaufgänge gesehen wie kaum ein anderes Monument der Welt. Er war schon uralt, als die Griechen kamen und Geschichten um ihn herumwoben.

Aber wie alt ist er genau? Neuere Forschungen haben nachzuweisen versucht, dass er sogar noch früher aus dem Stein gehauen wurde, als die Ägyptologen immer schon behauptet haben, dass seine Ursprünge auf eine Zeit lange vor Cheops und seinen Pyramiden zurückgehen. Was stimmt also jetzt? Könnten Cheops und seine Architekten diese Stelle gewählt haben, eben weil der Sphinx, schon zu seiner Zeit ein ehrwürdiges Monument, dort stand? Oder hatte man von den Pyramiden aus zur Zeit ihrer Erbauung einen unverstellten Blick zum Nil hinab? Wann genau wurde der Sphinx aus dem Fels gemeißelt? Und warum?

Wer war zuerst da – die Pyramide oder der Sphinx?

Planung und Anlage

Von der mittleren, der Chephren-Pyramide aus verläuft ein Weg nach Osten zu einem Taltempel hinab. Im Norden neben diesem Tempel steht der Sphinx und flankiert diesen Weg. Er ist eigentlich gar keine Statue im herkömmlichen Sinn des Wortes, da er nicht frei steht, sondern noch immer Teil des Felsen ist, aus dem er herausgeschnitten wurde. Um den Löwenkörper zu formen, schlugen Steinmetze und Bildhauer einen Graben in den Fels, um den so freigelegten Stein zu bearbeiten, und deshalb liegt der Sphinx unterhalb des Niveaus der Geländestufe. Nur der Kopf, heute ziemlich ramponiert, ragt stolz aus dem Sand heraus (siehe Foto).

Das Gise-Plateau wirkt auf uns wie ein einziger riesiger Friedhof, fast willkürlich mit zerfallenen Gräbern überzogen und beherrscht von drei in einer Reihe stehenden Pyramiden. Doch dieser Eindruck ist falsch – ursprünglich sah das Gelände einmal ganz anders aus: Im Altertum war die Hochfläche in eine Reihe von unabhängigen Einfassungen mit hohen Steinmauern unterteilt. Die Mauern sind schon lange verschwunden – sie dienten ganz zweifellos wie die Fassadensteine der Großen Pyramide als Baumaterial für spätere Bauherren in Kairo. Nur die Mauerfundamente zeigen an, wo sie sich einst entlangzogen.

Damals war die Straße, die von Kairo zu den Pyramiden führte, leer und majestätisch. Heute ist es eine vierspurige Autobahn, über die sich von morgens bis abends die Autos Stoßstange an Stoßstange drängen. Selbst die Kamele vor den Pyramiden haben sich an den hupenden Aufruhr gewöhnt und beobachten stoisch das Verkehrschaos, während sie darauf warten, Touristen auf ihrem Pflichtausritt vor den Pyramiden durch die Gegend zu schaukeln.

Der Eindruck, dass Gise insgesamt ein einziger riesiger Friedhof sei, wird noch durch den modernen Metallzaun verstärkt, der sich um das gesamte Gelände zieht. Vor der Großen Pyramide musste ein richtiger Parkplatz angelegt werden. Am neuen Eingangstor geben Wachen Karten aus und kontrollieren den ein- und ausfahrenden Verkehr. Vor vierzig Jahren gab es noch keine solchen Kontrollen. Zahllose Autos und Lastwagen donnerten damals eine moderne Teerstraße zwischen der Cheops- und der Chephren-Pyramide entlang, die das Dorf Nasret es-Sammaan mit der Hauptstraße nach Kairo verband. Den Pyramiden konnten sie wohl kaum schaden, aber der Sphinx war immer bedroht. Heute besteht jedenfalls nicht mehr die Gefahr, dass er durch plötzliche heftige Vibrationen aufgrund des starken Verkehrs seinen Kopf verliert.

Der Aufgang zur Chephren-Pyramide, auf dem einst die Steine von den nahen Steinbrüchen zur Baustelle geschleppt wurden, ist noch heute deutlich zu sehen, eine steinerne Spur zwischen vielen Ruinen. Als jedoch die Pyramiden im Alten Reich fertig gestellt waren, wurde dieser Aufgang vom Re-esch bis zur Pyramide vollständig überdeckt, er wurde zum Tunnel im Sand. Zu jeder Pyramide muss es einen solchen Aufgang gegeben haben, verborgen hinter den Umfassungsmauern, die nur den Blick auf den oberen Teil jeder Pyramide mit ihrem vergoldeten Pyramidion an der Spitze freigaben. Die Ostseite der Mauern zum Fluss hin verschwand hinter einer Reihe von Tempeln mit Granitfassaden. Durch archäologische Grabungen wissen wir, dass einst ein See vor ihnen lag, der die massiven roten Fassaden widerspiegelte.

Ein antiker Besucher sah also einen See mit Tempeln und Mauern, die praktisch alles dahinter Liegende verbargen. Jede Pyramide stand in ihrer Umfassung wie eine abgeschlossene Stadt. Nirgends rundherum sah man Straßen, nur gesichtslose Wüste.

Nördlich des Sees befand sich ein großes Dorf, in dem die Pyramidenbauer und ihre Familien lebten. Sogar Friedhöfe für die Arbeiter gab es dort. Das wenigstens hat sich kaum geändert. Heute steht die moderne Dorfwucherung Nasret es-Sammaan auf der letzten antiken Siedlung und versorgt mit ihren Läden die erhitzten und durstigen Besucher, genau wie ihre Vorgängerin zu Zeiten der alten Griechen, als Herodot kam, um das Weltwunder zu bestaunen. Vor kleinen Kiosken dürfen sich die Touristen unter schattigen Markisen niederlassen, und die Besitzer schleppen ihnen die verschiedensten Souvenirs an, von Postkarten bis zu Kamelpeitschen (außerhalb der Sahara nur von begrenztem Nutzen, aber ein sehr interessanter Wandschmuck), Fliegenwedeln und Sonnenhüten (für den Reisenden am Nil ungleich nützlicher) und natürlich die unvermeidlichen Papyrusbogen, die hier oft in Zehnerpacks angeboten werden.

Überraschenderweise hat sich diese Kleinstadt im Laufe der Jahrhunderte, vielleicht sogar seit den Zeiten der alten Ägypter, wohl kaum verändert. Wir wissen immerhin, dass Herodot von einem Einheimischen herumgeführt wurde; und die besten Führer kommen bis auf den heutigen Tag aus Nasret es-Sammaan. Selbst die Häuser sehen wahrscheinlich noch so aus wie damals.

Südlich des Sees lag eine weitere Siedlung, die man durch ein gewaltiges Tor betrat und die wie die Pyramiden hinter dicken Mauern verborgen lag. Dort wurden einst jeden Tag riesige Mengen Essen und Trinken zubereitet und den treuen Bauarbeitern des Königs, die an den Pyramiden schufteten, aufgetischt. Damals erfüllte der Geruch von Brot und Bier und der Rauch von hunderten von Feuern und Öfen von morgens bis abends die Luft, heute locken Kebab und Schawarma, eine Mischung aus Rinderhack, Tomaten und Zwiebeln in einer scharfen Chili-Sauce.

Zu Cheops' Zeiten ließen diejenigen, die die Tempel auf der anderen Seite des Sees betreten und hinter die Mauern blicken durften, die Welt der Lebenden mit ihrem Lärm und ihren Gerüchen hinter sich und betraten die stillen Städte der Toten. Tunnelwände, verziert mit Hochreliefs, die von den Taten der Könige kündeten, führten von jedem Tempel zur jeweiligen Pyramide, wo täglich Speise- und Trankopfer vor einer bemalten Statue des Königs abgestellt wurden, deren Obsidian-Augen lebensecht und Entsetzen einflößend glitzerten. Außerhalb des Aufgangs, aber noch innerhalb der Umfassungsmauern lagen ordentliche ausgerichtete Straßen mit rechteckigen Kalksteingräbern, Mastabas mit flachen Dächern, die das Auge nicht von der Pyramide im Herzen der Anlage ablenkten. Die der Pyramide am nächsten liegenden Mastabas waren auch die größten, die Grabstätten der wichtigsten Kinder des Königs.

Weiter unten am Abhang, sauber nach Rängen eingeteilt, lagen die Gräber der untergeordneten Beamten. Im Tod wie im Leben war der Status jedes einzelnen dadurch definiert, wie nahe er den Füßen des Königs gekommen war. Vor den Grabeingängen saßen Statuen der Toten so ausdruckslos, wie ihre Besitzer zu Lebzeiten wohl um den Pharao herumgesessen hatten. Die Zugänge, verschlossen mit verzierten, mit Bolzen befestigten Holztüren, waren von Reliefs umgeben, Bildern des Hingeschiedenen und Texten, die von seinen Titeln kündeten und alle rotbraun, schwarz und weiß koloriert waren. Während die Tunnel und Säle im Untergrund sorgsam gefegt wurden, sammelte sich der Sand, vom Wind getrieben, um die Gräber herum.

Unten am See standen einst vier Tempel am Uferrand, drei waren mit den Pyramiden verbunden, der vierte, zwischen dem Cheops- und dem Chephren-Tempel gelegen, gehörte zu einer anderen Anlage. Über den Mauern dieses Tempels ragte das strahlend hell bemalte, riesige Steingesicht eines Menschen empor.

Der Komplex um den Sphinx

Der Sphinx stand in einer eigenen steinernen Umfassungsmauer. Das eingefriedete Gebiet war noch nicht einmal ein Zehntel so groß wie das der angrenzenden Pyramidenstädte, und die Statue in der Mitte dominierte es voll und ganz. Vor und zwischen den ausgestreckten Pranken des Sphinx stand die Gestalt eines Königs. Wie schon erwähnt, lag der Körper der Statue in einer in den Kalkstein gehauenen Wanne, während der große Kopf stolz ein gutes Stück über dem Leib emporragte. In der Antike sah man von außen praktisch gar nichts von der Statue. Links, im Süden, stieg der zum Tunnel gewordene Aufgang zur Chephren-Pyramide so steil an, dass die Oberkante des Tunnels in der gleichen Höhe, wenn nicht sogar höher lag als der Kopf des Sphinx. Rechts, im Norden, stand eine hohe Mauer.

Besucher des Gebietes betraten einen Tempel, der viermal so groß war wie die Tempel vor den Pyramiden und viele Kammern und Gänge beherbergte. Dort konnten sie ihr Opfer darbringen, das sie wahrscheinlich meist vor dem Tempel gekauft hatten.

In den meisten altägyptischen Tempeln drehte sich alles um ein Heiligtum ganz hinten im Gebäude. Dort stand ein Schrein oder eine kleine Nische mit einer Kultstatue auf einer Plinthe – das Allerheiligste, das nur einigen wenigen Besuchern, dem höchsten Priester oder dem König selbst, zugänglich war. Dieser Tempel jedoch war etwas anders. Nachdem der Gläubige sich seinen Weg in den abgedunkelten rückwärtigen Teil des Gebäudes gebahnt hatte, stand er vor massiven, geschlossenen Türen. Und wenn die Türen sich vor ihm öffneten, war er fast geblendet von dem riesigen bemalten Gesicht des Sphinx, der im vollen Sonnenlicht erstrahlte, hundertmal größer als jedes andere Tempelbild. Der Körper des Sphinx war nicht zu sehen, weil er sich hinter dem Kopf ausstreckte. Unter den Vorderpranken des großen Löwen war noch zusätzlich Fels weggeschlagen worden, sodass es so aussah, als stünde der Sphinx wie jede andere Kultstatue auf einer Plinthe. Es war wirklich ein Anblick, der überwältigen und verblüffen sollte.

Der Besucher merkte wahrscheinlich gar nicht, dass diese Statue aus dem Fels herauswuchs. Und im Altertum hätte das auch niemanden interessiert. Der Sphinx war das Abbild eines Gottes oder eine Verkörperung der Sonnenphasen, und für die Ägypter war seine Bedeutung weitaus wichtiger als sein Alter.

Der Lauf der Zeit

In Ägypten braucht der Sand nicht mehr als ein Jahrzehnt, um überall einzudringen und alle menschlichen Errungenschaften zu überdecken. Der feine Sand ist tückisch. Er fließt und kriecht beim leichtesten Windhauch in die Gebäude und verteilt sich zunächst nur als eine dünne, körnige Schicht unter den Füßen. Wenn man diese Schicht aber nicht ständig wegfegt, dauert es nur ein paar Monate, bis er sich in den Ecken sammelt und die Böden dann langsam unter dem welligen Pulver verschwinden. Es geschieht nicht an einem Tag oder in einer Nacht; man bemerkt es kaum. Aber ohne ständige Wachsamkeit überwältigt der Sand alles.

Die Nekropole von Gise wurde sicher mehrere Generationen lang gut mit Totenopfern versorgt. Die Nachkommen der Mastaba-Besitzer hatten ihre Ahnen vielleicht schon innerhalb eines halben Jahrhunderts vergessen, doch der Totenkult für die Könige hielt bestimmt länger an. Die überdachten Aufgänge hatten zur

Folge, dass es nicht nötig war, den Sand von den Gräbern draußen zu entfernen. Allmählich wurden die Gänge zu Tunneln unter dem Sand, aber das bemerkte niemand.

Der Rücken des Sphinx, der in seiner Wanne lag, erntete auch zu den Hochzeiten des Kultes sicher kaum Aufmerksamkeit. Er war nicht wichtig. Der Kopf und das Gesicht waren alles. Es dauerte nur ein paar Jahrzehnte, bis der Sand sich hinter dem Kopf türmte, doch für den in Ehrfurcht erstarrten Besucher war die Wirkung sicher noch dieselbe.

Das Ende des Alten Reiches besiegelte auch das Schicksal dieser Friedhöfe. Die Umwälzung aller Werte, die Neudefinition des Königtums, all dies ließ die Pyramiden in den Augen der mit größerem Selbstbewusstsein ausgestatteten Menschen ebenso falsch und übertrieben aussehen. Die Kulte waren schnell vergessen, Gise wurde den Naturgewalten überlassen, und der Sand türmte sich unerbittlich über den Gräbern auf. Selbst die Tempel zerbröselten langsam oder ihre Steine wurden für Bauarbeiten anderswo abtransportiert. Sobald die Umfassungsmauern weg waren, überdeckte der Sand alles.

Mehr als 1000 Jahre später beschlossen die ägyptischen Könige des Neuen Reiches, ihre körperliche Leistungsfähigkeit zu trainieren. Sie verließen den Palast von Memphis, fuhren auf ihren Streitwagen in der Wüste umher und schossen auf künstliche Ziele oder auf Wild. Um 1400 v. Chr. waren die Pharaonen der 18. Dynastie stolz auf ihre sportlichen Leistungen. Ihre von zwei feurigen Hengsten gezogenen Wagen waren schnell und schwer zu lenken. Dennoch lernten die Kriegerprinzen und Könige, auch bei hohem Tempo das Gleichgewicht zu halten und gleichzeitig sogar noch ihre Pfeile ins Ziel zu schießen. Das sollte ihnen die Bewunderung ihres Gefolges sichern und ihr Leben im Falle einer Schlacht retten.

Gise, das inzwischen dick mit Sand bedeckt war, zog sie offenbar magisch an. Die Pyramiden, die das Plateau beherrschten, lockten sie, aber auch der einsame Kopf, der aus den Dünen ragte. Sie kamen mit ihren Höflingen, die teils als Helfer, teils als begeistertes und dankbares Publikum fungierten. König Amenophis II. ließ sie dicke kupferne Zielflächen hinter dem Kopf des Sphinx errichten und schoss im vollen Galopp Pfeile ab, die durch das Kupfer drangen und mit der Spitze hinten aus dem Metall ragten. Eine echte Meisterleistung.

Der Sphinx, dessen Körper völlig vergessen war, starrte noch immer gleichgültig nach Osten. Amenophis ließ zu Ehren der alten Skulptur etwas weiter im Nordosten einen Tempel errichten, ohne zu ahnen, dass sich unter dem Sand schon ein älterer Tempelkomplex verbarg. Hier richtete er einen neuen Kult ein. Auch sein Sohn, der junge Prinz Thutmosis, kam hierher, um den Leistungen seines Vaters nachzueifern. Eines Tages, so heißt es, schlief er bei größter Mittagshitze im kühlen Schatten unter dem Kinn des Sphinx und hatte einen seltsamen Traum. Der Gott Re-Harachte erschien ihm und sprach mit klarer Stimme zu ihm: » Sieh mich an, blicke auf mich, mein Sohn Thutmosis! Ich bin dein Vater Horus-im-Horizont-Re-Atum, der dir das Königtum auf Erden vor den Lebenden geben wird. [...]

Der Wüstensand, der, auf dem ich mich befinde, der nähert sich mir, doch ich habe gewartet, um dich das tun zu lassen, das in meinem Herzen war, denn ich weiß, dass du mein Sohn und mein Schützer bist.« Er forderte den Prinzen auf, den Sand von seinem Leib zu entfernen.

Völlig verwirrt gehorchte der Prinz dem im Traum empfangenen Befehl. Zum ersten Mal seit mehr als 1000 Jahren lag der Körper des Sphinx, in seine Steinwanne geschmiegt, wieder in der Sonne, befreit aus seinem sandigen Gefängnis. Thutmosis, als König jetzt Thutmosis IV., brachte seine persönlichen Opfer dar und hielt den Traum auf einem Stein fest, den er zwischen den Pranken des Sphinx auf dem Felsen aufstellen ließ. Wie sein Vater errichtete auch er dem Sphinx einen Tempel, diesmal nördlich neben dem ganz alten, der jetzt zwar freigelegt, aber verfallen war.

Im Laufe der Zeit wurden auch diese Tempel aufgegeben und verschwanden unter dem Sand. Als die Griechen und die Römer ihre Reiche errichteten und wieder verloren, streckte der Sphinx wieder nur seinen leicht demolierten Kopf aus dem Sand. Erst in den letzten 150 Jahren wurde er als Ganzes wieder ausgegraben. Und heute fegen wir sorgfältig jedes Sandkörnchen weg, das sich dorthin verirrt.

Die Datierung des Sphinx

Sehr seltsam ist, dass Herodot bei seiner Schilderung der Pyramiden von Gise den Sphinx mit keinem Wort erwähnt. Man hat endlos über diese Auslassung spekuliert. Die geläufigste Erklärung lautet, dass der Kopf zu seiner Zeit völlig unter den Sandmassen verschwunden war. Dies ist allerdings unwahrscheinlich, da sich auf einer Pranke griechische Graffiti finden. Offenbar war die Statue irgendwann noch einmal freigelegt worden. Eine andere, durchaus überzeugende Erklärung gibt Dr. Alan Lloyd in seinem Herodot-Kommentar: Vielleicht war Herodot ja nie selbst in Gise gewesen, sondern vertraute ganz und gar auf Berichte eines Führers, den er als zuverlässig erachtete.

Ein italienischer Kapitän namens Giovanni Caviglia war 1816 der erste Mensch der Neuzeit, der den Sphinx ausgrub. Er fand die Traumstele Thutmosis' IV. zwischen seinen Pranken. Offenbar kopierte er einen Großteil des Textes, obwohl er keine Hieroglyphen lesen konnte. Der Mitübersetzer der altägyptischen Hieroglyphen, Thomas Young, verwendete den Text 1823 in seinem Werk *An Account of Some Recent Discoveries in Hieroglyphical Literature* als Lesebeispiel.

1842 ließ Karl Richard Lepsius während der preußischen Ausgrabungen in Gise eine genauere Kopie des Textes anfertigen – zum ersten Mal von Wissenschaftlern, die ihn auch lesen konnten. Der in seinem klassischen Werk *Denkmäler aus Ägypten und Äthiopien* veröffentlichte Text wurde zur Standardfassung für alle, die sich damit beschäftigten. 1904 reiste Kurt Sethe, Ägyptologie-Professor an der Universität Göttingen, nach Ägypten, um Hieroglyphentexte abzuschreiben. Sie bildeten die Grundlage seiner umfassenden Veröffentlichung von Texten aller Epochen, der *Urkunden*. Die Traumstele erschien in Band IV des Werkes.

Als Sethe die Traumstele begutachtete, waren allerdings schon viele Teile, die Lepsius noch aufgenommen hatte, abgefallen. Der Granit hatte sehr unter der aufsteigenden Feuchtigkeit aus dem direkt unter der Oberfläche stehenden Grundwasser gelitten. Wasser, das von unten den Granit durchdrang, verursachte Salzausblühungen auf der Oberfläche. Dadurch bildeten sich zunächst »Blasen«, dann fiel die Oberfläche in Flocken ab – und die Inschrift mit ihr. Viele Stücke im unteren Teil waren schon in der Zeit zwischen Caviglia (1816) und Lepsius (1842) verloren gegangen. Und auch im Verlauf der folgenden Jahrzehnte bis zu Sethe waren Verluste zu verzeichnen gewesen. Lepsius berichtete, dass etwa die obere Hälfte des Textes noch intakt war. Zu Sethes Zeit war es nur noch etwa ein Drittel.

In der letzten damals noch lesbaren Textzeile hatte Thomas Young die zweite Hälfte einer Kartusche entdeckt, die auch Lepsius noch abschreiben konnte. In diesem Seilring um den Namen eines Königs konnte man nur noch zwei Zeichen erkennen – ein  oder cha und ein . Der einzige Königsname, zu dem diese Kombination passte, war der von Chaefre oder Chephren. Da der Sphinx tatsächlich am Fuße des Aufgangs zur Chephren-Pyramide stand, schien diese Zuschreibung auch passend. Und so wurde die Statue jetzt zum ersten Mal in das Alte Reich datiert, in dieselbe Zeit wie die zweite Pyramide, und man sagte, dass sie die Züge Chephrens trage.

Als Sethe den Text mit Lepsius' Abschrift verglich, war der kleine Teil der Kartusche schon lange verschwunden. Wir müssen also darauf vertrauen, dass er wirklich da gewesen war und dass die vorherigen Aufzeichnungen stimmten. Immerhin: Grabungen, bei denen die beiden Sphinx-Tempel des Neuen Reiches von Amenophis II. und Thutmosis IV. freigelegt wurden, schienen diese Geschichte zu stützen. Der große Sphinx, so hatte es den Anschein, war ebenso alt wie die Pyramiden von Gise.

Im Jahr 1949 veröffentlichte Selim Hassan, ein ägyptischer

Ägyptologe, sein *Opus magnum:* Berichte von den Grabungen an der Einfriedung des Sphinx. Sowohl die Grabung wie auch die Publikation sind Meisterwerke, die einmütig auch heute noch von den Gelehrten als die maßgeblichen Arbeiten zum Hintergrund des Sphinx anerkannt werden. Hassan verweist in seinem Werk auf mehrere interessante Punkte: Zwischen der Umfassungsmauer des Cheops und der des Chephren lief einst ein breiter Graben, der Regenwasser abführen sollte. Als der Körper des Sphinx aus der Wanne herausgehauen wurde, die ihn umgab, endete der Graben direkt in dieser neuen Wanne. Die Ägypter mussten also den Graben beim Sphinx mit Granitblöcken verschließen, damit die Wanne nicht geflutet wurde. Dies belegt ohne Frage, dass der Graben bereits angelegt war, als der Sphinx entstand. Da er die beiden Pyramiden voneinander trennte, wurden die Pyramideneinfriedungen ganz offensichtlich vor dem Sphinx gebaut. Auch die Entdeckung von in den Fels geschnittenen Gräbern in der Nord- und Südwand des um den Sphinx herum angelegten Troges, die alle in die 4. Dynastie gehörten, verwies darauf, dass diese Wanne erst kurz vor der Anlage der Gräber entstanden war. Hassan schloss also daraus, dass der Sphinx nach der Anlage der Pyramideneinfassungen entstand, aber vor dem Ende der 4. Dynastie – eine durchaus vernünftige Schlussfolgerung, wie es schien.

Hassan stellte außerdem fest, dass der alte Sphinx-Tempel, der einst vor dem Sphinx gestanden hatte, aus dem Kalkstein errichtet worden war, den man beim Anlegen der Wanne gebrochen hatte. Die Seiten der Wanne trugen deutliche Zeichen von horizontalen und vertikalen Linien, wo Steinblöcke gleicher Größe wie jene, die im Inneren der Pyramide eingesetzt wurden, herausgenommen worden waren. Es sah so aus, als sei die Wanne als Steinbruch genutzt worden.

Der Kopf des Sphinx besteht aus einem harten, feinkörnigen Stein, der den Witterungseinflüssen gut standhält; der Körper dagegen wurde aus einer tieferen, sehr weichen Gesteinsschicht herausgehauen, die nicht so widerstandsfähig ist. Eine weitere härtere Gesteinslage befindet sich unter dem weichen Steinkörper. Letztendlich sind die Basis und der feste Kopf durch den erodierten weichen Stein zwischen ihnen gefährdet.

Einst befand sich zwischen den ausgestreckten Pranken des Löwen die Statue eines aufrecht stehenden Königs. Im Laufe der Zeit verschwand diese Statue völlig und hinterließ nichts als ein paar Brocken im Fels – noch auf mittelalterlichen Darstellungen allerdings ist sie an Ort und Stelle. Auch der Bart des Sphinx ist schon lange abgefallen, Teile davon sind in verschiedenen Museen zu bewundern. Einst war er sicher durch eine Stein-»Haut« mit dem Körper verbunden, die Bartspitze berührte die Spitze der Königsstatue, und so stützten Statue und Bart den Kopf beinahe völlig.

Als diese Stützen verschwanden und Körper und Hals immer bröckliger wurden, hielt der Kopf nur noch ein prekäres Gleichgewicht. Jahrhundertelang hatten Wind und Sand dem Körper stark zugesetzt und den Kopf im Bereich des Kinns immer brüchiger werden lassen. Moderner Beton, mit dem man den brüchigen Kopfschmuck wie auch den Bereich unterhalb des Kinns und am Hals auffüllte, gab dem Kopf wieder einen gewissen Halt, und beim Aufbringen des Betons stellte man fest, dass der Kopf schon unter den Römern beträchtliche Reparaturen erfahren hatte. Der römische Zement hatte allerdings die Situation noch verschlimmert, da er offenbar durch den Stein hindurch Wasser zog.

Nach der Reparatur des Halses wurde auch ein breiter Riss im hinteren Teil des Körpers bei den Hinterläufen mit Zement aufgefüllt. Während der beiden Weltkriege wurden zeitweise zusätzliche Stützen aus Ziegelmauerwerk errichtet, um sicherzustellen, dass der Kopf nicht durch eine Explosion völlig zerstört wurde. Später entfernte man diese Stützen wieder.

Alle Indizien schienen auf eine Datierung in das Alte Reich zu passen. Ganz offenbar war der Sphinx in der 4. Dynastie entstanden. Auch die Traumstele hatte einst den Namen Chephrens getragen, des Königs, zu dem die Pyramide und der Aufgang neben dem Sphinx gehörten. Das Gesicht wurde also zum Gesicht Chephrens erklärt, um 2550 v. Chr. herum ihm zu Ehren geschaffen. Das härtere Gestein des Kopfes, der so hoch über den Körper emporragte, hatte, so glaubte man, die Steinmetze damals inspiriert, den Löwenmenschen aus dem Kern des Kalksteinfelsens, der für den Bau der Pyramiden benutzt worden war, zu formen. In der 4. Dynastie hatte jemand beschlossen, dass dieser letzte Felsvorsprung nicht abgebaut, sondern zu einem Königskopf geformt werden sollte. Später war die Wanne in den Fels gehauen worden, um den Körper zu gestalten. Insgesamt eine schlüssige Antwort auf die Frage nach dem Alter des Sphinx.

Allerdings blieb da ein Problem. Die Archäologie bewies zwar jenseits aller Zweifel, dass der Sphinx nicht nach der 4. Dynastie gebaut worden sein konnte, aber nicht, dass der Sphinx nicht auch älter sein konnte. Vielleicht sogar sehr viel älter?

Die neuen Theorien

Im Jahr 1934 hatte das amerikanische Medium Edgar Cayce mehrmals Trancezustände, in denen es um das alte Ägypten ging. Cayce, so wurde behauptet, sprach sogar Altägyptisch, was auch für zukünftige Forschungen aufgenommen wurde. Er behauptete, dass um 10 500 v. Chr. gegen Ende der letzten Eiszeit die steigenden Meeresspiegel der Ozeane einen ganzen Kontinent namens Atlantis verschlungen hätten (jene Zivilisation, die einst Plato beschrieben hatte) und dass er in einem früheren Leben mit einigen anderen Überlebenden der untergegangenen Kultur von Atlantis im Nahen Osten gelandet sei, von wo aus sich die Gruppe in alle Himmelsrichtungen zerstreut hätte. Mit sich nahmen sie die Errungenschaften ihrer Zivilisation, mit deren Hilfe sie der bisher primitiven Welt Kultur und Weisheit brachten.

Die Atlanter, so sagte er, brachten ein so hoch entwickeltes Wissen mit, dass die Kulturen des Nahen Ostens nicht bereit waren, es aufzunehmen. Die Überlebenden, die als Götter verehrt wurden, verbargen ihr Wissen in »Hallen der Aufzeichnungen«. Die alte Rasse starb dann aus und ließ die Ägypter in Unwissenheit zurück. Dann fand ein Mann, so Cayce, die Aufzeichnungen und erlernte aus ihnen die verlorene Weisheit der Atlanter. Mit seiner Hilfe konnten die Ägypter Hieroglyphen schreiben und Pyramiden bauen. Dies erklärte natürlich den plötzlichen Kultursprung der Ägypter und ihre offensichtliche Überlegenheit über alle anderen Völker der Zeit.

Cayce behauptete, dass die »Aufzeichnungen« zwar gelesen, aber dann wieder verborgen worden seien. Eine dieser verlorenen Hallen der Aufzeichnungen, so sagte er voraus, würde unter dem Plateau von Gise noch vor dem Ende des 20. Jahrhunderts gefunden werden. Edgar Cayce gründete ein Forschungsinstitut, die Edgar Cayce Foundation, deren Wissenschaftler seine Behauptungen untersuchen sollten. Es ist also keine Überraschung, dass Mitte der 1990er-Jahre eine Flut von Büchern und Artikeln überall in den Medien auftauchte mit dem Ziel, diese Vorhersage zu erfüllen.

Die ägyptischen Behörden wurden überschwemmt mit Appellen, doch nach der verschollenen Kammer suchen zu lassen, aber sie blieben bemerkenswert unbeeindruckt von dieser ganzen Sache. Sie gestatteten Oberflächenuntersuchungen mit Georadar und anderen Techniken, um etwa vorhandene Gänge oder Kammern unter dem Sphinx oder in seinem Umkreis zu lokalisieren, aber sie standen fest zu ihrer Überzeugung, dass Grabungen allein aufgrund der Erscheinungen eines Mediums dem Fortgang der wissenschaftlichen Archäologie wohl kaum besonders nützen würden.

Und als die Millenniumsgrenze immer näher rückte, behauptete man, dass die verlorene Halle der Aufzeichnungen unter dem Sphinx verborgen läge. Die »Sphinxmania« erreichte neue Höhen, aber die Halle wurde nicht gefunden. Schließlich dämmerte das neue Jahrtausend herauf – und mit ihm »Verschwörungs«-Vorwürfe von Seiten der Unterstützer dieser Theorie. Sie glauben, dass die Kammer da ist; dass die Ägyptologen wissen, dass sie da ist; aber dass wir diese Information zurückhalten und ihnen damit die Chance nehmen, die Richtigkeit ihrer Überzeugungen zu beweisen.

Jetzt sind neue Belege für diese Behauptungen aufgetaucht. Robert Bauvals schon oben erwähnte Theorie zur Ausrichtung der Pyramiden nach dem Orion-Gürtel fachte die Kontroverse noch einmal an. Bauvals Berechnungen zeigten, dass die Belüftungsschächte der Königinnenkammer der Großen Pyramide, wegen der Präzession, des »Taumelns« der Erde um ihre Achse, nur 10 500 v. Chr. genau auf das Sternbild ausgerichtet waren. Dies passte zu der Idee, dass der Plan für die Pyramiden und die Schächte zu den verlorenen Texten gehört hatte. Der Autor Graham Hancock behauptete sogar, dass die Atlanter »Botschaften« und Hallen der Aufzeichnungen für die Menschheit an vielen verschiedenen Orten zurückgelassen hätten, vom Steinkreis in Stonehenge bis zur kambodschanischen Tempelstadt Angkor Wat. Warum die »Botschaft« an den verschiedenen Orten jeweils anders aussah, das harrt noch einer Antwort.

Einige Jahre vertraten Hancock und seine Mitstreiter die Ansicht, dass auch die Pyramiden selbst um 10 500 v. Chr. gebaut worden seien. Später jedoch akzeptierten sie, dass dies nicht stimmen kann und dass die traditionelle ägyptologische Datierung wohl richtig sein muss. Man erklärte, die Tatsache, dass die Belüftungsschächte auf ein Sternbild ausgerichtet sind, das nur 10 500 v. Chr. zu sehen war, sei ein »Beweis« dafür, dass die alten Ägypter einen Teil dieses verlorenen Wissens gefunden hätten und es in der 4. Dynastie anwandten.

Weitere Unterstützung für diese These lieferte die so genannte Inventarstele, die der französische Ägyptologe Auguste Mariette 1853 in Gise im Isis-Tempel der 21. Dynastie im Osten der Großen Pyramide entdeckte. Die Übersetzung der Inschrift sorgte für eine Sensation.

> Langes Leben – Horus Medjer, König von Ober- und Unterägypten, Cheops, möge ihm Leben gegeben werden.
> Er gründete den Tempel der Isis, Herrin der Pyramide neben dem Tempel des Sphinx des Harachte hinter dem Tempel des Osiris, Herr von Rostau. Er errichtete die Pyramide neben

dem Tempel seiner Göttin; und er baute eine Pyramide für die Königstochter Henutsen neben dem Tempel.

Demzufolge war der Sphinx schon *vor* den Pyramiden da. Das passte wunderbar zu den Aussagen von Cayce. Der Sphinx war, so klang es, tatsächlich ein Monument, das die Überlebenden der verlorenen Kultur der Atlanter um 10 500 v. Chr. errichtet hatten, als eine Botschaft an die Menschheit, dass sie da gewesen waren, und als einen Fingerzeig auf die verlorene Halle der Aufzeichnungen.

Unglücklicherweise beweisen die Sprache, der Stil der Bearbeitung, die Anlage und das verwendete Vokabular der Inventarstele ohne jeden Zweifel, dass der Text aus der späten Spätzeit stammt, oder, in Hinblick auf seinen Inhalt, eine glatte Fälschung ist. Da der Inhalt sich jedoch so wunderbar in die Argumentation einfügt, ist dieser Text für viele zum Rückgrat der Theorien zur Frühdatierung des Sphinx geworden.

Ein letzte wissenschaftliche Unterstützung, so glaubte man, lieferte der Geologe Robert Schoch, der den Sphinx und die ihn umgebende Wanne 1996 untersuchte. Ihm fielen vertikale Verfärbungen in den Felsen an den Seiten der Wanne auf, die von herabrinnendem Regenwasser stammten. Seiner Darstellung nach war Ägypten im Allgemeinen und Gise im Besonderen sehr trocken, und so datierte er den letzten substanziellen Regen, der einen solchen Schaden hätte verursachen können, auf das Jahr – Sie ahnen es – 10 500 v. Chr. am Ende der letzten Eiszeit.

Es passte alles so gut zusammen. Cayce wäre begeistert gewesen.

Tatsächlich aber hält kein einziger dieser Belege einer näheren Prüfung stand. Es sind alles nur indirekte Hinweise. Man nimmt eine Hypothese und sucht dann Belege, um diese Hypothese zu untermauern. Untersuchen wir also die Argumentation Punkt für Punkt.

Robert Bauvals Annahme hinsichtlich der Belüftungsschächte, die angeblich auf den Fleck am Himmel ausgerichtet sind, den das Sternbild Orion einmal einnahm, scheint zu stimmen: Die Schächte zeigen ganz eindeutig in die allgemeine Richtung der Sternbilder.

Allerdings haben Ägyptologen schon lange zuvor darauf hingewiesen. Es war bekannt und anerkannt, dass die Schächte auf die Sterne ausgerichtet sind. Mehr noch: An vielen fundamentalen Fehlern beim Pyramidenbau, nicht nur bei der Großen Pyramide, sondern bei früheren Prototypen, kann man ablesen, dass die ägyptischen Architekten enorm viel dazulernten, ihre Pläne ständig überarbeiteten und sie der nächsten Pyramide neu anpassten.

Bauval ist ein hoch qualifizierter Ingenieur und in einem Punkt kann man ihm nicht widersprechen: Der Winkel der Kalksteinverkleidung der Belüftungsschächte, die einen quadratischen Kanal mit nur 20 Zentimetern Seitenlänge bildet und von den Hauptkammern im Inneren bis zu den Außenmauern verläuft, ist extrem schwer zu berechnen. Der Kalksteinkanal musste von der Kammer ausgehen, eine ziemliche Strecke durch den Fels zurücklegen, in einem Gegenwinkel zu der Pyramidenseite aufsteigen und an einem exakt festgelegten Punkt die Oberfläche der Pyramide durchbrechen. Um all dies zu erreichen, braucht man verblüffende mathematische und technische Fähigkeiten. Wenn man aber bedenkt, dass dies der erste Versuch war, dann ist höchstwahrscheinlich davon auszugehen, dass die Schächte ein wenig von der korrekten Ausrichtung auf das beabsichtigte Sternbild abwichen. Interessanterweise wurden ähnliche Schächte in der Chephren-Pyramide angefangen, aber nicht fertig gestellt. Vielleicht beschloss man wegen der Ungenauigkeiten beim ersten Versuch in der Cheops-Pyramide, die Idee ganz aufzugeben.

Die Inventarstele wurde 2000 Jahre nach der Großen Pyramide gemeißelt. Sie war ein Stück Propaganda, geschrieben von den örtlichen Priestern der Isis in der Spätzeit, um zu belegen, dass ihr Tempel älter sei als die Pyramide. Ähnliche Fälschungen sind aus der gleichen Zeit auch von anderswo bekannt, vor allem die so genannte Hungersnot-Stele auf der Insel Sehel in Assuan. Hinter der Inventarstele stand eine bestimmte Absicht. Vielleicht gab es einen Streit um das Alter des Isis-Tempels, und jemand wollte dessen Alter »beweisen«. Die Stele ist ganz eindeutig sehr schlecht geschrieben, fast nur in den Stein geritzt, und die Linien der Hieroglyphen sind ungleichmäßig und schief. Sie trägt alle Kennzeichen einer hastigen Arbeit eines gebildeten Menschen, der ganz und gar ungeübt in der Steinmetzarbeit war und etwa um 600 v. Chr. arbeitete. Die »Fakten« des Textes sind Fiktionen und etwa so überzeugend wie Harry Potters Schule Hogwarts und der Bahnsteig 9 ¾ (obwohl es wahrscheinlich auch Leute gibt, die nach diesem Bahnsteig suchen.)

Robert Schoch ist ein bedeutender Geologe, und die Aussagen über die Wasserverfärbungen an den Seiten der Sphinx-Wanne sind eindeutig. Er würde sein großes Ansehen aufs Spiel setzen, wenn er eine solche Aussage machen würde und sie nicht zuträfe. Allerdings geht es ihm um die Verwitterungsspuren an sich und nicht um ihre Datierung. Gise ist feucht, sehr oft sogar überaus feucht. Es regnet vielleicht nicht viel in Ägypten, aber in den Wintermonaten gibt es durchaus häufig sanfte Schauer. Einmal im Jahr, meist im Januar oder Februar, öffnet sich der Himmel zu einem Wolkenbruch von einer solchen Gewalt, dass ich oft schon von meinem Hotelzimmer aus zusah, wie das Wasser über die Pyramiden floss, und mir Gedanken über die Kaskadenwirkung machte, wenn es in Sturzbächen an den Seiten hinablief. In den Stunden nach dem Sturm bilden sich riesige Pfützen auf dem Wüstensand und Wasser fließt in die Mastabas, zu denen man meist einige Stufen hinabsteigen muss. Da aufgrund der Umweltverschmutzung in Kairo der Regen sehr sauer ist, kann man durchaus Verfärbungen durch Wasser erwarten, und sie sind wahrscheinlich relativ jungen Datums. Der Entwässerungskanal, der zwischen den Außenwänden der Pyramidenkomplexe des Cheops und des Chephren angelegt wurde, beweist eindeutig, dass Ähnliches auch zur Zeit des Pyramidenbaus geschah.

Insgesamt kann man sagen, dass die Visionen und Prophezeiungen von Edgar Cayce der Hauptantrieb für all diese neuen Theorien waren. Und wie Dr. Zahi Hawass, der Verantwortliche für die Altertümer auf dem Plateau von Gise, dargelegt hat, sind Träume und Visionen wohl kaum die geeignete Grundlage für eine wissenschaftliche Grabung.

Der amerikanische Schriftsteller John Anthony West, der oft im Mittelpunkt der kontroversen neuen Theorien zum Sphinx und den Pyramiden steht, hat vor ein paar Jahren auf zwei Probleme hingewiesen, die er mit dem Sphinx verbindet. Zunächst einmal erklärte er, dass der Sphinx zwar von vorne sehr wohlproportioniert wirkt, aus der Luft jedoch zu erkennen ist, dass der Kopf viel zu klein für den Körper ist. Er vermutete, dass das Gesicht von Chephren umgestaltet worden sei. Zweitens behauptete er, dass das Gesicht des Sphinx ganz und gar nicht Chephren ähnele, wie die Archäologen so gerne annehmen. Dies deutet seiner Ansicht nach ebenfalls darauf hin, dass der Sphinx wesentlich älter sei als die Ägyptologie behauptet.

In den letzten Jahren strahlten verschiedene Fernsehsender seine kontroversen Filmaufnahmen aus, bei denen er Bilder vom Kopf des Chephren von seiner berühmten Sitzstatue aus Diorit, die im Taltempel in Gise gefunden worden war, über ein auf den gleichen Maßstab verkleinertes Bild des Sphinx legte. Dann fragte er einen Gerichtsmediziner, ob seiner Expertenmeinung nach die beiden Gesichter demselben Mann zuzuordnen seien. Der forensische Pathologe war sich sicher – sie stammten von zwei völlig unterschiedlichen Personen, da kein einziger der charakteristischen Punkte der Gesichter übereinstimmte.

Auch hier kann man der Expertenmeinung nicht widersprechen. Die Gesichter sind tatsächlich verschieden. Die Frage, die man eigentlich stellen müsste, lautet allerdings: Woher wissen wir, dass das Gesicht des Sphinx überhaupt das des Chephren ist? Die Antwort lautet: Wir wissen es gar nicht. Die Annahme hat sich immer aus zwei Überlegungen gespeist: Erstens bewacht der Sphinx den Aufgang zur Chephren-Pyramide, und zweitens war da diese Kartusche mit Chephrens Name auf der Traumstele.

Aber nur weil der Sphinx am Fuße des Aufgangs steht, heißt das noch lange nicht, dass auch nur die geringste Beziehung zur

Chephren-Pyramide bestand. Die Statue könnte dort aufgestellt worden sein, einfach weil der Fels dort sich besonders gut eignete.

Der zweite Punkt ist nicht zu belegen. Die vollständige Inschrift könnte so oder ähnlich gelautet haben: »der Sphinx, der das Bild von König x trägt, wacht über der Pyramide des Chephren«. Ohne den Rest des Textes oder irgendwelche früheren Kopien, die uns mehr verraten könnten, haben wir keine Möglichkeit, das zweifelsfrei festzustellen.

Es ist allerdings richtig, dass der Kopf bei weitem zu klein für den Körper ist. Er scheint tatsächlich überarbeitet worden zu sein. Auf der Grundlage seiner Belege geht West davon aus, dass der Sphinx tatsächlich um 10 500 v. Chr. zu einer Zeit mit schweren Regenfällen aus dem Fels gehauen und später in der 4. Dynastie noch einmal umgemodelt wurde.

Dagegen zeigen Position und Anlage des ursprünglichen Sphinx-Tempels deutlich, dass die Besucher der Stätte den Kopf und das Gesicht dort zu sehen bekamen, wo sonst ein Kultbild stand. Von vorn wirken der Kopf, die Schultern und die Pranken perfekt proportioniert. Nur Länge und Größe des Körpers stimmen nicht.

Wessen Gesicht trägt also der Sphinx?

Der Stil des Kopfes

In der Archäologie gibt es verschiedene Wege, zu einer Datierung zu gelangen. Eine absolute Datierung, die etwa ein Datum wie 2743 v. Chr. ergeben könnte, ist ein Minenfeld und ohne weitere Informationen im Moment unmöglich. Eine relative Datierung dagegen ist einfacher. Sie ermöglicht uns, ein Werk einer Epoche wie etwa dem Alten Reich zuzuordnen, einer Dynastie oder sogar der Regierungszeit eines Königs. Dazu kann man Texte heranziehen (Bezüge auf ein Ereignis beispielsweise), Bilder (ein Gemälde, ein Relief oder eine Statue mit Inschriften, die ein Regierungsjahr angeben) oder aber bestimmte stilistische Charakteristika des Werkes, die es zweifelsfrei mit einer bestimmten Zeit verbinden.

Nun stammen jedoch die ägyptischen Funde aus einer riesigen Zeitspanne. Anders als die klassische Archäologie, die sich vor allem mit der Kultur von nur wenigen Jahrhunderten befasst, beginnt die ägyptische Kunst vor der dynastischen Zeit, wahrscheinlich um 4000 v. Chr., und endet erst mit der Ankunft der Araber im Jahr 641 n. Chr. Die Datierung eines Kunstwerks ist also von enormer Wichtigkeit – die Bezeichnung »altägyptisch« reicht nicht aus.

Die Gesichter von Statuen sind oft besonders aussagekräftig, und deshalb ist es relativ leicht, das Alter eines solchen Stückes zu bestimmen. Gesichter des Alten Reiches etwa haben ein breites, markantes Kinn und runde Wangen mit kleinen, weit auseinander stehenden Augen und einem relativ kleinen, schlicht ausgearbeitetem Mund. Die Augen sind oben stark gebogen und unten fast gerade. Die Lider sind mit einer doppelten Linie oben angedeutet. Die Augenbrauen sind im Allgemeinen realistisch dargestellt, vorhanden, aber nicht hervorgehoben.

Ein Gesicht aus dem Neuen Reich dagegen ist schlanker geschnitten und hat ein spitzeres Kinn. Die Augen sind sehr weit aufgerissen, manchmal fast mandelförmig. Die Rundung der Augen ist oben wie unten besonders betont. Sie stehen über dem Nasenrücken eng zusammen. Der Mund ist breit und oft mit einer doppelten Linie umrissen. Die Augenbrauen sind breite, erhabene Bänder, stark nachgezogen. Und besonders wichtig: Die Linien der Augenschminke rings um die Augen sind oft fast bis zum Haaransatz an der Seite hinausgezogen. Dieses »typische« ägyptische Auge ist eine Besonderheit des Neuen Reiches.

Eine Untersuchung des Sphinx-Gesichts enthüllt etwas sehr Seltsames. Das Gesicht in seinem heutigen Zustand ist ein Amalgam aus zwei unterschiedlichen Gesichtszügen. Die Augen befinden sich nicht in einer Höhe – eines liegt höher als das andere –, während der Mund an einer Seite leicht heruntergezogen ist. Das

Kinn ist breit und prägnant, typisch Altes Reich. Die Augen andererseits stehen weit auseinander, dem Stil nach eher Neues Reich, während die Augenbrauen und die bemalten Linien zur Seite hin ganz eindeutig aus dem Neuen Reich stammen müssen. Bei näherer Betrachtung sieht es so aus, als sei das Gesicht ursprünglich im Alten Reich entstanden, dann aber im Neuen Reich überarbeitet worden.

Das würde bedeuten, dass die alternativen Denker Recht haben: Der Sphinx ist tatsächlich verändert worden. Aber er ist nicht, wie sie glauben, eine uralte Statue aus den Jahren um 10 500 v. Chr., die im Alten Reich umgearbeitet wurde, sondern ein Original aus der 4. Dynastie, das dann im Neuen Reich neue Gesichtszüge bekam. Das klingt schlüssig, und es gibt sogar noch zusätzliche Beweise.

Die Traumstele

Seit den ersten Übersetzungen des Textes auf der Traumstele ist der Inhalt weitgehend akzeptiert. Wie wir gesehen haben, erschien dem Prinzen und zukünftigen Pharao Thutmosis IV. der Gott des Sphinx, Re-Harachte, im Traum. Der Gott erklärte Thutmosis, dass er ihm den Thron geben werde, wenn der den Sand wegräume, der den Sphinx bedeckte. Da der Sand weggeräumt wurde, bedeutet dies, dass Thutmosis den Wunsch des Gottes erfüllte und so den Thron erlangte.

Wie ich allerdings in meinem letzten Buch *Tutanchamun. Leben und Sterben des jungen Pharao* dargelegt habe, sagt der Text dieses gar nicht aus. Fortgeschrittene Studentengruppen in meinen Seminaren, die mit diesem Text arbeiteten, haben sehr schnell bemerkt, dass die Worte: »Wenn du den Sand wegräumst, dann werde ich dir den Thron geben« überhaupt nicht so vorkommen. Es steht außer Zweifel, dass Thutmosis der älteste, möglicherweise auch der einzige Sohn von Amenophis II. war und als solcher den Thron auf jeden Fall erben sollte. Die Traumstele wurde offenbar nicht dort aufgestellt, weil Thutmosis sein Anrecht auf den Thron rechtfertigen wollte, sondern weil ein Prinz an einem heißen Tag Gott von Angesicht zu Angesicht gegenüberstand und dessen Stimme hörte! Das wäre doch für jeden wichtig genug, festgehalten zu werden.

Die Gruppe, die sich mit Kurt Sethes Abschrift des Texts beschäftigte, stieß allerdings schnell auf Probleme. Sethe arbeitete mit der Hilfe früherer Übersetzungen und war zu der Ansicht gelangt, dass der Text eigentlich ein langes Gedicht sei. Deshalb zerteilte er den Text, der in langen horizontalen Zeilen von rechts nach links lief, in seiner »Abschrift« in kleine Bruchstücke, die von links nach rechts laufen. Damit kam ein Element der Unsicherheit in die Abschrift, mit der wir arbeiteten. Wir versuchten wenigstens teilweise erfolgreich, ein scharfes Detailfoto des Textes zu finden, um ihn mit Sethes Kopie zu vergleichen, und beschlossen aus Gründen der Genauigkeit, Sethes Zeileneinteilungen zu ignorieren.

Altägyptisch zu lesen ist nicht so schwer, wie es auf den ersten Blick scheint. Die Piktogramme stehen jeweils für einen »Laut« oder eine Lautgruppe; oder aber sie sind »Determinative«, Deutzeichen, die verraten, wovon die Rede ist.

So ist

𓊪 zum Beispiel der Buchstabe »p«

𓏏 ist der Buchstabe »t«

das Wort heißt pt, was wir als *pet* aussprechen.

𓇯 ist ein Determinativ, eine stilisierte Abbildung des Himmels.

Pet bedeutet also Himmel.

Zeichensetzung und Großbuchstaben gibt es nicht. Unser Problem besteht also eigentlich darin festzulegen, wo ein Wort endet und das nächste beginnt. Normalerweise ist das ganz deutlich, manchmal aber entstehen Unsicherheiten.

In den Studentengruppen beschlossen wir, nie eine Übersetzung zu verwenden, bevor wir nicht die Zeichen und die wahrscheinlichen Lesungen geklärt hatten. Das ist eigentlich die korrektere Vorgehensweise. Ein Wissenschaftler, der allein arbeitet, greift, wenn er stecken bleibt, gern zu einer Übersetzung, um zu sehen, wie jemand anders die Zeichen gelesen hat. Innerhalb unserer Studentengruppe, deren Mitglieder alle wenigstens bis zu einem gewissen Grad Hieroglyphen lesen konnten, gab es immer heftige Diskussionen über die richtige Gruppierung der Zeichen. Niemand erlaubte es dem anderen, irgendetwas als gegeben hinzunehmen. Das Ergebnis war verblüffend.

Der Text lautet:

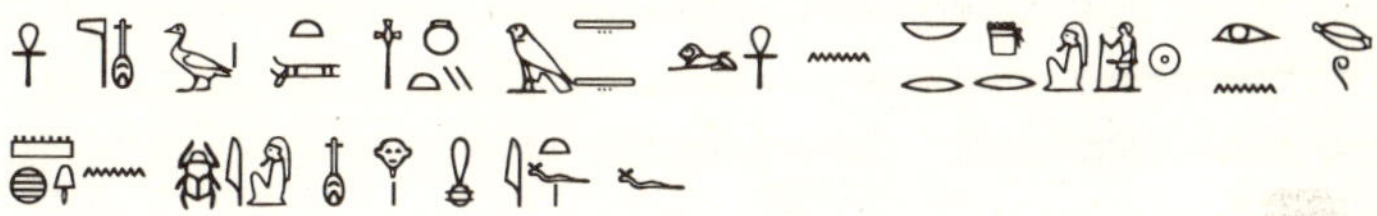

In der ersten Zeile sollte der Löwe ein Bild des Sphinx sein, aber dieses Zeichen, das hier und nur hier auftaucht, ist im hieroglyphischen Zeichensatz nicht vorhanden.

Die anerkannte Übersetzung lautet:

> Es lebe der gute Gott, Sohn des Aton, Schützer des Harachte, lebendes Abbild des Allherrn; Herrscher, von Re geschaffen, trefflicher Erbe des Chepri, mit vollkommenem Gesicht wie sein Vater.

Das Problem liegt am Ende der ersten Zeile. Hier hat Sethe das Bild eines Königs mit Keule und Stab, dazu die Sonne, das Auge, und den Zickzackstrich genommen und daraus den Ausdruck »Herrscher, geschaffen von Re« gebildet. Der nächste Satzteil, mit allen Zeichen bis zu dem Bild eines sitzenden Gottes in der zweiten Zeile, lautet »trefflicher Erbe des Chepri«.

Diese Übersetzung ist in keiner Weise zu rechtfertigen. Nach den ägyptischen Regeln beginnt ein Satz mit einem Verb, dann folgt das Subjekt und dann das Objekt. Nach Sethes Zeileneinteilung besteht der erste Abschnitt aus Subjekt, Objekt, Verb – eine Reihenfolge, die es niemals geben kann.

Ganz eindeutig mussten die Zeichen neu angeordnet werden,

und so wurden der »Herrscher« und die Sonnenscheibe zu Determinativen von »Allherrscher«. Sofort ändert sich der ganze Satz. Die korrekte Übersetzung lautet wie folgt:

> ... das lebende Abbild des Allherrschers, das der Erbe schuf, als er Chepri, schön im Angesicht, wie seinen Vater meißelte.

Der Erbe war natürlich Thutmosis. Chepri, ein Aspekt der Sonne, die über dem östlichen Horizont aufgeht, der Himmelsrichtung, in die der Sphinx blickt, war ein Pseudonym des Sphinx.

Thutmosis, so sagt der Text ganz klar, ließ das Gesicht des Sphinx so bearbeiten, dass es seinem Vater ähnelte.

Der Sphinx ist ein Abbild des Gottes, dem Thutmosis in seinem Traum begegnete. Verbunden mit allen Aspekten der Sonne, schaut er zum östlichen Horizont, um jeden Tag die Morgenröte zu begrüßen. Ausgehend von den künstlerischen, archäologischen und inschriftlichen Belegen wurde er in der 4. Dynastie aus einer stabilen Felsnase herausgehauen, die stehen geblieben war, nachdem man Steine für das Innere einer der Pyramiden dort gebrochen hatte. Der Körper wurde aus einer weicheren Schicht des Felsens geformt. Im Laufe der Jahrhunderte verschwand der Körper abwechselnd unter dem Sand und wurde auf Befehl der Herrscher wieder freigelegt. Im Zuge dieser Prozesse erodierte der weiche Kern des Körpers durch Sandstürme und Regen. In der 18. Dynastie folgte Thutmosis IV. dem Beispiel seines Vaters Amenophis II. und jagte regelmäßig in der Nähe des Sphinx – bei einer solchen Gelegenheit erschien ihm im Traum ein Gott. Deshalb befahl er, das Gesicht umzuarbeiten »in das Abbild seines Vaters« und errichtete daneben einen Kulttempel.

Das ursprüngliche Gesicht des Sphinx stammte aus der 4. Dynastie; im Zuge der Renovierungsmaßnahmen während der 18. Dynastie wurde es umgestaltet und neu bemalt. Doch John Anthony West hat Recht, wenn er sagt, dass das ursprüngliche Gesicht nicht das des Chephren war.

Es ist das Gesicht seines jüngeren Halbbruders oder Bruders Radjedef.

Der Sphinx gibt uns den nächsten Hinweis auf Cheops' Geschichte. Bald brach der Zwist in der Königsfamilie offen aus.

NEUNTES KAPITEL

Der Erbe des Cheops

Es sei daran erinnert, dass Cheops den Thron als älterer Mann bestieg und zu dieser Zeit bereits viele Kinder von mehreren Gattinnen hatte. Während uns die zeitgenössischen Dokumente über seine Herrschaft wenig verraten, liefert die Nekropole von Gise viele Aufschlüsse zu Cheops als König. Wir wissen, dass die Bauindustrie, die Imhotep in der 3. Dynastie für seinen König aufgebaut hatte, schon vor Cheops' Machtantritt geradezu in Serienfertigung Pyramiden in die Wüste setzte. Die zuvor entstandenen Pyramiden in Dahschur hatten sich als Fehlentwicklung erwiesen, weil sie buchstäblich auf Sand gebaut waren. Um den gleichen Fehler zu vermeiden, wählten die späteren Baumeister das gewaltige Felsplateau von Gise als neuen Standort, auf dem sich Pyramiden mitsamt der ihrer umgebenden Nekropole in großem Maßstab errichten ließen. Die Gesamtanlage bildeten sie möglicherweise dem Orion nach, der für die Altägypter nur aus den Gürtelsternen bestand. Da die Seele des Königs nach den damals herrschenden Vorstellungen im Leben wie im Tod mit den Gestirnen verbunden war, leuchtet eine solche Gesamtkonzeption durchaus ein. Deutlich erkennbar ist allerdings auch, dass die heute als Gesamtanlage erscheinende Stätte von Gise zur Zeit ihrer Planung aus vier getrennt stehenden Bereichen bestand. So gesehen, wäre die Reihe der drei Pyramiden ursprünglich doch nicht als Einheit konzipiert gewesen.

Um die nördlichste, die Große Pyramide herum entstanden zu Beginn von Cheops' Herrschaft und zur Zeit von deren Bau bereits große Grabstätten. Sie waren für den engeren Kreis seiner Angehörigen bestimmt.

Cheops' Familie war überraschend groß – eine Überraschung insofern, als über mehrere Generationen hinweg sämtliche Nachkommen seiner Familie wahrscheinlich im Bestreben, andere von der Macht fern zu halten, Geschwister geheiratet hatten. Unter den Familienzweigen brachen Rivalitäten aus. Cheops, Sohn einer Geschwisterehe und selbst Ehemann mehrerer seiner Schwestern, könnte aus der Inzestehe seiner Eltern durchaus Erbschäden davongetragen haben.

Die Errichtung der Pyramiden von Gise und der umliegenden Nekropole war ein Mammutunternehmen, in das die gesamte Bevölkerung in irgendeiner Form eingebunden war. Auch dies hatte seinen Sinn. In dieser frühen Zeit besaß und kontrollierte der König alles und alle. Durch die Beschäftigung in einem gemeinsamen Großprojekt erhielten alle Untertanen Verköstigung und Versorgung. Sie hatten zwar sämtliche erhaltenen Naturalien selbst erzeugt, doch galten diese als Besitz des Königs, der sie nach Belieben verteilte.

Und dabei organisierte das System sich selbst. Nach jeder Ernte wurde das Getreide in zentralen Lagern in mehreren Städten gespeichert und in Monatsrationen wieder ausgegeben. Die verschiedenen Werkstätten arbeiteten allein für den König. Da es keine Ladengeschäfte zur Vermarktung gab, verfügte der König direkt über sämtliche Erzeugnisse. Leinen waren beispielsweise nur durch königliche Gnade zu bekommen. Ägypten wurde geführt wie ein riesiger Haushalt, in dem ein Alleinverdiener nach Ermessen Güter verteilte. Das ganze Land in einem Großprojekt wie dem des Pyramidenbaus zu beschäftigen, ergab so durchaus Sinn. Der Pharao war die Nabe des Rades im Leben. Sinnvoll erscheint so auch der Glaube, dass der König nach seinem Tod derselbe bleiben würde. So konnte er alle Untertanen beschäftigen, sie durch seine Großzügigkeit belohnen und die Illusion der totalen Gewalt über alle Dinge aufrechterhalten.

Imhoteps Pläne umfassten die Organisation der Arbeitskräfte, die Sicherung der Versorgung, die Bereitstellung der Ausrüstungen, die Lieferung der Steine und die eigentliche Arbeit auf den

Baustellen: Einmal in Gang gekommen, lief dies alles unter den wachsamen Augen des Wesirs fast wie von selbst weiter. Im ersten Teil haben wir gesehen, das Cheops' Söhne um dieses Amt konkurrierten. Es ging regulär von Söhnen der Henutsen an die Nachkommen des Nefermaat – Snofrus Sohn und Wesir – weiter. Wie viele Gelehrte richtig anmerkten, übernahmen sie ihre Aufgabe wahrscheinlich erst als alte Männer, sodass ihr Ausscheiden aus dem Amt durch den Tod kaum überraschte. Aber ebenso wird deutlich, dass der Posten nicht automatisch von einem Sohn auf den nächsten der gleichen Linie oder vom Vater auf den Sohn überging, sondern vielmehr zwischen den verschiedenen Familienzweigen hin und her gereicht wurde. Mit anderen Worten: Das Amt war, wie alles andere auch, ein Gnadenerweis des Königs.

Alles Leben und jeder Lebensunterhalt kamen vom Nil und vom König. Im Königreich war er der einzig wirklich mächtige Mann. Dies hatte seine Gründe. Wie wir wissen, war es Narmer nach der Reichseinigung und der Machtübernahme seiner Familie nicht gelungen, die totale Kontrolle über Ägypten zu gewinnen. Innere Zwistigkeiten bestimmten die Verhältnisse unter den beiden ersten Dynastien. Wie wir gesehen haben, garantierte der Sieg einer Familie noch nicht, dass sich die Unterlegenen des Machtkampfs so einfach geschlagen gaben. Sie waren so stark gewesen, dass sie sich dem Rivalen in den Weg hatten stellen können. Warum sollten sie nicht ein Bündnis mit anderen schmieden und einen weiteren Versuch wagen?

Das Ergebnis war der Aufstieg einer Familie, die sämtliche anderen beiseite drängte und alle Macht in die Hände ihres Oberhauptes legte. Diese Lösung war vielleicht nicht ideal, aber sie funktionierte. Leider weckte sie auch Eifersucht, wie wir im dritten Kapitel gesehen haben.

Lange wurde vermutet, der Hauptpalast des Königs habe in der Kapitale Weiße Mauern gestanden. Auf Vermutungen sollten wir freilich verzichten. Allerdings sind an der Stelle dieser einstigen Hauptstadt archäologische Untersuchungen, die bis in die Schichten aus der 4. Dynastie hinabreichen, wegen des gestiegenen Grundwasserspiegels nicht möglich. Aus der frühen Zeit dieses Palastes wird wahrscheinlich nie etwas zum Vorschein kommen.

Weiße Mauern lag einige Kilometer südlich von Gise. Dies hat den Archäologen von jeher Rätsel aufgegeben. Warum hat Cheops als Standort nicht Sakkara gewählt, wo auch die übrigen Pyramiden entstanden waren?

Das nahe gelegene Sakkara war die Nekropole von Weiße Mauern. Ein Nachteil bildete freilich jene dicke Sandschicht, die dort noch heute den Felsboden bedeckt. Es gab keine freiliegenden Felswände oder Schluchten, die sich als Steinbrüche nutzen ließen. Gise mit seinem soliden Felsgrund eignete sich als Standort dagegen hervorragend. Obwohl wir das Westufer des Nils heute als zwei getrennte archäologische Stätten ansehen, handelt es sich tatsächlich um eine einzige große Nekropole mit Gise an ihrem Nordende. Wegen der erhöhten Lage über dem Niltal ist der dortige Sand besonders fein. Zudem bestehen die dortigen Hügel aus freiliegendem Fels. Und in unmittelbarer Nähe waren gewaltige, leicht zu brechende Gesteinsmassen verfügbar. Die verbliebenen Steinbrüche rings um das Felsplateau deuten darauf hin, dass schon damals offene Felswände in der Umgebung der Baustellen zur Materialgewinnung genutzt wurden. Im Gegensatz zum aufwändig zu bearbeitenden, wertvollen und harten Kalkstein in Sakkara (der sich hervorragend für feine Reliefarbeiten eignet), war das Gestein in Gise weich, bröckelig und oft brüchig. Doch dieser Mangel war unbedeutend, denn das Material diente ja nur zur Errichtung des Kerns der Pyramide.

Ein Problem stellte lediglich die Abgeschiedenheit von der

Hauptstadt dar, denn die Mitglieder der Königsfamilie mussten ja vor Ort sein, um nach Bedarf Lebensmittel und andere Versorgungsgüter auszugeben. Es sieht so aus, als seien wir der Lösung dieses Problems auf die Spur gekommen: An vorderer Stelle haben wir auf die Entdeckung einer hohen dicken Steinmauer im Süden unterhalb des Plateaus hingewiesen. Durch ein großes, ungefähr sechseinhalb Meter hohes Tor gelangte man auf eine breite ebene Straße, die Bauten, offenbar Lagerhäuser, säumten. In allen kamen Bänke und Überreste verschiedener handwerklicher Erzeugnisse wie geschmiedetes Kupfer und Töpferwaren zum Vorschein. Die Mauer umschloss Großbäckereien, Fisch verarbeitende Betriebe und – in bislang noch nicht identifizierten Zonen – zweifellos auch Schlachtereien sowie Großküchen.

Lehner hat angemerkt, dass diese Magazine stark an die Bauten mit Tonnengewölbe erinnern, die heute in den »Totentempeln« vom Ramesseum und von Medinet Habu in Theben-West bei Luxor zu sehen sind. Wir wissen, dass es sich bei diesen Arealen um umfriedete Städte in Miniaturformat handelte, wobei ein Haus dem König als Residenz diente.

Wahrscheinlich hat Lehner in Gise die Überreste des allerersten Königspalastes aus dem Alten Reich entdeckt. Spätere Baustellen für Grabstätten waren nur noch von Arbeitersiedlungen umgeben. Kahun bei Illahun und Deir el-Medina im Tal der Könige sind Beispiele. Diese Stätten stammen aus einer späteren Zeit, als der Staat der Ägypter nach etwas demokratischeren Prinzipien funktionierte. In der 4. Dynastie unter der Allmacht des Cheops lag es nahe, dass der König in der unmittelbaren Umgebung der Baustelle residierte, damit er direkt von seinem Palast aus Güter verteilen konnte.

Bestätigt wird diese Hypothese durch Inschriften aus nahe gelegenen Mastabas. Viele der Verstorbenen tragen Titel wie »Aufseher über das Anwesen des Cheops« (Nihetepchnum), »Aufseher des Hauses der königlichen Kinder« (Sepni), »Aufseher des Großen Hauses« (Abdu), »Wäscher Gottes« (Senenu) oder »Aufseher der Abteilungen der Pächter des Großen Hauses« (Sechemcha).

Früher ging man stets davon aus, dass sich diese Titel auf den fernen Palast des Cheops in der Hauptstadt Weiße Mauern bezogen. Aber viele von ihnen datieren seltsamerweise aus der Zeit der 5. und 6. Dynastien, als längst andere Könige herrschten. Warum hätte der Hauptpalast in Weiße Mauern noch immer Cheops' Namen tragen sollen? Ganz offenbar sollte die Namensgebung an ihn als den Begründer der Nekropole und ihren bedeutendsten König erinnern.

Heute erscheint es als weitaus naheliegender, dass der Bauherr der Pyramiden Gise nicht nur zum Standort für seine Pyramide und die seiner Nachfolger, sondern auch zu seiner Residenz erkoren hatte.

Das königliche Gise

Die jüngsten Ausgrabungen können jetzt in neuem Zusammenhang gesehen werden. Bei Betrachtungen zum Sphinx im vorigen Kapitel habe ich zu rekonstruieren versucht, wie Gise zur Zeit der 4. Dynastie ausgesehen haben muss. Dieses Bild können wir nun ergänzen.

Am Fluss wurde in einem dauerhaften Überflutungsgebiet am Fuß des Plateaus ein Hafen (Re-esch) angelegt und vollständig mit einer Mole eingefasst, an der die Schiffe anlegen konnten. Westlich des Re-esch erhob sich die gemauerte Front des Friedhofskomplexes mit vier prachtvollen »Tempeln«. An diese mit poliertem Granit verkleidete Bauten schlossen sich Säulenhallen an, durch deren kühles Inneres man in die Totenstädte dahinter gelangte. Nördlich des Hafens lag die Arbeitersiedlung für die ständig beschäftigten Handwerker, die auf dem nahe gelegenen Friedhof bestattet wurden. Im Süden ragte eine große Mauer mit einem gut sechs Meter hohen Tor auf. Dahinter lagen die Stadt und der Palast des Cheops.

Irgendwo hier, weiter südlich der bereits ausgegrabenen Zonen, werden dereinst zweifellos die Reste der königlichen Palastanlage zum Vorschein kommen. Hier lagen die Gemächer seiner Gemahlinnen, der so genannte Harem, sowie sicher auch die Räumlichkeiten für deren Kinder und Enkel. Obgleich als »Amtssitz« dienend, bildete dieser Palast zugleich die weitläufige Residenz einer Familie. Vielleicht tauchen hier weitere Darstellungen dieses Königs auf, von dem man sich nur so schwer ein Bild machen kann. Aber meiner Ansicht nach müssen die Archäologen schon zufrieden sein, wenn sie dereinst auf die Überreste der Gemächer blicken, die Cheops durchwandelt und bewohnt hat.

Die Familie des Cheops

Die Söhne des Königs, die zwischen den Mauern des nahe gelegenen Palastes lebten, waren bereits ausgewachsene und verheiratete Männer, als ihr Vater unter der Schirmherrschaft des Ptah, der lokalen Gottheit von Weiße Mauern, seine Krönung erlebte. Dank der Titel auf verschiedenen Artefakten wissen wir, dass Cheops' Hauptgemahlinnen Meritites und Henutsen zugleich seine Schwestern waren. Überliefert sind zudem die Namen mehrerer Kinder, die wir keiner der beiden Frauen zuordnen können. Es gab also weitere Gemahlinnen, die ebenfalls Vollschwestern waren.

Der Titel der Großen Königsgemahlin (oder Hauptfrau des Königs, wie er lauten müsste) existierte zu dieser Zeit noch nicht. Die Annahme, eine von Cheops' Frauen habe persönlich vor den anderen Vorrang gehabt, erscheint kaum sinnvoll, aber wie wir sicher wissen, erhielten die Söhne und Töchter der Meritites die bedeutenden Familiennamen und übten über die anderen eine umfassende Autorität aus.

Der älteste von denjenigen Söhnen der Meritites, die das Erwachsenenalter erreichten, hieß Kawab. Wie einst Cheops vor seiner Krönung entwickelte auch er sich mit der Zeit zu einem kleinlichen Herrscher über seine Geschwister. Sein Standbild zeigt ihn als stattlichen Mann mit schütterem Haar und einem stillem gütigen Blick, wobei die Darstellung natürlich rein propagandistischen Zwecken gedient haben könnte. Cheops' älteste Tochter hieß nach ihrer Großmutter, der Schwestergemahlin des Snofru, Hetepheres (uns bekannt als Hetepheres II.). Die nächste Tochter hieß nach ihrer Urgroßmutter oder Großtante, der Gattin König Hunis, Meresanch (heute Meresanch II.). Trotz des königlichen Namens hatte sie offenbar weitaus geringere Bedeutung als ihre Schwester und heiratete einen nachrangigen Vollbruder namens Horbaf. Beide teilten später eine große Mastaba am Fuß der Pyramide ihres Vaters. Eine dritte Tochter wurde nach ihrer Mutter Meritites benannt.

Auf einer Darstellung in seiner Mastaba erscheint Kronprinz Kawab bei einer Huldigung seiner Mutter Meritites, der er den Thronanspruch nach dem Tod seines Vaters verdankte. Die Abbildung zeigt ihn als Schreiber mit Papyrusrolle und Griffeln. Der Papyrus Westcar erwähnt seinen Großvater Snofru, der sich Papyrus und Griffel bringen lässt. Als dem einzigen König Altägyptens wird bei ihm darauf hingewiesen, dass er schreiben und lesen konnte. Den Darstellungen des Kawab nach zu urteilen, dürften diese Fähigkeiten von allen männlichen Nachkommen und künftigen Königen erwartet worden sein. Eine andere fragmentarisch erhaltene Szene zeigt einen Kawab, der Rinder führt. Wie die übrige Königsfamilie war er damit beschäftigt, an die Palastbediensteten und Arbeiter Naturalien zu verteilen. Rinder galten von frühester Zeit an als edelstes und kostbarstes Vieh.

Sehr wenig bekannt ist uns von seiner Schwestergemahlin Hetepheres II., da die Räumlichkeiten, die sie mit ihrem Mann in ihrer gigantischen Mastaba teilte, irreparabel zerstört wurden – wahrscheinlich gezielt, wie wir sehen werden. Gut erhalten ist dagegen das Grab ihrer Tochter Meresanch (bekannt als Meresanch III.). Sie taucht dort in einer Darstellung in Begleitung ihrer Mutter und neben ihrem stehenden Vater, dem Kronprinzen Kawab, auf. Ungewöhnlicherweise ist sie mit blondem Haar abgebildet. Wenn es sich auch um eine Perücke handeln könnte, so spricht der kurze Schnitt doch eher für die natürliche Haarfarbe. Dass Darstellungen mit Brüdern oder Schwestern ganz fehlen, deutet auf ein verwöhntes Einzelkind hin. Die Darstellungsweise ihrer Mutter und ihres Vaters bestätigt bereits Bekanntes: dass der Thronanspruch direkt über die Mutter weitergegeben wurde.

Hetepheres II. trat so den Thronanspruch an ihren Bruder Kawab ab und gab ihm – für die nächste Generation der Könige – an ihre Tochter Meresanch III. weiter. Wegen dieser Erbfolgeregelung hatten die Frauen eine gewaltige Macht, wurden aber auch, wie wir noch sehen werden, leicht zu einem Spielball der Interessen.

Wir haben zur jetzigen Zeit keine Vorstellung davon, ob Meritites und ihre Kinder innerhalb des Palastes getrennte Bereiche bewohnten. Ihre Schwester Henutsen war ebenfalls Cheops' Gemahlin und brachte eine Anzahl von Söhnen zur Welt. Alle erhielten ähnliche Namen: Chufuchaf, der nach seinem erlauchten Vater benannt war, Achhaf, Minchaf und ein weiterer Sohn, der wahrscheinlich Rechaf genannt werden sollte. Dieser letzte Sohn, den wir heute als Chaefre oder Chephren (wie Herodot ihn nannte) kennen, erhielt seinen Namen offenbar nach dem neuen Sonnengott Re. Dessen Kult schien sich zu dieser Zeit in der Königsfamilie Geltung zu verschaffen.

Dem Namen ihrer Söhne nach war Henutsen zu Beginn ihrer Ehe keine Anhängerin des Re. Wir wissen nicht sicher, ob die Söhne ihre Namen vom Vater oder von der Mutter erhielten. Im Falle der Kinder der Meritites, in deren Adern das königliche Blut floss, waren wiederkehrende Namen wahrscheinlich durch die Familientradition vorgegeben. Aus vielen Inschriften und Darstellungen wissen wir, dass die Söhne ihren Müttern Huldigungen darbrachten, sie häufig persönlich beisetzten und das Bestattungszeremoniell vollzogen. Ihre Namen folgen häufig dem Schema A, Sohn der B (Name der Mutter). Möglich wäre so durchaus, dass Henutsen, deren Kinder nicht für die Nachfolge vorgesehen waren, die Namen ihrer Kinder frei wählen konnte und dass sie sich um die Zeit der Geburt ihres vierten Sohnes dem neuen Kult des Re zuwandte.

Rechaf oder Chephren dürfte von den privilegierten Sprösslingen der Meritites gesondert aufgewachsen sein. Wahrscheinlich erhielt er eine Erziehung im Zeichen des Gottes, dessen Namen er trug. Es gibt keine Hinweise darauf, dass vor Chephren bereits andere Kinder des Königs nach Re benannt worden wären. Der Wandel im Kult musste sich also unmittelbar vor Chephrens Geburt vollzogen haben. Seine Verbindung zu Re war folglich ganz ungewöhnlich und könnte dafür gesorgt haben, dass er später in Schwierigkeiten geriet.

Der Name einer weiteren Schwester, die Cheops ebenfalls heiratete, ist verschollen. Falls die Legende der Wahrheit entspricht, könnten die drei kleineren Pyramiden von Gise tatsächlich für diese drei Gattinnen Meritites, Henutsen und die unbekannte dritte gedacht gewesen sein. Vermutungen, wonach eine der drei Pyramiden Hetepheres gehört habe – ihre Grabstätte wurde 1925 entdeckt – sind aller Wahrscheinlichkeit nach falsch. Sie musste logischerweise in der Nähe ihres Gatten Snofru und folglich in Dahschur beigesetzt worden sein. Der Papyrus Westcar erwähnt den Namen eines bedeutenden Sohns von Cheops: Prinz Baufre (siehe Kapitel 3). Er war offenbar so bedeutend, dass er durchaus ein Sohn der Meritites hätte sein könnte. Allerdings gibt es zwei weitere Knaben mit ähnlichen Namen, Hordjedef und Radjedef, die zweifellos von derselben Mutter stammten, und die war im Fall Radjedefs weder Meritites noch Henutsen. Schepseskaf, ein weiterer Prinz, kann wegen seines Namens wahrscheinlich ebenfalls den Söhnen der Henutsen zugerechnet werden.

Die Frage der Nachfolge

Während der Herrschaft des Cheops, unter dem die Wesire kamen und gingen, wartete Kronprinz Kawab auf seine Thronbesteigung. Doch dann starb er ganz unerwartet wohl nur wenige Monate vor dem Tod des Vaters. Die Daten, die im Umfeld seines Grabes auftauchen, sprechen für einen Tod im Jahr 24 seines Vaters, das zugleich das letzte von dessen Herrschaft war. Obwohl Kawab zu diesem Zeitpunkt mindestens in den späten Vierzigern war, bedeutete sein Ableben gewiss einen gewaltigen Schock. Offenbar reichte die Zeit nicht einmal mehr, um einen Thronanwärter als Ersatz zu benennen.

Wir haben im Rückblick keinen Anhaltspunkt, wie Kawab ums Leben kam, und wissen nur, dass seine Mastaba zu diesem Zeitpunkt noch nicht fertig gestellt war. Fast sicher waren die Bauarbeiten daran in der Erwartung, dass er seine letzte Ruhestätte als gekrönter König in einer Pyramide finden würde, eingestellt worden. Sehr wahrscheinlich starb er an einer Krankheit. Nach den Maßstäben der Zeit, in der Ägypter selten ein hohes Alter erreichten, war Kawab damals ein älterer Mann. Aber im Licht der nachfolgenden Ereignisse ist nicht auszuschließen, dass jemand bei seinem Ableben nachgeholfen hat.

Kawabs Tod, auf den der des Cheops folgte, schuf ein Machtvakuum. Kawabs und Hetepheres' II. Tochter Meresanch III. wurde zur Schlüsselfigur: Der, den sie heiratete, hatte Kraft dieser Ehe unmittelbar Anspruch auf den Thron, da nicht zu erwarten war, dass ihre Mutter als Witwe nochmals heiraten würde.

Plötzlich und völlig überraschend taucht allerdings gleich nach Kawabs Tod Hetepheres' II. Name in Verbindung mit Radjedef auf, dem Sohn Cheops' mit dessen dritter Königin aus der hinteren Rangfolge. Radjedef hatte bis dahin bereits Kentetenka, eine seiner Schwestern, geheiratet. Sie verschwand genau zum richtigen Zeitpunkt. Ihr Tod erscheint verdächtig, da Radjedef jetzt wieder heiraten konnte. Als jüngerer Sohn einer weniger bedeutenden Königsgemahlin hätte Radjedef von einer Thronbesteigung nicht einmal träumen können. Auch widersprach seine Heirat mit der Witwe Hetepheres II. den Gepflogenheiten der Zeit. Fast zur selben Zeit wurde ihre Tochter Meresanch III. mit ihrem Halbbruder, dem ziemlich unbekannten jüngeren Sohn der Henutsen, Rechaf oder Chephren, verheiratet.

Die Eheschließung einer älteren verwitweten Kronprinzessin mit einem Prinzen, der für die Thronfolge eigentlich nicht in

Frage kam, weckt so viel Verdacht, dass mehrfach vermutet wurde, Radjedef habe Hetepheres II. zur Ehe gezwungen. Die Königsgattinnen befanden sich gleichzeitig in einer Position der Schwäche und Stärke. Schwach waren sie insofern, als man es keiner Frau zutraute, sich gegen ihren Ehemann zur Wehr zu setzen oder einen passenden Bewerber abzuweisen. Und eine Position der Stärke bezogen sie aus der Tatsache, dass sie jedem beliebigen Bewerber durch eine Heirat den Thron verschaffen konnten.

Welch eine Chance! Und Radjedef, dem die Ansprüche vieler Brüder im Weg standen, konnte der Versuchung nicht widerstehen.

Obwohl Fälle bekannt sind, waren Heiraten mit Witwen sehr selten und innerhalb der königlichen Familie sicher völlig ungewöhnlich. Hetepheres II. muss weitaus älter als Radjedef gewesen sein: Ihre Tochter heiratete ja Radjedefs Halbbruder Chephren. Wer würde nun König? Der Gatte der älteren oder der Gemahl der jüngeren Prinzessin?

Als Thronanwärter dürften bis dahin ausschließlich die Söhne der Meritites gegolten haben. Während man Cheops' Leichnam für die Bestattung vorbereitete, zogen die beiden Söhne aus der hinteren Rangfolge die Schlachtlinien. Ihr einziger Machtanspruch war der Wille zur Herrschaft, die Gefolgschaft zum neuen Gott Re und die Hochzeit mit einer Prinzessin von königlichem Geblüt.

Der Gips, mit dem die Schiffsgruben an der Cheopspyramide versiegelt waren – siehe hierzu das zehnte Kapitel – erzählt dazu seine Geschichte. Vor dem Aushärten wurde in ihn die Namenskartusche des Königs Radjedef hineingedrückt, der entgegen allen Regeln den Thron bestiegen und seine Ansprüche aus der Ehe mit Kawabs Witwe abgeleitet hatte. Welche Rechte hatte Hetepheres II.? Die Damen der Königsfamilie waren zwar Trägerinnen der dynastischen Linie, hatten aber selbst auf Thron und Herrschaft keinerlei Aussicht. In jeder gesellschaftlichen Schicht standen die Frauen unter den Männern ihrer Umgebung. In den Gräbern ihrer Gatten wurden sie in der gleichen Größe wie dessen Diener abgebildet. Also hatte sie in der Frage der Nachfolge zweifellos keine Stimme.

Abu Roasch

Kurz nach Cheops' Tod entstand in aller Eile eine neue Pyramide für Radjedef – aber nicht in Gise. Er wollte ein eigenes Bauwerk, dessen Entwurf seinen Stempel trug. Zugleich verwarf er auch die Bauweise der Pyramiden, die unter seinem Vater entstanden waren, und versuchte, die Zeit zu Imhotep zurückzudrehen.

Das Bauwerk von Abu Roasch ist heute kaum noch als Pyramide erkennbar. Sie liegt von allen je gebauten Pyramiden am weitesten im Norden – ungefähr acht Kilometer nördlich von Gise. Von ihr erhalten ist nur noch ein Hügel aus zerbrochenen Steinblöcken und Ziegelwerk sowie eine Grabkammer, die offen unter freiem Himmel liegt. Seltsamerweise hat sich Radjedef für einen rechteckigen statt quadratischen Grundriss entschieden, eine Bauart, die sonst nur noch die Stufenpyramide aufweist. Der gewählte Bauplatz lag unmittelbar dem Tempel des Re in Heliopolis gegenüber – ganz offenbar ein Bekenntnis zum Kult des Sonnengottes. Die Kalksteinerhebung, auf der das Bauwerk entstand, blieb weitgehend bestehen und wurde mit einer äußeren Lage Stein umgeben. Die Seitenwände um das Fundament bilden einen steilen Winkel von sechzig Grad, ähnlich dem im unteren Bereich von Snofrus Knickpyramide in Dahschur. Auch die Steinblöcke sind – offenbar zur Stabilisierung – stark zum Inneren der Pyramide hin geneigt. Die Bauart erinnert eher an die schräg aufgemauerten Steinlagen an der Pyramide von Meidum, bei der ein zentraler Kern in einzelnen Stufen »ummantelt« wurde.

Von der Pyramide in Abu Roasch ist nicht genug übrig, als dass man die Bauweise (nach einzelnen Lagen oder durch Ummantelung), den Winkel der Seitenflächen und die Gesamthöhe rekonstruieren könnte. Der steile Winkel im unteren Bereich hat manche zur Annahme veranlasst, es habe sich überhaupt nicht um eine Pyramide, sondern um eine Mastaba gehandelt.

Die Lagen an der Basis bestehen aus Granit und nicht aus Kalkstein – ein verschwenderischer Luxus für ein Bauwerk, das später mit Verkleidungssteinen überzogen werden sollte. Im Unterschied zu allen anderen Pyramiden der 4. Dynastie, bei denen Arbeitskorridore zu einer erhöht gelegenen Grabkammer hinaufführten, kehrte Radjedef zu der früheren Bauweise zurück und ließ im Zentrum der entstehenden Grabstätte eine Kammer in den Felsgrund schlagen. Sie liegt heute frei – ein riesiges Areal in über zwanzig Metern Tiefe mit giebelartig sich stützenden Kalksteinbalken über den Korridoren und Kammern. Auch dies stimmt mit der Konstruktion von Snofrus Pyramiden überein.

Die gesamte Anlage bildet eine Überraschung. Aus irgendeinem Grund hat Radjedef den Stil seines Vaters vollständig verworfen und ist stattdessen den Wegen von Großvater und Urgroßvater gefolgt. Dies gibt uns einen wichtigen Anhaltspunkt. Erstens musste er, um hier eine Entscheidung zu treffen, über substanzielle Kenntnisse der Baumethoden sowohl seiner Vorfahren als auch der in Gise verfügt haben. Entweder er selbst oder jemand aus seinem näheren Umfeld war mit den früheren Plänen und mit den Bauplätzen selbst vertraut gewesen. Für die Zeit vor seiner Thronbesteigung ist über ihn wenig bekannt. Radjedef war nie Wesir gewesen. Dennoch deutet alles darauf hin, dass er am Bau der Pyramiden in Gise beteiligt gewesen war und die Bedeutung ihrer Form gekannt hatte.

Zweitens hat er sicher die Entwürfe seines Vaters in Gise in jeder Hinsicht abgelehnt. Da Radjedef dem neuen Gott Re anhing, spricht dies dafür, dass sein Vater Cheops dem alten Kult mitsamt seiner Werte und Anschauungen, die Radjedef rigoros ablehnte, eisern die Treue gehalten hatte.

Drittens bestärkt das die Vermutung, dass die Anlage der Pyramiden von Gise nach den Sternen ausgerichtet ist. Wenn wir nach dem Glaubenssystem suchen, das hinter dem Bau der Pyramiden von Gise stand, so finden wir hier die entscheidenden Argumente.

Die Vorstellung, sie seien den Strahlen der Sonne nachempfunden, können wir so ausschließen. Vielmehr verdichten sich die Hinweise darauf, dass die Lüftungsschächte in der Großen Pyramide nach der Position von Sternen angelegt sind. Die Pyramiden wären dann zweifelsfrei in Verbindung mit dem Sternenhimmel zu sehen und so ungeeignet für einen König, der sich dem Sonnenkult verschrieben hat.

Viertens deutete dies darauf hin, dass Radjedef neben den traditionellen Werten auch seinen Vater Cheops als Person rigoros ablehnte. Die Staatsreligion als Ganzes zu verwerfen, ist eine Sache, sich von der Begräbnisstätte seiner Familie abzuwenden, eine völlig andere. Einiges deutet darauf hin, dass für ihn in Gise eine Mastaba vorbereitet worden war, und dies macht wiederum deutlich, dass er sicher nicht als Thronanwärter gegolten hatte.

Und vor allem macht es schließlich deutlich, dass ihm das Bekenntnis zu Heliopolis wichtiger war als seine Familie. Dazu gehört auch, dass er auf Kreise außerhalb der königlichen Familie hörte und sich sogar Lehrern oder Freunden außerhalb seiner Geschwister anvertraute. Zum ersten Mal seit vielen Generationen hatten sich die Tore zur Königsfamilie einen Spaltweit geöffnet. Dass er schon zur Zeit seiner Krönung seine Planer nach Abu Roasch beorderte, spricht dafür, dass es sich hier um keinen plötzlichen Entschluss, sondern um eine von langer Hand geplante Operation handelte. Dies bedeutet zweierlei: Erstens fällt seine Hinwendung zu Heliopolis und sein Umgang mit hochgestellten Personen, die nicht zum Kreis seiner Familie gehörten, noch in die Zeit vor seiner Krönung und damit unter die Herrschaft des Cheops. Dass Cheops kein Interesse für den Kult des Re zeigte und dass Radjedef alles ablehnte, was mit seinem Vater zu tun hatte, belegt eine Animosität zwischen beiden, auch wenn diese, vielleicht wegen Cheops' abgeschotteter Lebensweise, nicht offen zum Ausdruck kam. Zweitens deutet es auf weitere Motive hin, warum Radjedef nach dem Tod seines Vaters den Thron an sich riss. Als ein Gegner, der gegen seinen lebenden Vater nichts hatte ausrichten können, sah er bei dessen Ableben rasches Handeln als das Gebot der Stunde an. Dass seine Frau genau zu diesem Zeitpunkt von der Bildfläche verschwand und er überraschend die verwitwete Hetepheres II. heiratete, ist umso verdächtiger. Seine Absicht, den Thron an sich zu reißen, kam also offenbar weder plötzlich, noch wurde er von anderen dazu gedrängt. Vielmehr hatte er diesen Coup schon längst geplant. Er hatte die Pläne dazu natürlich nicht allein geschmiedet. Es fragt sich nur, wer seine Ambitionen unterstützt hatte.

Die Auswirkungen des Thronraubs

All diese Veränderungen dürften im Land für gewaltige Spannungen gesorgt haben. Der Palast von Radjedefs Vater in Gise operierte auch weiterhin: Dies geht jedenfalls aus den Titeln der Würdenträger am Hof hervor, die noch bis zur 5. und 6. Dynastie dort auch beigesetzt wurden. Die Bauarbeiten an den Pyramiden liefen auch unter Radjedefs Herrschaft weiter, obwohl er für sich eine Beisetzung im weit entfernten Abu Roasch plante. Er musste also entweder täglich Bautrupps aus Gise kommen lassen oder in Abu Roasch eine eigene Arbeitersiedlung gründen. Er brauchte zuverlässige und professionelle Handwerker, keine Fronarbeiter. Zudem benötigte er Fachleute, die mit den Berechnungen und der Geometrie der älteren Entwürfe des Pyramidenbaus vertraut waren. Dies alles musste in der damaligen Gesellschaft für große Verwirrung gesorgt haben.

Teile der Öffentlichkeit dürften noch immer erwartet haben, dass er sich in Gise bestatten ließ. Warum entschied er sich für Abu Roasch? Die Wahl beschwor zwangsläufig einen Konflikt herauf. Die Antwort lautet: wegen der Nähe zu Heliopolis. Der neue König war ebenso sehr, wenn nicht noch mehr ein Revolutionär wie tausend Jahre später der so genannte Ketzerkönig Echnaton.

Wir wissen nicht, wen Cheops auf dem Sterbebett zu seinem

Nachfolger erkor. Nach Kawabs Tod lebten nur noch wenige seiner Söhne mit Meritites. Der wahrscheinlichste Kandidat war Chephren, der, wahrscheinlich kurz vor dem Tod seines Vaters, mit der neuen Erbin, Kawabs Tochter Meresanch III., verheiratet wurde. Eine nähere Betrachtung dieser Eheschließung ist aufschlussreich. Soweit wir rekonstruieren können, war Chephren oder Rechaf, wie er wahrscheinlicher hieß, nicht der älteste Sohn der Henutsen. Viele seiner Brüder starben vor ihm und wurden in Gräbern um die Pyramiden bestattet, also noch während der Herrschaftszeit des Cheops. Es sieht also ganz so aus, als seien sämtliche Söhne der Meritites bereits tot gewesen, sodass die Thronfolge auf die Söhne der Henutsen überging. Alles dies belegt erneut, dass die Rangfolge ausschließlich per Geburt festgelegt wurde.

Zu welchem Zeitpunkt Radjedef seinen Coup landete, bleibt uns verborgen. Sicher ist dagegen, dass er viele Unterstützer gebraucht hatte. Aber wo war der eigentliche Thronerbe Chephren während dieser Ereignisse? Nichts deutet auf einen Aufenthalt außer Landes hin. Und doch scheint er dem Treiben des Gegners tatenlos zugesehen zu haben. Vielleicht war er einfach noch zu jung. Während Henutsen Cheops lange vor dessen Thronbesteigung Kinder geboren hatte, könnte Chephren ein ferner Nachzügler gewesen sein. Gegen diese These von der Jugend spricht allerdings, dass Kinder in Altägypten sehr rasch erwachsen wurden. Wenn Chephren zu Beginn von Cheops Herrschaft geboren worden war, wäre er 22 oder 23 Jahre alt und für ägyptische Verhältnisse ein erwachsener Mann gewesen. Möglicherweise haben ihn auch Radjedefs Unterstützer an einem Gegenschlag gehindert. Es muss einen Grund geben, warum er sich gegen Radjedef nicht früher zur Wehr gesetzt hat.

Nach dem Tod des alten Cheops musste dessen Leichnam für die Beisetzung vorbereitet und die Bestattung in der Großen Pyramide organisiert werden. Erst nach der Versiegelung der Pyramide konnte Radjedef die Krone empfangen. Und erst mit dieser Zeremonie war er vor dem Thronerben Chephren sicher. Aber dies dauerte seine Zeit. Wenn Chephren gewaltsam daran gehindert wurde, Ansprüche geltend zu machen, dann musste dies über einen Zeitraum von Wochen, ja Monaten geschehen sein. Chephren dürfte eigene Unterstützer im Palast gehabt haben. Sicher brachten die Zwistigkeiten zwischen beiden die Familie in dieser Phase an den Rand eines Krieges. Die Lösung kam allein durch Radjedefs Heirat mit Hetepheres II. Deswegen haben viele Forscher, wie erwähnt, gemutmaßt, die Braut sei gezwungen worden. Der Verlust ihres Brudergemahls und kurz darauf der ihres Vaters muss sie zutiefst erschüttert haben. Vielleicht war sie nicht in der Verfassung, sich gegen eine Zwangsheirat zu wehren. Aber sie könnte die Verbindung auch gewollt und eine Unterstützerin Radjedefs gewesen sein. Die Hochzeit änderte jedenfalls alles. Chephren verlor seinen Thron.

Radjedef leitete bei der Beisetzung seines Vaters als Priester das Zeremoniell und vollzog wahrscheinlich auch an dessen Leichnam das Mundöffnungsritual. Unmittelbar nach der Versiegelung der Pyramide dürfte er sich nach Weiße Mauern begeben und dort die Krone empfangen haben.

Die Krönung

Krönungen tauchen in den Darstellungen der ägyptischen Kunst überraschend selten auf. An den Wänden der so genannten Roten Kapelle des weiblichen Königs Hatschepsut aus der 18. Dynastie – sie ist heute als Open-Air-Museum rekonstruiert und liegt nördlich des Karnak-Tempels – zeigen Steinreliefs die Erhebung der Hatschepsut zur Königin. Wenn diese Zeremonie auch Jahrhunderte nach dem Tod des Cheops und in einer neuen Ära, dem Neuen Reich, stattfand, so gab es bei solcherart Riten doch nur selten bedeutende Veränderungen. Ein solcher Moment galt ja dem Glauben zufolge als von göttlichen Kräften durchwaltet. Der künftige König wurde mit einer »Göttin« fünfmal in das Allerheiligste geleitet. Tatsächlich dürfte es sich um eine Schwester oder Tochter gehandelt haben, die als Stellvertreterin fungierte. Im

Allerheiligsten empfing der Anwärter eine Reihe von Kronen, die jeweils für einen bestimmten Aspekt der verliehenen Macht standen. Bei jedem der Rituale erhielt der angehende König einen seiner fünf Krönungsnamen und nahm dabei die Zepter, die Stäbe der Macht, entgegen. Als Letztes empfing er die königlichen Insignien Krummstab und »Wedel«.

Bei einem Ritual erhielt er das gestreifte Nemes-Kopftuch mit dem Diadem der Uräusschlange, der aufgebäumten Kobra. Wegen des Sphinx von Gise bringt man diese Krone am ehesten mit den Königen des Alten Reichs in Verbindung. Aus unbekanntem Grund veränderte nun Radjedef die Prozedur. Er wurde erstmals in der Geschichte Ägyptens zum Sohn des Re erklärt oder rief sich selbst dazu aus. Hielt er sich angesichts seines Thronraubs tatsächlich für den Sohn des Gottes? Und falls dem so war, was hieß dies mit Blick auf seinen Vater Cheops? Oder war dies der Grund für seine Bestattung nahe Heliopolis, der Heimstatt des Re: dass er seinen Erzeuger Cheops auch als Vater ablehnte? Jedenfalls folgten die zukünftigen Könige seinem Beispiel: Die alten Gebräuche des Cheops waren endgültig im Wandel begriffen.

Nach dem Krönungszeremoniell wurde der König Radjedef in einem nicht überlieferten rituellen oder magischen Schlussakt zu einem über alle Sterblichen erhabenen Halbgott erhoben. Die Feierlichkeit, seine »Erscheinung« in der Öffentlichkeit, bestätigte seinen Status vor dem ganzen Land. Von da an war er gegen jeden Angriff gefeit. Aber war er es tatsächlich?

Aus Inschriften wissen wir, dass Radjedef König wurde. Aber wie war es dazu gekommen? Wer stand hinter ihm und setzte seine Ansprüche gegen den Willen seines Vaters durch?

Die Verschwörung

Die Thronfolge in Altägypten wurde immer mal wieder so geändert, dass der vorgesehene Anwärter schließlich leer ausging. Der Grund war jedes Mal der gleiche: eine Verschwörung im Harem, angezettelt von einer ehrgeizigen Mutter, die ihrem Sohn gegen die Erbfolgeregelung die herausragende Stellung des Königs verschaffen wollte. Die höchste Position einer Frau in Altägypten war die der Königinmutter: Mochte der König noch so viele Gemahlinnen haben – eine einzige Frau hatte ihn zur Welt gebracht. Die Mutter genoss – und genießt noch heute – ein Höchstmaß an Ansehen und Respekt. Die neuerliche Bestattung der Hetepheres durch ihren Sohn Cheops illustriert dies.

In diesem Fall wurde die Verschwörung aller Wahrscheinlichkeit nach gemeinschaftlich von Radjedef und seiner Mutter geplant, auch wenn wir deren Namen nicht kennen. Dass er heute verschollen ist, stellt einen seltsamen Umstand dar. Diese Mutter war zu Lebzeiten ihres Gatten Cheops eine unbedeutende Größe gewesen. Und ihr Sohn hatte keinerlei Aussichten auf irgendeine Machtposition. Mit anderen Worten: Mutter wie Sohn verhieß der Kampf um eine Stellung, die ihnen nicht zustand, einen phantastischen Aufstieg. Sie hatten nichts zu verlieren, aber sehr viel zu gewinnen: im Falle eines wundersamen Sieges sogar die höchste Macht im Staate.

Die Motive einer Verschwörung liegen so auf der Hand. Meritites hatte als älteste Tochter des Snofru und der Hetepheres von Geburt an die höchste Position in der Familie inne. Ihre jüngeren Schwestern hatten nie eine Chance – trotz einer ebenso vornehmen Abstammung. Aus dem gleichen Grund war Meritites' ältester Sohn Kawab stets als neuer Herrscher vorgesehen gewesen. Während in den meisten Gesellschaften auch für andere ein Platz vorgesehen war, hatten die jüngeren Geschwister der Könige der 4. Dynastie keinerlei Ansprüche: Es gab keine machtvolle Stellung, in der nicht alles vom König abhing. Cheops' Sohn Radjedef war intelligent genug für die Einsicht, dass die Familie von Zeit zu Zeit mit frischem Blut und neuen Ideen versorgt werden musste. Vielleicht war er über die Behandlung seiner Mutter empört und begegnete Meritites mit einem Groll, den er dann wahrscheinlich auch auf seinen Vater übertrug. Wahrscheinlich hielt er sich selbst für den besseren Herrscher. Jedenfalls beschloss er, bei der Übernahme der

Macht nicht auf unerkundetes Gelände vorzustoßen, sondern besann sich auf die »guten alten Zeiten« seiner Großeltern zurück.

Mit seinem Halbbruder Chephren, dem Sohn der Henutsen, dürften ihn eine gleiche Gesinnung und eine heftige Rivalität verbunden haben. Beide stützten sich auf Re, und beide beanspruchten den Titel »Sohn des Re«. Als Sohn einer Königin, die über Radjedefs Mutter stand, wurde Chephren zu Lebzeiten übergangen. Mit seiner Heirat mit Meresanch III. hatte er sich Thronansprüche erworben. Er muss vor Zorn gekocht haben, als ihm im letzten Moment der Lohn seiner Mühen entrissen wurde.

Radjedef als König

Wir wissen jetzt, dass Radjedef Anweisung gab, das Gesicht des Sphinx nach seinen Zügen in Stein zu meißeln. Nichts deutet darauf hin, dass der gewaltige Felsblock schon zuvor bearbeitet gewesen war. Diese Figur, halb Mensch, halb Löwe, bildete eine steinerne Verkörperung des Königs und des Re. Die Sonne galt in Ägypten nie als Einheit oder als ganzheitlicher Charakter. Vielmehr machte sie vom Morgengrauen bis zur Abenddämmerung mehrfach einen Wandel durch. Sie begann ihren Lauf in der Morgendämmerung als Urgott Chepre, saß dann als Horemachet, als Horus des Firmaments, auf der Krümmung des Horizonts und schickte sich mit ihren großen Schwingen, den Sonnenstrahlen, zum Flug in die Höhe an. Als Aton flog sie zum Zenit auf und verwandelte sich bei ihrem Abstieg zum Abendhorizont in Horachte, den Horus des zweiten Horizonts, der sich niederließ und anschickte, an den Grenzen der physischen Welt ins Wasser des Chaos, den Atum, einzutauchen. So wurde der Sphinx zu Re-Chepri, wenn er gen Osten in die Morgendämmerung spähte, und zu Re-Horemachet beim Begrüßen der ersten Lichtstrahlen. Er bot Schutz vor den sengenden Strahlen des Aton und wartete schließlich, bis hinter seinem Haupt Re-Horachte, vom scharlachroten Hof umgrenzt, den Blicken entschwand.

Diese Verbindung zwischen Sphinx und Sonne blieb in den Köpfen des Volkes bis lange nach Ende der 4. und sogar der 5. Dynastie lebendig. Am Ende der 5. Dynastie ging die Verehrung des Re als Hauptkult langsam unter. Dass ihr kein dauerhafter Erfolg beschieden war, hängt mit der universellen Sichtbarkeit der Sonne zusammen. Ihr fehlte die Exklusivität der im Schrein verborgenen Götterbilder, die nur einer Elite von Eingeweihten zugänglich waren. Im Mittleren Reich stieg mit den Königen, die aus der Region stammten, auch der Amun von Karnak zu herausragender Bedeutung auf. Dennoch bewahrten sich die Priester von Heliopolis den Schatz eines Wissens, das sie von Generation zu Generation weitergaben. Für sie war der Sphinx die Verkörperung ihres Gottes.

Vielleicht haben sie die alten Formen des Kults an die Kronprinzen des Neuen Reichs weitergegeben. Wie wir wissen, pilgerten diese als junge Männer nach Heliopolis, um dort die Geheimnisse der Herrschaft zu erfahren und so die Kontrolle über den Kosmos zu gewinnen. Hier müssen sie in die Mysterien des Sphinx und dessen Bedeutung eingeweiht worden sein. Dies alles gipfelte am Ende der Herrschaft des Amenophis II. darin, dass der alte Gott dessen Sohn Thutmosis im Traum erschien. Es überrascht nicht, dass Thutmosis über diesem Erlebnis fast den Verstand verlor und den Kult um den alten Sphinx daraufhin auf neue Weise belebte.

Ebenso wenig überrascht, dass sein Enkel Amenophis IV. über den Einfluss seines Vaters schließlich zur Überzeugung gelangte, dass dieser Kult die wahre Religion sein müsse. Amenophis nahm daraufhin den Namen Echnaton an und versuchte den alten Kult der Ahnen wieder einzuführen – wie Radjedef, der sich schon 2000 Jahre zuvor dem Sonnengott zugewandt hatte.

Daten aus der Regierungszeit des Radjedef reichen nur bis zum »vierten Ereignis«. Acht Jahre soll seine Herrschaft gedauert haben, eine Zeitspanne, die durch den Turiner Königspapyrus bestätigt wird. Diese Dauer scheint zwar hoch gegriffen angesichts der wenigen Spuren, die er in Ägypten hinterlassen hat, aber nach den Hinweisen aus Abu Roasch, wonach er mit Hetepheres II. zwei Söhne und eine Tochter hatte, ist sie doch durchaus realistisch. Seine Herrschaft geriet später aller Wahrscheinlichkeit nach in Vergessenheit.

Wir haben keinen Anhaltspunkt, wo Radjedef nach seinem Tod von seinem Halbbruder Chephren bestattet worden ist. Es wäre nur logisch gewesen, ihn in der mittleren Pyramide von Gise beizusetzen, aber aus Graffiti von Handwerkern und den Besitzverhältnissen der Mastabas geht hervor, dass dieser Ort Chephren gehörte. Abu Roasch wurde nie fertig gestellt. Auch deutet nichts darauf hin, dass Radjedef in Dahschur oder Meidum seine letzte Ruhe fand. Der Gedanke, dass einem König die Bestattung und die letzten Riten versagt blieben, obwohl an den oben genannten Stätten zwei Pyramiden leer standen, gibt eine Vorstellung von dem Hass, der ihn begleitet haben muss. Tatsächlich wurden nach seinem Tod sein Grab, seine Bildnisse und seine Inschriften in Abu Roasch mit brachialer Gewalt vernichtet. Seine unvollendete Pyramide blieb zunächst dem Schicksal überlassen und wurde dann dem Erdboden gleichgemacht. Die wilde Zerstörung setzte ein Zeichen. Henutsens Sohn Chephren stieg auf den Thron. Die Gründe für den hasserfüllten Umgang mit dem Vorgänger sind unschwer zu erkennen.

Es ist angenommen worden, Chephren habe aus Eifersucht und Zorn seinen Halbbruder schließlich getötet – sicher eine bestürzende Tat, galt der König doch als unantastbar. Aber was die Ägypter auch glaubten, Chephren war wie wir alle nur ein Mensch, und Radjedef auch. Nachvollziehbar sind die lang andauernden

Ressentiments, die die beiden Halbbrüder entzweiten. Nachdem Chephren den Thron an sich gerissen hatte, betrachtete er sich als den wahren Erben und Nachfolger seines Vaters Cheops, neben dessen Pyramide er sich schließlich auch bestatten ließ. Dabei scheint er gleichzeitig den Sphinx für sich beansprucht und als sein Bildnis ausgegeben zu haben, obwohl ihn Radjedefs Züge Lügen straften und über die Zeit hinaus an den wahren Stifter erinnerten. Wahrscheinlich hat Chephren auch das Grab von Kawab und Hetepheres II. zerstören lassen, weil Hetepheres ihn durch die Heirat mit Radjedef fürs Erste um den Thron gebracht hatte.

Radjedefs Linie wurde verunglimpft und verleugnet. Allerdings scheint seine Tochter Neferhetepes bei Zeiten einen Sohn geboren zu haben, den sie Userkaf nannte. Chephren hatte mit Meresanch III. mehrere Kinder. Sie alle starben jung oder wurden enterbt. Mit seiner Schwestergemahlin Chamerernebti hatte er allerdings eine weitere Tochter, die ihren Vetter Mykerinos heiratete.

Mit dem Tod des Mykerinos war die Linie der Erben des Cheops praktisch erloschen. Es gibt keine Hinweise darauf, dass Mykerinos außer einer Tochter weitere Kinder gehabt hätte. Trotz der vielen Sprösslinge des Cheops pflanzte sich sein Stamm offenbar nur für eine einzige Generation fort. Dies deutet stark auf Erbschäden in der Familie hin.

Als Ironie des Schicksals ging der Thron nach Mykerinos' Tod schließlich an Userkaf, den Enkel des verhassten Radjedef. Userkaf wurde so zum Bindeglied zur nächsten Königsdynastie. Die Linie des Radjedef setzte sich weiter fort. So hat wohl alles seinen Sinn oder wird vom Schicksal bestimmt.

Die erbitterten Zwistigkeiten im Palast des Cheops müssen furchtbar gewesen sein. Auch die gemeinsame Religion konnte den Kampf Bruder gegen Bruder nicht schlichten. Nach dem Papyrus Westcar soll Cheops prophezeit worden sein: »Nach dir dein Sohn und dann dessen Sohn und dann der älteste der drei Brüder, die im Bauch der Ruddjedet, der Gemahlin vom Priester des Re von Sachebu, sind.« Die Geschichtsschreibung liefert eine etwas andere Darstellung. Die sieht wohl eher so aus:

Nach dir dein nachrangiger Sohn; und er wird von einem anderen Sohn ermordet werden; nach ihm dessen Sohn, und dann der Enkel des Ermordeten. Die von ihm begründete Linie wird deine ablösen.

Aus dieser gesamten Zeitspanne lassen sich Lehren ziehen.

Teil Vier

DIE BESTATTUNG DES KÖNIGS

Das Ende in Sicht

Soweit wir sagen können, regierte Cheops Ägypten 23 Jahre lang, eine Zahl, die aus dem Turiner Königspapyrus hervorgeht. Unter seiner Herrschaft wurde jedes zweite Jahr eine komplette Bestandsaufnahme seiner Besitztümer für ganz Ägypten durchgeführt. Erhalten ist die 12. Zählung, und dies deckt sich folglich mit dem Turiner Papyrus.

Obwohl nur wenige Herrscher ein so eindrucksvolles Bauwerk hinterlassen haben, bleibt Cheops für die Geschichtsschreibung ein schemenhafter Charakter. Verschiedene Quellen geben, wie wir gesehen haben, Hinweise auf Details zu seinem Leben. Wenn auch nicht gesichert, so haben wir doch Grund zur Annahme, dass eine Vielzahl von Inzestehen über Generationen hinweg in Cheops' Familie zu Erbschäden geführt hat. Wir können nicht mit Sicherheit sagen, ob er ein abgeschirmtes Leben führte, weil er selbst durch genetische Defekte gehandikapt war. Bekannt ist allerdings, dass er viele Söhne zeugte, die Linie aber schon in der Enkelgeneration nur noch wenige Thronanwärter hervorbrachte.

Unter seiner Herrschaft und vielleicht schon zu deren Beginn erlebte der Kult des Re einen Aufstieg. Zugleich gewannen die Priester des Tempels von Heliopolis, dem alten Iunu, wachsende Bedeutung. Kaum ein archäologischer Hinweis oder eine Inschrift deutet dort auf einen Kult aus früherer Zeit hin. Die Priester, die hier im Tempel wirkten, wurden ungewöhnlicherweise Seher – »die, die sehen« – genannt. Wir wissen, dass die Ägypter, wie Herodot es ausdrückte, »mehr als jedes andere Volk bis zum Äußersten religiös« waren. Treffender charakterisiert ihren Glaubenseifer

Joyce Tyldesley, für den Religion in Altägypten für den Einzelnen eine Mischung aus Magie und Aberglauben bedeutete. Jedes Ereignis im Leben eines Königs als Individuum wie als Staatsmann wurde von rituellen Handlungen und Zeremonien begleitet, die auf Naturbeobachtungen beruhten. Termine wurden nach den Gestirnen oder dem Lauf der Sonne festgelegt. Es ist bekannt, dass diese Beobachtungen und das aus ihnen hervorgehende Wissen in späteren Generationen ausschließlich in Heliopolis gepflegt wurden. Daher die Bezeichnung »Seher«.

Obwohl keine direkten Beweise vorliegen (auf den Überresten des Re-Tempels in Heliopolis steht heute die moderne Universität Ain Schams, »die Sonne«), können wir deswegen mit gutem Grund annehmen, dass der Kult in Heliopolis ursprünglich wie eine Art Astrologie zur Deutung der Sterne und der Sternbilder betrieben wurde. Zu Beginn des Alten Reichs führte die Erkenntnis der Bedeutung des Sonnenlaufs einen gewaltigen Wandel in den Anschauungen herbei. Heliopolis wandte sich dem Kult des Sonnengottes Re zu. Dieser Wandel vollzog sich wahrscheinlich ebenfalls zu Beginn der Herrschaft des Cheops.

Viele Werke zu Altägypten sind um die religiöse Revolution zur Zeit Echnatons, dem so genannten Ketzerkönig aus der 18. Dynastie, zentriert. Wie ich bereits gezeigt habe, spricht nichts dafür, dass sich in dieser Zeit etwas völlig Neues ereignet hätte. Echnaton lebte zurückgezogen in einer Gemeinschaft, die sich dem Aton als einem Aspekt der Sonne verschrieben hatte. Damit kehrte er mit Blick auf Religion, Gesellschaft und Architektur allerdings nur zu dem Sonnenkult des Alten Reichs zurück. Alles an seiner »Revolution« war ein integraler Bestandteil des alten Re-Kults.

Allerdings spiegelten die Königsnamen und die Philosophie vor der Zeit vor der 4. Dynastie keine Verbundenheit mit dem Sonnengott wider. Dies änderte sich erst in der Herrschaftszeit des Cheops.

Hier muss eine echte Revolution stattgefunden haben. Die abgedunkelten Tempel mit ihren unter Verschluss gehaltenen Kultbildern fernab der Blicke gewöhnlicher Sterblicher wichen über

Nacht offenen Höfen, über denen die heiligen Benben-Steine aufragten, schlanke Pyramiden, aus denen sich später die Obelisken entwickelten. Der abgeschottete Familienkreis der Könige öffnete sich dem Einfluss des Re. Die Priester des Sonnengottes müssen bei diesem Wandel eine bedeutende Rolle gespielt haben, und vieles deutet klar darauf hin, dass Außenstehende auf die Anschauungen der königlichen Familie einwirkten. Dass dieser Einfluss über zwei Söhne des Cheops aus nachgeordneten Linien ausgeübt wurde, ist wahrscheinlich kein Zufall.

Da die Namen Radjedefs und Chephrens diese Hinwendung widerspiegeln, müssen wir uns deren Müttern zuwenden. Es gibt deutliche Anhaltspunkte dafür, dass sich mehrere von Cheops' Frauen von diesem revolutionären neuen Glauben so stark angezogen fühlten, dass sie ihre Söhnen nach dem neuen Gott benannten. Hinweise darauf, dass auch Cheops selbst ihm angehangen hätte, fehlen dagegen. Ist dieser religiöse Wandel folglich ein weiteres Anzeichen für die tiefe Spaltung innerhalb der Königsfamilie?

Sollte Cheops den Zwist mitbekommen haben, so hat er die Probleme offenbar ausgesessen. Sein Tod markierte das Ende einer Ära in Ägypten. Nach ihm traten die Zerwürfnisse deutlich in Erscheinung.

In diesem Teil befassen wir uns mit den nachweisbaren Fakten zu Cheops' Tod und zu seiner Nachfolge.

ZEHNTES KAPITEL

Die Schiffe

Die Streitigkeiten zwischen den Söhnen des Cheops dürften erbittert ausgetragen worden sein. Der vorübergehende Erfolg des Radjedef bei der Eroberung des Thrones bedeutet, dass er die letzten Augenblicke der Herrschaft seines Vaters bestimmt hatte. Nach altägyptischem Brauch regierte der König nach seinem Tod noch bis zur Zeit seiner Bestattung. Nach Vollzug der letzten Riten und der Bestattungszeremonien brach für das Land – mit der Versiegelung der Pyramide – eine Zeit ohne Herrscher an.

Obwohl Inschriften aus seiner Regierungszeit fehlen, ist über Cheops bekannt, dass er das autokratische Regiment eines Halbgottes führte. Nach dem Verständnis seiner Untertanen hatte er das Schiff des Staates 23 Jahre lang erfolgreich durch unruhige Gewässer gesteuert. Aber vor allem starb er als hochbetagter Mann zu einer Zeit, da auch seine Söhne alte Männer waren.

Wir wissen, dass deswegen auf die Beisetzung sehr rasch eine Krönung folgte, bei welcher der neue König zum Sohn der Sonne erklärt wurde. Radjedef bestieg den Thron als erster König unter der Schutzherrschaft des neuen Gottes, dessen Machtbasis auf der anderen Seite des Nils in Heliopolis lag. Die Verleihung mehrerer Kronen und Titel bestätigte ihn in seiner Stellung. Anschließend wurde in Gise, diesmal im Namen des neuen Königs Radjedef, offenbar ein weiterer Akt vollzogen. Männer schleppten mindestens zwei große Schiffe durch den Taltempel hindurch auf den Friedhof, in deren Mastabas die Angehörigen des neuen Königs ihre letzte Ruhe finden sollten. Die Schiffe wurden dort in Einzelteile zerlegt und vergraben.

Wozu hatten sie gedient? Und warum landeten sie in Gruben und wurden zugeschüttet?

Eine Entdeckung von 1954

Viereinhalbtausend Jahre nach dieser Prozedur untersuchte ein Mann im Sand von Gise den genauen Verlauf der Mauern, die einst die Große Pyramide umgeben hatten. Innerhalb der massiven äußeren Umfriedung hatte einst eine flachere Mauer gestanden, welche die Pyramiden von den umliegenden Gräbern trennte. Sie brachte auf architektonischer Ebene die Stellung des Cheops zu Lebzeiten zum Ausdruck. Als die große Radnabe, um die sich alles drehte, hatte er in der Stadt seiner Familie eine Stellung innegehabt, die ihn weit über alle anderen hinaushob. Und diese trennende Distanz blieb auch im Tod bestehen. Tatsächlich muss Cheops ein sehr einsamer Mann gewesen sein.

Zwei Jahre vor diesen Untersuchungen war Ägyptens letzter König Faruk gestürzt. Faruk, ein Türke und kein Ägypter, hatte sich mitsamt seiner Familie allgemein verhasst gemacht. Auf den autokratischen Herrschaftsstil eines Königs folgte nun das Regiment eines demokratisch gewählten Präsidenten. Obwohl neue Ideen und Institutionen ins Land einzogen, blieb das Denken der Ägypter geprägt durch die fünftausend Jahre eines Systems, in denen die Führung ganz allein in den Händen des Königs gelegen hatte. So konnte der neue Präsident, dessen Machtbefugnisse erst einmal festgelegt werden mussten, leicht in eine Rolle schlüpfen, die der Position der alten Könige ähnelte.

Aber erstmals seit 3000 Jahren regierte Ägypten sich wieder selbst. Die Vorherrschaft der Ausländer im wirtschaftlichen und staatlichen Leben ging zu Ende. Die Ägyptische Altertümerverwaltung, die 1857 von dem Franzosen Auguste Mariette gegründet und anschließend von britischen oder französischen Inspektoren kontrolliert worden war, kehrte in die Hände der Ägypter zurück.

Im Jahr 1954 mussten die neuen Inspektoren noch in ihre Rolle hineinwachsen und den Umgang mit der gewaltigen Verantwortung lernen, die der Erhalt eines Kulturerbes für die ganze Menschheit bedeutet. Kompetenzgerangel waren häufig die Folge. Es sollte eine ganze Weile dauern, ehe feststehende Verfahren dafür sorgten, dass alle Entscheidungen auf demokratische Weise in Gremien gefällt wurden.

Die Pyramiden und Gise waren eine Hauptattraktion für den Tourismus. Aufräumungsarbeiten auf dem Gelände um diese Monumente schienen deswegen angezeigt. Zwei Inspektoren nahmen sich der Aufgaben an. Zacharia Goneim hatte schon im Revolutionsjahr 1952 die Aufmerksamkeit der Welt auf sich gelenkt, als er in die Gänge und Kammern einer unvollendeten Pyramide vorgedrungen war. Diese Pyramide, eine Anlage des Sechemchet in Sakkara, war schon seit über 100 Jahren bekannt gewesen, als dem französischen Archäologen Jacques de Morgan im Sand hinter ihr, westlich der Stufenpyramide, eine gut zu erkennende Serie von rechteckigen Umfriedungen aufgefallen war. Obwohl alle als Grabstätten verschiedener Könige aus der 3. Dynastie identifiziert worden waren, hatte man bislang noch keine richtig erforscht. Trotzdem versuchte Goneim erst gar nicht, das Areal einer Umfriedungen freizulegen, sondern konzentrierte sich stattdessen sofort auf die bekannte große Erhebung. Es handelte sich zweifellos um die Basis einer unvollendeten Pyramide. Den Gesetzmäßigkeiten der Grabungsstätte folgend, stieß er auf einen Gang, der zur einer Grabkammer führte. Goneim entdeckte seltenen Schmuck aus einer frühen Zeit sowie Inschriften mit dem Namen des bis dato kaum bekannten Königs Sechemchet. In der unvollendeten Grabkammer tauchte ein rechteckiger Sarkophag aus Alabaster ähnlich dem auf, den Georg Reisner in der Grabstätte der Hetepheres entdeckt hatte. Wie der Sarg der Königin war auch dieser leer und völlig unbenutzt.

Aber die Entdeckung hatte das Interesse der Weltöffentlichkeit geweckt. Im Blickfeld stand jetzt die kleine Gruppe der Ägypter, die neuerdings Verantwortung für ein gewaltiges Kulturerbe zu tragen hatten: Sie mussten die Ausgrabungen kontrollieren und die illegale Ausfuhr von Altertümern stoppen.

Der zweite Inspektor an der Ausgrabungsstätte war Kamal El-Mallach, ein neu aufgegangener Stern am Archäologiehimmel. Eine starke Rivalität entzweite beide Männer. Goneim verfügte über eindrucksvolle Erfahrungen im Umgang mit ägyptischen Grabungsorten. Er hatte seine Ausbildung an der Universität Kairo unter einer Reihe bedeutender Ägyptologen absolviert und unter Selim Hassan, dessen akribische Methoden er übernahm, an Grabungen teilgenommen. 1943 zur Aufseher der Nekropole von Theben ernannt, befasste er sich dort mit der Freilegung einiger bedeutender Gräber. 1953 erhielt er schließlich die Aufsicht über die Nekropole von Sakkara.

Als Goneim jetzt, im Jahr 1954, das Gelände in Gise vermaß, den Verlauf der Mauern kartierte und das Areal freiräumte, erschien dies als eine der undankbaren Routineaufgaben, mit denen alle Archäologen befasst sind und die das wissenschaftliche Fachgebiet ausmachen. Während die offizielle Archäologiegeschichte Kamal El-Mallach als den alleinigen Ausgräber ausweist, deuten Dokumente aus der damaligen Zeit eher auf die Federführung von Zacharia Goneim hin. Die Aussichten auf bedeutende Funde waren sehr gering. Bei den Vermessungen stellte sich allerdings heraus, dass die Mauerreste in zwei Bereichen südlich der Pyramide von der zu erwartenden geraden Linie stark abwichen.

Nach einer Dokumentation von allem Sichtbaren an der Oberfläche wurden die Fundamente freigelegt. Dabei kamen die Umrisse einer Reihe großer Steinbalken zum Vorschein, die eine in den Fels gehauene Grube bedeckten. Das gleiche Bild bot sich den Ausgräbern in dem zweiten Bereich der Abweichung vom normalen Mauerverlauf. Die Steinbalken waren gewaltig. Die Ritzen zwischen ihnen waren mit Gips abgedichtet worden. Und dieser Guss trug Abdrücke der Namenskartuschen von Cheops' Nachfolger Radjedef.

Rasch wurden die Entdeckungen als Schiffsgruben identifiziert. Gruben dieser Art waren ein häufig anzutreffendes Kennzeichen altägyptischer Königsgräber. Die meisten zeigten die Gestalt eines Schiffs, aber bislang waren alle mit einer Ausnahme leer zum Vorschein gekommen. In der einzigen unversehrten in Dahschur tauchte ein Boot auf, dessen Rumpf aus einem soliden Baumstamm gehauen worden war. Obwohl ziemlich klein und grob gearbeitet, stellte dieser einzigartige Fund eine Sensation dar. Die Balken und die Gipsfüllungen deuteten an den beiden jetzt entdeckten Gruben eindeutig auf eine rechteckige Form hin – etwas ganz Ungewöhnliches. Und die Gruben waren zudem außergewöhnlich groß. Die Ausgräber durften auf einen bedeutenden Fund hoffen.

Wenige Monate später schlugen Helfer vor geladenem Publikum vorsichtig Löcher in den Gips zwischen den Balken und leuchteten erwartungsvoll mit Taschenlampen in die erste Grube. Zunächst fiel allen Anwesenden ein aus der Grube entweichender Lufthauch mit einem schweren Duft nach Pinienharz auf.

Die Lichtkegel der Taschenlampen wanderten über Planken und Balken. An einem Ende waren die deutlichen Umrisse eines Schiffsbugs und quer über den Holzmassen liegende Ruder zu erkennen. Die Ausgräber waren auf ein intaktes Schiff gestoßen, es war in seine Einzelteile zerlegt und hatte seit Cheops' Tod im Sand gelegen.

Der Zusammenbau

In der riesigen Grube lagen insgesamt 1224 Stücke Holz und verschiedene Taue in elf Schichten übereinander. Zunächst galt es, die Kalksteinbalken der Abdeckung anzuheben und beiseite zu räumen. Eine elektrische Hebevorrichtung mit Winden und ein Stromgenerator mussten herbeigeschafft werden. Jeder Balken wog über sechzig Tonnen. Allein die Erfüllung dieser Aufgabe, bei der die Gipsversiegelung zwischen den Balken zwangsläufig zerstört wurde, dauerte viele Wochen. In dieser Zeit war das Holz der Witterung ausgesetzt, auch wenn die Teile nach und nach geborgen werden konnten.

Trotz seines hohen Alters war das Holz in einem ausgezeichneten Zustand. Die Grube musste absolut luftdicht verschlossen gewesen sein. Voller Erregung stellten die Ausgräber fest, dass sie nach dem Erbrechen der Abdichtung mit Gips buchstäblich der Originalhauch der 4. Dynastie gestreift hatte: Luft, die vor 4500 Jahren eingeschlossen worden war. Auch die andere Grube war mit Balken aus Kalkstein und Gips verschlossen. Den Erwartungen nach barg sie ein zweites Schiff. Allerdings setzten die Luft der Jetztzeit und die Erschütterungen der Arbeiten dem Holz in der ersten Grube, das die Zeit unversehrt überdauert und sogar seine Patina behalten hatte, heftig zu.

Heute noch erhaltene Schiffe aus dem Altertum sind eine besondere Rarität. Die meisten kamen aus tiefem Wasser zum Vorschein, wo sie durch den Luftabschluss konserviert worden waren. Wie Experimente gezeigt haben, kann solches Holz für praktisch unbegrenzte Zeit haltbar gemacht werden, wenn man der Struktur mit sauberem Wasser sämtliche Schadstoffe entzieht. Bei Holz, das im Meerwasser gelegen hat, muss vordringlich das Salz entfernt werden, während bei einer Konservierung in Süßwasser andere Verunreinigungen zu beseitigen sind. Wie im Fall der *Mary Rose,* dem 1982 geborgenen Flaggschiff Heinrichs VIII., wird das Holz dazu mehrere Monate lang mit Wasser besprengt. In anderen Fällen wird es, wie bei skandinavischen Schiffen geschehen, in Bäder mit aufbereitetem Wasser gelegt, das ständig erneuert wird. Wenn bis in den Kern des Holzes hinein alle Verunreinigungen entfernt sind, besprüht man das gereinigte Material ungefähr nochmals so lange mit Polyäthlenglykol (PEG). Das gewöhnlich als Frostschutz für Motoren dienende PEG wird in frischem Wasser aufgelöst und bildet von der Mitte des Holzes ausgehend eine wachsartige Substanz, die dem Material Spannkraft und dauerhafte Festigkeit verleiht.

Bei trocken konservierten Hölzern kommt diese Methode allerdings nicht in Frage. Jede Art Feuchtigkeit hätte das in Gise aufgetauchte jahrtausendealte Holz zu Staub zerfallen lassen. Restauratoren wurden herbeibeordert. Dass dieses zerlegte Schiff, ein Meisterstück, noch immer erhalten war, grenzte an ein Wunder. Nur an wenigen anderen archäologischen Stätten bestand Hoffnung auf den Fund ähnlich alter Hölzer. Jetzt war ein Höchstmaß an Vorsicht geboten.

Andererseits konnten die Verantwortlichen für den Augenblick nicht mehr tun, als das Holz möglichst warm und trocken lagern. Sie sahen es als vordringliche Aufgabe an, das Schiff wieder zusammenzusetzen, um der Bauweise solcher altägyptischer Barken auf die Spur zu kommen – eine nie da gewesene Gelegenheit. Sollten die Hölzer zerfallen, konnte das Material noch zu Experimenten dienen, um effiziente Konservierungsmethoden zu entwickeln: Das zweite Schiff lag ja noch unversehrt in seiner luftdicht verschlossenen Grube. Es war eine leichte Entscheidung, diese zweite Grube erst dann anzurühren, wenn entsprechende Methoden zur Verfügung stehen würden – eine Frage der Sicherheit. Einstweilen wurden die notwendigen Finanzmittel zusammengetragen, um an der Pyramide ein speziell konzipiertes Museum zu bauen, das das wieder zusammengesetzte Schiff aufnehmen sollte.

Die im Schiffbau verwendeten Hölzer bilden nach wie vor Diskussionsstoff. In *Ancient Egyptian Materials and Technologies* (Altägyptische Materialien und Techniken) haben Russell Meiggs und Paul Lipke das wichtigste Holz in altägyptischen Schiffen als Zeder identifiziert. Verwendet wurden aber auch sämtliche anderen Holzarten des Landes außer Buchsbaum, Johannisbrotbaum und Tamariske. Es leuchtet ein, dass für den Rumpf, das Deck, die Ruder, das Steuer und die Masten je nach Eignung unterschiedliche Holztypen eingesetzt werden mussten. Ian Shaw erörtert in jenem Buch die Probleme bei der Identifikation von Koniferenholz im Allgemeinen und Zedernholz im Besonderen:

> Deswegen erscheint es nicht nur möglich, sondern wahrscheinlich, dass das Wort »Zeder« stets ungenau verwendet wurde und dass selbst in einer Zeit, da Meinungsunterschiede zur altägyptischen Bezeichnung der echten Zeder ausgeräumt sind, stets ein Zweifel bestehen bleiben wird, ob es sich

bei einer entsprechend benannten Holzart tatsächlich um Zeder handelte. Viele der Objekte, denen in Museumskatalogen salopp das Etikett »Zeder« angeheftet wurde, bestehen höchstwahrscheinlich aus anderen Holzarten.

Zeder ist ein stark harzhaltiges dekoratives Holz, das zumeist über Byblos im heutigen Libanon eingeführt wurde. Allgemein wird fälschlicherweise angenommen, in Altägypten sei Holz kaum oder gar nicht verfügbar gewesen und habe importiert werden müssen. Mit den tatsächlichen Verhältnissen hat dies wenig zu tun. Artefakte, Inschriften und Darstellungen aus dem Alten Reich belegen, dass die Ufer des Nils stark bewaldet waren. Das Spektrum der Baumarten reichte von Akazien und Lorbeerbäumen, die nach dem Kappen biegsame Äste lieferten, über Arten mit härterem Holz wie Eiche, Esche, Ulme und Linde bis hin zu Koniferen – ganz zu schweigen von Palmen. Die Verknappung der Ressourcen begann zweifellos erst mit der dichter werdenden Besiedlung, als Holz verstärkt als Baumaterial und Brennstoff genutzt wurde. Zusätzlich erhöht wurde der Bedarf durch die Erzverhüttung, weil die notwendigen hohen Temperaturen in den Öfen nur mit Holzkohle zu erreichen waren. Während Holz im Neuen Reich knapper wurde, hatte es im Alten Reich damit kaum Probleme gegeben.

Genauere Analysen müssen noch Aufschluss darüber geben, welche Holzarten in einigen kleineren Teilen des Schiffs verbaut worden sind. Die meisten Rumpfplanken bestehen aus einem Nadelbaum – wahrscheinlich aus Zederzypresse oder aus Libanonzeder, wobei der zuletzt genannte Fall eher unwahrscheinlich ist, da es ja ein Vielzahl heimischer Holzarten gab.

Wie sich auf den ersten Blick zeigte, wies das Schiff des Cheops eine ungewöhnliche Bauweise auf. Der Rumpf bestand aus einer Vielzahl von Spanten, die jeweils aus einem Stück gefertigt worden waren und grobe Spuren einer Bearbeitung mit einem Stemmwerkzeug aufwiesen. Deutlich wurde ebenso, dass zuerst die Spanten montiert und dann der aus nahtlos aneinander stoßenden Planken bestehende Rumpf zusammengesetzt worden war. Da die Spanten nur an jeweils einer Stelle passten, musste bei der Rekonstruktion ohne Handbuch bei jeder so lange probiert werden, bis die richtige Stelle gefunden war.

Die Rumpfplanken wiesen unterschiedliche Längen auf. Keine war so lang wie der gesamten Schiffsrumpf. Alle zeigten auf der Innenseite Bohrungen im Winkel von 45 Grad, die an den Außenkanten austraten. Die Planken waren dann mit starken Schnüren »aneinander genäht« worden. Über den Nahtstellen zwischen den Planken wurde – offensichtlich zur Abdichtung – ein Holzstreifen unter jede Schnur geschoben. Während viele Schiffsbauer ihre Holzrümpfe von außen kalfaterten, indem sie mit Teer getränkte Schnüre in die Zwischenräume stopften, wurde hier von innen her abgedichtet. Diese Methode war ungewöhnlich, aber besonders wirksam. Wenn die Schnüre nass wurden, zogen sie sich über den Dichtungsstreifen fest zusammen und verschlossen so die Ritzen zwischen den Planken.

Die Konstruktion und die Hölzer des Schiffs

Nachdem die richtige Reihenfolge der Spanten ermittelt war, wurden die Planken der Bordwände zusammengefügt. An der Oberseite wurde der Rumpf durch quer laufende Vierkanthölzer stabilisiert, welche die Bordwände in regelmäßigen Abständen miteinander verbanden, sowie durch ein langes vom Bug zum Heck durchlaufendes Holzbrett. Dieses Gerüst trug dann die Planken und Aufbauten des Decks. (Siehe Skizze im Bildteil.)

Das Schiff besaß einen sehr geringen Tiefgang. Zudem wies der Schiffsrumpf vom Bug zum Heck eine starke Krümmung auf. An Bug und Heck saßen verzapfte Schiffsschnäbel auf. Sie gaben dem Boot die traditionelle Form einer »Götterbarke«:  Die nicht fest verbundenen Schnäbel konnten beliebig aufgesetzt und wieder abgenommen werden. Etwas hinter der Schiffsmitte stand eine Kabine aus Holzpaneelen mit einem flachen Dach, das auf inneren Pfählen aufsaß. Schlanke »Zeltpfosten« an den Außenseiten der

Kabine stabilisierten die Konstruktion zusätzlich. Dass die Kabine heute nach vorn geneigt erscheint, liegt an der Aufstellung im Museum. Auf dem Nil lag das Heck tiefer im Wasser, sodass ihr Dach eine vollkommen ebene Position einnahm.

Das Schiff hatte keinen Kiel. Bug und Heck schwebten über der Wasserlinie. Dass sich zudem die Bordwände in der Rumpfmitte kaum aus dem Wasser heraushoben, machte das Schiff sehr instabil. Schon sanfte Wellen konnten über das Deck schlagen. Und sein geringes Gewicht machte das Schiff bei jedem Wind schwer manövrierbar.

Eine oben offene Kabine am Bug war sehr wahrscheinlich mit einem Baldachin oder einem Zelthimmel bedeckt. Ein Lotse konnte von hier aus die Wassertiefen ausloten. Der Nil ist berüchtigt für wandernde Sandbänke, die noch heute den Kreuzfahrtschiffen zu schaffen machen. Auf einer Seite ragte eine Plattform mit bislang ungeklärter Funktion auf. Sie könnte den Schiffern dazu gedient haben, beim An- und Ablegen Taue zu werfen und einzuholen.

Die Steuerung funktionierte mit Hilfe zweier Ruder im hinteren Bereich des Schiffs. Deren Schäfte waren für eine einfache Handhabung zu dick. An den Seiten waren sie mit Ösen an der Bordwand befestigt und mussten so auch bedient werden. Vor der Hauptkabine ragten die Schäfte von fünf Ruderpaaren mit blattförmigen Ruderblättern so weit ins Deck hinein, dass sie sich in der Mitte kreuzten. Wie die Steuerruder waren sie viel zu groß und die Ruderblätter zu schmal, um ein Schiff wirkungsvoll voranzutreiben. Und wie diese waren wahrscheinlich auch sie an den Bordwänden befestigt. Vielleicht waren sie mit »dekorativen« schönen Jünglingen und hübschen Mädchen besetzt gewesen. Das Schiff diente ganz offenbar als königliche Prachtbarke und nicht als Lastenkahn.

Am Rumpf durchgeführte Analysen erbrachten Farbpigmente am Holz. Sicher war das Schiff einst prachtvoll bemalt und mit bunten Baldachinen über der Haupt- und der Lotsenkabine ausgestattet gewesen. Traut man den Darstellungen in der ägyptischen Malerei, so hatte es wahrscheinlich auch farbenfrohe Segel gehabt.

Die Form und der geringe Tiefgang des Rumpfs weisen es eindeutig als Flussschiff aus. Den Ägyptern, die sich auf dem Nil ganz in ihrem Element fühlten, war das offene Meer nicht geheuer. Bei gelegentlichen Reisen in andere Länder fuhren sie offenbar immer an der Küstenlinie entlang und suchten für jede Nacht einen sicheren Hafen auf. Cheops' Schiff bot jedenfalls unter Deck weder Raum für Ladung noch bequeme Schlafplätze.

Es bedurfte mehrerer Anläufe, um das Schiff richtig zusammenzusetzen. Wie erwartet, erwiesen sich die Hölzer trotz ihres hohen Alters als so stabil, dass das fertige Ausstellungsstück sein Eigengewicht tragen konnte. Nur eines der zehn blattförmigen Ruder war so stark beschädigt, dass es ersetzt werden musste.

Das komplettierte Schiff wurde 1972 in dem eigens entworfenen Museum vor der Großen Pyramide in Gise über der Grube, aus der es stammte, ausgestellt. Manche Besucher von Gise kommen erst gar nicht auf den Gedanken, dieses Meisterstück des altägyptischen Schiffsbaus anzuschauen. Und manche Betrachter wissen das Wunder seines hervorragenden Zustands gar nicht zu schätzen. In gewisser Weise ist das Schiff zum Opfer der eigenen Vollkommenheit geworden: Ein Wrack mit fehlenden Teilen und sichtbaren Spuren des Alters löst größeres Staunen aus. Wegen seines hervorragenden Zustands kann man sich gar nicht vorstellen, dass dieses Ausstellungsstück tatsächlich durchgehend aus dem Holz besteht, das Cheops' Söhne hier vor so langer Zeit im Sand vergraben ließen. Blickt man auf diese Kabine und diese Planken, auf denen einst der Erbauer der Großen Pyramide gesessen hat, scheint die Zeit stillzustehen. Und doch sind seit ihrem Bau Jahrtausende vergangen.

Wie das Sprichwort sagt: »Jedes Ding fürchtet die Zeit, doch die Zeit fürchtet die Pyramiden.« Dies gilt sicher auch für das Schiff des Cheops.

Das zusammengesetzte Boot war gut 43 Meter lang – es ist allerdings seit den Jahren seiner Aufstellung im Museum leicht geschrumpft. Es ist ein hölzernes Abbild der früher gebräuchlichen Papyrusbündelboote. Trotz Thor Heyerdahls glanzvollen Erfolgen beim Bau und beim Segeln der *Ra* und der *Ra II* haben die Ägypter in geschichtlicher Zeit Papyrusbündelboote nur als Einmannboote zum Jagen in den Sümpfen benutzt. Aber die Gestalt des Schiffs mit dem charakteristischen Achtersteven, der bis über das Deck zurückgebogen ist, konnte ursprünglich nur mit Papyrus erreicht werden. Die Rohre wurden in Bündeln zu einer sich vorn und hinten verjüngenden Konstruktion mit hochgezogenen Schnäbeln zusammengebunden. Eine Tauverspannung verband über die Bootslänge hinweg Bug und Heck miteinander. Diese Verbindung, deren Spannung mit einem drehbaren Stab in der Mitte des Seils reguliert werden konnte, sorgte für die richtige Krümmung und Längenstabilität des Rumpfes. Der charakteristische Achtersteven, den sie hervorgebracht hatte, erfüllte auf einem Holzschiff natürlich keinerlei Funktion mehr. Und die Ägypter wandten sich nachweislich schon zur Zeit der Reichseinigung im Schiffbau dem Einsatz von Holz zu.

Kaum hatte das Schiff erste Schlagzeilen gemacht, erhielt es die landläufige Bezeichnung »Sonnenbarke«. Ein solches mythisches Schiff sollte dem Glauben nach bei Tag den Himmel des Diesseits und bei Nacht das Jenseits durchsegeln. Den Vorstellungen des Re-Kults zufolge begleitete auf einem solchen Schiff die Seele des Königs die Sonne auf ihrer täglichen Wanderung. Also sollte auch das Schiff des Cheops diesem Zweck gedient haben.

Diese Annahme ist allerdings aus mehreren Gründen abwegig. Zunächst tragen die Dichtungsstreifen deutliche Druckspuren, die von den geschrumpften Verbindungsschnüren stammen. Mit anderen Worten: Das Schiff hatte zu einer Zeit tatsächlich im Wasser gelegen. Zweitens hätten Menschen einer Zivilisation, die eine

Pyramide von über 146 Metern Höhe hervorbrachte, auch eine ausreichend große Grube ausheben können, um die Barke unzerlegt zu begraben. Wenn die Seele des Königs sie für ihren Aufstieg mit der Sonne benötigte, brauchte sie dann auch die richtigen Werkzeuge, um sie wieder zusammenzusetzen? Das ergibt keinen Sinn. Drittens – und höchst wichtig – drehten sich die religiösen Anschauungen, wie wir gesehen haben, zur Zeit des Baus der Großen Pyramide um die Sterne und eben nicht um die Sonne, wie auch die Ausrichtung der Lüftungsschächte zeigt. Und noch bedeutender ist, dass Schiffsgruben in Abydos und Sakkara bei allen frühen Königsgräbern ab der 1. Dynastie auftauchten, und hier gab es ganz sicher keine Verbindung zum Re-Kult.

Alles deutet klar auf eine Nutzung des Schiffs zu Lebzeiten des Königs hin. Die geringe Tauglichkeit der Ruder spricht dafür, dass es entweder von einem anderen Schiff geschleppt oder (von Land aus) getreidelt worden ist. Vielleicht hat es auch nur sehr kurze Strecken, zum Beispiel zwischen den Ufern des Nils, zurückgelegt. Die Bemalung am Bug und die Aufbauten für Baldachine deuten auf einen Einsatz unter praller Sonne bei Paraden vor Publikum hin. Vor dem Vergraben ist es jedenfalls nachweislich mit Wasser in Berührung gekommen.

In der Archäologie neigt man nur allzu gerne dazu, allen Artefakten, von den kleinsten bis zu den größten wie Cheops' Schiff eine »religiöse, rituelle oder mystische Bedeutung« zuzuweisen. Dabei dienten diese Objekte häufig eher praktischen Zwecken. Im Fall des Schiffs besteht kein Zweifel, dass es – wahrscheinlich als Staatsbarke von Cheops persönlich – tatsächlich benutzt worden ist. Der Fundort an der Begräbnisstätte spricht dafür, dass es noch nach der Bestattung des Königs eingesetzt wurde. Mit anderen Worten: Es hat ihn vielleicht nicht nur zu Lebzeiten als Barke gedient, sondern vielleicht auch seinen Leichnam vom Palast zum Plateau überführt.

Das erste Schiff wurde mit eher geringen Bemühungen um eine dauerhafte Konservierung öffentlich zur Schau gestellt. Besucher des Museums müssen für den Gang durchs Museum noch immer Schuhe aus grobem Segeltuch überziehen, damit sie keinen Sand und Staub von draußen hereintragen. Um ehrlich zu sein, dürfte trockener Staub dem Holz allerdings kaum etwas anhaben. Gefährlicher sind dagegen die menschlichen Ausdünstungen in Form von Schweiß und ausgeatmeter Luft. Diese unsichtbare Feuchtigkeit ist ständig präsent. Schon die sanften Luftzüge, die Besucher beim Gang um die uralten Hölzer verursachen, entfalten ihre zerstörerische Wirkung. Um das Schiff auf Dauer zu erhalten, müsste es mit einem luftdichten Glaskasten mit streng kontrollierter Temperatur und Luftfeuchtigkeit umgeben werden, so wie dies bei kleineren Exponaten üblich ist. Aber selbst wenn dies technisch machbar wäre, würden die Kosten einer solchen Maßnahme jeden finanziellen Rahmen sprengen. So ist das frei stehende Schiff im Museum unwiderruflich dem Verfall preisgegeben. Es ist nur eine Frage der Zeit. In den Jahren seit seiner Aufstellung ist als Erstes die ursprüngliche Patina des Holzes verschwunden. Geblieben ist eine nachgedunkelte stumpfe Oberfläche. Die Planken des Rumpfs, die nach dem Zusammensetzen eine glatte Außenhülle gebildet hatten, sind in unterschiedlichem Maß geschrumpft und haben sich voneinander gelöst. Beobachtungen zufolge soll sich die Länge des Schiffs inzwischen um fast einen Meter verkürzt haben.

Optimistisch stimmen konnte allenfalls der Gedanke, dass die zweite Schiffsgrube noch immer luftdicht verschlossen war. Als nach dem Erbrechen der Gipssiegel Luft in die erste Grube eingedrungen war, gab es nur eine Möglichkeit: die Einzelteile bergen und das Schiff zusammensetzen. Auch seine Zurschaustellung war unvermeidlich: Solange es noch existierte, sollte die Öffentlichkeit das Schiff des Erbauers der Pyramiden bestaunen können.

Nachdem die dringend anstehenden Arbeiten zum Montieren und Ausstellen abgeschlossen waren, konnten die Wissenschaftler sich in aller Ruhe Gedanken über den Erfolg des Unternehmens machen und sich mit der gesamten Vorgehensweise auseinander setzen und aus den Erfahrungen Lehren ziehen. Immer wieder kehrten ihre Gedanken zu dem süßlich riechenden Luftzug zurück, der sie bei der Öffnung der ersten Grube angeweht hatte. Der Anblick eines 4500 Jahre alten Objektes ist immer überwältigend, aber wann bot sich schon die Chance, Luft aus Altägypten zu atmen? Die Forscher ärgerte zusehends eine verpasste Gelegenheit: Man hatte es zugelassen, dass sich ein Bestandteil aus der ersten Grube ohne vorherige Untersuchung so einfach verflüchtigt hatte – ein gewaltiger Verlust für die Wissenschaft.

Anfang der 1980er-Jahre wurde deutlich, dass die Technik, mit der Landefähren auf dem Mond Fels- und Bodenproben sammelten, auch zur Untersuchung der zweiten Schiffsgrube auf dem Plateau eingesetzt werden konnte. Sinnvoll erschien, nach dem kontrollierten Aufbrechen der Versiegelung eine Sonde mit Fiberglas-Technik einzuführen. Sie konnte das Innere der Grube ausleuchten, die Gegenstände und ihre Position mit Filmaufnahmen exakt dokumentieren und Luftproben für Analysen entnehmen. Anschließend konnte die Grube wieder luftdicht verschlossen und so verhindert werden, dass Schadstoffe aus der Gegenwart eindrangen. Wir würden Antworten auf unsere Fragen erhalten, ohne das zweite Schiff aus seiner sicheren Umgebung herausholen zu müssen. Der Gedanke war so faszinierend, dass sich die Zeitschrift *National Geographic* bereit erklärte, die Untersuchungen zu sponsern.

Im Jahr 1985 wurden Ausrüstungsteile der NASA nach Gise gebracht. Das Ereignis entfachte weltweites Medieninteresse. Seit einigen Monaten erging sich die Presse bereits in wachsenden Spekulationen über die möglichen Ergebnisse dieser Untersuchungen. Berichtet wurde über unser Vorhaben, die Luft in der Grube eingehend zu analysieren. Die Ergebnisse konnten wir dann mit der Zusammensetzung heutiger Luft vergleichen. Zudem konnten wir Veränderungen bei der Radioaktivität und, noch wichtiger für Kairo, bei der Qualität der Luft und deren Belastung mit Schadstoffen ermitteln. All dies lieferte wertvolle Aufschlüsse. Im Spiegel des Medieninteresses erhielt dieses ernsthafte Unternehmen allerdings sehr bald ganz neue Akzente. Zeitungsartikel erschienen mit Überschriften wie: »Auf der Spur von Pharaos Küchendüften.« War es möglich, den Rauch antiker Kochfeuer aufzuspüren, fragten sich die Reporter und Redakteure. Visionen von antiken Herdstellen tauchten auf, von Düften nach geröstetem Fleisch und frischem Brot, die in der Schiffsgrube für die Ewigkeit konserviert worden seien. Ein Artikel im täglich erscheinenden ägyptischen Nationalblatt *El Ahram* ging noch einen Schritt weiter. Dem emsigen Reporter waren auf Flachreliefs und Malereien Darstellungen von Schmelzöfen aufgefallen, in die Arbeiter durch Röhren Luft einbliesen, um die Betriebstemperatur zu erhöhen. Er missverstand die Darstellungen gründlich als Abbildung von *Schischas*, Wasserpfeifen. »Waren die Erbauer der Pyramiden Raucher?« – so die Überschrift des Artikels. Mit manch einem Journalisten ging daraufhin die Phantasie durch. Machten die Pyramidenarbeiter Pausen mit Hamburger und Pommes, bei Bier und Wasserpfeife? Die irrwitzigsten Möglichkeiten taten sich auf und sorgten für allgemeine Belustigung.

Der Einsatz moderner Technik, die eine schonende Erkundung antiker Materialien ermöglicht, war ebenso faszinierend wie bahnbrechend. Die gleichen Methoden konnten wohl auch anderswo eingesetzt werden: zum Beispiel zur Erkundung eines intakten Grabes, das nicht geöffnet werden sollte, um potenzielle Grabräuber außen vorzulassen.

Sämtlichen Anwesenden war bewusst, dass ein Stück Archäologiegeschichte geschrieben wurde. Auf welchem Teilgebiet unserer Disziplin konnten man schon die Atemluft unserer Vorfahren erforschen? Nach Bohrung einer Öffnung in die Gipsfüllung wurden vorsichtig Sonden eingeführt und sichergestellt, dass von draußen keine Luft eindrang. Nach Einschalten des Lichts übertrugen die Sonden Bilder vom ausgeleuchteten Inneren der Grube. Wie allgemein erwartet, war sie mit dem aufgeschichteten Holz eines zweiten zerlegten Schiffes aufgefüllt. Aber schon zu Beginn krabbelte zur Bestürzung der Monitorbeobachter ein Käfer über das Holz. Und die Holzteile wirkten seltsam matt und glanzlos. Bei einem wirklich luftdichten Abschluss hätte in der Grube kein Leben existieren können. Eine Analyse der Luft bestätigte die Befürchtungen: Sie war Schätzungen zufolge gerade einmal 48 Stunden alt.

Die volle Wahrheit kam erst später ans Licht. Als zur Öffnung der ersten Grube 1954 Hebevorrichtungen aufs Plateau gebracht worden waren, hatte man einen Großteil des schweren Geräts und die Stromgeneratoren über der zweiten Grube aufgestellt, weil das Gelände dort frei und eben gewesen war. Das Tuckern der Generatoren und die Vibrationen der Maschinen hatte dafür gesorgt, dass die Gipsversiegelung zerbrochen war. Dreißig Jahre lang hatten wir darauf vertraut, dass das zweite Schiff in seiner schützenden Grube dauerhaft gesichert sei. Wie sich jetzt herausstellte, waren während dieser ganzen Zeit Luft und Feuchtigkeit in sie eingedrungen.

Spätere Tests bestätigten den Verdacht. Das Holz war unter Einwirkung der äußeren Luft und des Regenwassers, das seit den 1950er-Jahren eingesickert war, allmählichen zerfallen. Dem Augenschein nach war es völlig porös und mürbe. Wahrscheinlich würde es bei der ersten Berührung zu Staub zerfallen.

Dass Holz in einem solchen Alter erhalten geblieben ist, grenzt an ein Wunder. Und ein Boot, auf dem einst Cheops gesegelt war, in Augenschein nehmen zu können, ist atemberaubend.

Offenbar war nach Cheops' Tod dessen Leichnam aus dem Palast zur lokalen Mole hinuntergebracht worden. Von dort aus zogen Arbeiter das Schiff die wenigen Meter bis zum Re-esch an den Eingang des Pyramidengeländes. Alles musste sehr schnell gehen, weil in der Gluthitze Ägyptens ein Leichnam rasch in Verwesung übergeht. Heute zeugt nur noch das Holz des Schiffs von dem Tag, an dem der verstorbene Cheops unter dem Wehgeschrei der trauernden Frauen abtransportiert wurde.

Nach der Ankunft im Taltempel, wie wir ihn nennen, entnahm man dem König die inneren Organe und sein Leichnam wurde einbalsamiert. Wahrscheinlich wurde derweil das Schiff zerlegt und die Teile entweder gleich in der Grube aufgestapelt oder bis zur Fertigstellung der Grube erst einmal zwischengelagert. Heute steht zweifelsfrei fest, dass beide Schiffe in ihren Zwillingsgruben erst nach der Beisetzung des alten Königs versiegelt wurden: Der Gips trägt die Kartuschen des neuen Königs Radjedef.

Es ist ärgerlich, dass die Chance, Luft aus der Zeit des Cheops zu untersuchen, durch einen vermeidbaren Fehler vertan wurde. So bleibt deren Zusammensetzung eine dauerhafte Quelle der Spekulation. Aber vielleicht entdecken wir eines Tages mit viel Glück weitere intakte Schiffsgruben. Für den Augenblick bleibt in uns – trotz des phantastischen archäologischen Fundes – das Gefühl eines tiefen Bedauerns zurück.

ELFTES KAPITEL

Das Ende einer Ära

Die Regierungszeit des Cheops war wahrscheinlich das extremste Beispiel einer autokratischen Herrschaft in der altägyptischen Geschichte. Der Status der Monarchie war von Imhotep für dessen König Netscheriche, den Bauherrn der Stufenpyramide, festgelegt worden. Mit der Errichtung des ersten gewaltigen Grabmals in Sakkara verlieh Imhotep diesem Königtum erstmals das überirdische und übermächtige Erscheinungsbild, das den König bis zum Ende der 4. Dynastie umgeben sollte. Die Errichtung dieser ersten Pyramide war mehr als eine technische und organisatorische Meisterleistung. Sie markierte den Beginn des Personenkults um den Monarchen.

Aus heutiger Sicht erkennt man leicht die elementaren Fehler, die dabei unterlaufen sind. Imhotep versuchte offenbar einem zerrissenen Land, in dem wahrscheinlich seit drei Jahrhunderten Zwistigkeiten tobten, ein wenig Frieden zu bringen. Trotz der Reichseinigung fehlte Ägypten, das geographisch, politisch und wirtschaftlich Gestalt angenommen hatte, noch immer der Mittelpunkt. Obwohl Imhoteps Lösung der Schaffung einer einzigen Zentralgewalt weise und logisch erschien, offenbarte sie eine Schwachstelle. Wer sollte die zentrale Macht in Händen halten? Den Verheißungen einer absoluten Herrschaft konnte kaum einer widerstehen, sodass es nicht verwundert, dass die Oberhäupter sämtlicher Familien sie für sich begehrten.

Mit dem Aufbau einer Verwaltungsstruktur, die der Errichtung einer Pyramide – mit dem einzigen Zweck der politischen Einigung – dienen sollte, sandte Imhotep an das Land eine Botschaft der

Hoffnung aus. Obwohl die Theorie eines einzigen Königs im Ansatz richtig war, hatte sie seit ungefähr drei Jahrhunderten den Menschen nicht genützt. Die hatten vielmehr unter erbitterten Rivalitäten, der Machtgier Einzelner und ständigen Kriegen gelitten. Sie mussten die Vorzüge der Herrschaft des übermächtigen Königs auch spüren. Jetzt bebauten sie das Land für einen König, dem die Ernten gehörten und der sie im Gegenzug am Leben erhielt.

Als Nächstes diente die Kraft von Charisma und »Anziehungskraft« dazu, die Illusion eines Königs zu erzeugen, der allein mit den Mächten des Universums kommunizierte, die Natur beherrschte und so die tägliche Ordnung aufrechterhielt. Der König, der den Lauf der Sonne und die Überschwemmungen des Nils kontrollierte, erfüllte so eine Rolle, welche die Begriffe der gewöhnlichen Sterblichen überstieg. Sie war so bedeutend für das Land, dass ihm jeder gerne die umfassende Verantwortung für alles Geschehen zuerkannte. Niemand außer ihm konnte diese Aufgabe erfüllen, denn sie erforderte ein Wissen, über das andere Familienoberhäupter nicht verfügten. Auf brillante Weise wurde der ägyptische König auf eine Ebene gehievt, die ihn über alle kleinlichen lokalen Streitigkeiten erhob und ihn außer für seinen direkten Erben in eine unerreichbare Ferne rückte.

Da die Erträge des Landes unmittelbar von den Naturgewalten abhingen, gehörten sie dem König, der diese Mächte beherrschte. Wie aber ließen sie sich so verteilen, dass jedermann profitierte? Wie sollten die Güter in den staatlichen Speichern und Schatzhäusern unters Volk gebracht werden? Der Staat und damit der König verfügte über das Recht zur Freigebigkeit, über die alleinige Macht, alle Naturalien und Erzeugnisse auszugeben. Dieses System erhob ihn zum gütigen Vater der Nation. Der Gedanke, alle Untertanen irgendwie einzubinden, ihnen ein gemeinsames Ziel im Dienst jenes Mannes zu geben, dem sie dem Glauben nach ihr Leben verdankten, war einmal mehr brillant. Dies verhinderte Streitigkeiten, sorgte für Einigkeit und ermöglichte den Aufbau eines ersten staatlichen Besoldungssystems.

Die Grundlage dafür bildeten die Erträge. Wer gespeist wurde, erhielt so eine Bezahlung. Wer vom Staat ernährt wurde, arbeitete für den Staat. Und da der König für das Land verantwortlich war, gehörten ihm die Ernten. Wer also von Erträgen profitieren wollte, musste für den König arbeiten.

Im Rückblick wird in gewisser Weise aber auch das Scheitern von Imhoteps Plänen deutlich. Da der König in eine fast überirdische Sphäre entrückt war, musste ein anderer starker Mann das Ruder in der Hand halten. Hatte die Organisation in Imhoteps Händen gelegen, so war nach dessen Tod keiner mehr da, der in seine Fußstapfen treten konnte, um das System weiter am Laufen zu halten, auch wenn manche es in Teilen durchschauten. Das von ihm aufgebaute System und die Stabilität, für die er gestanden hatte, brachen zusammen.

Snofru konnte das Problem offenbar lösen. Er, der das Andenken eines freundlichen und gütigen Herrschers hinterließ, war an historischen Maßstäben gemessen ein brillanter Staatsmann. Ist über seine Vorfahren aus der 3. Dynastie nichts bekannt, so wissen wir über ihn, dass er eine seiner Schwestern heiratete. Tat er diesen Schritt als erster König? Einmal mehr erscheint eine solche Heirat klug in einer Zeit, da die Gefahren von Inzestehen noch nicht bekannt waren. Sie legte den Grundstein für ein Muster, das ihn und seine Familie noch stärker gegen den übrigen Staat abschottete. Die im Palermo-Stein aufgezeichnete Ansiedlung von 7000 Nubiern gibt uns Rätsel auf. Was hat Snofru zu dieser Politik veranlasst? Aus Inschriften wissen wir, dass Ägypten mit dem Süden Handel trieb. Die Annahme, er habe seine Handelsrouten gegen Angriffe absichern wollen, leuchtet also ein. Aber dieser massenhafte Zustrom nubischer Familien brachte Ägypten zugleich ein Potenzial an verfügbaren Arbeitskräften, mit denen die Industrie des Pyramidenbaus am Laufen gehalten werden konnte. So gesehen glich dieser Zustrom möglicherweise eine Schwachstelle in Imhoteps Masterplan aus: Die ägyptische Bevölkerung war offenbar nicht groß genug, um für die Bauarbeiten auf Dauer ausreichend viele Männer freizustellen.

Schon Cheops' Eltern waren Geschwister gewesen, und wie wir wissen, heirateten nicht nur er, sondern jeder seiner Brüder Vollschwestern. Die Ehe von Snofru und Hetepheres war offenbar besonders kinderreich. Während Cheops' Brüder je nur eine Schwester ehelichten, vermählte er sich mit mindestens dreien. Und mindestens eine von Cheops' Ehen, die mit Meritites, wurde sicher lange vor seiner Thronbesteigung geschlossen. Bei den anderen herrscht Unklarheit. Cheops regierte 23 Jahre lang. Seine Kinder mit Henutsen lebten so lange, dass sie die Thronbesteigung eines ihrer Brüder, Rechaf oder Chephren, noch miterlebten. Es ist also durchaus möglich, dass die nachrangige Ehe mit Henutsen erst nach Cheops' Krönung erfolgt war. Vielleicht erklärt sich daraus auch der Groll der Söhne der nachrangigen Frauen: Sie waren als Königskinder geboren worden, während die Söhne der Meritites nur als Sprösslinge eines Kronprinzen zur Welt gekommen waren.

Jedenfalls trat die Schwäche von Imhoteps Plan erst unter der Herrschaft des Cheops voll zutage. Im Fall des Alten Reichs bedeutete die Ausübung absoluter Macht auch völlige Korruption. Hinter der Praxis der Inzestehe, die andere Familien von der Macht fern halten sollte, steckte eine entscheidende Fehleinschätzung: Sie basierte auf der irrigen Annahme, Familien würden stets loyal zusammenstehen und ihre Mitglieder in Eintracht leben. Sie brachte Cheops' Dynastie den Untergang. Seinen Söhnen waren die Hände gebunden: Sie mussten den durch Geburt vorgesehenen Erben Kawab akzeptieren, doch nach dessen Tod konnten sie bei einem Versuch, die Macht an sich zu reißen, nur gewinnen. Der sich aus dieser Konstellation ergebende Bruderkrieg vollzog sich im Privaten und außerhalb des Blickfelds einer Öffentlichkeit, die diese Vorgänge nicht einmal ahnen konnte.

Der Papyrus Westcar gibt uns einen flüchtigen Einblick in diese zerrissene Familie. Cheops erscheint als argwöhnischer Herrscher, der gierig nach einer Weisheit strebt, die ihm die Lösung seiner Probleme bringen soll. Als ihm prophezeit wird, dass seine Familie schon nach zwei Generationen aussterben wird und die Götter mit seinem Schicksal spielen, offenbart sich seine Ohnmacht. Hier besitzt er keine Macht mehr. Während die Öffentlichkeit glaubt, er gebiete über den Lauf der Sonne, ist er im Privaten ein Sterblicher ohne jede Kraft zur Veränderung. In einer Szene will Cheops einen Zauberer, den er auf einen Vorschlag seines Sohnes Baufre kommen ließ, auf die Probe stellen: Er befiehlt, einen Gefangenen zu bringen, und fordert den Magier auf, ihm den Kopf abzuschlagen und wieder anzusetzen. Der Zauberer erwidert freundlich: »Nicht an einem Menschen, oh König und Herrscher. Befiehlt man so etwas nicht eher am herrlichen Vieh zu demonstrieren?« Cheops wird auf das Format eines Mannes zurechtgestutzt, der seinem Schicksal nicht entgeht. Obwohl er scheinbar alles besitzt, wird seine Machtlosigkeit deutlich, sobald göttliche Kräfte ins Spiel kommen. So erfolgreich er scheinen mag, seine Familie ist dem Untergang geweiht, ohne dass er sie retten kann. Die von Imhotep geschaffene Illusion ist zerborsten. Cheops war auch nur ein Mensch.

Der Machtkampf zwischen Radjedef und Chephren wurde durch den Tod oder die Ermordung Radjedefs entschieden. Die Erben des gestürzten Königs blieben außen vor. Chephren hielt die öffentliche Illusion der Allmacht aufrecht, aber trotz seiner scheinbar fruchtbaren Ehen war seine Dynastie zum Aussterben verurteilt. Sein Sohn Mykerinos gab den Thronanspruch über seine Tochter an deren Ehemann weiter. Aber aus diesem Familienzweig gab es keinen Anwärter mehr außer Userkaf, dem Enkel des gestürzten Radjedef.

Das Aussterben von Cheops' Stamm mag durch Erbschäden verursacht worden sein, auch wenn sich dies heute nicht mehr nachprüfen lässt. Mit der systematischen Plünderung der menschlichen Überreste in den Grabkammern der Pyramiden ist jedes verwertbare genetische Material verschwunden. Die schiere Größe der Familien des Cheops und – bis zu einem gewissen Grad – des Chephren deutet jedenfalls auf gesundheitliche Ursachen für deren Erlöschen hin. Vielleicht steckte auch der Ausbruch einer Epidemie wie Typhus oder Cholera dahinter.

Die Herrschaft des Cheops stellte einen Wendepunkt im Machtgefüge dar. Der rasche Niedergang seiner Familie nach seinem Tod offenbarte die Notwendigkeit von Veränderungen. Aber die kamen nur langsam in Gang. Am Ende des Alten Reichs griff schließlich die Unzufriedenheit über das nicht funktionierende System um sich. Wie Naguib Kanawati in *Governmental Reforms in Old Kingdom Egypt* (Staatliche Reformen im Ägypten des Alten Reichs) hervorhob, führte Neferirkare zu Beginn der 5. Dynastie eine »standardisierte Rangordnung von Titeln ein, die das informelle und eher auf Zufall beruhende bisherige System« ablöste. Mit anderen Worten: Mit dem Vorgehen der 4. Dynastie, Ämter als Geschenk des Königs an Verwandte ohne Rücksicht auf deren Fähigkeiten zu vergeben, musste Schluss sein. Zu Beginn der 5. Dynastie geriet das Verwaltungssystem an den Rand des Zusammenbruchs und war ohne Umstrukturierung nicht mehr lebensfähig. Die Ursache mag im Fehlen männlicher Nachkommen gelegen haben. Oder auch darin, dass die Nachkommen erblich so stark geschädigt waren, dass sie keine Ämter mehr ausüben konnten. Aus welchem Grund auch immer – im Ergebnis breitete sich das Aufbegehren, das als Ersten Radjedef erfasst hatte, über die gesamte Gesellschaft aus. Nachdem sich Radjedef erstmals außerhalb des Familienkreises nach Rat und Verbündeten umgeschaut hatte, mussten sich die Verhältnisse dauerhaft ändern.

Cheops' Herrschaft mag als goldenes Zeitalter im Sonnenglanz erschienen sein. Aber jede Sonne geht einmal unter. Im Fall von Cheops und seiner Familie war dies nur eine Frage der Zeit.

Tod und Beisetzung

Schon nach Cheops' Krönung zum König hatten sich in der ägyptischen Gesellschaft die ersten Risse aufgetan. Im fernen Dahschur schändeten Grabräuber die Grabstätte von Cheops' geliebter Mutter – ein unfassbares Sakrileg. Viele ihrer Besitztümer wurden bei dem Raubzug beschädigt oder gestohlen, sogar ihr Leichnam verschwand. Wer hatte es gewagt, die Totenruhe der Königinmutter und Königstochter Hetepheres zu stören? Ein Höchstmaß an Verwegenheit und Mut, gepaart mit einem wachsenden Unmut und der Einsicht, dass dieser König letztlich auch nur ein Sterblicher war, mussten dabei mitgewirkt haben. Wie Schuppen fiel es den ägyptischen Arbeitern wohl von den Augen.

Es dürfte einem der Söhne oblegen haben, Cheops die Nachricht von der Grabschändung zu überbringen. Alle Posten der Obrigkeit wurden ja von ihnen bekleidet. George Reisner hat vermutet, keiner habe ihm beizubringen gewagt, dass auch die Mumie seiner Mutter den Zerstörungen zum Opfer gefallen war. Eine neuerliche Bestattung in einem Grab nahe seiner vollendeten Großen Pyramide musste vorbereitet werden. Rasch trieben Arbeiter einen Grabschacht in den relativ weichen Felsgrund und hauten am Ende, in ungefähr dreißig Metern Tiefe, grob eine Kammer aus. Die Grabausrüstung wurde so, wie sie bei der Überführung aus Dahschur ankam, in umgekehrter Reihenfolge in der neuen Ruhestätte abgelegt – darunter das Zelt und die Lagerausrüstung, die ihr als Begleiterin ihres Gatten Snofru auf Feldzügen gedient hatten. Als Cheops den Sarkophag im Gang zur Grabkammer entschwinden sah, wusste er nicht, dass dieser leer war. Ehe der Grabschacht zugeschüttet wurde, legte er drei sorgfältig in Leinen gehüllte Ochsenbeine sowie einen Rindskopf und Krüge mit Wein in einer Nische ab – die Wegzehrung für die Reise ins Jenseits zu den Sternen.

Im Palast von Gise, am Fuß der drei Pyramiden, die in unterschiedlichen Phasen der Fertigstellung über der Mauer aufragten, die das Reich der Toten von dem der Lebenden trennte, hallte verzweifeltes Wehgeschrei wider. Kronprinz Kawab war gestorben. Während seine Witwe Hetepheres II. ihrer Trauer freien Lauf ließ, verstieß ihr ehrgeiziger Halbbruder Radjedef seine Frau oder ließ sie sogar verschwinden, um sich dann, wie manche meinen, der widerstrebenden Witwe aufzudrängen. Hetepheres II. war wie alle Ägypterinnen der Zeit aus der Tradition heraus eine Kreatur des Widerspruchs. Einerseits hatte sie kaum eine Möglichkeit, sich den Männern zu widersetzen. Andererseits errang derjenige, der über sie die Kontrolle gewann, die Krone. Dass sie ihre blonde Tochter Meresanch III. an den Henutsen-Sohn Chephren verheiratete, spricht dafür, dass sie ihre Zeit als abgelaufen betrachtete. Alles schien ganz einfach – bis Radjedef dem Spiel eine überraschende Wendung gab.

Radjedef hing seit seiner Geburt und Kindheit neuen Anschauungen an. In der Königsfamilie bahnte sich eine Revolution an und breitete sich über ganz Ägypten aus. Radjedef verfügte außerhalb des Palastes über mächtige Unterstützer, die ihre Basis im Tempel von Heliopolis hatten. Viele im Land bekannten sich mit ihrem Namen oder durch die Namensgebung ihrer Kinder zum Kult des Re, der sich unter Cheops gegen den alten Kult durchzusetzen begann. Nach Cheops' Tod stand der kraftvollen neuen Bewegung nichts mehr im Weg. Radjedef, aber auch die Erbin Hetepheres II. verfügten am Hof über genügend Einfluss, um Chephrens Ansprüche in Schach zu halten. Im Gegensatz zu seinem Vater Cheops, der sich ganz auf sich selbst stellte, ließ Radjedef den Einfluss anderer und sogar eine Kontrolle über sich selbst zu.

Seine Anschauungen waren radikal neu, ja schockierend. In Gise ließ er im rechten Winkel zur nördlichen Palastwand aus einer gewaltigen Felsknolle, die in einem nahe gelegenen Steinbruch stehen geblieben war, ein Bildnis hauen – eine Kreatur mit dem Leib eines Löwen und einem Menschenkopf: Sie trug seine Züge und stellte den Sonnengott dar, dem Radjedef bedingungslose Treue schuldete. Der Löwenleib war in den Felsgrund hineingehauen, sodass nur der Kopf aus der Grube herausragte. Vor diesem Sphinx ließ Radjedef einen Tempel mit einer so hohen Fassade errichten, dass das Bildnis komplett dahinter verschwand. Über einen Prozessionsweg gelangten die Zugelassenen in den hinteren Bereich der Tempelanlage, wo sich traditionell das Allerheiligste mit dem vergoldeten Bildnis des Gottes anschloss. Verglichen mit den sonst eher kleinen Allerheiligsten anderer Anlagen nahm es hier – wie bei den Bauten seines Vaters und Großvaters – gigantische Ausmaße an: Und die Tore führen ins Tageslicht hinaus. Für das Bildnis des Re eignete sich kein Standort in Dunkelheit! Das große bemalte Gesicht starrte, schrecklich und Ehrfurcht gebietend, auf den Betrachter herab – Radjedefs Vorstellung vom Inbegriff eines Götterbildes.

Gise gehörte jetzt nicht mehr dem Menschen, sondern dem Re. Für seine Grabstätte wählte Radjedef einen Standort in Sichtweite zu Heliopolis, der Heimstatt des Gottes. Dabei wandte er sich nicht nur vom Glauben seines Vaters ab, sondern befahl auch den Bau einer Pyramide, die, nach dem Vorbild der ersten von Imhotep in Auftrag gegebenen, eine rechteckige Grundfläche aufwies. Und wie die Pyramide in Meidum hatte sie steil geneigte Seitenflächen.

Im Palast in Gise musste die Beisetzung seines Vaters vorbereitet werden.

Die Mumifizierung

Vom Haupteingang des Palastes zum Eingang der für Cheops geschaffenen Nekropole war es nur eine kurze Reise von knapp achthundert Metern. Den Palastbau umgab eine große Mauer mit einem zur Totenstadt hinausgehenden Tor, durch das täglich die gewaltigen Massen der Nahrungs- und Versorgungsgüter für die Arbeiter auf die Baustelle transportiert wurden. Dieses Tor, eine Art Lieferanteneingang, diente gewiss nicht als die Pforte, durch die der Leichnam eines Königs die Reise ins Jenseits antrat. Cheops wurde vom Palast aus vielmehr zu einer Mole gebracht und von dort aus auf einem Schiff abtransportiert. Ein zweites an ihm vertäute Boot führte die für die Beisetzung und die Grabstätte notwendigen Ausrüstungen mit sich. Der Rumpf dieser Staatsbarken, hölzerne Nachbauten der traditionellen Papyrusbündelboote, zeigten an den Seiten eine farbenfrohe Bemalung. An Haltetauen, die um die Bugpfosten geschlungen waren, wurden sie vom Westufer aus am Nil entlang nach Norden gezogen, während der Hof »Kopf auf Knie« die Totenklage anstimmte.

Das Ziel der Barken war der Re-esch, der künstliche Hafen, der zu Beginn der Bauarbeiten am Fuß des Plateaus angelegt worden war. In seinem seichten und stillen Wasser spiegelten sich die vier Tempel. Der nördlichste an der Arbeitersiedlung wartete darauf, den verstorbenen König in sich aufzunehmen.

Die Zurichtung des Leichnams war ein heiliges Ritual. Nach der Entnahme der inneren Organe wurden diese wie zuvor bei Cheops' Mutter in die Eingeweidekrüge in der Kanopentruhe gelegt. Es entzieht sich unserer Kenntnis, ob dem Leichnam bei der anschließenden Waschung bereits alle Flüssigkeit entzogen wurde. Bekannt ist indes, dass alle Glieder und Körperteile vollständig mit Bandagen umwickelt und die jeweiligen Lagen dick mit Harz bestrichen wurden. Nach dem Trocknen zeichneten sich in den straff aufgelegten Binden deutlich die Konturen von Augen, Nase und Lippen ab. Auf dem ausgehärteten Stoff wurde das Gesicht koloriert: Perücke, Pupillen und Augenbrauen wurden mit Schwarz, die Lippen leicht mit Rot markiert. In jeder Phase der rituellen Prozedur sprachen die Priester über den aufgelegten Amuletten, den Binden und dem Leichnam Beschwörungsformeln, die eine sichere Reise ins Jenseits garantieren sollten.

Dann wurde die im Taltempel vorbereitete und ausgehärtete Mumie – so zeigen spätere Darstellungen – auf Schulterhöhe durch die Rückseite aus dem Tempel in einen stillen und dunklen Tunnel getragen: Handwerker hatten diesen vormaligen Aufweg ummauert, gedeckt und an den Innenwänden mit Reliefs und Malereien versehen. Die Szenen aus dem erhabenen Leben des Königs zeigten die gleiche Idealisierung und propagandistische Erhöhung, die einst sein öffentliches Erscheinungsbild geprägt hatte. Öllampen an den Wänden leuchteten den Trägern den Weg durch die ungewohnte Düsternis. Draußen lagen, manche belegt, andere noch leer, die Gräber von Cheops' Angehörigen. Vielleicht hatte der Wüstensand, der einige von ihnen schon überdeckte, auch den Aufweg verschlungen. Jedenfalls mussten sich die Träger nach Eintritt in diesen Korridor bereits wie im Schattenreich gefühlt haben, sollten die sterblichen Überreste des Königs, die sie mit sich führten, doch von nun an nie wieder von einem Sonnenstrahl getroffen werden.

Ganz oben am Ende des Aufwegs weitete sich die Decke zu einer Säulenhalle aus rotem, polierten Granit. Kühle herrschte hier trotz der Hitze draußen in der Wüste, der irdischen Welt. Jetzt standen die letzten rituellen Handlungen an. Ihre Erfüllung oblag Radjedef. Mit einem Breitbeil, gefertigt aus dem Eisen eines Meteoriten, dem so genannten »Knochen des Gottes«, berührte er die Augen, die Nase, die Lippen, die Ohren, die Kehle, die Hände, die Genitalien und die Füße seines Vaters: Dank dieser Akte, so die Überzeugung der Zeit, erhielt die leere Hülle des großen Mannes ihre Sinne zurück.

Dann bewegte sich der Leichenzug aus der Halle der Mundöffnung hinaus durch Korridore, die nach rechts an der blanken, weißen Außenseite der Pyramide entlangführten. An der Westfassade dürften sich Rampen oder ein Treppenaufgang angeschlossen haben, der von der Ebene der Wüste zum Eingang der Pyramide hinaufführte. Während sicher Radjedef die Prozession begleitete, ist nicht bekannt, ob auch sein Rivale Chephren zugelassen war. Vielleicht wurden sogar sämtliche Kinder des Cheops Zeuge von dessen Beisetzung. Während darüber nichts bekannt ist, wissen wir ziemlich sicher, dass seine Mumie zunächst in die zentrale Kammer gebracht wurde, die heute irreführenderweise »Königinnenkammer« heißt. Weitere Zeremonien folgten, möglicherweise zur Befreiung des Ba, der durch den »Lüftungsschacht« zu den Sternen aufsteigen sollte. Obwohl sie heute leer steht, wies Stadelmann auf die Ähnlichkeit dieser Kammer mit dem *Serdab* oder »Keller« an der Fassade der Stufenpyramide hin. Hier blickte man von außen durch Öffnungen auf eine lebensechte Statue des Netscheriche und konnte der Seele des Königs Opfergaben darbringen. Vor diesem Hintergrund erscheint die Aufstellung einer Statue in einer Pyramide, die hermetisch verschlossen werden sollte, als eher merkwürdig. Der Serdab-Statue des Netscheriche wurde während der gesamten Lebenszeit des Kults dreimal am Tag rituell geopfert. Die Statue in der Cheops-Pyramide hätte dagegen nur ein einziges Mal – vor der Versiegelung – Opfergaben erhalten.

Als Cheops' Leichnam nach Ende des Zeremoniells sicher in seinem steinernen Sarg lag, wurden die Korridore hermetisch verschlossen. Jetzt bildete die Pyramide seine ewige Mutter, aus deren Schoß seine Seele täglich zu neuem Glauben wiedergeboren wurde. Draußen liefen die Arbeiten beim Aushub und der Auskleidung der Schiffsgruben, in denen dann die Staatsbarken, die ihn zu seiner letzten Ruhestätte gebracht hatten, in Einzelteile zerlegt ihrerseits beigesetzt wurden.

Gab es einen Schatz?

Einen Schatz in der Pyramide zu deponieren war niemals der Zweck der Bestattung. Sollte es überhaupt kostbare Grabbeigaben gegeben haben, so wurden diese wahrscheinlich in einer der äußeren Kammern in den tiefer gelegenen Hallen und Korridoren abgelegt. Die Grabanlage spiegelte sich später exakt in denen der Felsgräber im Tal der Könige wider. Ein langer, dunkler Korridor mit Wandmalereien führt hier in eine im rechten Winkel abzweigende Grabkammer, an die sich weitere, tiefer gelegene anschließen. In den Königsgräbern tauchten die kostbaren Grabausrüstungen in den vorderen Kammern auf, während die eigentliche Grabkammer nur den Sarkophag und die auf ihm ruhende Kanopentruhe, den »Schrein«, in sich aufnahm. Möglicherweise war diese gesonderte Unterbringung der Grabbeigaben schon bei den Königen des Alten Reichs üblich gewesen. Vielleicht waren die kostbaren Objekte in äußeren Kammern am Fuß der Pyramide deponiert worden.

Betrachtet man das Areal der Pyramiden so, wie es – im Gegensatz zum heutigen Erscheinungsbild – zur Zeit der Beisetzung ausgesehen hat, so offenbart sich zwischen den unterschiedlichen Anlagen eine verblüffende Übereinstimmung. Aber während bei den Königsgräbern in Theben-West nur die Korridore in den Fels gehauen wurden und die über allem thronenden Meretseger (»Die den Frieden und die Stille liebt«) gleichsam eine natürliche Pyramide aus Fels bildete, war in Gise neben den Grabschächten auch der Hügel über ihnen ein Werk von Menschenhand. Bei beidem jedoch spiegelt die Tradition das übermächtige Bedürfnis wider, den König unter einer Felserhebung beizusetzen. Und es zeigt das Bemühen der Baumeister, sich mit den vormals verwendeten Methoden auseinander zu setzen und diese zu vervollkommnen. Bei den Gräbern im Tal der Könige konnten sie auf den Bau einer Pyramide verzichten und die Gänge und Kammern einfach in den Fels schlagen lassen.

Der Bau der Felsgräber im Tal der Könige gilt tendenziell als eine dramatische Wende bei den Bestattungsformen der ägyptischen Könige. In Wahrheit gibt es deutliche Hinweise auf eine lange währende Kontinuität. Der Eindruck beim Eintritt in den gedeckten Aufweg vor den Pyramiden, bei dem die Außenwelt aus dem Blickfeld entschwand, dürfte ganz ähnlich dem beim Durchschreiten der in den Fels getriebenen unterirdischen Korridore der späteren Königsgräber gewesen sein.

Die Folgezeit

Radjedefs Ehe mit Hetepheres II. war – ob erzwungen oder nicht – insofern erfolgreich, als ihr mehrere Nachkommen entsprossen. Einstweilen zwang Radjedef mit der Schöpfung des gigantischen Sphinx in provokanter Sichtweite zur Grabstatt seines Vaters dem Land seine religiösen Überzeugungen auf. Chephren wird einige Jahre zugesehen haben, wie sich durch die Geburt weiterer Kinder von Radjedef seine eigenen Thronansprüche zusehends verflüchtigten, und dann zur Tat geschritten sein. Das Verschwinden Radjedefs wirft gleich zwei Fragen auf, weil er offenbar nirgendwo beigesetzt wurde. Sein Pyramide blieb nicht nur unvollendet, sondern wurde dazu systematisch zerstört. Was geschah mit Radjedef? Wurde er überhaupt bestattet?

Mit Chephrens Machtergreifung wurde dessen Mutter Henutsen zur offiziellen »Königinmutter« und damit zur ersten Frau im

Staat. Vielleicht taucht in der Nähe der Chephren-Pyramide eines Tages auch ihre Grabstätte auf. Cheops hatte seine Mutter Hetepheres ja auch in seiner Nähe beisetzen lassen. Chephren stellte den Status quo aus der Zeit seines Vaters wieder her und kehrte nach Gise zurück. Obwohl sein Name die Gefolgschaft des Re widerspiegelt, spricht sein Verhalten eher dafür, dass er die Treue zur Familie über die zu Heliopolis stellte.

Das Erlöschen von Cheops' Stamm kann auf erbliche Defekte oder auf widrige Umstände zurückgehen. Durch eine Ironie des Schicksals begründeten jedenfalls die Erben des gestürzten Radjedef die nächste Dynastie von Königen.

Der einsame Cheops

Cheops war für seine Familie eine schemenhafte Kreatur, die kraft ihrer Natur und ihres Amtes ihrer Gesellschaft entrückt war. Nur wenige gelangten in seine Nähe. Fast allen flößte er Schrecken ein. Wohl allen außer seinen Gemahlinnen, die ihn täglich sahen, und seinen Söhnen und Töchtern, die er bis in die kleinsten Handlungen hinein kontrollierte. Für das Land bildete er den Inbegriff des Schreckens. Kein Sterblicher konnte ihm ins Antlitz blicken und darauf hoffen, lebend von seinem Eindruck berichten zu können. Für die Welt war er der gesichtslose Erbauer der Großen Pyramide, seiner Grabstätte, die der Menschheit noch so lange nach seinem Tod viele Rätsel aufgibt.

Wie wir gesehen haben, ist das Wie und Warum des Baus einer Pyramide durchaus nachvollziehbar: Man muss sich nur an die sichtbaren Fakten halten. Als wirkliches Problem bleibt die Frage, welcher Mensch sich hinter der öffentlichen Maske verbarg. Möglicherweise konnte Cheops die Herrschaft selbst gar nicht mehr ausüben, was aber innerhalb des ihn umgebenden Systems kein Handicap bedeutete. Freunde hat er sicher nie gehabt angesichts der für ihn kreierten Rolle, die ihn weit über alle Sterblichen emporhob.

Nach seinem Tod wurden die Dinge für immer anders. Der um Cheops geschaffene Kult verlor allmählich an Bedeutung. Die Stellung des Königs litt unter der Macht und dem Einfluss, den sich andere zusehends sicherten.

Wie man es auch betrachtet: Cheops war im Leben wie im Tod ein einsamer Mensch. Die Große Pyramide, die am Ende seiner Herrschaftszeit steht, bildet ein Mahnmal für eine von Menschen geschaffene Illusion, die absolute Macht ermöglichen sollte. Dieser König, der im Leben wie im Tod allein war, flößt statt Bewunderung Mitleid ein.

Danksagung

Viele Menschen sind an der Konzeption und der Entstehung dieses Buches beteiligt gewesen. Für die Nachwelt allerdings möchte ich zunächst und vor allem den Teilnehmern am Hieroglyphen-Lesekurs für Fortgeschrittene in Somerset meinen besonderen Dank aussprechen, die über komplexen ägyptischen Texten gebrütet, darüber diskutiert und schließlich zu Ergebnissen gelangt sind, vor allem in Bezug auf den Text der Traumstele. In alphabetischer Reihenfolge sind dies Paul und Carol Bradbury, Marion Carter, Gavin Elseworthy, Mark Fletcher, Kareena Gillard, Jill Lackford, Chas und Loma Linsell, Richard Lunn, Donna Nunn, Steve Oxbrow, James Ridgewell und Paul und Maggie Wade-Williams. Paul Wade-Williams möchte ich auch für seine Hilfe und seine T-Shirts danken; dem wunderbar exzentrischen David Elkington für seine gute Laune; Ian Jameison für seinen Rat; und besonders David Couling für seine Nachsicht, Geduld und unablässige Unterstützung. Danke an meine Kinder Mark und Tony Hobson und Nadine und Yasmine El Mahdy für die Liebe, mit der sie ihre verrückte Mutter unterstützen. Dank geht auch an alle Mitarbeiter von Dillington House, besonders an Wayne Bennett und Geoff Hewitt, die das British Centre for Egyptian Studies (BCES) bei sich aufnahmen. Außerdem möchte ich meinen Dank noch ausdehnen auf all meine gegenwärtigen und ehemaligen Studenten am Yeovil College, am Somerset College of Arts and Technology und an der Wedham School in Crewkerne und weltweit auf die Studenten des BCES, die mich immer auf Trab halten, sowie auf David Paterson von der Ferndown School, Dorset, für seine Hilfe in mathematischen Dingen. Schließlich auf all meine Freunde und Kollegen auf dem Feld der Ägyptologie in der ganzen Welt: Wir sind vielleicht nicht immer in allem einer Meinung, aber unsere Liebe und Begeisterung für unser Fach bringt uns zusammen, unabhängig von unserer Sprache und unserem Hintergrund. Möge die Fackel der Ägyptologie durch unsere gemeinsamen Anstrengungen nie verlöschen.

Register

Bildnachweis

S. 54 unten: Ashmoleum Museum, Oxford; S. 114: Zeichnung von Philip Winton aus: Mark Lehner, *The Complete Pyramids*, London, 1997 (deutsche Ausgabe: Mark Lehner: *Das erste Weltwunder. Die Geheimnisse der ägyptischen Pyramiden,* Düsseldorf / München 1997, mehrfach wieder aufgelegt, zuletzt als: Mark Lehner, *Geheimnis der Pyramiden,* München 2004).

Farbtafeln: S. 1 oben: Ägyptisches Museum Kairo; unten: David Couling; S. 2: Paul Bradbury; S. 3: Christine El Mahdy; S. 4 oben: Christine El Mahdy, unten: Paul Bradbury; S. 5 oben: Paul Bradbury, Mitte: Christine El Mahdy, unten: Paul Bradbury; S. 6 oben: Paul Bradbury, unten: B.V. Bothmer; S. 7 oben: Christine El Mahdy, unten: Metopolitan Museum of Art, New York/Foto W.C. Hayes; S. 8 oben: Valerie Baker, unten: Christine El Mahdy.

CHRISTINE EL MAHDY

Tutanchamun

Leben und Sterben des jungen Pharao

ISBN 3-442-15260-7
448 Seiten
Aus dem Englischen
von Christa Broermann

Die Wahrheit über die atemberaubenden Intrigen am Hofe des Pharaos und das Rätsel um den frühen Tod von Tutanchamun.

1922 wurde der Weltöffentlichkeit eine Sensation präsentiert: die unversehrte Grabkammer des jung verstorbenen Pharao mit seinen Schätzen. Wer war dieser Gottkönig, der in unruhiger Zeit als Kind auf den Thron kam und unter ungeklärten Umständen starb?

Ein fesselnder Forschungsbericht und »eine spannend zu lesende Geschichte aus dem Tal der Könige«. *dpa*

GOLDMANN